LIBRO HOMENAJE A.

FORTUNATO JOSÉ GONZÁLEZ CRUZ

Primera edición digital, 2017

HECHO EL DEPÓSITO DE LEY

Depósito Legal LF ME2017000029

ISBN 978-980-11-1865-7

• Diseño y diagramación
  Haydeé Carolina González Cepeda
• Diseño de portada
  Haydeé Carolina González Cepeda

LAS PUBLICACIONES ACREDITADAS POR EL CDCHTA-ULA
SON SOMETIDAS A UN RIGUROSO PROCESO DE ARBITRAJE
POR CALIFICADOS EXPERTOS EN EL ÁREA. ESTE LIBRO
FUE EVALUADO, SIENDO SU CÓDIGO PL-D-04-16-09
CORRESPONDIENTE AL PROGRAMA DE PUBLICACIONES
DEL CDCHTA DEL AÑO 2016.

2019:   Reimpresión Editorial Jurídica Venezolana autorizada por
        el Homenajeado Profesor Fortunato González Cruz

Editorial Jurídica Venezolana
Avda. Francisco Solano López, Torre Oasis, P.B.,
Local 4, Sabana Grande,
Apartado 17.598 – Caracas, 1015, Venezuela
Teléfono 762.25.53, 762.38.42. Fax. 763.5239
Email fejv@cantv.net
http://www.editorialjuridicavenezolana.com.ve

Impreso por: Lightning Source, an INGRAM Content company
para Editorial Jurídica Venezolana International Inc.
Panamá, República de Panamá.
Email: editorialjuridicainternational@gmail.com

Estudios Municipales

Libro Homenaje a Fortunato González Cruz

Coordinadores editoriales

Jaime Grimaldo Lorente
Luis Alfonso Viloria

Universidad de los Andes

Mérida- Venezuela, 2017

CONTENIDO

RESUMEN DEL CURRICULUM VITAE
FORTUNATO JOSÉ GONZÁLEZ CRUZ

ESTUDIOS REALIZADOS

Cursó estudios de Derecho en la Facultad de Ciencias Jurídicas y Políticas de la Universidad de Los Andes en Mérida. Obteniendo el título de Abogado en el año de 1971.

Obtuvo en 1978 el título de Magíster Scientiae en el Centro de Estudios Políticos de América Latina, Facultad de Ciencias Jurídicas y Políticas de la Universidad de Los Andes.

Doctorando en Estudios Políticos en la Universidad de Los Andes

EXPERIENCIA ACADÉMICA

Institución: Universidad de Los Andes. Facultad de Ciencias Jurídicas y Políticas.
Centro Iberoamericano de Estudios Provinciales y Locales
Fecha: de 1995 hasta la fecha.
Nombre del Cargo: Director Fundador

Institución: Universidad de Los Andes.. Facultad de Ciencias Jurídicas y Políticas. Centro Iberoamericano de Estudios Provinciales y Locales. Postgrado de Derecho Administrativo.
Fecha: de 2008 hasta julio de 2016.
Nombre del Cargo: Coordinador Fundador

Institución: Asociación Venezolana de Derecho Constitucional
Fecha: de 2003 a 2006
Nombre del Cargo: Presidente

Institución: Universidad Valle del Momboy
Fecha: del 12 de Abril de 2004

Cargo: Decano de la Facultad de Derecho

Institución: Universidad de Los Andes
Fecha: abril 1998 a julio 1998
Cargo: Decano (E) de la Facultad de Ciencias Jurídicas y Políticas

Institución: Universidad de Los Andes
Fecha: junio de 1976 a diciembre de 1976
Cargo: Prof. Contratado Fac. de Ciencias Jurídicas y
Políticas, para la Cátedra de Sociología Jurídicas y Políticas.
Institución: Universidad de Los Andes
Cargo: Jefe de Cátedra de Sociología Jurídica, y del Departamento de Derecho Público.

Institución: Universidad de Los Andes
Cargo: Coordinador de Extensión de la Facultad de Ciencias Jurídicas y Políticas.

ACTIVIDADES DE INVESTIGACIÓN

INVESTIGADOR A2,
Programa de Estímulo de la Investigación y la innovación (PEII) del Observatorio Nacional de Ciencia y Tecnología (ONCTI) del Ministerio de Ciencia y Tecnología de Venezuela, en la que fui ubicado en junio de 2015.

Investigador activo.Niveles I,II y III
Programa de Estímulo al Investigador (PEI) 1995,1996,1997,1998, 2001, 2003, 2005, 2007, 2009, 2011, 2012,2013, 2014, 2015, 2016 del Consejo de Desarrollo Científico, Humanístico, Tecnológico y de las Artes de la Universidad de Los Andes (CDCHTA de la ULA).

EXPERIENCIA EN LA ADMINISTRACIÓN PÚBLICA

Institución: Municipio Libertador del Estado Mérida
Fecha: 1990 a 1993
Cargo: Alcalde . Primer Alcalde electo de la ciudad de Mérida
Institución: Concejo Municipal del Libertador

Fecha: 1981 a 1985
Nombre del Cargo: Administrador Municipal del Municipio Libertador del Estado Mérida.

Institución: Ministerio de Sanidad y Asistencia Social.
Fecha: mayo de 1974 a mayo de 1975
Cargo: Jefe de Personal IV

Institución: Hospital Universitario de Los Andes. Ministerio de Sanidad y Asistencia Social
Fecha: 16 de abril de 1972 a mayo de 1974
Cargo: Jefe de Personal III

Institución: Diario El Vigilante
Fecha: 1986 a 1990
Cargo: Director

PREMIOS Y DISTINCIONES:

Premio Estímulo al Investigador. PEI. Universidad de Los Andes. 1995 - 2016
Premio Estímulo por ser miembro del Programa de Estimulo a la Investigación (PEII). Observatorio Nacional de Ciencia, Tecnología e Innovación (ONCTI) 1995-2016
Programa de Apoyo Directo a Grupos de Investigación (ADG). Consejo de Desarrollo Científico, Humanístico y Tecnológico (CDCHT). Universidad de Los Andes. 1998-2016.
Orden "Dr. Pedro Rincón Gutiérrez en su Única Clase". 2014
Orden Francisco de Miranda en su 3ra. Clase.
Orden "5 Águilas Blancas" en su 1era. Clase.
Orden "7ª. Brigada del Ejército".
Orden "Mayor of Jerusalén" (Israel)
Medalla de Honor Grado Extraordinario "Ciudad de Pamplona".
Personalidad del año 1991 en Venezuela. Circulo de Prensa. Caracas.
Orden "Diego de Losada" del Municipio Libertador. Caracas.
Orden Gran Caballero" Ciudad de Bucaramanga.
Orden Ciudad Veliko-Ternovo. Bulgaria
Orden "Don Tulio Febres Cordero" en 1ra. Clase. 1992
Orden "Honor al Mérito Profesional." 1987.

■

Reconocimiento otorgado por la Universidad de Los Andes, por estar ubicado entre los 10 autores de la Facultad de Ciencias Jurídicas y Políticas con mayor cantidad de documentos publicados. Mérida, junio 2012.

Reconocimiento otorgado por la Universidad de Los Andes, por estar ubicado en el 3er lugar de autores de la Facultad de Ciencias Jurídicas y Políticas con mayor cantidad de descargas a sus publicaciones con un total de 7.624 descargas en elperiodo septiembre 2009 a septiembre 2010. Mérida, junio 2012.

Reconocimiento otorgado por la Universidad de Los Andes, por haber calificado en el Programa de Estímulo al Investigador (PEI) Convocatoria 2003. Mérida, 09 de diciembre de 1997 – 2012.

Diploma otorgado por la Academia de Ciencias Políticas y Sociales al Profesor Fortunato José González como Individuo de Número por haber cumplido con todos los requisitos establecidos por la Ley que creo esta corporación. Caracas 15 de julio de 2008.

Reconocimiento otorgado por la Universidad Cooperativa de Colombia, por el aporte a la Educación Superior y fomento a los procesos de Integración binacional. Bucaramanga, 21 de abril de 2006.

Reconocimiento otorgado por la Zona Libre. Cultural, Científica y Tecnológica, por su labor académica desarrollada en el "XXXII Curso Vacacional de Derecho

Reconocimiento otorgado por el Ministerio de Infraestructura y FUNDACOMUN por su participación en el Foro: "Consulta Pública para la elaboración de la Ley Orgánica de Régimen Municipal", "Por el Poder Municipal, tu participación es Vital" Mérida 29 de Julio de 2001.

Reconocimiento otorgado por el Centro de Investigaciones Jurídicas de la Universidad de Los Andes, por su positiva labor académica desarrollada en el XXXI Curso Vacacional de Derecho. Mérida, 13 de septiembre de 2000.

Reconocimiento "Distinción José Vicente Scorza, otorgado por la Universidad Valle del Momboy por su desempeño Académico de máxima excelencia como Docente de Postgrado durante el Semestre 2000-B (Índice 8.74/10). Valera 29 de marzo de 2001.

Reconocimiento otorgado por el Ayuntamiento de Guadalajara y la Organización Iberoamericana de Cooperación Intermunicipal por su destacada participación en el XXV Congreso Iberoamericano de Municipios.

Reconocimiento otorgado por la Universidad Valle del Momboy por su destacada actuación como Ponente en las II Jornadas de Desarrollo Humano Sustentable. Valera, 1999.

SOCIEDAD CIENTÍFICA Y PROFESIONAL

Colegio de Abogados del Estado Mérida
Asociación de Profesores de la Universidad de Los Andes
Asociación de Profesores Jubilados de La Universidad de Los Andes
Asociación Venezolana de Derecho Constitucional
Asociación Venezolana de Informática y Derecho
Individuo de Número de la Academia Bolivariana de Mérida.
Individuo de Número de la Academia de Ciencias Políticas y Sociales de Venezuela
Individuode Número de la Academia de Mérida
Miembro de la Comisión de Clasificación y Ubicación del Personal de la Universidad de Los Andes.
Integrante del Comité Científico de la Organización Iberoamericana de Cooperación Intermunicipal (OICI)

ACTIVIDADES DE DIFUSIÒN

Coeditor de Provincia, Revista Venezolana de estudios Territoriales, desde su fundación hasta la actualidad, 1995- 2016; Director desde 1995 al 2016.

Ha organizado mas de un centenar de congresos, seminarios, jornadas, coloquios, mesas redondas nacionales e internacionales.

Colabora en revistas científicas y de difusión.

Escribe semanalmente su columna Por la Calle Real desde 1980
Ha participado en multiples programas radiofónicos y televisivos abordando numerosos temas sociales.

PUBLICACIONES

LIBROS Y MONOGRAFÍAS

Título: Figuras de la Merideñidad.
Casa Editora: El Portatítulo C.A 1.4. Ciudad: Mérida
Año: 2015

Título: El gobierno de la ciudad
Casa Editora: Vicerrectorado Administrativo. Universidad de Los Andes
Año: 2014.

Título: Manual Básico de Técnicas Legislativas. Cómo hacer buenas ordenanzas.
Casa Editora: Academia de Mérida, Vicerrectorado Administrativo. Universidad de Los Andes
Año: 2014.

Título: La Academia de Mérida en los 456 años de la ciudad.
Casa Editora: Vicerrectorado Administrativo. Universidad de Los Andes
Año: 2014.
Título: La rebelión de las provincias. Libro del Bicentenario de la Provincia de Mérida
Casa Editora: Alcaldía de Mérida. Comisión Bicentenaria
Ciudad: Mérida
Año: 2010

Título: Libro Jubilara de la Coronación Canónica de Nuestra Señora de las Angustias.
Casa Editora: De Civitatis Domina
Año: 2009.

Título: El Paradigma de Mérida. Mérida, lugar de ciudadanos.
Casa Editora: Universidad de Los Andes
Ciudad: Mérida
Año: 2009
Título: Valores y Principios de la Constitución
Casa Editora: Universidad de Los Andes. Vicerrectorado Académico. CIEPROL
Ciudad: Mérida

Año: 2006

Autores: Brewer Carias, Allan R., González Cruz, Fortunato José y José Ignacio Hernández y otros.
Título: Ley Orgánica del Poder Público Municipal.
Casa Editora: Editorial Jurídica Venezolana.
Ciudad: Caracas.
Año: 2005

Autores: Brewer_Carias, Allan R., González Cruz, Fortunato José y José Ignacio Hernández.
Título: Ley Orgánica del Poder Público Municipal.
Casa Editora: Editorial Jurídica Venezolana.
Ciudad: Caracas.
Año: 2005

Autores: Fortunato José González Cruz, Christi Rangel Guerrero, Jaime Grimaldo Lorente, Iraima Meléndez.
Título: Descentralización de la Salud en Mérida: Una ilusión postergada.
Capítulo de Libro: La Descentralización de la Salud en Venezuela: Aprendamos de la Experiencia.
Casa Editorial: Fundación Polar (En edición).
Ciudad: Caracas – Venezuela
Año: 2004

Título: Un Nuevo Municipio para Venezuela
Casa Editorial: Universidad de Los Andes y Centro Iberoamericano de Estudios Provinciales y Locales. (1era. Edición)
1.4. Ciudad: Mérida – Venezuela
Año: 1999

Título: El Desafío Ambiental del Municipio
Casa Editorial: Universidad de Los Andes y Centro Iberoamericano de Estudios Provinciales y Locales (1era. Edición).
Ciudad: Mérida – Venezuela
Año: 1997

Título: Por la Calle Real
Casa Editorial: Editorial Venezolana, C. A.
Ciudad: Mérida 1.5. Año: 1992

ARTICULOS

Título del Trabajo: Comentarios a la Ley Orgánica del Consejo
Federal de Gobierno.
Volumen:Provincia - Número 30
Primera y última página del trabajo: 103-114
Año: julio-diciembre 2013
Título del Trabajo: Contribución al estudio de las ideas políticas en la constitución de la
provincia de Mérida de 1811
Volumen: Heurística - Número 013
Primera y última página del trabajo: 237-257
Año: 16- oct-2012

Título del Trabajo: La regionalización en Venezuela Conceptualización de la Región.
Impacto político sobre el federalismo y las autonomías provinciales
Volumen: Provincia - Número 022
Primera y última página del trabajo: 67-85
Año: 11-Nov-2009

Título del Trabajo: Discurso de incorporación a la Academia de Ciencias Políticas y Sociales
de Venezuela: bases filosóficas de la constitución de la Provincia de Mérida de 1811
Volumen: Provincia - Número 020
Primera y última página del trabajo: 115-145
Año: 20-Nov-2008

Título del Trabajo: Arquitectura del estado y el gobierno en Venezuela
Volumen: Provincia - Número 019
Primera y última página del trabajo: 123-142
Año: 17-Jul-2008

Título del Trabajo: La regulación constitucional del ambiente en Venezuela.
Volumen: Revista Venezolana de Ciencia Política - N° 027
Primera y última página del trabajo: 145-173
Año: 17-Sep-2007

Título del Trabajo: El Derecho a la Ciudad
Volumen: II Jornadas de Derecho Administrativo en Homenaje a Don Enrique Orduña
Rebollo. Derecho Administrativo y Municipio.
Primera y última página del trabajo: 55-63 2.5
Año: 2005
Título del Trabajo: Principios y Valores de la Constitución
Volumen: Edición Especial.
Primera y última página del trabajo: 11-25
Año: 2005

Título del Trabajo: Orígenes del derecho constitucional en la provincia de Mérida.
Volumen: Provincia Revista venezolana de estudios territoriales N° 11, II Etapa. Enero
- junio.
Primera y última página: 155-169.
Año: 2004

Título del Trabajo: La incongruencia entre los Valores y Principios y las Normas
Orgánicas en la Constitución Venezolana de 1999.
Volumen: N° 1 Revista Ética y Jurisprudencia, Centro de Estudios Jurídicos "Cristóbal
Mendoza", Facultad de Ciencias Jurídicas y Políticas, Universidad Valle del Momboy.
Valera – Venezuela.
Primera y última página del Trabajo: 51 – 75.
Año: 2003
Título del Trabajo: Bases constitucionales de las relaciones intergubernamentales en
Venezuela.
Volumen: N° 10 Revista PROVINCIA Centro de Estudios Provinciales y Locales de la
Facultad de Ciencias Jurídicas y Políticas de la Universidad de
Los Andes. Mérida – Venezuela
Primera y última página del trabajo: 27 – 37
Año: 2003

■

Título del Trabajo: La incongruencia entre los valores, principios y las Normas Orgánicas en la Constitución Venezolana de 1999.
Volumen: 4 Revista Foro Constitucional Iberoamericano
Primera y última página del trabajo:
Año: 2003

Título del Trabajo: Bases constitucionales de las relaciones intergubernamentales en Venezuela
Volumen: Provincia Revista venezolana de estudios territoriales N° 10, II Etapa.
Enero - diciembre
Primera y última página del trabajo: 27-37.
Año: 2003

Título del Trabajo: La incongruencia entre los valores, principios y las Normas Orgánicas en la Constitución Venezolana de 1999.
Volumen: Provincia Revista venezolana de estudios territoriales. N° 10, II Etapa.
Enero – diciembre.
Primera y última página del trabajo: 92-118.
Año: 2003

Título del Trabajo: La Zona Libre para la Cultura, la Ciencia y la Tecnología de Mérida y las competencias municipales.
Volumen: N° 24 Anuario de Derecho. Centro de Investigaciones Jurídicas.
Facultad de Ciencias Jurídicas y Políticas de la Universidad de Los Andes.
Mérida – Venezuela.
Primera y última página del trabajo: 147 – 156
Año:2002

Título del Trabajo: El Eurocentrismo en el análisis sociológico del Derecho en América Latina.
Volumen:N° 8 Revista PROVINCIA Centro de Estudios Provinciales y Locales de la Facultad de Ciencias Jurídicas y Políticas de la Universidad de Los Andes. Mérida – Venezuela
Primera y última página del trabajo: 41 – 52.
Año:2002

Título del Trabajo: El Régimen Federal en la Constitución Venezolana de 1999.
Volumen:Nº 23 Anuario de Derecho. Centro de Investigaciones Jurídicas. Facultad de Ciencias Jurídicas y Políticas de la Universidad de Los Andes. Mérida -Venezuela.
Primera y última página del trabajo:400 – 414
Año:2001

Título del Trabajo: Intervención del Municipio en los Servicios típicamente urbanos.
Volumen:Nº 1. Organización Iberoamericana de Cooperación Intermunicipal (OICI), Federación Española de Municipios y Provincias. (FEMP). Madrid – España.
Primera y última página del trabajo:379 – 385.
Año:2001

Título del Trabajo: Descentralización, Desconcentración, Lugarización y Nuevo Federalismo.
Volumen: Nº 1 Revista de Estudios Regionales y Municipales (Cuestiones Locales).
Centro de Estudios Políticos y Administrativos. Facultad de Derecho.
Universidad de Carabobo. Valencia – Venezuela.
Primera y última página del trabajo: 139 – 148.
Año: 1999

Título del Trabajo: El Desafío Ambiental de los Municipios.
Volumen: Nº 5. Revista PROVINCIA Centro de Estudios Provinciales y Locales de la Facultad de Ciencias Jurídicas y Políticas de la Universidad de
Los Andes. Mérida – Venezuela.
2.4. Primera y última página del trabajo: 65 – 74
2.5. Año: 1998

Autores: Fortunato José González Cruz y Eco. Christi Rangel Guerrero
Título del Trabajo: El Financiamiento de la Gestión Pública Local.
Volumen: Nº 6. Revista PROVINCIA Centro de Estudios Provinciales y
Locales de la Facultad de Ciencias Jurídicas y Políticas de la Universidad de Los Andes.
Mérida – Venezuela.
Primera y última página del trabajo: 81 - 93
Año: 1998.

PRÓLOGO *AL ALIMÓN*

Empleando el argot taurino para ser más fiel a las cosas que apasionan al homenajeado, el prólogo de este libro se hace al alimón, a cuatro manos entre mi persona y el joven y prometedor abogado Luis Viloria Chirinos, quien trajo la idea del libro homenaje, hizo los contactos iniciales con algunos de los autores y me presentó la propuesta para darle forma y continuidad en el proceso editorial.

I
PALABRAS DE LUIS ALFONSO VILORIA.

Etimológicamente la palabra amistad viene del latín "amicitia", afecto puro desinteresado y recíproco. Quizás sea esa la definición más exacta para explicar por sí misma la razón que hoy anima las páginas que siguen, de múltiples, talentosos y extraordinarios académicos, reunidos con el propósito de brindar homenaje a un amigo común, a quien los años le han permitido acumular la experiencia y la autenticidad que define en buena medida su hacer vital.

Tengo para mí que Fortunato González es uno de los más conspicuos y destacados intelectuales en cuanto a temas provinciales y locales se refiere. Sus valores, sus convicciones, sus creencias y sus principios así lo imponen. Ha sido para mí un privilegio inusitado el contarme entre sus amigos. De él siempre hay algo que aprender y su trayectoria ha sido "un punto, otro punto y una línea recta". Muchas virtudes admiramos en Fortunato pero resalta la coherencia. Sucede inevitable llamarlo maestro. Después de todo la amistad sin duda, es una de las mayores virtudes y "lo más necesario para la vida" según nos recuerda Aristóteles; los hombres, aun siendo justos, necesitan la amistad; y los hombres justos son los más capaces de amistad.

Su consagración a la docencia en la siempre admirada y amada Universidad de los Andes, cuna del pensamiento universal, libertario y democrático, corazón extenso de la Mérida ilustrada ha consolidado su compromiso intelectual en un trabajo intenso y sin tregua, de cuya obra resalta la fundación en 1994 del Centro Iberoamericano de Estudios Provinciales y Locales (CIEPROL), Unidad Académica de la que ha sido director hasta la fecha y en cuyo logro prevalece el trabajo divulgativo de las páginas de excelencia que siempre muestra su revista PROVINCIA. Más de una centena de publicaciones entre libros, monografías, ensayos y discursos en congresos científicos, dan cuenta de su pensamiento. Ha escrito su columna "Por la calle real" desde estudiante, publicada todos los lunes para acumular más de 2000 artículos donde ha tratado temas muy diversos y prevalecen sus reflexiones sobre la política, la ciudad, la gente y hasta la cocina.

La decisión democrática de los merideños lo convirtió en su primer Alcalde, cargo que ocupó con eficiencia, probidad y humildad. Como nos recordó Humberto Njaim con motivo de responder a su discurso de incorporación a la Academia Nacional de Ciencias Políticas y Sociales en 2008, a pesar de haber sido el primer alcalde electo por la voluntad popular en la ciudad de Mérida, no fue ello impedimento en modo alguno para seguir impartiendo sus acostumbradas clases o hacer mercado con su esposa, todo ello en razón de resaltar la humildad y la sencillez que agranda su personalidad.

Esta iniciativa que hemos emprendido junto con el excelente investigador y académico, mejor amigo, Jaime Grimaldo Lorente, ha procurado ofrecer una panorámica del Derecho Municipal con la participación de connotados y destacados autores de la más excelente calidad tanto en Venezuela como en Iberoamérica. Ha sido un proyecto que ha demando esfuerzo, creatividad y constancia, no obstante, su fruto nos llena de honda satisfacción. Hoy con esta publicación que realizamos bajo el auspicio de la Universidad de los Andes, ratificamos el compromiso de la Academia con el país, en medio de las duras circunstancias que hoy atravesamos.

Esta obra que presentamos no podría ser en mejor ocasión, en tanto lastimosamente la institución municipal atraviesa por duros avatares, producto del centralismo que la golpea y asfixia. En razón de ello se hace indispensable replantear el tema municipal y asumirlo como un asunto prioritario. Después de todo "es al gobierno local a quien corresponde en primer término atender los asuntos que afectan e interesan directa y personalmente a la gente en el curso de su vida cotidiana porque es el que está más cerca, el que tiene al alcance de la mano, el que está en condiciones de conocer en forma personal y de relacionarse con sus actores sin intermediarios", según nos recuerda Fortunato.

Las sociedades modernas concurren a una dinámica interminable de interrelaciones y adecuaciones a la cuales el Derecho debe dar respuesta, concretando las aspiraciones y demandas sociales. Una de las cuestiones fundamentales de nuestro tiempo radica en la necesidad perenne de hacer cada vez más democráticas nuestras instituciones; no en vano, como nos recuerda Diego Valadés, "la democracia es el más vulnerable de cuantos sistemas existen. Si contamos la intensidad de la búsqueda democrática y los periodos en los que ha habido democracia, seguramente nos habremos de preocupar. Desde hace 25 siglos la democracia es un anhelo de las sociedades civilizadas".

El constitucionalismo moderno producto de las Revoluciones del siglo XVII y XVIII que concretaron las transformaciones más profundas del Estado contemporáneo, tuvo como aportes fundamentales la democracia representativa, la distribución vertical del poder y su división horizontal, y el municipalismo. Empero, el desmantelamiento del Estado Absolutista era una tarea que ameritaba de una nueva institucionalidad que permitiera acercar el poder de decisión al sujeto político de la nación, es decir, el pueblo o en su concepción más moderna, el ciudadano. De allí el papel clave, por no decir fundamental, que jugó y sigue jugando el Municipio como institución base de la democracia.

Una cuestión que atañe al constitucionalismo de nuestro tiempo radica justamente en la adecuación de nuestras instituciones, muchas de ellas aletargadas y en clara desincronización, con las expectativas ciudadanas. De esta situación no escapa el Municipio, que no termina de echar raíces solidas en nuestras sociedades. Para que el Municipio sea la escuela de libertad y la democracia que refirió Alexis de Tocqueville en sus lecciones sobre "La Democracia en América", se necesita hacerlo aún más cercano a la gente, pues esto es garantía de eficiencia, lo contrario significa su disfunción al no permitir la participación política, la gestión eficiente y el blindaje de la democracia. Aun cuando aparente exagerado, ninguna de las cuestiones que se relacionan con la política social moderna deja de plantearse en los municipios con mayor o menor intensidad. Siendo así, resulta necesario e imperativo seguir trabajando en su mejoramiento.

Deseamos pues que este esfuerzo sirva como estímulo para proseguir en el estudio de nuestras instituciones y en la tarea inacabada de hacerlas cada día más perfectibles, en beneficio de nuestros ciudadanos. Dejamos constancia de gratitud, con tantos amigos en este camino de sueños y añoranzas que hoy hacen posible la culminación de esta obra, como ratificación del compromiso insoslayable de la Academia, con el país nacional, tomando esta vez como núcleo fundamental de su esfuerzo el Municipio.

Luis A. Viloria Ch.
Mérida, ciudad de la Sierra Nevada.

II
PALABRAS DE JAIME GRIMALDO LORENTE.

Fortunato José González Cruz nació y creció en la Villa de La Quebrada, un pequeño pueblo de Trujillo enclavado en la cordillera de los andes venezolanos. Nació y creció entre la escuela, el salón de lectura y frente a la Casa Cural y esas circunstancias, como a su gemelo Francisco, dejó huella en su talante y determinó su vocación por el conocimiento, un pensamiento imbuido en principios y valores de la Doctrina Social de la Iglesia, y su pasión por lo local.

Es habitual en él que a cualquier pueblo o ciudad que llega a conocer, pregunta primero donde queda el Ayuntamiento y se interese por descubrir más sobre el santo patrono, las ferias y fiestas y las particularidades del lugar, descubriendo por su cuenta los sabores de las comidas populares y el pulso de los mercados donde los pobladores hacen sus compras y su vida cotidiana. Compartiendo una anécdota suya en una visita en la que tuve la suerte de acompañarlo a dictar un curso de formación a funcionarios municipales a la pequeña población de El Cantón, entre los ríos Caparo y Arauca, que al salir de la iglesia donde se dictaban las clases y dirigirme al hotel del pueblo, me lo encuentro en el malecón pescando bagre con un sedal y un anzuelo improvisado, compartiendo con algunos de los pescadores y disfrutando del momento con esa pasión que le sale por los poros.

Notará el lector que estas palabras tienen un acento muy personal y no puede ser de otra manera, pues este libro se ha convertido, además de un merecido homenaje a su vocación por el Municipio y lo local, en una fiesta de amigos que con mucho cariño y admiración han colaborado gustosos con esta obra, que no por ello deja de tener el rigor académico que merece como lo evidencian los nombres de destacados municipalistas de Venezuela, España, Perú y México, que nos han brindado su aporte para este libro, que seguramente se convertirá en referencia para quienes se interesan y estudian los variados aspectos del municipio como espacio de poder local y gobierno de cercanía.

Fortunato González Cruz ha sido y sigue siendo profesor en la Ilustre Universidad de Los Andes de Mérida y desde su espacio, mentor de tantos noveles profesionales, investigadores y académicos; en mi caso particular he tenido el privilegio de trabajar y aprender con él casi desde la fundación del CIEPROL, centro de investigación que fue su proyecto y tanto ha contribuido con el desarrollo, capacitación y difusión del conocimiento de los asuntos locales desde una visión multidisciplinaria y abierta a las nuevas tendencias, así como a los principios y valores que regulan la institución municipal, la descentralización y el federalismo. La trayectoria y quehacer del profesor Fortunato González Cruz en la Universidad y su prolífica obra en libros, artículos y en su columna de prensa "Por la calle real", además de su actividad docente y su vinculación a diversos aspectos de la cultura y la política de Mérida y Venezuela le concedieron el honor de ingresar a la Academia Nacional de Ciencias Políticas y Sociales, a la Academia de Mérida como individuo de número.

Ciudadano y primer al Alcalde de la Cuidad de Mérida, hoy desde sus espacios académicos y cotidianos, continua su faceta de vecino preocupado por el quehacer de Mérida, de disfrutar de las la fiesta brava y de la agricultura en su hermosa casita del Valle Grande donde nos ha sorprendido tras la yunta de bueyes abriendo surcos para la siembra.

III

Sobre el tema que nos reúne en este libro: El Municipio, con sus miles de años de existencia como representación política de los habitantes de una localidad, antecede por mucho como institución a las nociones de Estado, Democracia y Administración Pública, pues en su esencia toda forma de gobierno local es poder político pero sobre todo organización social, gestión de los asuntos propios de la vida local. En tiempos de globalización los gobiernos locales se convierten en pilares y bastiones del lugar y sus particularidades, sosteniendo la cultura local frente a la homogenización globalizadora. A decir del Profesor Augusto Hernández Becerra[1](2004), la descentralización territorial (a través los municipios) *"facilita la participación ciudadana, promueve el crecimiento económico, contribuye a estructurar los mercados internos, resuelve con mayor eficacia los problemas sociales, genera equidad"*. No es aventurado señalar que, ante al proceso globalizador si la base municipal es fuerte se puede actuar más competitivamente en el entorno global.

Ante este panorama, Venezuela se encuentra inmersa desde hace unos años en un perverso proceso de recentralización y desmantelamiento institucional en el que los municipios han perdido mucho en términos de funcionamiento real. Limitados a controles centralizados, asfixiados fiscalmente sin capacidad de generación de ingresos propios por defectos del diseño institucional; sometidos a una competencia con instancias paralelas no constitucionales, insertas en un poder popular controlado por el gobierno nacional y por leyes nacionales que generan uniformidad del régimen municipal, pensado sobre el modelo de gran municipio urbano difícilmente funcional e imposible de que sea sostenible en municipios con vocaciones y características diferentes, que son la mayoría de los municipios venezolanos, amenazas que van en contra de la esencia y de los principios y valores municipales y democráticos. Desde el CIEPROL mucho se ha investigado y sugerido sobre las formas para fortalecer el municipio, y sobre estos asuntos y otros más se tratará en este libro homenaje. Mucho esperamos que el lector, sea un experto o un ciudadano apasionado de estos temas, encuentre este esfuerzo de mucha utilidad e interés, y que sea la primera de muchas iniciativas en la que nos encontramos reunidos, para seguir desarrollando y divulgando una doctrina municipalista construida en la modernidad actual pero pensada desde nuestros espacios locales. Que disfruten el libro, y bienvenidos todos a la fiesta en homenaje a Don Fortunato González Cruz.

Jaime Grimaldo Lorente. Mérida. Diciembre de 2016.

(Endnotes)

1   Hernández Becerra. Augusto. (2004).El municipio en los tiempos de la aldea global. Revista Provincia. N°12. CIEPROL-ULA. Mérida, Venezuela

PRESENTACIÓN

Francisco González Cruz

En un mundo global que tiende a ser genérico, la identidad - o mejor dicho, las identidades - ha pasado a ser uno de los temas más importantes de la cultura y de las ciencias sociales. No sólo descubrir identidades, sino construirlas, con el fin de vencer la soledad, la desmemoria y encontrar un lugar seguro y conocido.

Se comienza por la identidad personal y el afán es conocerse a sí mismo, descubrir que se es y para que se existe; y allí están las enormes cantidades de libros, cursos y actividades sobre la autoestima, autoayuda y realización personal. Más allá de este afán personal están los de género, de grupo, de creencias, de profesiones y oficios, de productos y servicios, de lugares.

La "marca" se ha convertido en el conjunto de señales o características diferenciadoras ya no solo de un "producto" sino un territorio, un grupo, una institución e incluso una persona. No es una etiqueta, es la identidad definida en un cuerpo coherente de características que deben ser preservadas para garantizar la diferencia con otras entidades. De allí deviene en temas que como la calidad de ese producto, esa región o esa persona.

Este libro se ocupa del tema más importante de la identidad, luego de la personal, como lo es la local. Y como ya vimos nada tiene que ver con la nostalgia de un lugar añorado, sino con la calidad del lugar que se vive y que se quiere vivir. Aquí la memoria tiene poco que ver con la historia propiamente dicha, sino con el relato que construye un sentido de pertenencia y – sobre todo – de orgullo sobre el lugar, con el fin de construir sobre esa memoria los nuevos relatos sobre el presente y sobre el futuro.

Uno es naturalmente selectivo con la memoria personal, dicen los especialistas; también con la colectiva. Supongo que los pesimistas tienden a recordar los hechos negativos, y los optimistas los positivos, al menos en el balance predominarán la tendencia hacia una u otra vertiente. Y así pasará con los lugares. Los prósperos tendrán una tendencia a resaltar los éxitos, lo mejor de sí, mientras los lugares fracasados buscarán en la memoria a quien echarle la culpa.

Y entro a un tema delicado. Lo personal de Fortunato y yo. Este es un libro en su homenaje y ya +Baltazar Enrique Porras Cardozo, Arzobispo Metropolitano de Mérida en su primorosa reseña escribe: *"No sé de dónde le vendrá la vocación municipalista al "morocho González", pero me atrevo a conjeturar que tiene una íntima relación con sus querencias infantiles"*. No dudo que tiene razón nuestro apreciado Cardenal. Como casi siempre nosotros conjugamos en primera persona del plural cuando se trata de la infancia y de buena parte de la vida, vivimos las circunstancias de un pueblito de clima frío, arrinconado entre las tremendas moles de la parte más alta de la Cordillera de Trujillo. La Quebrada Grande era una apacible comarca de vecinos articulada a las haciendillas de café y al templo de San Roque. La casa de oscuras habitaciones, corredores, patio y solar; techos altos, paredes gruesas. Sus sonidos eran las conversaciones de mamá Chana y las Niñas Cruz – las dos maestras - los rezos cotidianos, los pájaros y allá atrás el rumor de la quebrada de Mitifafé o Miquimbóx.

También la vivencia en Cabimbú marcó nuestra infancia. Es un elevado páramo y vivimos en una casa pegada a la escuelita unitaria donde la maestra Gertrudis Rangel hacía maravillas. La casa de Delfín Moreno, Susana y sus hijos, su fogón, el trigo, las habas, las vacas y los becerros.

En esos tiempos no había otra cosa que ese lugar y todo sucedía allí mismo. La vida doméstica pasaba entre hacer mandados, estudiar, rezar y escaparse a los pozos. La comunitaria entre ir a la escuela, a la iglesia, a la plaza, la biblioteca pública y los domingos en la noche la retreta.

La mudanza a Valera cambió todo, pero la vida la seguimos viviendo juntos. La escala nos modificó la rutina, amplió el radio de acción y la complejidad del vivir. Todo más lejos, más difícil y más rápido. La ciudad no era el caos que es hoy, pero al lado de nuestro pueblito era tan diferente.

Quizás de ese contraste viene el sueño de hacer de los lugares los espacios a escala humana que uno necesita para andar con confianza por los caminos del devenir.

Luego vino Mérida y seguimos juntos, disfrutándola. Aquí se ampliaron generosamente los espacios, encontramos personas que maceraron nuestro perfil personal. Tertulias, lecturas, eventos, paisajes, casonas, amistades. A Fortunato lo enamoró Mérida y aquí se enamoró de Haydee y constituyó su familia. A mí me llamó la tierra natal y sus desafíos. Un día me fui a Trujillo y nos separamos.

Los dos estados vecinos tienen relatos diferentes. En Mérida tiene peso la Sierra Nevada, la Catedral y la Universidad. Trujillo no tiene hitos tan evidentes, sino hasta ahora con la Virgen de la Paz. Pesan mucho en Trujillo los malos recuerdos, la mano del tirano Aguirre, la destrucción causada por el pirata Granmont, la proclama de la guerra a muerte y los pleitos estúpidos de sus caudillos, a pesar de que tiene tantos relatos de que aferrarse, como sus cien primeros años, la tradición de la paz que viene desde los Cuicas, sus afanes productivos, el "Estado Ateneo", entre otros.

Las querencias ancestrales de la tierra natal las amplió Fortunato en la "geografía entrañable" merideña, a la manera de decir de Gonzalo Rincón Gutiérrez. La Mérida serrana, la comarcal, la de las tertulias y conciertos, las bibliotecas, los templos, las quebradas íntimas que se hacen ríos... todo aquello de la identidad quebradeña crece y se hace espléndida en Mérida. Y es el lugar donde Fortunato despliega su pasión por lo local en todos los campos: en la praxis ciudadana de su transcurrir cotidiano, en su exitosa experiencia como funcionario local y como Alcalde, en su rol de académico e investigador, como escritor y en su activa presencia como articulador de la vida cívica.

Y la ciudad y su universidad le permiten trascender a lo global, como suele suceder con lo mejor de lo local. Y este libro y sus autores es un claro testimonio de que lo que digo va mucho más allá de mis afectos. Sus amistades en el mundo de lo local y de la identidad reúnen a gente de toda Venezuela, de Europa y América.

A estas alturas Fortunato sigue enamorado de Mérida y de Haydee, de su hermosa familia y de su gente. Por mi parte repito lo que alguna vez ya escribí: "Yo no sé qué deuda tan grande tiene Dios conmigo que me pagó con el hermano que tengo: Fortunato"

I

FORTUNATO MUNICIPAL

+S.E.R. Baltazar Enrique Cardenal Porras Cardozo
Arzobispo Metropolitano de Mérida

No sé de dónde le vendrá la vocación municipalista al "morocho González", pero me atrevo a conjeturar que tiene una íntima relación con sus querencias infantiles. Los pueblos andinos, y La Quebrada de Trujillo es uno de ellos, es heredera de la huella neogranadina del orgullo por el terruño, de la identidad que se vive y manifiesta en la vida cotidiana, en las faenas del campo, en las fiestas y en los momentos luctuosos.

Ese humus raigal fue tierra fecunda para los estudios jurídicos en la Universidad de los Andes, para la vocación política abrevada en las filas de la democracia cristiana, y ejercida en el estreno en la función de burgomaestre del Municipio Libertador emeritense, en el ejercicio del periodismo como columnista y director del diario El Vigilante en su época dorada de modernización, y en las exigencias de servicio social al que lo invitaba con asiduidad Mons. Miguel Antonio Salas. La afición taurina le agregó el garbo y la elegancia para dar pases de gloria y remates de faena con buen estoque en las muchas vicisitudes del ejercicio profesional.

La preocupación por la reflexión intelectual, doctrinal, jurídica y la puesta en práctica de políticas acordes con el ejercicio ciudadano que exige ser protagonista del propio destino personal y comunitario lo empujó a crear el CIEPROL desde donde se han entretejido relaciones con estudiosos y ejecutores, -ediles y alcaldes-, al frente de complejos municipios urbanos y/o ayuntamientos de menor calado, en ciudades y pueblos intermedios y pequeños. Este organismo es hoy día internacional. España y varios países de América Latina cultivan científicamente la gerencia integral de las cámaras municipales.

Estas líneas escritas al vuelo en el aeropuerto de Maiquetía quieren ser mi sencillo aporte a este libro homenaje al Dr. Fortunato González Cruz, siendo mi primer escrito de presentación de una obra colectiva en mi condición de cardenal arzobispo, convirtiéndose en una invitación a leer y seguir al Papa Francisco quien tiene como norte indicarnos el ser protagonistas desde lo pequeño, a la conservación de la casa común, nuestro planeta, escenario del quehacer humano donde hay que construir la fraternidad y la paz.

24.- 21-10-16 (2283)

<u>Artículos</u>

SOBRE EL DERECHO ADMINISTRATIVO COMO DERECHO DEL ESTADO Y EL MODELO POLÍTICO

Allan R. Brewer-Carías

Profesor de la Universidad Central de Venezuela

Ningún título mejor para un trabajo destinado a ser publicado en el merecido *Libro Homenaje a Fortunato González Cruz* que organizan sus alumnos en el marco de los 20 años de funcionamiento del *Centro de Estudios Provinciales y Locales* que ha dirigido desde su fundación, que éste sobre *el derecho administrativo como derecho del Estado y el modelo político.*

El título, en efecto, precisamente evoca los temas académicos que fueron el motivo para que nos conociéramos en Mérida, en 1968, cuando él todavía estudiaba su carrera de derecho en la Facultad de Derecho de la Universidad de Los Andes, y a mí me correspondió dictar un curso sobre *Problemas institucionales del desarrollo,* al cual él asistió, en momentos en los cuales además, jugaba un importante papel de primera línea en el movimiento estudiantil de la época.

Nuestra amistad se consolidó luego, a partir de 1976, cuando visité de nuevo Mérida para dictar un curso en el Postgrado de Ciencias Políticas que él siguió, sobre temas referidos a *la reforma administrativa y la reforma del Estado;* y posteriormente cuando por su invitación, tuve el privilegio de dar el Discurso de Orden sobre *El Régimen Municipal en la Historia de Venezuela,* en la Sesión Solemne del Concejo Municipal del Distrito Urdaneta del Estado Trujillo el 19 de Abril de 1979, en La Quebrada, su ciudad natal.

Desde entonces he tenido el privilegio de contar con su amistad, habiéndole seguido los pasos en su incesante actividad académica y política, sumándome ahora al homenaje que merecidamente se le rinde con esta obra, con este estudio que va a caballo entre las dos disciplinas que también él ha cultivado: el derecho administrativo y el derecho constitucional.

I

El derecho administrativo es, ante todo, un derecho estatal[1] o un derecho del Estado, lo que implica que el mismo está necesariamente vinculado al modelo político en el cual opera el propio Estado conforme a la práctica política de su gobierno, siendo ello, históricamente, uno de los más importantes elementos condicionantes de nuestra disciplina.[2]

Por tanto, el derecho administrativo que nosotros hemos conocido, estudiado y enseñado en el último medio siglo, cuando en el mundo occidental los países han gozado de cierta estabilidad democrática, puede decirse que en general ha sido el derecho administrativo del Estado de derecho, que como modelo político tuvo su origen a comienzos del siglo XIX como consecuencia de los aportes de la Revolución Norteamericana (1776) y de la Revolución francesa (1789) al constitucionalismo moderno;[3] el cual fundamentalmente resulto del luego hecho político fundamental del pase efectivo de la soberanía, desde el Monarca al pueblo, dando origen al desarrollo del principio de la representatividad democrática. En ese marco, el Estado se organizó conforme al principio de la separación de poderes, que permitió el control recíproco entre los diversos órganos del Estado, entre ellos, por parte el poder judicial, montado además en la necesaria garantía de los derechos ciudadanos frente al propio Estado, los que comenzaron a ser declarados constitucionalmente.

Fue en ese marco político cuando el derecho administrativo comenzó a ser un orden jurídico que además de regular a los órganos del Estado y su actividad, también comenzó a regular las relaciones jurídicas que en cierto plano igualitario se comenzaron a establecer entre el Estado y los ciudadanos, y que ya no sólo estaban basadas en la antigua ecuación entre prerrogativa del Estado y la sujeción de las personas a la autoridad, sino entre poder del Estado y derecho de los ciudadanos.

Ese cambio, incluso, se reflejó en el propio contenido de las Constituciones que en su origen, particularmente en Europa hasta la mitad del siglo pasado, no habían sido más que cuerpos normativos destinados a regular solo la organización del Estado, sin que sus normas siquiera se aplicaran directamente a los ciudadanos ni tuvieran a éstos como sus destinatarios, y cuyo contenido se reducía a regular lo que históricamente se ha denominado su parte orgánica relativa a la organización y funcionamiento de los diversos poderes y órganos del Estado. El derecho administrativo en esa época, por tanto, en el marco de su constitucionalización, no era más que el derecho que regulaba a la Administración Pública, su organización en el ámbito del Poder Ejecutivo, sus poderes y prerrogativas, y su funcionamiento, habiéndose recogido en las Constituciones, en general, sólo normas sobre la organización administrativa.

A medida que se fue imponiendo el modelo político del Estado de derecho, las Constituciones comenzaron a desarrollar, además de su parte orgánica, una parte dogmática relativa al régimen político democrático representativo y a los derechos y garantías constitucionales de los ciudadanos, como consecuencia de lo cual, la acción de Estado y de la propia Administración comenzó a encontrar límites formales, que también comenzaron a ser recogidas en normas constitucionales destinadas a regular las relaciones que se establecen entre el Estado y los ciudadanos o las personas, en muchos casos precisamente con ocasión de la actividad de la Administración. Ello implicó la incorporación en los textos constitucionales de normas de derecho administrativo, incluyendo las que se refieren a los medios jurídicos dispuestos para asegurar el control de la Administración, tanto político, como fiscal y jurisdiccional; y las Constituciones, como norma, comenzaron a tener a los ciudadanos como sus destinatarios inmediatos.[4]

La consecuencia de todo ello fue que progresivamente, el derecho administrativo y sus principios terminaron encontrando su fuente jurídica primaria y más importante en la propia Constitución, en la cual ahora se encuentran regulaciones sobre la organización, funcionamiento y actividad de la Administración Pública como complejo orgánico integrada en los órganos del Poder Ejecutivo; sobre el ejercicio de la función administrativa, realizada aún por otros órganos del Estado distintos a la Administración; sobre las relaciones jurídicas que se establecen cotidianamente entre las personas jurídicas estatales cuyos órganos son los que expresan la voluntad de la Administración, y los administrados; sobre los fines públicos y colectivos que estas persiguen, situados por encima de los intereses particulares; sobre los poderes y prerrogativas de los cuales disponen para hacer prevalecer los intereses generales y colectivos frente a los intereses individuales, y además, de los límites impuestos por normas garantizadoras de los derechos y garantías de los administrados, incluso frente a la propia Administración.

En el mundo contemporáneo, en consecuencia, ese derecho administrativo que se ha incrustado en la Constitución,[5] es sin duda el propio de un derecho del Estado de derecho, y su desarrollo y efectividad debería estar condicionado por los valores democráticos que están a la base del mismo.

II

Lo anterior implica, que a diferencia de otras ramas del derecho, por su vinculación con el Estado y el régimen político, el derecho administrativo no puede considerarse como una rama políticamente neutra, y menos aún como un orden jurídico que haya adquirido esa relativa rigidez o estabilidad como el que podría encontrarse en otras ramas.

El derecho administrativo, aun conservando principios esenciales, inevitablemente tiene siempre un grado el dinamismo que lo hace estar en constante evolución, como consecuencia directa, precisamente, de la propia evolución del Estado, siempre necesitando adaptarse a los cambios que se operan en el ámbito social y político de cada sociedad, por lo que siempre terminan reflejando los condicionamientos políticos y sociales vigentes en un momento dado.[6] De allí aquella gráfica expresión de Prosper Weil en el sentido de que el derecho administrativo sufre, permanentemente, de una "crisis de crecimiento,"[7] que en definitiva, nunca concluye, pues las transformaciones económicas y sociales del mundo no cesan, y con ellas las del Estado y del rol que cumple.

Pero si nos atenemos solamente a la conformación del andamiaje constitucional del Estado en el mundo contemporáneo occidental, como Estado de derecho, hay una constante subyacente en el condicionamiento del derecho administrativo, que son los principios democráticos que ahora le son esenciales a mismo,[8] como por ejemplo quedó plasmado en una aislada sentencia de la Sala Político Administrativa del Tribunal Supremo de Justicia de Venezuela de 2000, lamentablemente olvidada muy rápidamente, en la cual se afirmó que:

> "el derecho administrativo es ante y por sobre todo un derecho democrático y de la democracia, y su manifestación está íntimamente vinculada a la voluntad general (soberanía) de la cual emana."[9]

Ello debería ser así, y es cierto si nos quedamos solo en la denominación y definición formal del Estado que se inserta en las Constituciones, como por ejemplo sucede precisamente en Colombia y en Venezuela. En Colombia, el artículo 1 de la Constitución precisa que: "Colombia es un Estado social de derecho, organizado en forma de República unitaria, descentralizada, con autonomía de sus entidades territoriales, democrática, participativa y pluralista, fundada en el respeto de la dignidad humana, en el trabajo y la solidaridad de las personas que la integran y en la prevalencia del interés general." Igualmente en Venezuela, el artículo 2 de la Constitución indica que: "Venezuela se constituye en un Estado democrático y social de Derecho y de Justicia, que propugna como valores superiores de su ordenamiento jurídico y de su actuación, la vida, la libertad, la justicia, la igualdad, la solidaridad, la democracia, la responsabilidad social y, en general, la preeminencia de los derechos humanos, la ética y el pluralismo político."

Si nos atenemos a esas definiciones, mejores enunciados formales del Estado democrático en el texto de una Constitución, ciertamente es imposible encontrar como marco general del ordenamiento jurídico que debería ser aplicable al Estado, y que debería moldear el derecho administrativo. Sin embargo, ante esas definiciones, lo que corresponde es determinar si realmente, en los respectivos países, la práctica política del gobierno responde a esos principios, o si son simples enunciados floridos, y nada más, de un Estado nada democrático, como es el caso de Venezuela.

Es decir, ante los enunciados constitucionales que proclaman la democracia como régimen político, la tarea central es determinar cuán efectiva ha sido la vigencia real de estas normas y cómo ello ha permeado efectivamente en el derecho administrativo. Si nos atenemos a los enunciados, sin duda, el derecho administrativo en Venezuela, por ejemplo, debería ser ese derecho precisamente de un Estado democrático sometido al derecho, lo que implicaría la ineludible existencia de un pleno control judicial de la actividad administrativa, teniendo a su cargo la Administración, además de la misión general de gestionar el interés general y la satisfacción de las necesidades colectivas, la de garantizar el ejercicio de los derechos de los administrados, todo dentro de un marco legal general que asegure pluralismo e igualdad.

III

Pero lamentablemente, ello no es necesariamente así en la actualidad, particularmente en Venezuela, ni lo fue en general desde que la figura del Estado de derecho surgió en la historia, hace doscientos años; período durante el cual fue cuando precisamente se desarrolló nuestra disciplina, sin que sin embargo pueda afirmarse que por ausencia de un régimen democrático, el derecho administrativo como rama del derecho no haya existido.

Al contrario, por ejemplo, y para sólo referirnos a un ejemplo que nos es muy cercano a los administrativistas latinoamericanos, allí está el ejemplo de desarrollo del derecho administrativo contemporáneo en España, que comenzó precisamente en ausencia de un régimen democrático, por el fenomenal impulso que le pudo dar el núcleo de profesores que se aglutinó en el viejo Instituto de Estudios Políticos que estaba inserto en la propia estructura del Estado autoritario, en torno a la *Revista de Administración Pública*, con Eduardo García de Enterría, Fernando Garrido Falla, José Luis Villar Palasí y Jesús González Pérez, entre otros. Y ello ocurrió en los años cincuenta del Siglo pasado, cuando España, lejos de la democracia, estaba en plena etapa del autoritarismo franquista, más de veinte años antes de la sanción de la Constitución de 1978. Fue incluso en aquélla época cuando se dictaron las muy importantes Leyes sobre el Régimen Jurídico de la Administración del Estado, y sobre Procedimientos Administrativos, que sin duda fueron, en el derecho positivo, la partida de nacimiento del derecho administrativo español contemporáneo para buscar garantizar el sometimiento del Estado al derecho.

No había democracia, pero sin duda, sí había derecho administrativo porque a pesar del autoritarismo, el régimen permitía la existencia de cierto equilibrio entre los poderes del Estado y los derechos ciudadanos; y a pesar de que no podía haber control sobre el comportamiento político del gobierno, algo de control contencioso administrativo si se permitía. Y para no irnos muy lejos, la raíz del derecho administrativo contemporáneo en Venezuela puede situarse en la rica jurisprudencia de la antigua Corte Federal que funcionó hasta 1961, contenida en múltiples sentencias que emanaron de dicho alto tribunal igualmente en la década de los cincuenta del siglo pasado, en plena dictadura militar que duró hasta 1958.[10] Tampoco había democracia, pero sin duda, en el marco de un régimen autoritario ya se estaban sentando las bases del derecho administrativo contemporáneo en Venezuela, como lo hemos conocido en las décadas pasadas, por la existencia al menos de principio, del antes mencionado equilibrio, por la existencia al menos del mencionado equilibrio.

Pero por supuesto, en aquél entonces no se trataba de un derecho administrativo de un Estado democrático de derecho, sino de un Estado autoritario con alguna sujeción al derecho. Es decir, en otros términos más generales, porque ejemplos como los indicados los podemos encontrar en la historia de nuestra disciplina de todos nuestros países, puede decirse que el sometimiento del Estado al derecho, que fue lo que originó el derecho administrativo desde comienzos del siglo XIX, no siempre tuvo el estrecho vínculo con la democracia, como régimen político, como hoy lo consideramos.

IV

En realidad, el elemento esencial que caracteriza al derecho administrativo de un Estado democrático de derecho se encuentra cuando el derecho administrativo deja de ser un derecho exclusivamente del Estado, llamado a regular sólo su organización, su funcionamiento, sus poderes y sus prerrogativas, y pasa a ser realmente un derecho administrativo encargado de garantizar el punto de equilibrio antes mencionado que en una sociedad democrática tiene que existir entre los poderes del Estado y los derechos de los administrados. En el marco de un régimen autoritario, ese equilibrio por esencia no existe, o es muy débil o maleable, y por ello es que en dicho régimen el derecho administrativo no es un derecho democrático, aun cuando pretenda someter el Estado al derecho.

Como también lo señaló la Sala Político Administrativa del Tribunal Supremo de Justicia de Venezuela en la misma lamentablemente olvidada sentencia No. 1028 de 9 de mayo de 2000,

> "El derecho administrativo se presenta dentro de un estado social de derecho como el punto de equilibrio entre el poder (entendido éste como el conjunto de atribuciones y potestades que tienen las instituciones y autoridades públicas, dentro del marco de la legalidad), y la libertad (entendida ésta como los derechos y garantías que tiene el ciudadano para convivir en paz, justicia y democracia)."[11]

Ello es precisamente lo que caracteriza al derecho administrativo en un orden democrático, que no es otra cosa que ser el instrumento para asegurar la sumisión del Estado al derecho pero con a la misión de garantizar el respeto a los derechos ciudadanos, en medio de una persistente lucha histórica por controlar el poder y contra las "inmunidades del poder,"[12] que es lo que ha caracterizado el devenir de nuestra disciplina. Ese equilibrio entre el poder y el ciudadano, siempre latente, pero débil al inicio, efectivamente se comenzó consolidar bien entrado el Siglo XX, luego de la segunda guerra mundial, cuando el derecho administrativo comenzó a ser un derecho regulador no sólo del Estado, sino de los derechos ciudadanos en un marco democrático.

Con ello se consolidó la concepción del derecho administrativo de las sociedades democráticas como el instrumento por excelencia para, por una parte garantizar la eficiencia de la acción administrativa y la prevalencia de los intereses generales y colectivos, y por la otra, para asegurar la protección del administrado frente a la Administración; con lo cual se superó aquella caracterización del derecho administrativo que advertía hace años Fernando Garrido Fallo, cuando nos indicaba que se nos presentaba como "un hipócrita personaje de doble faz," que encerraba una "oposición aparentemente irreductible" entre el conjunto de prerrogativas que posee y que "sitúan a la Administración en un plano de desigualdad y favor en sus relaciones con los particulares"; y el conjunto de derechos y garantías de estos, que lo llevaban a regular lo que llamó "la más acabada instrumentación técnica del Estado liberal."[13]

Ese juego dialéctico entre esos dos puntos extremos contrapuestos: por una parte, los poderes y las prerrogativas administrativas de la Administración, y por la otra, los derechos y las garantías de los administrados, es lo que permitió expresar a Marcel Waline, también hace unos buenos años, que por una parte se evite el inmovilismo y la impotencia de la Administración, y por la otra, se evite la tiranía.[14] La existencia o no del mencionado equilibrio, o la existencia de un acentuado desbalance o desequilibrio entre los dos extremos, es lo que resulta del modelo político en el cual se mueve y aplica el derecho administrativo. De allí, más democrático será el derecho administrativo solo si el equilibrio es acentuado; y menos democrático será si su regulación se limita sólo a satisfacer los requerimientos del Estado, ignorando o despreciando el otro extremo, es decir, el de las garantías y derechos ciudadanos.

El reto del derecho administrativo, por tanto, está en lograr y asegurar el equilibrio mencionado para lo cual es necesario que el Estado esté configurado no sólo como un Estado de derecho sino como un Estado democrático, lo cual sólo es posible si el mismo asegura efectivamente el control del ejercicio del poder. Sin dicho control, el derecho administrativo no pasa de ser un derecho del Poder Ejecutivo o de la Administración Pública, montado sobre un desequilibrio o desbalance, en el cual las prerrogativas y poderes de la Administración pudieran predominar en el contenido de su regulación.

V

Pero para que el equilibrio se logre y sea efectivo, es evidente que no bastan las declaraciones formales en las Constituciones, ni que el derecho administrativo se haya llegado a constitucionalizar efectivamente, como ha ocurrido por ejemplo en Colombia y Venezuela. Las Constituciones de nuestros dos países son ejemplos de dicho proceso, estando incluso imbuidas del mencionado postulado del equilibrio en la relación Administración-administrados, dando cabida a un conjunto de previsiones para asegurarlo, regulando la actuación de la Administración y protegiendo en paralelo los derechos e intereses de las personas, pero sin el sacrificio o menosprecio de los intereses particulares, a pesar de la prevalencia de los intereses generales o colectivos. En ellas incluso se insertan normas tan espectaculares como la que declara, en Colombia, al principio de la buena fe como principio fundamental, a cuyos postulados deben ceñirse "las actuaciones de los particulares y de las autoridades públicas," debiendo siempre presumírsela "en todas las gestiones que aquéllos adelanten ante éstas" (art.83); y al principio de la libertad frente a la Administracion (art. 84), que en materia de la actividad económica y la iniciativa privada se las declara como "libres, dentro de los límites del bien común", agregándose que "para su ejecución nadie podrá exigir permisos previos ni requisitos, sin autorización de ley" (art. 333).

La Constitución de Venezuela, por su lado, también está imbuida del mismo postulado del equilibrio en la relación Administración-administrado, destacándose por ejemplo la norma que al regular a la Administración Pública, declara que la misma "está al servicio de los ciudadanos, y se fundamenta en los principios de honestidad, participación, celeridad, eficacia, eficiencia, transparencia, rendición de cuenta y responsabilidad en el ejercicio de la función pública, con sometimiento pleno a la ley y al derecho" (art. 141); garantizándose igualmente a aquellos, el debido proceso, no sólo en las actuaciones judiciales sino en los procedimientos administrativos (art. 49). Lla Constitución también garantiza a los ciudadanos el derecho a ser informados oportuna y verazmente por la Administración Pública sobre el estado de las actuaciones en que estén directamente interesados, y a conocer las resoluciones definitivas que se adopten sobre el particular; e igualmente garantiza a los ciudadanos el acceso a los archivos y registros administrativos, sin perjuicio de los "límites aceptables dentro de una sociedad democrática" (Art. 143). Y además garantiza además, que los funcionarios públicos "están al servicio del Estado y no de parcialidad alguna", incluso disponiendo que "su nombramiento o remoción no podrán estar determinados por la afiliación u orientación política" (Art. 145). Finalmente la Constitución constitucionalizó a la jurisdicción contencioso administrativa, regulando incluso expresamente el control respecto del vicio de la "desviación de poder" (art. 295).

VI

Pero es evidente que sea cual fuere la forma de redacción de la Constitución sobre la noción del Estado democrático de derecho y la extensión del proceso de constitucionalización del derecho administrativo, ello no es suficiente para que el equilibrio entre el poder del Estado y los derechos ciudadanos sea efectivo.

Es en realidad la práctica política del gobierno la que pondrá de manifiesto si un Estado conformado constitucionalmente como un Estado de derecho, realmente se conduce como tal en su funcionamiento y actuación, y si el derecho administrativo aplicado al mismo obedece o no efectivamente a parámetros democráticos. Basta estudiar el caso venezolano para constatar que el "Estado democrático y social de derecho y de justicia" y descentralizado tal como lo definen los artículos 2 y 4 de la Constitución, en la práctica política del gobierno autoritario que se apoderó de la República desde 1999,[15] no es tal, es decir, no es un Estado democrático, no es un Estado social, no es un Estado de derecho, no es un Estado de Justicia y no es un Estado descentralizado; y más bien es un Estado Totalitario que además de haber empobrecido aún más al país, no está realmente sometido al derecho, cuyas normas se ignoran y desprecian, o se mutan o amoldan a discreción por los gobernantes; todos los poderes están concentrados en el Ejecutivo, que han aniquilado a la democracia, han pervertido la participación y han concentrado todos los medios de comunicación; no está sometido a control judicial alguno, por la sumisión del Poder Judicial al Poder Ejecutivo; de todo lo cual se puede caracterizar más bien como un "Estado de la injusticia," todo lo cual afecta tremendamente al derecho administrativo. En el mismo, además, el Juez Constitucional controlado ha sido el instrumento más letal para afianzar el autoritarismo.[16]

Y es que si algo es definitivo en esta perspectiva, es que el derecho administrativo no es, ni puede ser independiente de la actuación del gobierno, sea que del mismo resulte en un modelo político de Estado autoritario o de Estado democrático. Y para identificar dicho modelo por supuesto no podemos acudir a etiquetas o a definiciones constitucionales, sino a la práctica política del gobierno.

Un Estado autoritario será el resultado de la actuación de un gobierno autoritario, y en el mismo, lejos de haber un equilibrio entre los poderes de la Administración y los derechos de los particulares, lo que existe es más bien un marcado desequilibrio a favor del régimen de la Administración, con pocas posibilidades de garantía de los derechos de los particulares frente a su actividad.

En cambio, el equilibrio antes mencionado sólo tiene posibilidad de pleno desarrollo en Estados con gobiernos democráticos, donde la supremacía constitucional esté asegurada, la separación y distribución del Poder sea el principio medular de la organización del Estrado, donde el ejercicio del Poder Público pueda ser efectivamente controlado judicialmente y por los otros medios dispuestos en la Constitución, y donde los derechos de los ciudadanos sean garantizados por un Poder Judicial independiente y autónomo. Nada de ello se encuentra en los Estados con un régimen de gobierno autoritario, así sus gobernantes hayan podido haber sido electos, y se arropen con el lenguaje a veces florido de los textos constitucionales.

VII

De todo lo anterior resulta evidente que cuando se habla de Estado democrático de derecho, y en el mismo, del derecho administrativo como derecho de la democracia, ésta tiene que existir real y efectivamente y no sólo en el papel de las Constituciones y de las leyes, sino en la práctica de la acción del gobierno que origine un sistema político en el cual además de todos los derechos y garantías constitucionales generalmente conocidos (políticos, individuales, sociales, económicos, culturales, ambientales), se garantice efectivamente el derecho ciudadano a la Constitución y a su supremacía constitucional, es decir el derecho ciudadano a la propia democracia,[17] y el derecho de poder ejercer el control sobre las actividades gubernamentales, que hasta cierto punto son tan políticos como los clásicos derechos al sufragio, al desempeño de cargos públicos, a asociarse en partidos políticos y, más recientemente, el derecho a la participación política.

Estos derechos que son nuevos sólo en su enunciado, derivan de la comprensión cabal de lo que significa un régimen democrático, que sólo es aquél donde concurren una serie de *elementos esenciales* que por lo demás se enumeran en la *Carta Democrática Interamericana* de 2001, y que son los derechos: 1) al respeto a los derechos humanos y las libertades fundamentales; 2) al acceso al poder y su ejercicio con sujeción al Estado de derecho; 3) a la celebración de elecciones periódicas, libres, justas y basadas en el sufragio universal y secreto, como expresión de la soberanía del pueblo; 4) al régimen plural de partidos y organizaciones políticas y 5) a la separación e independencia de los poderes públicos (art. 3).

No hay ni puede haber democracia si el ciudadano no tiene garantizado su derecho político a la efectividad de esos elementos esenciales, que es lo que permite en definitiva distinguir un Estado democrático de derecho de un Estado de régimen autoritario. En este, a pesar de todas sus etiquetas constitucionales, esos derechos o elementos esenciales no pueden ser garantizados, por la ausencia de controles al ejercicio del poder, aún cuando pueda tratarse de Estados en los cuales los gobiernos puedan haber tenido su origen en algún ejercicio electoral.

Entre todos esos derechos políticos a la democracia, está por supuesto, el derecho a la separación de poderes, que implica el derecho a ejercer el control del poder. Ello además, es lo que permite que se puedan materializar otros derechos políticos del ciudadano en una sociedad democrática, identificados en la misma Carta Democrática Interamericana como *componentes fundamentales* de la democracia, como son los derechos a: 1) la transparencia de las actividades gubernamentales; 2) la probidad y la responsabilidad de los gobiernos en la gestión pública; 3) el respeto de los derechos sociales; 4) el respeto de la libertad de expresión y de prensa; 5) la subordinación constitucional de todas las instituciones del Estado a la autoridad civil legalmente constituida y 6) el respeto al Estado de derecho de todas las entidades y sectores de la sociedad (art. 4).

IX

Entre esos derechos se destaca el derecho a la separación de poderes, materializado en el derecho al control del poder, que es el fundamento del propio derecho administrativo en una sociedad democrática, pues es precisamente el elemento fundamental para garantizar el necesario equilibrio mencionado entre los poderes y prerrogativas de la Administración del Estado y los derechos ciudadanos.

Para ello, por supuesto la condición esencial es que los poderes sean efectivamente autónomos e independientes, para lo cual, de nuevo, no bastan las declaraciones constitucionales y ni siquiera la sola existencia de elecciones, siendo demasiadas las experiencias en el mundo contemporáneo de toda suerte de tiranos que usaron el voto popular para acceder al poder, y que luego, mediante su ejercicio incontrolado, desmantelar la democracia y desarrollar gobiernos autoritarios, contrarios al pueblo, que acabaron con la propia democracia y con todos sus elementos,[18] comenzando por el irrespeto a los derechos humanos. Situación que por lo demás ha sido la de Venezuela, donde se ha arraigado un gobierno autoritario partiendo de elementos que se insertaron en la misma Constitución de 1999.[19]

En ella, en efecto, a pesar de establecerse una peta división del poder público en Legislativo, Ejecutivo, Judicial, Ciudadano y Electoral, se dispuso el germen de la concentración del poder en manos de la Asamblea Nacional y, consecuencialmente, del Poder Ejecutivo que la controla políticamente, con lo cual, progresivamente, los otros Poderes Públicos, y particularmente el Poder Judicial[20], el Poder Ciudadano y el Poder Electoral[21] han quedado sometidos a la voluntad del Ejecutivo. Por ello en noviembre de 1999, aún antes de que la Constitución se sometiera a referendo aprobatorio, advertí que si la Constitución se aprobaba, ello iba a implicar la implantación en Venezuela, de:

"un esquema institucional concebido para el autoritarismo deriva-

do de la combinación del centralismo del Estado, el presidencial-
ismo exacerbado, la democracia de partidos, la concentración de
poder en la Asamblea y el militarismo, que constituye el elemento
central diseñado para la organización del poder del Estado."[22].

Ha sido todo este sistema de ausencia de autonomía y de independencia de los poderes del Estado respecto del Ejecutivo Nacional, lo que
ha eliminado toda posibilidad real de asegurar un equilibrio entre el poder de la Administración del Estado y los derechos ciudadanos, siendo
difícil por tanto poder identificar a la Administración Pública como entidad al servicio de estos, los cuales lamentablemente ahora sólo pueden
entrar en relación con la misma en dos formas: por una parte, los que son
privilegiados del poder, como consecuencia de la pertenencia política al
régimen o a su partido único, con todas las prebendas y parcialidades de
parte de los funcionarios; y por otra parte, los que como marginados del
poder acuden a la Administración por necesidad ciudadana, a rogar las
más elementales actuaciones públicas, como es por ejemplo solicitar autorizaciones, licencias, permisos o habilitaciones, las cuales no siempre
son atendidas y más bien tratadas como si lo que se estuviera requiriendo
fueran favores y no derechos o el cumplimiento de obligaciones públicas.
En ambas situaciones, lamentablemente, el equilibrio entre poderes del
Estado y derechos ciudadanos de los administrados ha desaparecido, sin
que existan elementos de control para restablecerlo: se privilegia y se margina, como producto de una discriminación política antes nunca vista, sin
posibilidad alguna de control.

En ese marco, el derecho administrativo formalmente concebido
para la democracia, en la práctica pasó a ser un instrumento más del autoritarismo, habiendo incluso la jurisdicción contencioso administrativo
cesado de ser el instrumento para asegurar el control jurisdiccional de la
Administración y de sus actuaciones administrativas. Ello, en particular, se
evidenció abiertamente desde 2003 con la lamentable destitución *in limine*
de los magistrados de la Corte Primera de lo Contencioso Administrativa
con ocasión de un proceso contencioso administrativo de nulidad y amparo iniciado el 17 de julio de 2003 a solicitud de la Federación Médica
Venezolana en contra de los actos del Alcalde Metropolitano de Caracas, del

Ministro de Salud y del Colegio de Médicos del Distrito Metropolitano de Caracas, por la contratación indiscriminada de médicos extranjeros no licenciados para ejercer la medicina en el país; todo en violación de la Ley de Ejercicio de la Medicina, para atender el desarrollo de un importante programa asistencial de salud en los barrios de Caracas.

En ese caso, la Federación Médica Venezolana consideró que la actuación pública era discriminatoria y violatoria de los derechos de los médicos venezolanos (derecho al trabajo, entre otros) a ejercer su profesión médica, al permitir a médicos extranjeros ejercerla sin cumplir con las condiciones establecidas en la Ley. Por ello la federación intentó la acción de nulidad y amparo, en representación de los derechos colectivos de los médicos venezolanos, solicitando su protección.[23] Un mes después, el 21 de agosto de 2003, la Corte Primera dictó una medida cautelar de amparo considerando que había suficientes elementos en el caso que hacían presumir la violación del derecho a la igualdad ante la ley de los médicos venezolanos, ordenando la suspensión temporal del programa de contratación de médicos cubanos, y ordenando al Colegio de Médicos del Distrito metropolitano sustituir los médicos cubanos ya contratados sin licencia por médicos venezolanos o médicos extranjeros con licencia para ejercer la profesión en Venezuela.[24]

La respuesta gubernamental a esta decisión preliminar de carácter cautelar, que tocaba un programa social muy sensible para el gobierno, fue el anuncio público del Ministro de Salud, del Alcalde metropolitano y del propio Presidente de la República en el sentido de que la medida cautelar dictada no iba a ser acatada en forma alguna;[25] anuncios que fueron seguidos de varias decisiones gubernamentales:

La Sala Constitucional del Tribunal Supremo de Justicia, controlada por el Ejecutivo, adoptó la decisión de avocarse al caso decidido por la Corte Primera de lo Contencioso Administrativo, y usurpando competencias en la materia, declaró la nulidad del amparo cautelar decidido por esta. A ello siguió que un grupo de agentes de la policía política (DISIP) allanó la sede de la Corte Primera, después de detener a un escribiente o alguacil de la misma por motivos fútiles; el Presidente de la República, entre otras expresiones usadas, se refirió al Presidente de la Corte Primera como "un bandido;"[26] y unas semanas después, la Comisión Especial Judicial del Tribunal Supremo de Justicia, sin fundamento legal alguno, destituyó a los cinco magistrados de la Corte Primera, la cual fue intervenida.[27] A pesar de la protesta de los Colegios de Abogados del país e incluso de la Comisión Internacional de Juristas;[28] el hecho es que la Corte Primera permaneció cerrada sin jueces por más de diez meses,[29] tiempo durante el cual simplemente no hubo justicia contencioso administrativa en el país.

Esa fue la respuesta gubernamental a un amparo cautelar dictado por el juez contencioso administrativo competente respecto de un programa gubernamental sensible; respuesta que fue dada y ejecutada a través de órganos judiciales controlados políticamente. Ello, por supuesto, lamentablemente significó no sólo que los jueces que fueron luego nombrados para reemplazar a los destituidos comenzaron a entender cómo debían comportarse en el futuro frente al poder; sino que condujo a la abstención progresiva de todo control contencioso administrativa de las acciones gubernamentales. La Jurisdicción contencioso administrativa en Venezuela, de raigambre y jerarquía constitucional, simplemente hoy no existe en la práctica.

Y para que quedara claro, la demanda que intentaron los jueces contencioso administrativo destituidos ante la Comisión Interamericana de Derechos Humanos por violación a sus garantías constitucionales judiciales, a pesar de que fue decidida por la Corte Interamericana de Derechos Humanos, en 2008, condenando al Estado,[30] de nada sirvió sino para que la Sala Constitucional del Tribunal Supremo, en sentencia N° 1.939 de 12 de diciembre de 2008,[31] citando como precedente una sentencia del Tribunal Superior Militar del Perú de 2002, declarara la sentencia del tribunal internacional como "inejecutable" en Venezuela, solicitando al Ejecutivo que denunciara la Convención Americana de Derechos Humanos que supuestamente había usurpado los poderes del Tribunal Supremo, lo que el Ejecutivo cumplió cabalmente en 2011.

Este caso emblemático, por supuesto, contrasta con las previsiones de la Constitución de 1999, en la cual se encuentra una de las declaraciones de derechos más completas de América Latina, y sobre su protección por medio de la acción de amparo, así como previsiones expresas sobre la Jurisdicción Constitucional y la Jurisdicción Contencioso Administrativa difícilmente contenidas con tanto detalle en otros textos constitucionales.[32] Ello, por otra parte, lo que muestra es que para que exista control de la actuación del Estado no bastan declaraciones formales en la Constitución, sino que es indispensable que el Poder Judicial sea autónomo e independiente, y esté fuera del alcance del Poder Ejecutivo. Al contrario, cuando el Poder Judicial está controlado por el Poder Ejecutivo, como lo muestra el caso citado, las declaraciones constitucionales de derechos se convierten en letra muerta, y el derecho administrativo no puede servir para garantizar ningún equilibrio entre poderes del Estado y derechos ciudadanos, convirtiéndose solo en un instrumento más del autoritarismo.

XI

De todo lo anterior resulta, por tanto, que para que exista democracia como régimen político en un Estado constitucional y democrático de derecho, y para que exista un derecho administrativo que garantice el equilibrio entre el oder del Estado y los derechos ciudadanos, no son suficientes las declaraciones contenidas en los textos constitucionales que por ejemplo, como es el caso en Venezuela, hablen y regulen el derecho al sufragio y la participación política; la división o separación horizontal del Poder Público, y su distribución vertical o territorial del poder público, de manera que los diversos poderes del Estado puedan limitarse mutuamente; así como tampoco bastan las declaraciones que se refieran a la posibilidad de los ciudadanos de controlar el poder del Estado, mediante elecciones libres y justas que garanticen la alternabilidad republicana; mediante un sistema de partidos que permita el libre juego del pluralismo democrático; mediante la libre manifestación y expresión del pensamiento y de la información que movilice la opinión pública; o mediante el ejercicio de recursos judiciales ante jueces independientes que permitan asegurar la vigencia de los derechos humanos y el sometimiento del Estado al derecho.

Tampoco bastan las declaraciones constitucionales sobre la "democracia participativa y protagónica" o la descentralización del Estado; así como tampoco la declaración extensa de derechos humanos. Tampoco es suficiente que se haya producido un completo proceso de constitucionalización del derecho administrativo, insertando en la Constitución todos sus principios más esenciales.

Además de todas esas declaraciones, es necesaria que haya un gobierno democrático y que la práctica política democrática asegure efectivamente la posibilidad de controlar el poder, como única forma de garantizar la vigencia del Estado de derecho, y el ejercicio real de los derechos humanos; y que el derecho administrativo pueda consolidarse como un régimen jurídico de la Administración que disponga el equilibrio entre los poderes del Estado y los derechos de los administrados.

Lamentablemente, en Venezuela, después de las cuatro décadas de práctica democrática que vivió el país entre 1959 y 1999, durante estos últimos tres lustros, a partir de 1999 hasta la fecha, en fraude continuo a la Constitución efectuado por el Legislador y por el Tribunal Supremo de Justicia, guiados por el Poder Ejecutivo, a pesar de las excelentes normas constitucionales que están insertas en el Texto fundamental derivadas del proceso de constitucionalización del derecho administrativo, se ha venido estructurando un Estado Totalitario en contra de las mismas, que ha aniquilado toda posibilidad real de control del ejercicio del poder y, en definitiva, el derecho mismo de los ciudadanos a la democracia.[33]

Y con ello, toda posibilidad de que el derecho administrativo sea ese derecho que asegure el equilibrio entre los poderes del Estado y los derechos ciudadanos que el Estado democrático de derecho exige convirtiéndose en un derecho administrativo al servicio exclusivo de la Administración y de los funcionarios, donde no hay campo para reclamo o control, sino sólo para el acatamiento sin discusión.

En ese marco, por tanto, de nada vale el proceso de constitucionalización del derecho administrativo, que en la práctica es letra muerta, todo lo cual nos evidencia precisamente la importancia del modelo político en la conformación de nuestra disciplina.

San José, 16 de marzo de 2015.

(ENDNOTES)

1   Véase André Demichel, *Le droit administratif. Essai de réflexion théorique,* París, 1978, p. 14.

2   Sobre el tema, bajo el ángulo de la Administración, nos ocupamos hace años en Allan R. Brewer-Carías, "Les conditionnements politiques de l'administration publique dans les pays d'Amérique Latine", en *Revue Internationale des Sciences Administratives,* Vol. XLV, N° 3, Institut International des Sciences Administratives, Bruselas 1979, pp. 213-233; y "Los condicionamientos políticos de la Administración Pública en los países latinoamericanos" en *Revista de la Escuela Empresarial Andina*, Convenio Andrés Bello, N° 8, Año 5, Lima 1980, pp. 239-258

3   Véase Allan R. Brewer-Carías, *Reflexiones sobre la revolución norteamericana (1776), la revolución francesa (1789) y la revolución hispanoamericana (1810-1830) y sus aportes al constitucionalismo moderno,* 2ª Edición Ampliada, Serie Derecho Administrativo No. 2, Universidad Externado de Colombia, Editorial Jurídica Venezolana, Bogotá 2008.

4   Véase Eduardo García de Enterría, *La Constitución como norma y el Tribunal Constitucional*, Madrid 1985.

5   Sobre el proceso de constitucionalización del derecho administrativo en Colombia y en Venezuela, véase Allan R. Brewer-Carías, "El proceso de constitucionalización del Derecho Administrativo en Colombia" en Juan Carlos Cassagne (Director), *Derecho Administrativo. Obra Colectiva en Homenaje al Prof. Miguel S. Marienhoff,* Buenos Aires 1998, pp. 157-172, y en *Revista de Derecho Público,* N° 55-56, Editorial Jurídica Venezolana, Caracas, julio-diciembre 1993, pp. 47-59; y "Algunos aspectos de proceso de constitucionalización del derecho administrativo en la Constitución de 1999" en *Los requisitos y vicios de los actos administrativos. V Jornadas Internacionales de Derecho Administrativo Allan Randolph Brewer-Carías, Caracas 1996,* Fundación Estudios de Derecho Administrativo (FUNEDA), Caracas 2000, pp. 23-37.

6   Véase Martín Bassols, "Sobre los principios originarios del derecho administrativo y su evolución", en *Libro homenaje al profesor Juan Galván Escutia,* Valencia, 1980, p. 57. Véase igualmente, Alejandro Nieto "La vocación del derecho administrativo de nuestro tiempo", *Revista de Administración Pública,* N° 76, Madrid, Centro de Estudios Constitucionales 1975; también en *34 artículos seleccionados de la Revista de Administración Pública con ocasión de su centenario,* Madrid, 1983, pp. 880 y 881

7   Véase Prosper Weil, *El derecho administrativo,* Madrid, 1966, p. 31.

8   Véase Allan R. Brewer–Carías, "El Derecho a la democracia entre las nuevas tendencias del derecho administrativo como punto de equilibrio entre los poderes de

la Administración y los derechos del Administrado," en *Revista Mexicana "Statum Rei Romanae" de Derecho Administrativo.* Homenaje al profesor Jorge Fernández Ruiz, Asociación Mexicana de Derecho Administrativo, Facultad de Derecho y Criminología de la Universidad Autónoma de Nuevo León, México, 2008, pp. 85–122; y "Prólogo: Sobre el derecho a la democracia y el control del poder", al libro de Asdrúbal Aguiar, *El derecho a la democracia. La democracia en el derecho y la jurisprudencia interamericanos. La libertad de expresión, piedra angular de la democracia*, Editorial Jurídica Venezolana, Caracas, 2008, pp. 19 ss.

9   Véase la sentencia No. 1028 del 9 de mayo de 2000 en *Revista de Derecho Público*, Nº 82, Editorial Jurídica Venezolana, Caracas, 2000, p. 214. Véase también, sentencia de la misma Sala de 5 de octubre de 2006, Nº 2189 (Caso: *Seguros Altamira, C.A. vs. Ministro de Finanzas*), en *Revista de Derecho Público*, Nº 108, Editorial Jurídica Venezolana, Caracas, 2006, p 100

10   Véase Allan R. Brewer-Carías, *Las instituciones fundamentales del derecho administrativo y la jurisprudencia venezolanas*, Caracas 1964; y *Jurisprudencia de la Corte Suprema 1930-1974 y estudios de derecho administrativo*, Ediciones del Instituto de Derecho Público, Facultad de Derecho, Universidad Central de Venezuela, ocho volúmenes, Caracas 1975-1979.

11   Véase en *Revista de Derecho Público*, No. 82, Editorial Jurídica Venezolana, Caracas 2000, p. 214

12   Véase Eduardo García de Enterría, *La lucha contra las inmunidades de poder en el derecho administrativo*, Madrid 1983.

13   Véase Fernando Garrido Falla, "Sobre el derecho administrativo", en *Revista de Administración Pública*, Nº 7, Instituto de Estudios Políticos, Madrid, 1952, p. 223

14   Véase Marcel Waline, *Droit administratif*, París, 1963, p. 4.

15   Véase Allan R. Brewer-Carías, *Authoritarian Government vs. The Rule of Law, Lectures and Essays (1999-2014) on the Venezuelan Authoritarian Regime Established in Contempt of the Constitution*, Fundación de Derecho Público, Editorial Jurídica Venezolana, Caracas 2014.

16   Véase Allan R. Brewer-Carías, "El juez constitucional al servicio del autoritarismo y la ilegítima mutación de la Constitución: el caso de la Sala Constitucional del Tribunal Supremo de Justicia de Venezuela (1999-2009)", en *Revista de Administración Pública*, No. 180, Madrid 2009, pp. 383-418.

17   Véase Allan R. Brewer–Carías, "Prólogo: Sobre el derecho a la democracia y el control del poder", al libro de Asdrúbal Aguiar, *El derecho a la democracia. La democracia en el derecho y la jurisprudencia interamericanos. La libertad de expresión, piedra angular*

de la democracia, Editorial Jurídica Venezolana, Caracas 2008, pp. 19 ss.

18   Véase Allan R. Brewer-Carías, *Dismantling Democracy. The Chávez Authoritarian Experiment*, Cambridge University Press, New York 2010.

19   Véase los comentarios críticos a la semilla autoritaria en la Constitución de 1999, en Allan R. Brewer–Carías, *Debate Constituyente (Aportes a la Asamblea Nacional Constituyente), Tomo III (18 octubre–30 noviembre 1999)*, Fundación de Derecho Público–Editorial Jurídica Venezolana, Caracas, 1999, pp. 311–340; "Reflexiones críticas sobre la Constitución de Venezuela de 1999," en el libro de Diego Valadés, Miguel Carbonell (Coordinadores), *Constitucionalismo Iberoamericano del Siglo XXI*, Cámara de Diputados. LVII Legislatura, Universidad Nacional Autónoma de México, México 2000, pp. 171–193; en *Revista de Derecho Público*, N° 81, Editorial Jurídica Venezolana, Caracas, enero–marzo 2000, pp. 7–21; en *Revista Facultad de Derecho, Derechos y Valores*, Volumen III N° 5, Universidad Militar Nueva Granada, Santafé de Bogotá, D.C., Colombia, Julio 2000, pp. 9–26; y en el libro *La Constitución de 1999*, Biblioteca de la Academia de Ciencias Políticas y Sociales, Serie Eventos 14, Caracas, 2000, pp. 63–88.

20   Véase Allan R. Brewer–Carías, "La progresiva y sistemática demolición de la autonomía en independencia del Poder Judicial en Venezuela (1999–2004)", en *XXX Jornadas J.M Domínguez Escovar, Estado de derecho, Administración de justicia y derechos humanos,* Instituto de Estudios Jurídicos del Estado Lara, Barquisimeto, 2005, pp. 33–174; y "La justicia sometida al poder [La ausencia de independencia y autonomía de los jueces en Venezuela por la interminable emergencia del Poder Judicial (1999–2006)]" en *Cuestiones Internacionales. Anuario Jurídico Villanueva 2007*, Centro Universitario Villanueva, Marcial Pons, Madrid, 2007, pp. 25–57.

21   Véase Allan R. Brewer–Carías, "El secuestro del Poder Electoral y la confiscación del derecho a la participación política mediante el referendo revocatorio presidencial: Venezuela 2000–2004", en *Boletín Mexicano de Derecho Comparado*, Instituto de Investigaciones Jurídicas, Universidad Nacional Autónoma de México, N° 112. México, enero–abril 2005 pp. 11–73; *La Sala Constitucional versus el Estado Democrático de Derecho. El secuestro del poder electoral y de la Sala Electoral del Tribunal Supremo y la confiscación del derecho a la participación política*, Los Libros de El Nacional, Colección Ares, Caracas, 2004, 172 pp.

22   Documento de 30 de noviembre de 1999. V. en Allan R. Brewer–Carías, *Debate Constituyente (Aportes a la Asamblea Nacional Constituyente)*, Tomo III, Fundación de Derecho Público, Editorial Jurídica Venezolana, Caracas, 1999, p. 339.

23   Véase Claudia Nikken, El caso Barrio Adentro: La Corte Primera de lo Contencioso Administrativo ante la Sala Constitucional del Tribunal Supremo de Justicia o el avoca-

miento como medio de amparo de derechos e intereses colectivos y difusos," en *Revista de Derecho Público, N° 93 96*, Editorial Jurídica Venezolana, Caracas, 2003, pp. 5 ss.

24   Véase la decisión de 21 de agosto de 2003 e*n Revista de Derecho Público, N° 93 96*, Editorial Jurídica Venezolana, Caracas, 2003, pp. 445 ss.

25   El Presidente de la República dijo: *"Váyanse con su decisión no sé para donde, la cumplirán ustedes en su casa si quieren...",* en el programa de TV Aló Presidente, n° 161, 24 de Agosto de 2003.

26   Discurso público, 20 septiembre de 2003.

27   Véase la información en *El Nacional,* Caracas, Noviembre 5, 2003, p. A2. En la misma página el Presidente destituido de la Corte Primera dijo: *"La justicia venezolana vive un momento tenebroso, pues el tribunal que constituye un último resquicio de esperanza ha sido clausurado".*

28   Véase en *El Nacional*, Caracas, Octubre 12, 2003, p. A–5; y El Nacional, Caracas, Noviembre 18,2004, p. A–6.

29   Véase en *El Nacional,* Caracas, Octubre 24, 2003, p. A–2; y El Nacional, Caracas, Julio 16, 2004, p. A–6.

30   Véase sentencia de la Corte Interamericana de 5 de agosto de 2008, *Caso Apitz Barbera y otros ("Corte Primera de lo Contencioso Administrativo") vs. Venezuela, Excepción Preliminar*, Fondo, Reparaciones y Costas, Serie C N° 182, en www.corteidh.or.cr

31   Véase sentencia de la Sala Constitucional, sentencia No 1.939 de 18 de diciembre de 2008 (Caso Abogados Gustavo Álvarez Arias y otros), en http://www.tsj.gov.ve/decisiones/scon/Diciembre/1939-181208-2008-08-1572.html

32   Véase Allan R. Brewer-Carías, Sobre la justicia constitucional y la justicia contencioso administrativo. A 35 años del inicio de la configuración de los procesos y procedimientos constitucionales y contencioso administrativos (1976-2011), en *El contencioso administrativo y los procesos constitucionales* (Directores Allan R. Brewer Carías y Víctor Rafael Hernández Mendible), Colección Estudios Jurídicos N° 92, Editorial Jurídica Venezolana, Caracas, 2011, pp. 19-74.

33   Véase Allan R. Brewer-Carías, Estado Totalitario y desprecio a la Ley. La desconstitucionalización, desjuridificación, desjudicialización y des democratización de Venezuela, Editorial Jurídica Venezolana, Caracas 2015.

LA AMPUTACIÓN DE LAS POTESTADES NORMATIVAS DEL MUNICIPIO EN MATERIA DE FUNCIÓN PÚBLICA, POR VÍA LEGISLATIVA Y JURISPRUDENCIAL EN VENEZUELA

Prof. Carlos Luis Carrillo Artiles*[1]

SUMARIO

I. A TÍTULO DE INTROITO

Inéditamente en Venezuela, en el año 2002, con la accidentada[2] entrada en vigencia de la Ley del Estatuto de la Función Pública[3] se supeditó a los Estados Federados y a los Municipios a someter sus particulares relaciones de empleo público con sus propios servidores públicos, a las disposiciones y contenidos de esa exclusiva normativa federal funcionarial dimanada de la Asamblea Nacional, aún cuando de acuerdo al diseño constitucional, ese cuerpo legislativo es extraño a su propia estructura y a los órganos de su elite territorial productores de leyes e instrumentos de rango legal.

Esa Ley del Estatuto de la Función Pública se redactó bajo una peculiar lectura de la norma constitucional, que sorpresivamente y sin antecedente histórico dejó atrás la práctica legal que los Estados Federados y los Municipios, -según el caso- dictasen sus propios instrumentos normativos a través de sus Asambleas Legislativas y luego sus Consejos Legislativos, o de sus Cámaras Municipales y los Concejos, para regular el ámbito sustantivo, orgánico y competencial de sus relaciones de empleo público desarrolladas en sus específicas esferas territoriales, con fundamento a su diferente naturaleza jurídica y estirpe constitucional consagradas por el texto fundamental de 1961, que a su vez le otorgaba diversas potestades normativas, y que permitió la coexistencia y respeto de regulaciones diferenciadas entre las Leyes de Carrera Administrativa de 1970 y 1975 para regular las relaciones de empleo público de la Administración Federal y sus servidores públicos federales, y la presencia de Leyes Estaduales y Ordenanzas Municipales en materia de Carrera Administrativa que normaban otras relaciones de empleo público Federadas o Locales, con servidores de esas entidades territoriales.

La irrupción de esta novedosa regulación centralizadora de la Ley del Estatuto de la Función Pública de 2002, inclusive fue diferente a los contenidos precedentes de los intentos normativos desarrollados con antelación inmediata a su promulgación, ya que las normas que le sirvieron de fundamento y que no llegaron a entrar en vigencia efectiva por las sucesivas sustituciones derogatorias no detentaban ni revestían ese carácter unificador, pues ni el Decreto Ley del Estatuto de la Función Pública de fecha 13 de noviembre de 2001[4], dictado por el entonces Presidente de la República Hugo Chávez, bajo el espectro de la ley habilitante publicada en la Gaceta Oficial de la República Bolivariana de Venezuela **No. 37.076** de fecha 13 de noviembre de 2000, ni la posterior singular Ley de Reforma Parcial del Estatuto de la Función Pública de fecha 12 de marzo de 2002, publicada en la gaceta oficial No. 37.402, aducían en manera alguna a su aplicación vinculante para las Administraciones Púbicas Estaduales ni Municipales.

En franco contraste, resultó curiosa la actitud inercial y de indiferencia asumida por los 335 Municipios y 23 Estados Federados[5] frente a esas disposiciones centralizadoras de la Ley del Estatuto de la Función Pública de 2002, por cuanto ninguno de sus respectivos órganos legislativos reivindicó sus competencias normativas en materia de función pública, al jamás dictarse ningún instrumento jurídico de rango legal, ni municipal ni estadual, que eventualmente pudiese plantear algún conflicto entre leyes; y lo que aún resultó más paradójico, fue que algunos Síndicos Procuradores Municipales[6] inclusive intervinieron como terceros interesados en procesos judiciales posteriores para solicitar la nulidad de normas que expresamente reconocían poderes normativos a sus Municipios en esa específica área. Sólo a nivel doctrinario y académico se generó una acrisolada discusión para justificar o criticar, según el caso[7], si efectivamente las disposiciones de la Ley del Estatuto de la Función Pública se acomodaban o colisionaban con los contenidos constitucionales de la Función Pública consagrados en la Sección Tercera del Capítulo Primero del Título Cuarto sobre el Poder Público en Venezuela.

Sin embargo, en fecha 8 junio de 2005, sorpresiva y contradictoriamente en plena vigencia de la Ley del Estatuto de la Función Pública, el propio Parlamento Federal dictó la Ley Orgánica del Poder Público Municipal publicada en la Gaceta Oficial N°. 38.204, con una serie de normas que visiblemente establecían la posibilidad competencial que los Municipios dictasen sus propias regulaciones legales en materia funcionarial. Esto se recogía en los preceptos 56 letra h, 95 numeral 12, y 78 de la aludida Ley Orgánica del Poder Público Municipal, al prever como ley posterior a la ley estatutaria funcionarial centralizadora de 2002, y en virtud de su carácter orgánico, que dentro de las competencias propias y descentralizadas de los Municipios, éstos podrían regular -a través de la producción de sus propias Ordenanzas- no sólo la organización y funcionamiento de la Administración Pública Municipal sino concretamente "dictar su propio Estatuto de la Función Pública Municipal, normando el ingreso por concurso, ascenso por evaluación de méritos, seguridad social, traslado, estabilidad, régimen disciplinario y demás situaciones administrativas", así como "los requerimientos de formación profesional, los planes de capacitación y carrera de los funcionarios al servicio de la Administración Pública Municipal, de acuerdo con lo establecido en la Constitución en la República Bolivariana de Venezuela y las leyes", al igual "que ejercer su autoridad en materia del sistema de administración de recursos humanos atendiendo a los procedimientos establecidos en la respectiva Ordenanza que rija la materia".

Frente a estos ceñidos contenidos normativos, a solo siete días de su promulgación, en fecha 15 de junio de 2005, nuestro amigo y compañero del Instituto de Derecho Público, el abogado y profesor Jesús Caballero Ortiz presentó ante la Sala Constitucional del Tribunal Supremo de Justicia, demanda de nulidad parcial por razones de inconstitucionalidad de los artículos 56 letra h, 95 cardinal 12, y 78 de la Ley Orgánica del Poder Público Municipal de 2005 conjuntamente con una pretensión cautelar innominada iter procesal –mientras durara el proceso de juzgamiento- para que se suspendiera los efectos de esas normas impugnadas, lo que motivó a que dicha Sala, en fecha 14 de octubre de 2005, al declararse competente para conocer de la acción propuesta, acordase la procedencia de esa tutela cautelar requerida mediante decisión N° 3.082 ordenando la suspensión de los efectos e inaplicación de las normas sometidas a examen judicial.

Luego de siete años y medio de conocimiento de la causa, en fecha 29 de enero de 2013, la Sala Constitucional constituida en Sala Accidental bajo ponencia del Magistrado Arcadio Delgado Rosales, dimanó el fallo de fondo del expediente No. 05-1315, que resolvió la demanda de nulidad parcial por razones de inconstitucionalidad declarándola con lugar y anulando los artículos 56 letra h, 95 cardinal 12, y 78, de la Ley Orgánica del Poder Público Municipal que se publicó en la Gaceta Oficial No 38.204 de 8 de junio de 2005, reiterados en las reformas parciales de la Ley Orgánica del Poder Público Municipal publicadas en las Gacetas Oficiales Extraordinarios No 5.800 y N° 6.015 de 10 de abril de 2006 y de 28 de diciembre de 2010, respectivamente.

El análisis detallado de las posiciones doctrinales que justifican o critican la prevalecencia de la Ley del Estatuto de la Función Pública como norma de sujeción de los Municipios, así como la evaluación de la actividad y las razones esgrimidas por la Sala Constitucional del Tribunal Supremo de Justicia para la suspensión cautelar del acto general y de la ulterior declaratoria de nulidad de los artículos que patentizaban las potestades normativas del Municipio, es el objeto de desarrollo del presente opúsculo jurídico con ocasión del merecido homenaje a nuestro dilecto amigo el profesor Fortunato González Cruz, quien conduciendo al Centro Iberoamericano de Estudios Provinciales y Locales CIEPROL ha dedicado gran parte de su extensa y dilatada carrera académica y profesional, al estudio, difusión y defensa del Municipio, en sus diversas actividades, publicaciones y responsabilidades asumidas, no sólo por erigirse como uno de los municipalistas más connotados en Venezuela y reconocido internacionalmente sino también por ser el primer alcalde elegido popularmente en Mérida, así como por su ejemplificante Presidencia de la Asociación Venezolana de Derecho Constitucional, al igual que otros innumerables desempeños públicos de gran relieve.

II. LA POSICIÓN DOCTRINAL QUE JUSTIFICA A LA LEY DEL ESTATUTO DE LA FUNCIÓN PÚBLICA COMO ESTATUTO GENERAL APLICABLE A LA FEDERACIÓN, A LOS ESTADOS FEDERADOS Y A LOS MUNICIPIOS.

Como ya advertimos en el prefacio de este opúsculo, la Ley del Estatuto de la Función Pública de 2002 trajo como innovación su cobertura e imperatividad -aún cuando fuere ley nacional- a las Administraciones Estaduales y Municipales, esto ha sido justificado doctrinalmente por el profesor Jesús Caballero Ortíz[8], al afirmar la existencia de una reserva constitucional a la ley nacional del régimen de la función pública con prescindencia del nivel territorial donde el funcionario preste sus servicios.

Esta aseveración -de acuerdo al criterio del referido autor- se sustenta en la diferencia del tratamiento constitucional que sobre la materia se observa entre la redacción del precepto 122 de la Constitución de la República de Venezuela de 1961 y la configuración del texto del artículo 144 de la Constitución actualmente vigente de la República Bolivariana de Venezuela de 1999. La primera hacía alusión a que, la ley establecería la Carrera Administrativa mediante las normas de ingreso, ascenso, traslado, suspensión, retiro de los empleados de la Administración Pública Nacional, con lo cual, la ley nacional únicamente podía regular tales actividades con respecto a esa singular Administración Pública Federal, en virtud que bajo la vigencia de ese mandato constitucional, existían "tres niveles de regulación de acuerdo a la categoría de la entidad territorial que se tratase pero, además, a nivel de una misma categoría existía una multiplicidad de textos normativos sobre Carrera Administrativa de acuerdo al número de estados y municipios que existiesen."[9]

Mientras que en la Constitución vigente de 1999, se "prevé que `la ley establecerá el Estatuto de la Función Pública ... de los funcionarios de la Administración Pública´ utilizando este término, `Administración Pública´, sin ningún otro calificativo, por lo que debe entenderse que el Constituyente reservó a la ley nacional las situaciones previstas en el artículo 144 respecto a los funcionarios de la Administración Pública, sea ésta nacional, estatal o municipal. Al cambio en los términos Administración Pública Nacional por Administración Pública a secas debe dársele algún sentido, de acuerdo a elementales reglas de interpretación y, al seguirse dicha línea de razonamiento, en Venezuela operó la `nacionalización´ del sistema de la función pública"[10]

Así pues, esta posición doctrinaria defiende la homogenización y unificación[11] normativa del tratamiento funcionarial a los efectos de uniformar en un sistema único lo que respecta al ingreso, traslado, suspensión y retiro, además de los requisitos para el ejercicio de cargos públicos, categorías de funcionarios públicos, sus derechos, prohibiciones e incompatibilidades, el sistema de administración de personal, y el contencioso administrativo funcionarial, independientemente en que administración de acuerdo al ámbito político territorial opere dichas relaciones de empleo público, sólo permitiéndose escasamente ciertas moderaciones y liberalidades normativas por vía de contrataciones colectivas en temas residuales distintos a los enunciados.

III. LA POSICIÓN DOCTRINAL QUE ASUME COMO EVENTUALMENTE INCONSTITUCIONAL, LA CENTRALIZACIÓN NORMATIVA IMPUESTA POR LA LEY DEL ESTATUTO DE LA FUNCIÓN PÚBLICA A LOS ESTADOS FEDERADOS Y A LOS MUNICIPIOS

En frontal contraposición nos colocamos otro sector doctrinal, que aseveramos que la configuración de la centralización normativa impuesta por la Ley del Estatuto de la Función Pública a los Estados Federados y a los Municipios, tiene eventuales ribetes de inconstitucionalidad.

En primer lugar, consideramos que nuestra Constitución crea a las diversas entidades territoriales dentro de un estado complejo[12], "que presenta una estructura desconcentrada del poder en el espacio territorial, montada sobre unidades vertebradas sistemáticamente en función del diseño concreto ... de Estado Federal .. pero que de manera común se aparta del principio de subordinación y jerarquía como vínculo funcional de la unidades político territoriales, con lo cual, éstas se perfilan como verdaderos centros autónomos de generación y ejercicio del poder público [esto se] fundamenta en la representatividad genuina del poder que cada uno de ellos ostenta, y en la delimitación precisa de sus campos de acción y de responsabilidad ..."[13]

Por ello, a estas entidades territoriales se les otorga personalidad jurídica, titularidad de competencia material y de facultades de ejercicio funcionales, patrimonio propio, y autarquía normativa dentro del volumen de materias que les han sido asignadas constitucionalmente, lo cual le permitiría auto regularse con plena autonomía a través de sus propias estructuras constitucionales de parlamentos propios y dotados de procedimientos para dimanar instrumentos normativos por ser verdaderos centros de decisión política y administrativa, salvo que, por excepción y de manera expresa, el propio texto constitucional restringiese una materia a reserva explicita de un órgano y voluntad legislativa de un parlamento en especial para su regulación, lo cual traería como secuela, que si no existiese esa norma explicita en la estructura fundamental no podría entenderse supeditada la autonomía normativa para legislar en las materias particulares de sus competencias y atribuciones constitucionales, en consecuencia cualquier intento para centralizar contenidos o materias sin fundamento en la propia Constitución, sería inexorablemente violatorio del ordenamiento jurídico fundamental.

En este sentido, es oportuno resaltar que en materia de Función Pública los propios contenidos constitucionales consagrados en la Sección Tercera del Capítulo Primero del Título Cuarto sobre el Poder Público en Venezuela, ofrecen un tratamiento diferenciado cuando quieren dar prevalecencia y reservar una materia en particular a un instrumento en específico y a una voluntad federal. Tal es el caso de lo dispuesto en el artículo 147 de la Constitución, que por una parte, explícitamente remite al tipo normativo especial de "Ley Orgánica", -previsto en el artículo 203 eiusdem, reservando en exclusiva su configuración a la voluntad de la Asamblea Nacional- lo concerniente a la regulación de límites razonables a los emolumentos que devenguen los funcionarios públicos municipales, estaduales y nacionales, suprimiendo el poder normativo de otras élites territoriales como Estados y Municipios en esa singular materia; y por otra parte, enarbola la salvedad que una "Ley Nacional" regulase el régimen de las jubilaciones y pensiones de los funcionarios públicos nacionales, estaduales y municipales, con lo cual ni los Estados ni los Municipios detentarían competencia para normar ese ámbito sustancial.

De acuerdo a nuestro parecer, si el artículo 144 de la Constitución hace alusión expresa a que una "ley" establecerá el Estatuto de la Función Pública mediante las normas de ingreso, ascenso, traslado, suspensión, retiro de los funcionarios de la Administración Pública, no podría ser entendido como una reserva legislativa material a favor del Legislador Federal, pues no se alude explícitamente a la voz o vocablo "ley nacional" sino a específicamente a la locución "ley" a secas. Por ende, pretender dar igual tratamiento a lo que no detenta la misma redacción constitucional como "ley" y "ley nacional", resulta contradictorio e irracional desde las reglas de interpretación jurídica, pues donde distingue el legislador, el intérprete no puede unificar o igualar, ya que por alguna razón la propia Constitución da diferente tratamiento lingüístico y no colocó en la redacción del 144 la relegación expresa "nacional". No es casual que la misma sección del mismo Título y Capítulo Constitucional haga expreso tratamiento diferenciado para reservar en exclusiva a un particular instrumento normativo "orgánico" o "nacional" algún aspecto material cuando realmente quería consagrar a un único legislador constitucionalmente competente y excluyente de otro.

En ilación de lo expuesto de acuerdo a nuestra visión, cuando el Constituyente de 1999 alude en el precepto 144 al vocablo `ley´ quiere decir al instrumento legislativo de rango legal pertinente que provenga del órgano funcional y territorialmente competente, indistintamente provenga de la Asamblea Nacional, de los Consejos Legislativos o de los Concejos Municipales, -según el caso- que cree el Estatuto Funcionarial correspondiente a la regulación de la relación de empleo público que en particular se trate, en la específica órbita político territorial Federal, Federada o Local- por consiguiente en estricto apego al diseño constitucional existiría vocación y potestad normativa independiente para auto regular cada estamento en particular, y lo única restricción constitucional existente es que sea regulado mediante una normativa o instrumento de rango legal. Ya que cuando se aduce a la Administración Pública, no se está especificando estrictamente a la Administración Federal sino a la Administración Pública de manera genérica, indistintamente sea la Federal, Estadual o Municipal, en consecuencia, lo que se deduciría del mandato del 144 es que existe una reserva legal para crear los estatutos funcionariales correspondientes a las materias específicamente de ingreso, ascenso, traslado, suspensión y retiro, quedando al arbitrio y ejercicio soberano de cada Parlamento competente, establecer las particularidades pertinentes en cada órbita político territorial.

IV. LAS RAZONES ESGRIMIDAS POR LA SALA CONSTITUCIONAL PARA PROCEDER A LA SUSPENSIÓN CAUTELAR DE LAS NORMAS DE LA LEY ORGÁNICA DEL PODER PÚBLICO MUNICIPAL

Ahora bien, en fecha 14 de octubre de 2005, la Sala Constitucional del Tribunal Supremo de Justicia dimanó un pronunciamiento interlocutorio a través del cual declaró la suspensión provisional de los efectos de los artículos 56 letra h, 95 cardinal 12, y 78 de la Ley Orgánica del Poder Público Municipal en su carácter de acto normativo general dictado en fecha 8 de junio de 2005, dando prevalecencia a una ley anterior como era la Ley del Estatuto de la Función Pública, aunque las normas impugnada y suspendidas fueran de una ley posterior y orgánica.

Para ello se apoyó en los poderes cautelares del juez constitucional para dictar las medidas necesarias para asegurar la eficiencia de la sentencia definitiva que eventualmente se dictase en el proceso de nulidad del acto de naturaleza legislativa impugnado, y al evaluar el primer requisito de procedencia de dicha medida cautelar en relación a la presunción de buen derecho *"fumus bonis iuris"* aseveró de manera simplista "que ciertamente, el mero contraste del texto de los artículos 144 y 147 de la Constitución de 1999 respecto de las normas de la Ley Orgánica del Poder Público Municipal objeto de la pretensión de nulidad, hace afirmar a esta Sala, de manera presuntiva y sin que ello merme el análisis de constitucionalidad que deberá realizarse durante el debate judicial, la existencia de una dicotomía normativa que sustenta suficientemente la presunción de buen derecho".

Y afirmar que "la sola lectura de estas normas constitucionales llevan a considerar, en esta fase previa al debate, que el Constituyente de 1999 optó por la disposición de la existencia de *un* Estatuto de la Función Pública que regirá los aspectos principales del régimen aplicable a los funcionarios de *la* Administración Pública, sin distinción alguna respecto del ámbito de la organización administrativa a la que éstos pertenezcan, esto es, sea nacional, estadal o municipal. Precisamente, con fundamento en esa interpretación, se dictó la Ley del Estatuto de la Función Pública (reimpresa en Gaceta Oficial no. 37.522, de 6 de septiembre de 2002), cuyo artículo 1° dispone que *"La presente Ley regirá las relaciones de empleo público entre los funcionarios y funcionarias públicos y las administraciones públicas nacionales, estadales y municipales..."*.

En consecuencia, considera la Sala que, por cuanto podría haber dicotomía entre la regulación de las normas fundamentales señaladas y las normas legales que se impugnaron, se cumple con el requisito de la presunción del derecho reclamado en este caso. Así se decide"

Con esta categórica aserción la Sala allanó el fondo de la pretensión anulatoria, pues adelantó nítidamente su posición en la preponderancia de lo que a su lectura, consagra lo dispuesto en el 144 Constitucional en relación a la existencia de un Estatuto Único Funcionarial y a la primacía excluyente de la Ley del Estatuto de la Función Pública, vaciando con tal medida cautelar el contenido del futuro pronunciamiento que sobre la sentencia definitiva sobre la constitucionalidad de la Ley Orgánica del Poder Público impugnada hubiere de recaer, lo cual se evidenció diáfanamente de su exposición al analizar la procedencia del requisito del peligro en la tardanza o mora "*pelicurum in mora*", al manifestar que si se expidieran "múltiples estatutos funcionariales a través de ordenanzas municipales existirían, de forma paralela, dos regímenes jurídicos –el nacional y el municipal- aplicables, en principio, a los mismos empleados de la Administración municipal, lo que implicaría una importante inseguridad jurídica no sólo en la resolución de los procesos judiciales funcionariales que puedan plantearse ante los tribunales contencioso administrativo competentes, sino incluso en el correcto desenvolvimiento de las relaciones funcionariales entre las Administraciones locales y sus funcionarios, e incluso, las erogaciones que pudieran realizarse de forma indebida si en la definitiva llegara a concluirse en la inconstitucionalidad de las normas que se impugnaron."

De esta manera exigua, la Sala Constitucional se inclinó abiertamente a certificar que de permitirse la aplicación de los contenidos de la Ley Orgánica del Poder Público Municipal, -la cual era orgánica en el ámbito municipal y ley posterior a la Ley del Estatuto de la Función Pública-, se estaría generando una inseguridad jurídica que impactaría sobre el ordenamiento jurídico, y al ponderar los intereses generales en juego, decidió soslayar la competencia normativa del Municipio y de los Concejos Municipales respecto del Estatuto Funcionarial Municipal de los empleados locales, al considerar más favorecedora la suspensión de los efectos del instrumento impugnado, impidiendo su ejercicio y congelando así la probabilidad de dictar Ordenanzas en materia de Función Pública Municipal, que permitieran la operatividad de esa potestad normativa por los Concejos Municipales.

No obstante, la Sala Constitucional también hubiera perfectamente podido optar por no acordar la suspensión de los efectos de la Ley Orgánica del Poder Público Municipal, al eventualmente evaluar que dicho instrumento legal fue una ley posterior a la Ley del Estatuto de la Función Pública y procedente de la misma Asamblea Nacional que actuó con el mismo carácter de legislador Federal frente a las dos leyes, pudiendo abandonar la idea de una reserva legal federal y reconociendo la autonomía normativa de la elite político territorial municipal, sin embargo, esta no fue el vía asumida por la Sala.

V. LA DECLARATORIA DE NULIDAD DE LAS POTESTADES NORMATIVAS DEL MUNICIPIO EN MATERIA DE FUNCIÓN PÚBLICA MUNICIPAL

De la argumentación explanada por la Sala en la sentencia interlocutoria que declaró la suspensión de los efectos de las normas impugnadas, se avizoraba y era presumible el sentido y rumbo que la sentencia de fondo sobre la nulidad parcial de la Ley Orgánica del Poder Público Municipal tomaría al momento de ser dictada. No obstante, antes de llegar ese momento procesal dentro del juicio de nulidad, en fecha 26 de abril de 2011, la Sala Constitucional tuvo la ocasión de pronunciarse en otro juicio donde se impugnaba el artículo 24 de la Constitución del Estado Zulia, que establecía que la probabilidad que su Consejo Legislativo del Estado dictará la legislación para regular el régimen de la Función Pública Estadual. En ese caso, la Sala proclamó la nulidad de dicho precepto sosteniendo que de acuerdo a su juicio, era palmaria la intención del Constituyente de excluir el Estatuto General de la Función Pública de la autonomía de los entes descentralizados político territoriales, ya que esa materia estaría sometida al principio de reserva legal nacional, y en la práctica dicho artículo 24 era una invasión al ámbito de competencias del Poder Legislativo Nacional, incurriendo así el Legislador Regional de acuerdo a su visión era "una evidente usurpación de funciones", vicio que conllevaría a la nulidad absoluta de tal norma de acuerdo a lo dispuesto en el artículo 138 de la Constitución.

Este pronunciamiento allanó parcialmente el punto de vista de dicha Sala, en lo que posteriormente fue el fallo de fondo de la nulidad parcial de la Ley Orgánica del Poder Público Municipal, en fecha 29 de enero de 2012, en el que se citó instrumentalmente a la referida sentencia Nº. 587 del caso citado Carlos Baralt Morán y otros vs Constitución del Estado Zulia, pero también a la sentencia N° 3072, de fecha 4 de noviembre de 2003 caso Fiscal General de la República, que se refería singularmente a declaratorias de nulidad por la invasión de la competencia normativa reservada a la Federación de regular la materia de jubilaciones y pensiones, sin embargo, la Sala en este caso lo hizo extensivo a toda la materia general de la Función Pública, sin explanar mayor argumento que la simple violación de la reserva legal del Poder Nacional -según su parecer- consagrado en los preceptos 144 y 147 de la Constitución.

Con esta reiteración la Sala hizo público el obituario de la desaparición de las potestades autonómicas normativas del Municipio en materia funcionarial, favoreciendo un estamento centralizador dictado desde el órgano legislativo federal.

(ENDNOTES)

1   Profesor Carlos Luis Carrillo Artiles. Profesor de Derecho Administrativo Universidad Central de Venezuela. Miembro del Instituto de Derecho Público UCV. www.carrilloartiles.tv

2   Al respecto ver nuestra posición en: **CARRILLO ARTILES, CARLOS LUIS. "La Reorbitación de los deberes y derechos de los funcionarios públicos en la Ley del Estatuto de la Función Pública en Venezuela."** El régimen jurídico de la Función Pública en Venezuela. Volumen I. Fundación Estudios de Derecho Administrativo. Caracas, 2003 páginas 57 a 90

3   Esta Ley del Estatuto de la Función Pública fue promulgada en fecha 11 de julio de 2002 y fue publicada en la Gaceta Oficial No. 37.482, sin embargo, dicha Ley fue reimpresa por error material del ente emisor, en fecha 6 de septiembre de 2002, y vuelta a publicar con algunos cambios en la Gaceta Oficial No. 37.522

4   Esto inclusive es reconocido expresamente por la sentencia de la Sala Constitucional que declaró la nulidad parcial de la Ley Orgánica del Poder Público Municipal de fecha 29 de enero de 2012, objeto de estudio posterior en este trabajo

5   Sólo el Consejo Legislativo del Estado Zulia, al dictar su Constitución del Estado en fecha 5 de agosto de 2003 publicada en la Gaceta Oficial del Estado Zulia bajo el N° 772 extraordinario del 13 de agosto de 2003, estableció en su art. 24 que el Consejo

Legislativo del Estado dictaría la legislación para regular el régimen de la función pública estadal, sin embargo, nunca llego a producirse tal normativa pues dicho precepto fue objeto de una acción de nulidad por inconstitucionalidad ejercida conjuntamente con una solicitud de amparo constitucional ejercida en fecha 2 de octubre de 2003 ante la Sala Constitucional del Tribunal Supremo de Justicia, la cual fue declarada con lugar, bajo ponencia de la magistrada Luis Estela Morales, en fecha 26 de abril de 2011, sentencia 597 en el expediente 03-2594.

6   Ejemplo de ello es la intervención del Síndico Procurador Municipal del Municipio Libertador del Distrito Capital, ciudadano Juan Pablo Torres Delgado, quien en fecha 02 de agosto de 2006, solicitó su adhesión a la acción de nulidad presentada contra normas de la Ley Orgánica de Poder Público Municipal de fecha 8 de junio de 2005 requiriendo que esa acción fuese declarada parcialmente con lugar.

7   Emergieron dos posiciones doctrinarias, una liderada por el profesor Jesús Caballero Ortiz, quien justificaba la uniformidad de la materia estatutaria funcionarial y la operatividad de la Ley del Estatuto de la Función Pública como única ley aplicable a la Administración Federal y a la de los Estados y Municipios, postura que fue avalada en otra publicación por la profesora Daniela Urosa Maggi, y compartida en conferencias por el profesor José Gregorio Silva; mientras que en contraposición nos distanciábamos de esa visión doctrinal, otra vertiente de profesores que consideramos que en realidad esa Ley Estatutaria Federal, podría eventualmente ser inconstitucional al cercenar y desconocer las competencias y autonomía de los enunciados Estados y Municipios, sus poderes normativos y la interpretación de una serie de preceptos constitucionales.

8   CABALLERO ORTÍZ, JESÚS. "**Bases Constitucionales del Derecho de la función Pública.**" Revista de Derecho Constitucional N°. 5. Editorial Sherwood. Caracas. 2001. Págs. 21 a 46. Al igual que, **CABALLERO ORTÍZ, JESÚS. "El nuevo Estatuto de la Función Pública y su aplicación a los Estados y Municipios"**. Revista de Derecho del Tribunal Supremo de Justicia. Caracas. 2003. Pgs. 319 a 334.

9   CABALLERO ORTÍZ, JESÚS. "**El nuevo Estatuto de la Función Pública y su aplicación a los Estados y Municipios**". Obra Citada. Pág.323.

10   Ídem.

11   En idéntico sentido, se suscribe **UROSA MAGGI, DANIELA**. "**Régimen estatutario del funcionario público en la Constitución de 1999**". En "El Régimen jurídico de la Función Pública en Venezuela" Libro homenaje a Hildegard de Sanso. Fundación Estudios de Derecho Administrativo. FUNEDA. Caracas. 2003. Pág.

12   Al respecto ver nuestra posición: **Carrillo Artiles, Carlos Luis**. "**El particular Estado Federal Venezolano y la Descentralización Administrativa en Venezuela**" Gaceta

Jurídica Nº. 3. Universidad de Santander UDES. Julio - diciembre 2008. Bucaramanga Colombia. 2008

13 **RODRÍGUEZ GARCÍA, ARMANDO.** "Las nuevas bases constitucionales de la estructura político territorial en Venezuela". Revista de Derecho Administrativo. Editorial Sherwood. Caracas. 2000. Pág. 172

RÉGIMEN JURÍDICO DE LAS ÁREAS METROPOLITANAS Y DISTRITOS METROPOLITANOS

Abog. Catherina Gallardo Vaudo[1]

RESUMEN

El presente trabajo tiene por objeto estudiar el régimen jurídico aplicable a las áreas metropolitanas y distritos metropolitanos existentes en nuestro país, en su carácter de entidades locales, devenidos de la existencia de realidades físico / urbanas, económicas y sociales que determinan la existencia de las metrópolis, como centros urbanos integrados por la conurbación y existencia de realidades y necesidades comunes entre centros poblados de más de un municipio.

Igualmente en el mismo se estudiará el régimen jurídico de las áreas metropolitanas existentes en el país, principalmente el Área Metropolitana de Caracas y el Distrito del Alto Apure, así como la existencia de otras áreas, que igualmente cumplen con las realidades físico sociales para ser encuadradas dentro de estas categorías de estudio y que incluso cuentan con políticas públicas y programas de planificación integrada, pero sin ajustarse plenamente a las regulaciones propias aplicables actualmente a dichas áreas, como entidades locales reguladas en la Ley Orgánica del Poder Público Municipal.

Por último, haremos una breve referencia al régimen jurídico del Distrito Capital y sus diferencias con el Área Metropolitana de Caracas.

1. NATURALEZA DE LAS ÁREAS METROPOLITANAS

Uno de los fenómenos que poseen mayor importancia, actualidad y generalidad hoy día, y que es así desde hace ya varias décadas, es el crecimiento de las grandes ciudades, el cual además es un problema común en todas partes del mundo, y es lo que da origen a la formación de las denominadas "áreas metropolitanas".

En efecto, en los últimos años el proceso de urbanización y el crecimiento de las ciudades se ha acentuado en forma muy acelerada. Vemos así como en el año 1950 sólo el 30% de la población vivía en áreas urbanas, siendo que ya para el 2005 ese porcentaje alcanzaba el 50%, según cifras de la ONU[2].

En Latinoamérica las zonas de mayor crecimiento y desarrollo son las áreas metropolitanas, las cuales coinciden con las áreas de mayor acumulación de población[3].

Si buscamos definir a las áreas metropolitanas o los distritos metropolitanos pudiésemos decir que son *"entidades locales públicas formadas por la integración de varios municipios cuyas poblaciones se hayan extendido en forma tal, que lleguen a constituir una unidad geográfica, social y económica..."*[4]. Así, las áreas metropolitanas se caracterizan por la existencia de un conjunto urbano, conformado por un gran centro urbano y sus áreas contiguas, que cuentan con relaciones económicas, sociales y físicas y forman una unidad territorial, social y económica integrada y reconocida[5], de modo que la ciudad ya no se limita a su centro como tal, sino que la periferia también va creciendo y se integra como una unidad a esta ciudad central, constituyéndose así las áreas metropolitanas.

En efecto, al existir un crecimiento de las ciudades originalmente concebidas, se produce un desbordamiento del límite de sus jurisdicciones primitivas, originando que este crecimiento se esparza por varios municipios o entidades locales.

La palabra metrópoli deriva de los vocablos griegos "meter": madre y "polis": ciudad, por lo cual significa ciudad madre, en la cual se da la máxima circulación de bienes, servicios y hombres[6]. Su nacimiento es atribuido a la Oficina del Censo de los Estados Unidos de América a partir de 1958, cuando se identifican como una unidad de información estadística, *"...compuesta por una ciudad central de no menos de cincuenta mil habitantes, la presencia de un territorio suburbano y, por lo menos, 65% de su población económicamente activa empleada en actividades no agrícolas..."*[7]

Es importante diferenciar a la gran ciudad tradicional de la metrópoli, ya que ambas son figuras cualitativa y cuantitativamente diferentes. Así, el reconocido arquitecto Marco Negrón estableció una serie de aspectos que permiten diferenciar a ambas figuras, entre los cuales podemos mencionar:

-La metrópoli es pluricéntrica, es decir, se organiza alrededor de varios centros autónomos complementarios; en cambio, en la ciudad hay un solo centro urbano predominante.

-La metrópoli suele desarrollarse a través de varios ámbitos de gobierno local, e incluso regional; la ciudad se circunscribe a uno o pocos ámbitos de gobierno local.

-La metrópoli cuenta con un gran tamaño poblacional, que puede superar la decena de millones de habitantes; mientras que la ciudad tiene una población relativamente limitada, que por lo general no excede el millón de habitantes.

-La metrópoli, en su configuración socio – espacial, se caracteriza por un alto dinamismo, con cambios constantes en los elementos físicos y en la localización y composición de las actividades y la población; en cambio la ciudad es relativamente estática.

-La metrópoli tiene su origen en procesos de descentralización de la población dentro del ámbito metropolitano, expresado en migraciones hacia la periferia; en cambio la ciudad se caracteriza por estar vinculada a procesos de concentración de la población, originados por la migración del campo a las ciudades.

-En la metrópoli la movilidad es esencial, ya que hay una separación entre los sitios de trabajo y de residencia, hay alta movilidad en el empleo y las distancias son largas; mientras que en la ciudad la movilidad no es esencial.

-La metrópoli tiene forma difusa, aunque siempre podrá contener centros compactos; la ciudad se caracteriza por ser compacta.

-La metrópoli carece de una configuración morfológica clara, jerarquizada e inmediatamente perceptible; mientras que la ciudad tiene una configuración morfológica claramente jerarquizada y perceptible.

-La gestión de las metrópolis es vista como un problema en extremo complejo, mientras que la gestión de las ciudades es un problema relativamente sencillo.

-En las metrópolis encontramos diversidad de actividades económicas; mientras que en la ciudad siempre hay una actividad predominante, que por lo general es la industria de exportación.

-En las metrópolis las fronteras entre campo y ciudad se diluyen, siendo que en muchos casos conviven en la misma grandes parques, reservas forestales y áreas de producción agropecuaria; mientras que en las ciudades hay una clara oposición entre campo y ciudad.

-La metrópoli es culturalmente heterogénea, mientras que la ciudad es homogénea.

-En la metrópoli no existen valores compartidos, como si es posible observarlos en las ciudades.[8]

Así, los fenómenos metropolitanos no son reductibles al concepto de la gran ciudad[9]. La gran ciudad es identificable como un todo, en cierta medida homogéneo, mientras que la metrópoli deviene de la conjunción de una pluralidad de realidades, una conjunción de territorios, cada uno con características singulares[10], que se agrupan por tener problemáticas comunes, las cuales es necesario resolver como conjunto.

Igualmente la metrópoli se caracteriza por la aglutinación de diversos sectores y municipalidades bajo una estructura organizativa común, debido a necesidades surgidas por la similitud en las problemáticas existentes en cada una de ellas. A su vez estas metrópolis giran su nacimiento y desarrollo en torno a la formación de nuevas poblaciones, crecimientos y desarrollos alrededor de una gran ciudad, que constituye su núcleo base, y que debido a su magnitud, importancia e impacto, ha permitido el desarrollo de las zonas aledañas y su integración a las actividades de la misma; siendo que esta gran ciudad sí se presenta como un núcleo más homogéneo, con un desarrollo muchas veces planificado.

Si estudiamos las características de las metrópolis y áreas metropolitanas, podemos señalar que las mismas son:

1) La existencia de una continuidad urbana entre la ciudad central y los diversos núcleos urbanos situados en sus inmediaciones, pertenecientes a otras circunscripciones administrativas, que se integran económica y socialmente al núcleo central.

2) La existencia de interrelaciones cotidianas de carácter económico y social entre estos núcleos y la ciudad, sin que esta última pierda su hegemonía.

3) La fragmentación político – administrativa de un centro urbano en crecimiento[11].

4) La caracterización como fenómeno dinámico, que impide que mediante técnicas de planificación pretenda definirse su imagen final, sino que la misma se va perfilando y cambiando con el trascurrir del tiempo.

5) La necesidad de un órgano superior de toma de decisiones, que tenga competencias sobre los aspectos que refieren a la metrópoli en su con conjunto; así como el respeto de las competencias y decisiones de los órganos inferiores de poder, en lo que se refiera a los ámbitos que influyen en particular en cada uno de ellos[12].

6) Existencia de un ambiente dinámico, en el cual existe un vertiginoso incremento poblacional, así como una población en continuo movimiento, un creciente volumen de actividades y una gran y compleja red de comunicaciones.

7) Confluencia del sector industrial, comercial y habitacional, conjugados simultáneamente con ambientes de recreación y descanso.

8) La cercanía más aguda que existe entre las personas la cual, paradójicamente, hace que las relaciones sean cada vez más impersonales[13].

Vemos entonces que las áreas metropolitanas son un fenómeno social y urbanístico, devenido del crecimiento de las ciudades, la necesidad de vivienda y cobijo y la creación de centros urbanos y de centros periféricos que dan atención a la población que en ellos se interrelaciona.

Este fenómeno social y urbanístico es recogido y modelado por el ordenamiento jurídico a los fines de su organización. Surge así la importancia de darle forma y sustento y de crear una organización política / administrativa que se encargue de la regulación y ordenación de este fenómeno social urbano. Ello toda vez que además, uno de los grandes problemas de las metrópolis, es su existencia como fenómeno social y urbano, pero su no estructuración desde el punto de vista administrativo y político, es decir, el no encausamiento de esta realidad en formas de organización que permitan la planificación conjunta, la prestación de los servicios públicos de gran escala necesarios para satisfacer las necesidades de estos sectores, así como el diseño de políticas públicas en las áreas de trasporte, tráfico, movilidad, ordenación espacial, participación ciudadana en el gobierno, etc., que permitan el funcionamiento ordenado de estos centros poblados.

Diversas son las formas organizativas que, en el derecho comparado, se han implementado para darle estructuración administrativa y organización a las metrópolis. En este sentido el profesor Armando Rodríguez, siguiendo al español Luis Morell Ocaña, nos señala que estas áreas pueden ser organizadas bajo los siguientes esquemas:

1) La integración de varios municipios en una sola entidad local, que absorba a los mismos.

2) La creación de un municipio director, que generalmente se corresponde con la ciudad central, atenuándose las competencias de las entidades que actúan en las demás áreas de la entidad.

3) La mera cooperación intermunicipal, sin creación de nuevas entidades.

4) La creación de entes para fines específicos, desarrollados a partir de las técnicas de mancomunidad y agrupación entre los diversos municipios, sin conllevar a la creación de estructuras de gobierno local.

5) La creación de una entidad mixta, conformada por representantes del poder nacional y las entidades locales del área.

6) El establecimiento de un gobierno a dos niveles, mediante la creación de una nueva entidad local metropolitana, que convive con las entidades municipales existentes[14].

Es importante tener presente que, cualquiera que sea el esquema adoptado, la existencia de metrópolis implican la necesidad de funcionamiento y organización coordinada de las mismas y las diversas entidades locales que funcionan en el espacio territorial determinado en el cual se desarrollan estas metrópolis (en nuestro caso, los municipios), así como la necesaria coordinación, igualmente, con las entidades del poder nacional y estadal o regional, toda vez que las mismas igualmente tienen competencias y esferas de actuación sobre estos espacios territoriales.

La Constitución de la República Bolivariana de Venezuela reconoce la vigencia en el país de las áreas metropolitanas y su necesidad de organización (artículos 170 al 172)[15]. El artículo 171 dispone lo siguiente:

"Artículo 171. Cuando dos o más Municipios pertenecientes a una misma entidad federal tengan relaciones económicas, sociales y físicas que den al conjunto características de un área metropolitana, podrán organizarse como distritos metropolitanos. La ley orgánica que al efecto se dicte garantizará el carácter democrático y participativo del gobierno metropolitano y establecerá sus competencias funcionales, así como el régimen fiscal, financiero y de control. También asegurará que en los órganos de gobierno metropolitano tengan adecuada participación los respectivos Municipios, y señalará la forma de convocar y realizar las consultas populares que decidan la vinculación de estos últimos al distrito metropolitano.

La ley podrá establecer diferentes regímenes para la organización, gobierno y administración de los distritos metropolitanos atendiendo a las condiciones de población, desarrollo económico y social, situación geográfica y otros factores de importancia. En todo caso, la atribución de competencias para cada distrito metropolitano tendrá en cuenta esas condiciones."

Igualmente la Ley Orgánica del Poder Público Municipal se pronuncia sobre esta forma de organización, reconociendo en primer lugar su naturaleza de entidades locales territoriales, tanto de los "Distritos Metropolitanos" como de las "Áreas Metropolitanas", haciendo un tratamiento separado de ambas figuras (artículo 19), incluyendo además la regulación de ambas figuras jurídicas dentro del Título denominado "De los municipios y otras entidades locales". Sin embargo, al referirse al desarrollo de estas entidades, solamente incluye lo relativo a los Distritos Metropolitanos y no a las denominadas por la Ley áreas metropolitanas, siendo que en la práctica, una y otra figura tienen la misma naturaleza jurídica y el mismo propósito, no pudiendo afirmarse la existencia de diferencias entre ambas.

Respecto a los Distritos Metropolitanos, el artículo 20 de esta Ley dispone lo siguiente:

"Artículo 20

Cuando dos o más municipios tengan entre sí relaciones económicas, sociales y físicas que den al conjunto urbano las características de un área metropolitana, y que hayan desarrollado previamente experiencias de mancomunidades durante al menos dos períodos municipales continuos, podrán organizarse en Distrito Metropolitano.

Los distritos metropolitanos son entidades locales territoriales con personalidad jurídica, cuya creación corresponderá al Consejo Legislativo de la entidad federal a la que pertenezcan los municipios. Cuando los municipios pertenezcan a entidades federales distintas, la competencia corresponderá a la Asamblea Nacional."

Llama mucho la atención lo dispuesto en esta Ley sobre la forma de organización de estas entidades locales, disponiendo en su artículo 23 que *"la ley de creación del Distrito Metropolitano definirá los límites del mismo y su organización, con determinación expresa de las competencias metropolitanas que deberán asumir sus órganos de gobierno, administración y legislación"*. Sin embargo, en su artículo 24 dispone que *"el gobierno y la administración del Distrito Metropolitano corresponden a la autoridad ejecutiva metropolitana..."*, mientras que *"la función legislativa será ejercida por el Consejo Metropolitano..."* siendo que por tanto, al margen de la libertad organizativa limitada que puede tener cada Distrito Metropolitano creado, vista su categoría de entidad local, necesariamente los mismos devendrán de una estructura de poder local, como gobierno a dos niveles, en el cual convivirán sobre el mismo espacio territorial las autoridades municipales y metropolitanas, debiendo ejercer su función en forma coordinada, conforme a las competencias que sean atribuidas a través de las leyes de creación de estas entidades igualmente locales.

No se establece, en forma expresa, cuáles son las competencias a ser absorbidas por los Distritos Metropolitanos establecidos en la Ley Orgánica del Poder Público Municipal.

Tradicionalmente se ha admitido que las áreas metropolitanas, al ser entidades locales, tendrán las mismas competencias que las mismas, reconociéndose como parte de sus atribuciones lo relativo al urbanismo y ordenación urbana, a las redes de transporte colectivo o individual, a las comunicaciones, a las telecomunicaciones, al alumbrado público, a la energía eléctrica, al gas, al agua, al saneamiento, a los desechos sólidos, entre otras[16], así como la generación de viviendas, la educación superior, los hospitales, los demás servicios públicos, las actividades culturales, las de recreación y los espacios públicos. Igualmente son funciones que pueden ser encuadradas dentro del ámbito metropolitano las atenientes a la planificación territorial y estratégica, al desarrollo económico, a la creación de empleo y a la seguridad ciudadana[17].

Vemos que si la naturaleza de estas entidades locales es justamente el ejercicio de competencias locales y su creación deviene de la existencia de realidades económicas, sociales y físicas / urbanas que determinan la necesidad de crear espacios, como áreas urbanas con fenómeno de crecimiento integrado que abarca varias municipalidades, entonces sus competencias serán aquellas propias de las entidades locales, que deberán ser distribuidas al ser creados estos Distritos o Áreas Metropolitanas, entre los Municipios y los mismos.

Así, si hacemos un estudio detallado de lo dispuesto en el artículo 178 constitucional, así como del artículo 56 de la Ley Orgánica del Poder Público Municipal, podremos observar que entre las competencias de naturaleza local, relativas al fenómeno urbano y al crecimiento de los centros poblados y la atención a sus necesidades, podrían englobarse como competencias susceptibles de ser asumidas por los Distritos Metropolitanos, las siguientes:

- Ordenación territorial y urbanística
- Viviendas de interés social
- Equipamientos urbanos, incluidos parques, plazas, jardines y sitios de recreación
- Vialidad urbana, circulación y tránsito de vehículos
- Transporte público
- Servicios públicos de educación, salud, cultura y deporte
- Servicios de agua, electricidad y gas doméstico
- Aguas blancas y aguas servidas
- Aseo urbano y domiciliario y el tratamiento de la basura
- Protección del ambiente y saneamiento ambiental
- Turismo

Es importante mencionar que será función fundamental de la ley que cree cada Distrito Metropolitano o Área Metropolitana, delimitar las competencias locales que serán asumidas por los mismos y su alcance, y cuáles serán las competencias que seguirán siendo asumidas por los Municipios que conforman cada Distrito.

Asimismo es obligatorio hacer referencia a las demás características de los Distritos Metropolitanos, de caras a la Ley Orgánica del Poder Público Municipal, siendo las mismas:

- La competencia para la creación de los Distritos Metropolitanos será: a) Si se integran entidades territoriales de un mismo estado, el competente será el Consejo Legislativo de dicho estado; b) Si las entidades locales pertenecen a municipios de varios estados, la competencia será de la Asamblea Nacional (artículo 20).

- La iniciativa para la creación de los mismos la tienen: a) Los alcaldes de los respectivos municipios, con el acuerdo de los concejos municipales, aprobado por las 2/3 partes de sus miembros; b) Un 15% o más de los electores de los Municipios afectados; c) Los concejos municipales, previo acuerdo de las 2/3 partes de sus miembros; d) El Gobernador del estado, previo acuerdo aprobado por las 2/3 partes de los miembros del consejo legislativo; e) Los consejos legislativos estadales, con el acuerdo de las 2/3 partes de sus miembros; y f) La mayoría de los diputados electos por las entidades estadales, cuando se trate de Distritos creados entre municipios de diversos estados (artículo 21)

- Se requiere, para la creación de estos Distritos, haber desarrollado experiencias como mancomunidad durante al menos dos períodos municipales continuos, es decir, 8 años (artículo 20).

- La iniciativa de creación de estos Distritos debe hacerse dentro de los 2 primeros años del período de gobierno municipal y deberá ser aprobada y publicada con al menos un año de anticipación a las elecciones locales (artículo 22)

- La creación de los Distritos Metropolitanos debe ser sometida a consulta popular, exigiéndose una participación de al menos un 25% de los electores de la población electoral que conformará los mismos y deberá ser aprobado por el voto favorable de al menos 50% de los electores participantes en el proceso eleccionario (artículo 22)

-En los Distritos Metropolitanos participará en forma permanente, con derecho a voz, un representante del organismo nacional de desarrollo de la jurisdicción del Distrito Metropolitano (artículo 24)

Por último debemos señalar que a pesar que la Ley únicamente hace referencia a los Distritos Metropolitanos, su naturaleza jurídica y su caracterización es común a las Áreas Metropolitanas, no existiendo razón alguna para establecerse una separación, en el artículo 19 de la Ley Orgánica del Poder Público Municipal, entre áreas metropolitanas y distritos metropolitanos salvo que, a futuro, quisiese establecerse la posibilidad de organizar, en forma distinta, las diversas áreas metropolitanas en el país, distinguiéndose los casos en los cuales se creen gobiernos locales a dos niveles, de cualquier otra forma de organización que quiera igualmente ser implementada respecto a estas metrópolis.

Lo cierto es que, a la luz de las regulaciones contenidas en esta Ley Orgánica del Poder Público Municipal, no es posible aplicar a las áreas metropolitanas (en el supuesto negado de considerarlas una figura distinta a los distritos metropolitanos) las regulaciones de la ley referidas a las "demás entidades locales", toda vez que esta norma define a estas últimas como otras entidades que operan dentro del territorio municipal (artículos 30 y 31), siendo la principal característica de estas áreas metropolitanas el exceder, en su radio de acción, el espacio de un municipio, abarcando la confluencia de varios de ellos.

Por tanto, debemos llegar a la conclusión, salvo posterior desarrollo legislativo o jurisprudencial de estas normas, que las disposiciones relativas a los distritos metropolitanos contenidas en la Ley Orgánica del Poder Público Municipal resultan perfectamente aplicables a todas las áreas metropolitanas, no existiendo una diferencia real entre distritos metropolitanos y áreas metropolitanas.

2. DE LOS DISTRITOS METROPOLITANOS Y ÁREAS METROPOLITANAS EXISTENTES EN EL PAÍS

En primer lugar debemos señalar que, con posterioridad a la Constitución de 1999, han sido dictadas regulaciones en nuestro país respecto al Área Metropolitana de Caracas y el Distrito Metropolitano del Alto Apure. Sin embargo, estas no son las únicas áreas metropolitanas existentes, ni desde el punto de vista fáctico (toda vez que existen diversos espacios territoriales que cumplen con los requisitos para ser considerados "metrópolis"), ni desde el punto de vista del derecho, toda vez que existen diversas "áreas metropolitanas", creadas bajo la Constitución de 1991, cuya naturaleza jurídica referiremos en el presente Capítulo.

Comenzaremos el presente análisis refiriéndonos al **Área Metropolitana de Caracas**, la cual encuentra su sustento en la propia Constitución de la República Bolivariana de Venezuela, la cual dispone en su artículo 18 la existencia de un gobierno municipal a dos niveles aplicable a este espacio territorial, conformado tanto por los municipios del Distrito Capital como los del Estado Miranda.

La noción de metrópolis en la ciudad de Caracas, así como la toma de medidas de caras a su organización conforme a su realidad urbana, inicia al menos en el año 1950, cuando el entonces Presidente Pérez Jiménez publicó en Gaceta Oficial la decisión de crear el Área Metropolitana de Caracas[18], a lo cual sigue la creación de la Comisión Intermunicipal de Planeamiento del Área Metropolitana en el año 1958, y la creación de la Oficina Municipal de Planeamiento Urbano de esta área en el año 1959[19].

En el año 1967 se designa la Comisión Reorganizadora de la Oficina Municipal de Planeamiento Urbano del Distrito Federal, la cual se plantea el problema de la imposibilidad de ordenación de la ciudad de Caracas si la actividad planificadora y controladora del urbanismo seguía siendo realizada aisladamente por cada Municipalidad que la integraba, siendo que es necesaria y obligatoria, para resolver el problema, la cooperación intermunicipal en materia de urbanismo[20].

Como consecuencia de ello, y como uno de los primeros avances hacia esa cooperación, podemos mencionar el "Convenio de Mancomunidad Urbanística del Área Metropolitana de Caracas y su zona de influencia" suscrito el 27 de enero de 1972 entre las Municipalidades del Distrito Sucre del Estado Miranda y del Distrito Federal, debido a la magnitud de la expansión urbana en la zona y la necesidad de dar un tratamiento uniforme al problema urbano en el área, que constituye una unidad topográfica. Posterior a esto, y como compromiso asumido en dicho convenio, ambos Distritos sancionan, en el año 1972, la Ordenanza sobre Ordenación Urbana del Área Metropolitana de Caracas, a través de la cual se crean nuevas autoridades con competencia urbanística en el área: la Comisión Metropolitana de Urbanismo y la Oficina Metropolitana de Planeamiento Urbano[21].

Luego, el 4 de febrero de 1975, mediante Decreto Nro. 741 (publicado en Gaceta Oficial Nro. 30.615, de fecha 4 de febrero de 1975), se crea la Comisión de Ordenamiento Urbano del Área Metropolitana de Caracas, la cual tenía, entre sus atribuciones: proponer las normas a las que debían sujetarse los desarrollos urbanísticos para la obtención de permisos, autorizaciones y aprobaciones que correspondía otorgar a los organismos nacionales; proponer las reglamentaciones que considerara necesarias en materia de desarrollo urbano del Área Metropolitana de Caracas; coordinar el proceso de planificación y autorizaciones en materia de urbanismo con los organismos municipales correspondientes, etc. Esta Comisión funcionó hasta el año 1978, cuando se crea la Comisión Nacional de Coordinación del Desarrollo Urbanístico, la cual desapareció en el año 1980[22].

La Constitución de la República de Venezuela de 1961, a pesar de hacer referencia a la coordinación de las diversas jurisdicciones existentes dentro del Área Metropolitana de Caracas, lo hace en el marco del artículo referente a la sede del asiento de los Poderes Nacionales, pareciendo referirse más bien al régimen de Estado Federal que a la noción de metrópolis, aspecto éste que comentaremos más adelante. En igual sentido la Ley Orgánica de Régimen Municipal, la cual se limita a remitir al artículo del texto constitucional.

Posteriormente es aprobada la Constitución de la República Bolivariana de Venezuela y, en ejecución de la misma, la Ley Especial sobre el Régimen del Distrito Metropolitano de Caracas (Gaceta Oficial Nro. 36.906, de fecha 8 de marzo de 2000), en la cual se dispone que el Área Metropolitana de Caracas se rige por un sistema de gobierno municipal a dos niveles, uno metropolitano (compuesto por el Alcalde Metropolitano y el Cabildo Metropolitano) y uno municipal. Ello es seguido por la Ley Especial del Régimen Municipal a Dos Niveles del Área Metropolitana de Caracas (Gaceta Oficial Nro. 39.276 del 1ero de octubre de 2009), la cual deroga a la anterior norma.

La actual Área Metropolitana de Caracas está constituida por el municipio Libertador del Distrito Capital y los municipios Sucre, Chacao, Baruta y El Hatillo del estado Miranda, y cuenta con una superficie total de 783 Km2[23]. Representa el 0,5% del territorio nacional; alberga al 15% de la población total del país y el 14% de la oferta nacional de empleo[24].

La existencia del Área Metropolitana de Caracas se desprende de la última parte del artículo 18 de la Constitución, que establece:

"**Artículo 18.** *La ciudad de Caracas es la capital de la República y el asiento de los órganos del Poder Nacional.*

Lo dispuesto en este artículo no impide el ejercicio del Poder Nacional en otros lugares de la República.

Una ley especial establecerá la unidad político territorial de la ciudad de Caracas que integre en un sistema de gobierno municipal a dos niveles, los Municipios del Distrito Capital y los correspondientes del Estado Miranda. Dicha ley establecerá su organización, gobierno, administración, competencia y recursos, para alcanzar el desarrollo armónico e integral de la ciudad. En todo caso la ley garantizará el carácter democrático y participativo de su gobierno."

En esta área existe un gobierno municipal a dos niveles, que integra a todos los municipios que conforman la ciudad capital, tanto aquellos que se encuentran dentro del Distrito Capital (siendo que actualmente sólo está el municipio Libertador, pero el mismo pudiese y debería ser dividido en varios municipios) y los municipios Baruta, Chacao, El Hatillo y Sucre del estado Miranda.

Este Distrito Metropolitano de Caracas es una entidad político territorial de naturaleza municipal y no estadal[25], ya que como señalamos en el capítulo anterior, la misma tiene naturaleza de "entidad local", en los términos consagrados en la Ley Orgánica del Poder Público Municipal[26]. En este sentido, la propia Sala Constitucional del Tribunal Supremo de Justicia, en sentencia del 13 de diciembre de 2000, caso *Alfredo Peña*, señaló que esta entidad "*...se trata de una específica manifestación del Poder Público Municipal...*", denominando igualmente a los Distritos Metropolitanos "mega municipalidades"

Al ser una entidad municipal, y existir en esta zona un sistema de gobierno a dos niveles, corresponde al Distrito Metropolitano el ejercicio de competencias municipales, en aquellas áreas en las cuales existan problemáticas comunes en los municipios que integran el área. Esto fue ratificado por la derogada Ley Especial sobre el Régimen del Distrito Metropolitano de Caracas, la cual disponía en su artículo 19 que eran competencias propias de este Distrito, adicional a las allí enunciadas, las establecidas en el artículo 178 de la Constitución (competencias del Poder Público Municipal). Sin embargo, cuando se aprueba la Ley Especial del Régimen Municipal a dos Niveles del Área Metropolitana de Caracas se hace un retroceso significativo, toda vez que competencias que anteriormente tenía atribuida esta Área Metropolitana (servicios públicos de gas, electricidad, transporte urbano, salud, residuos sólidos, así como la planificación civil, viviendas de interés social, vialidad, circulación, acueductos, protección civil, servicios de policía y las demás propias de los Municipios -artículo 19 de dicha norma-) le son suprimidas, conservando únicamente competencias de planificación urbana y urbanística, protección y saneamiento ambiental y la promoción y dirección de mancomunidades (artículo 5 de la Ley de 2009), extinguiéndose por tanto las competencias relativas a la solución de las problemáticas económicas y sociales que justifican la creación de áreas y distritos metropolitanos, y conservando únicamente las relativas a las realidades físico / urbanas que justifican el establecimiento de estas entidades locales.

Y es que, en efecto, si entramos a analizar las competencias consagradas a favor del Área Metropolitana de Caracas en el artículo 5 de la Ley Especial del Régimen Municipal a Dos Niveles del Área Metropolitana de Caracas, observamos que las mismas son: a) ordenación urbana y urbanística; b) protección del ambiente y saneamiento ambiental; c) promoción y dirección de las mancomunidades establecidas dentro de este ámbito geográfico; d) contribución con los Municipios en la gestión tributaria; e) desarrollo de programas de asistencia técnica a los Municipios que integran el Área; y f) transferencia de competencias y servicios municipales a las comunidades y grupos de vecinos organizados. Nos preguntamos entonces si estas son las únicas problemáticas comunes a los Municipios que integran la metrópolis de la ciudad de Caracas, cuya respuesta obligatoria es "no", toda vez que existen infinidad de problemas de tránsito, vialidad, circulación, transporte, servicios públicos, etc. que resultaban también competencias que debieron, bajo la noción de funcionalidad de las áreas metropolitanas, ser incluidas dentro de las competencias transferidas al Área Metropolitana de Caracas.

Por todo lo anterior, vemos que el Área Metropolitana de Caracas, a pesar de ser la metrópolis más importante del país, ve significativamente reducidas sus competencias respecto a aquellas propias de estas entidades locales, consagradas en la Ley Orgánica del Poder Público Municipal; ello en virtud de razones políticas, que justificaron el cambio de legislación ocurrido en el año 2009, en el cual se redujo notoriamente las competencias y recursos propios de esta entidad territorial, en detrimento no de su gobierno, sino de sus habitantes.

Por último, consideramos importante hacer referencia al entorno espacial que conforma la metrópolis de Caracas. En este sentido, si entendemos que las metrópolis devienen de la existencia de una unidad geográfica, social y económica entre varios municipios o localidades contiguas, debemos señalar que existen otras zonas que tienen una interrelación directa con la ciudad de Caracas y su área metropolitana, más allá de los municipios Libertador, Sucre, Chacao, Hatillo y Baruta, tal como sucede con el Estado Vargas, los altos mirandinos, Guarenas – Guatire y los Valles del Tuy. Estas interrelaciones se dan, por ejemplo, en el plano laboral, donde gran parte de la población de estos sectores trabajan en el área metropolitana, viajando todos los días, convirtiendo a estos poblados en ciudades dormitorio, generando una unidad entre estos espacios, característica propia de las metrópolis. Así podemos mencionar, como evidencia de esta interconexión, la existencia de un Plan de Ordenación Urbanística en el Ministerio del Poder Popular para las Obras Públicas y Vivienda, que abarca el Valle de Caracas, los Altos Mirandinos, el Litoral Vargas, Guarenas – Guatire y los Valles del Tuy[27].

Así, en recientes estudios realizados por lo que es hoy en día el Ministerio del Poder Popular para Ecosocialismo, Hábitat y Vivienda, se maneja que el ámbito tradicional del Área Metropolitana de Caracas se ha visto ampliado, siendo que el territorio que hoy en día abarca una unidad geográfica urbana está integrado por el municipio Vargas del estado Vargas, el municipio Libertador del Distrito Capital, y los municipios Baruta, El Hatillo, Chacao, Sucre, Los Salías, José M. Álvarez, Guaicaipuro, Plaza, Zamora, Urdaneta, Cristóbal Rojas, Lander, Independencia, Paz Castillo y Simón Bolívar del estado Miranda, arrojando su constitución material un total de 5 componentes: Valle de Caracas, Altos Mirandinos, Litoral Vargas, Guarenas-Guatire y Valles del Tuy. Todos estos municipios se encuentran interrelacionados tanto con la ciudad de Caracas, como entre ellos mismos, que nos obligan a verlos como un sistema, a globalidad[28].

Por ello, es importante revisar tanto el ámbito geográfico como la legislación y las competencias atribuidas al Área Metropolitana de Caracas, para sanear la misma.

En segundo lugar debemos referirnos al **Distrito Metropolitano del Alto Apure**, el cual tiene su origen en la Disposición Transitoria Tercera de la Constitución de 1999, numeral 3, la cual establece la obligación de la Asamblea Nacional de dictar una ley especial para regular el régimen especial para los municipios José Antonio Páez y Rómulo Gallegos del estado Apure. Este mandato fue cumplido por la Asamblea Nacional en el año 2001, publicándose el día 16 de noviembre de 2001, en Gaceta

Oficial Ordinaria Nro. 37.326, la Ley Especial que Crea el Distrito del Alto Apure.

Al igual que sucede con el Área Metropolitana de Caracas, en este Distrito conviven ambos niveles de gobierno: el metropolitano y el municipal[29]. El régimen de gobierno distrital está en manos de un Alcalde Distrital y un Cabildo Distrital[30].

Respecto a sus competencias, las mismas van orientadas en los siguientes ámbitos:
- Participar en la elaboración de los planes de ordenación del territorio y en los planes ambientales y velar por la ejecución de los mismos.
- Promover, asistir y coordinar el ejercicio de las competencias municipales por parte de los municipios que conforman el Distrito, en especial en materia de ordenación urbanística, arquitectura civil, patrimonio histórico, ornato público, viviendas de interés social, turismo local, protección al ambiente, saneamiento ambiental, aseo urbano y domiciliario, tratamiento de residuos, protección y defensa civil, seguridad ciudadana, salubridad, atención primaria a la salud, protección social, educación preescolar, cultura, deportes y servicios públicos municipales.
- Promover la constitución de mancomunidades
- Vialidad
- Prestación de servicios de transporte público intermunicipal
- Policía distrital
- Desarrollar programas de asistencia técnica
- Promover la transferencia de competencias y servicios municipales a las comunidades y grupos vecinales organizados[31].

Observamos así como este Distrito tiene unas competencias más amplias que las otorgadas a favor del Área Metropolitana de Caracas y se ajusta más a la satisfacción de necesidades comunes, en los ámbitos económicos, social y físico / urbano, de los espacios considerados como metrópolis, en aras a justificar la creación de una entidad territorial de coordinación que pueda fungir como motor del desarrollo y la resolución de las problemáticas comunes a estas localidades.

Igualmente existen en nuestro país una **serie de áreas metropolitanas creadas previo a la Constitución de 1999, y que devienen de la realidad espacial existente en el país**, respecto a la cual reconocidos planificadores como Marcos Negrón han señalado que el 75% de la población venezolana vive en áreas metropolitanas, que superan los 100.000 habitantes[32]. Esto se deriva del gran porcentaje poblacional que vive en las grandes ciudades y sus adyacencias, que ya para el año 1990 representaba el 84% de la población total del país[33], pudiendo mencionarse la existencia de áreas metropolitanas, como realidades espaciales, en ciudades como Acarigua – Araure, Puerto La Cruz – Barcelona, Maracaibo, Valencia, Puerto Ordaz, Maracay, Barquisimeto, etc.

Ya desde el año 1967, en el primer Congreso Venezolano de Cooperación Intermunicipal, se estableció la necesidad de establecer Distritos Metropolitanos en las diversas áreas metropolitanas del país, con un gobierno municipal a dos niveles, contando además con la participación de los órganos legislativos estadales y nacionales[34].

Sin embargo, desde el punto de vista legal y constitucional, sólo existen Distritos y Áreas Metropolitanos en el Área Metropolitana de Caracas y el Área Metropolitana del Alto Apure, a pesar que en muchas otras zonas están dadas las condiciones y requisitos para el establecimiento de Distritos Metropolitanos.

A pesar de ello, desde el punto de vista urbano sí se han creado diversas áreas metropolitanas, a los fines de satisfacer los problemas urbanísticos, de planificación territorial y de servicios públicos, en diversas zonas del país. Podemos mencionar así:

- Área Metropolitana de Acarigua - Araure, creada por el Ministerio de Desarrollo Urbano mediante Resolución Nro. 25, de fecha 22 de septiembre de 1980[35], para el desarrollo de aspectos como vialidad, vivienda, industria, educación, salud, parques, recreación y cultura, comercio, entre otros. En esta Resolución se establece lo relativo a las diversas zonificaciones y sectores existentes en la zona, así como el plan de acción respecto a los equipamientos que habrán de establecerse en el sector.

- Área Metropolitana de San Cristóbal – Táriba – Palmira - Cordero, creada por el Ministerio de Desarrollo Urbano mediante Resolución Nro. 244, de fecha 30 de enero de 1984[36], para el desarrollo de aspectos como drenajes, vialidad, vivienda, educación, industria, servicios recreacionales y deportivos, turismo, entre otros[37].

- Área Metropolitana de Valera, que abarca las zonas Valera – Carvajal – Escuque – Motalán, creada por el Ministerio de Desarrollo Urbano mediante Resolución Nro. 238, de fecha 9 de enero de 1984[38], para el desarrollo de aspectos como drenajes, vialidad, vivienda, educación, acueductos, cloacas, entre otros. Igualmente establece las acciones urbanísticas que deberán ser desarrolladas por el sector público en esta área.

- Área Metropolitana de Ciudad Guayana, creada por el Ministerio de Desarrollo Urbano mediante Resolución Nro. 117, de fecha 22 de noviembre de 1984[39], para el desarrollo de aspectos como empleo, vialidad, vivienda, educación, entre otros. Igualmente establece las acciones urbanas que deben ser ejecutadas por los organismos públicos en la localidad.

- Área Metropolitana Valencia - Guacara, creada por el Ministerio de Desarrollo Urbano mediante Resolución Nro. 1.029, de fecha 14 de octubre de 1992[40], para el desarrollo de aspectos como basura, conservación del agua, cloacas, drenajes, desechos sólidos, vialidad, transporte, entre otros. Igualmente se establecen parámetros respecto a algunas zonificaciones y se establece el plan de acción respecto a las actuaciones urbanísticas que han de ser desarrolladas por el sector público.

- Área Metropolitana Barcelona – Puerto La Cruz – Lecherías – Guanta, creada por el Ministerio de Desarrollo Urbano mediante Resolución Nro. 1.918, de fecha 15 de marzo de 1995[41], para el desarrollo de aspectos como acueductos, drenajes, cloacas, electricidad, telefonía, desechos sólidos, mercados, cementerios, vialidad, transporte, educación, asistencia médica, servicios deportivos y recreacionales, seguridad, defensa, servicios industriales, turismo, vivienda, entre otros. Dentro de esta Resolución de creación del Área Metropolitana se establecen las acciones y obras que se deben realizar para preservar los espacios y recursos naturales que posee la zona, así como las diversas acciones urbanísticas que deben ser realizadas, e incluye el plan de acción respecto a las mismas, el cual será implementado en conjunto con varios organismos públicos nacionales y empresas del estado allí mencionados. Esta Resolución incluso establece parámetros respecto a las diversas áreas existentes y su zonificación.

- Área Metropolitana de Trujillo – Pampán – Flor de Patria, creada por el Ministerio de Desarrollo Urbano mediante Resolución Nro. 2.929, de fecha 20 de agosto de 1998[42], para el desarrollo de aspectos como vialidad, transporte, acueductos, cloacas, drenajes, electricidad, teléfono, desechos sólidos, mercados, cementerios, vivienda, educación, economía, salud, recursos ambientales, entre otros. Igualmente se establecen parámetros respecto a las zonificaciones y las acciones futuras que son necesarias de implementar, en materia de instalaciones, equipamientos y vivienda.

- Área Metropolitana de Maracay – El Limón – Turmero – Cagua – Palo Negro – Santa Cruz y San Mateo, creada por el Ministerio de Desarrollo Urbano mediante Resolución Nro. 2.964, de fecha 1ero de octubre de 1998[43], para el desarrollo de aspectos como industria, transporte ferroviario y transporte público, uso de las aguas, comercio, vialidad, acueductos, cloacas, drenajes, entre otros. Igualmente se establecen las áreas que por razones urbano – ambientales deben tener un tratamiento especial, así como algunos parámetros de zonificación y las obras y acciones urbanísticas que deben ser desarrolladas por los organismos públicos.

- Área Metropolitana de Mérida – Ejido - Tabay, creada por el Ministerio de Desarrollo Urbano mediante Resolución Nro. 3.001, de fecha 8 de enero de 1999[44], para el desarrollo de aspectos tales como vialidad, transporte, acueductos, cloacas, drenajes, vivienda, entre otros. Igualmente establece pautas en torno a la zonificación de las diversas áreas, así como lo relativo al plan de obras que deben ser ejecutadas en la localidad.

- Área Metropolitana de Maracaibo – La Concepción – La Cañada – Santa Cruz, creada por el Ministerio de Desarrollo Urbano mediante

Resolución Nro. 3.010, de fecha 1ero de febrero de 1999[45], para el desarrollo de aspectos como transporte, vialidad, preservación de la vegetación, comercio, educación, acueductos, cloacas, drenajes, cementerios, entre otros. Igualmente se define el plan de acciones urbanísticas.

- Área Metropolitana de Barquisimeto – Cabudare, creada por el Ministerio de Desarrollo Urbano mediante Resolución Nro. 3.011, de fecha 1ero de febrero de 1999[46], para el desarrollo de aspectos como industrias, parques, acueductos, cloacas, drenajes, electricidad, teléfono, gas, desechos sólidos, vivienda, protección ambiental, entre otros. Igualmente se establece el programa general de acciones urbanísticas que han de ser ejecutadas en la zona.

Todas estas áreas son creadas a raíz de planes de ordenación del territorio y urbanísticos, a los fines de establecer parámetros de planificación y desarrollo para las mismas, las cuales fueron agrupadas por la homogeneidad de sus características y necesidades (cualidad fundamental de las áreas metropolitanas), a los fines de que las acciones urbanas y urbanísticas que se lleven a cabo tengan una visión del conjunto y puedan satisfacer los problemas de toda la zona, ya que la solución separada por parte de cada municipio, sin que exista una visión macro del asunto y de la ciudad, difícilmente pudiera ser una solución real al tema urbano existente en las metrópolis venezolanas. Sin embargo, en las mismas sólo se establecen lineamientos para su desarrollo conjunto, especialmente en materia urbanística, dictados por el Poder Nacional y de obligatorio cumplimiento para las entidades territoriales de las cuales están compuestas estas áreas, pero sin que se creen autoridades de conjunto ni se establezcan nuevas entidades territoriales para garantizar la satisfacción de las necesidades y problemáticas comunes de estas metrópolis.

3. BREVE REFERENCIA AL RÉGIMEN JURÍDICO DEL DISTRITO CAPITAL Y SU DIFERENCIA CON LAS ÁREAS METROPOLITANAS

Es importante hacer la diferenciación entre áreas metropolitanas, como figuras municipales, y el Distrito Capital, el cual deviene su origen en el Estado Federal y la necesidad de establecer un centro de poder, neutro, en el cual funcione el poder central (federal), como núcleo de ordenación de todos los poderes de los estados federados.

En este sentido, un Estado Federal implica la confluencia de varias regiones, estados o provincias, que se unen para tener unas autoridades centrales comunes, que coordinarán el funcionamiento del Estado y la satisfacción de necesidades en todo el país, pero conservando, estas entidades que se unen, competencias que le son propias a cada una de ellas. El Poder Nacional o Federal, que pasa a ser la máxima autoridad en todo el país, necesita un espacio desde el cual pueda realizar sus cometidos, y en todos los países, por ello, se ha tendido a establecer espacios neutrales para el funcionamiento de este Poder Federal, en lugares que además coinciden con la capital de cada país[47].

En nuestro país desde la época independentista y la primera Constitución del país, ya se consagraba la forma de Estado Federal[48] como sistema de organización que conllevaba la unión de todas las Provincias que constituían para ese entonces la República, así como de las que fueran anexadas a posteriori. Esta forma de Estado Federal se ha mantenido a lo largo de las diversas Constituciones de la República, a pesar que cada vez las Provincias / Estados reducen sus competencias y el Poder Central / Nacional absorbe y concentra mayor cantidad de atribuciones, incluso de las inicialmente atribuidas a estas entidades territoriales integrantes del Estado Federal[49].

En el año 1864 se erige formalmente el Distrito Federal[50], como espacio cedido por los Estados de la Unión para el funcionamiento del Poder Federal y como asiento del mismo (artículo 13 numeral 3 de la Constitución de la Constitución de los Estados Unidos de Venezuela[51]).

Todo Distrito Federal conlleva la intervención del Poder Nacional en la conducción de los intereses locales, lo cual constituye un elemento esencial de los mismos. Por ello, su autonomía municipal siempre va a estar bastante atenuada[52], en resguardo de los intereses del Poder Federal o Nacional

En Venezuela desde la creación del Distrito Federal, en el año 1864, se optó por establecer en el mismo un doble régimen, siendo que conviven en él los órganos del Poder Federal, encargados de la conducción de los intereses de la ciudad donde este Poder tiene su sede, por razones de interés nacional, con los órganos del Poder Municipal, encargados del resguardo de los intereses locales[53]. Sin embargo, las funciones municipales venían siendo ejercidas por los órganos del Distrito Federal, y no es sino en 1986, cuando se dicta la Ley Orgánica del Distrito Federal de ese año, cuando se separan las funciones distritales y municipales, estableciéndose autoridades municipales para el ejercicio de las funciones locales, siendo que se les atribuye a los dos municipios que lo integraban, Libertador y Vargas, personalidad jurídica y patrimonio propio e independiente[54]. Las autoridades del Distrito, por ser propias del régimen federal (gobierno central / nacional) son designadas por el propio Poder Nacional (Presidente de la República)[55], mientras que las autoridades municipales (actualmente Alcaldía del Municipio Libertador) son electas a través de los mecanismos ordinarios de elección de este tipo de autoridades, es decir, el sufragio universal, directo y secreto.

El Distrito Capital (denominación otorgada por la Asamblea Nacional Constituyente de 1999 pero de idéntica naturaleza al antes denominado Distrito Federal) forma parte de la organización político territorial de la República, junto a los Estados, las dependencias federales y los territorios federales, por lo cual su rango es más similar al de un Estado que al municipal, como se ha querido confundir, en algunos casos, en especial respecto a su ámbito competencial[56]. Sin embargo, no se le puede dar la categoría equivalente a un Estado, porque su configuración es *sui generis*, ya que su principal función no está orientada al establecimiento de funciones y políticas respecto a los ciudadanos, sino a ser un garante de la "federación".

Es importante aquí hacer referencia a la noción de Distrito Capital toda vez que, una vez aprobado el texto constitucional de 1999, y vista además la compleja redacción del artículo 18 del mismo, muchas confusiones habían y han existido entre la noción de Distrito Capital y la noción de Área Metropolitana de Caracas, siendo que a pesar de ser nociones distintas, una de carácter federal y otra devenida del fenómeno urbano de las metrópolis, ambas figuras se han confundido, incluso al extremo tal que la Ley de Transición del Distrito Federal al Distrito Metropolitano de Caracas (Gaceta Oficial Nro. 37.006 del 3 de agosto de 2000) le asignaba al Distrito Metropolitano de Caracas los recursos provenientes del subsidio de capitalidad (artículo 6 numeral 2) y consideraba al Distrito Metropolitano de Caracas, regulado por la Ley Especial sobre el Régimen del Distrito Metropolitano de Caracas como un sustituto del Distrito Federal[57].

Es finalmente con la aprobación de la Ley Especial sobre la Organización y Régimen del Distrito Capital publicada en Gaceta Oficial Nro. 39.156, del 13 de abril de 2009, y la Ley Especial del Régimen Municipal a Dos Niveles del Área Metropolitana de Caracas (Gaceta Oficial Nro. 39.276 del 1ero de octubre de 2009), cuando finalmente se hace una diferenciación entre estas dos figuras, ello a pesar de las críticas que podamos tener en torno a la desnaturalización del alcance competencial del Área Metropolitana de Caracas, ya explicadas con anterioridad.

Es importante mencionar que la Sala Constitucional del Tribunal Supremo de Justicia, en sentencia del 13 de diciembre de 2000, caso *Alfredo Peña*, hace referencia a la distinción existente entre Distrito Capital y Distrito o Área Metropolitana de Caracas, señalando que ambas son figuras absolutamente distintas.

Por todo lo anterior, es importante entender y tener clara la diferencia entre Distrito Capital –como figura propia del Distrito Federal- del Distrito o Área Metropolitana –como figura que instrumentaliza jurídicamente las metrópolis- y no confundir ambas figuras, su naturaleza jurídica y su régimen competencial, en especial de caras a la realidad existente en la ciudad de Caracas.

4. CONCLUSIONES

Producto del anterior análisis es importante tener en consideración, en primer lugar, que las Áreas Metropolitanas –y Distritos

Metropolitanos- devienen de la noción de metrópolis, la cual implica la existencia de fenómenos físico / urbanos, sociales y económicos que determinan el desarrollo conjunto y la existencia de problemáticas comunes de diversas poblaciones o ciudades contiguas, que justifican la necesidad de establecer políticas públicas y urbanas de conjunto, como mecanismo para hacer frente a dichas problemáticas. Ello así, el ordenamiento jurídico lo que hace es darle forma y organización a un fenómeno social, y no crear el mismo.

En nuestro país, las regulaciones de las Áreas Metropolitanas y Distritos Metropolitanos se encuentran consagradas en la Ley Orgánica del Poder Público Municipal, la cual establece que las mismas son entidades locales igual que los municipios y las parroquias, y regula en términos generales la organización y funcionamiento de éstas. Ello así, todas las áreas y distritos metropolitanos del país deberían seguirse por esta norma, más sin embargo la misma no tiene un desarrollo amplio y suficiente sobre el régimen competencial y algunos aspectos de la organización de estas metrópolis, generándose por tanto dudas y permitiendo que figuras como el Área Metropolitana de Caracas tengan un régimen competencial muy disminuido en comparación con las competencias que deberían ser propias de estas entidades locales.

Igualmente existen diversas áreas metropolitanas en el país, creadas antes de la Constitución de 1999, pero que únicamente fungen como mecanismos de organización a nivel urbanístico, en aras a la planificación urbana, pero sin que existan autoridades de conjunto, ni integración territorial, ni los demás elementos necesarios para determinar la existencia de áreas y distritos metropolitanos bajo la legislación actual. Esto nos trae a la reflexión sobre la importancia de darle forma jurídica, organización y personalidad jurídica, a través de nuevos entes públicos, a las diversas metrópolis que, como fenómeno urbano y social, existen en el país desde hace varias décadas.

Por último, es importante hacer la diferenciación entre áreas metropolitanas y otras figuras existentes en el ordenamiento jurídico venezolano, tal como sucede con el régimen jurídico de la capital de la República (Distrito Capital), toda vez que conforme a lo estudiado, las áreas metropolitanas obedecen a fenómenos sociales y urbanos, recogidos por el derecho, y como tal tienen una realidad y unos elementos subyacentes, que no pueden ser llenados o modelados a caprichos del legislador ni de otras autoridades públicas.

5. (ENDNOTES)

1   Socia de la firma Zambrano Gallardo y Asociados. Profesora de derecho de la Universidad Metropolitana y la Universidad José María Vargas

2   Diana Maritza González Cerón: *Régimen Jurídico del Distrito Metropolitano de Caracas.* Ediciones Liber, Caracas, 2005. Pág. 9.

3   Francisco José Álvarez y Lezama: *Diversas definiciones de región. Áreas Metropolitanas – Polos principales de crecimiento. Planificación regional.* Editado por el Instituto Panamericano de Geografía e Historia, Hamilton – Ottawa, Canadá, 1967. Pág. 64.

4   Allan Brewer – Carías: *El régimen de gobierno municipal en el Distrito Federal venezolano.* Publicaciones de la Gobernación del Distrito Federal, Caracas, 1968. Pág. IX.

5   Fortunato González Cruz: "Comentarios a la Ley Orgánica del Poder Público Municipal". En *Ley Orgánica del Poder Público Municipal*, Editorial Jurídica Venezolana, Caracas, 2007. Pág. 258.

6   Júlio de Freitas y Teresa Ontiveros: "Metrópoli y territorialización popular contemporánea". En *Revista Urbana, Nro. 13.* Editada por el Instituto de Urbanismo de la Facultad de Arquitectura y Urbanismo de La Universidad Central de Venezuela y por el Instituto de Investigaciones de la Facultad de Arquitectura y Diseño de la Universidad del Zulia, Caracas, 1993. Pág. 70.

7   Armando Rodríguez García: "La organización de las áreas metropolitanas", en *Libro Homenaje al Profesor Alfredo Arismendi A.*, Ediciones Paredes, Caracas, 2008. Pág. 671.

8   Marco Negrón: "La planificación urbana local y el contexto metropolitano". En *Revista Urbana, Nro. 19.* Editada por el Instituto de Urbanismo de la Facultad de Arquitectura y Urbanismo de La Universidad Central de Venezuela y por el Instituto de Investigaciones de la Facultad de Arquitectura y Diseño de la Universidad del Zulia, Caracas, 1996. Pág. 15.

9   Ídem. Pág. 10.

10 Yves Pedrazzini y Magaly Sánchez: "Tiempos de metrópoli". En *Revista Urbana, Nro. 13.* Editada por el Instituto de Urbanismo de la Facultad de Arquitectura y Urbanismo de La Universidad Central de Venezuela y por el Instituto de Investigaciones de la Facultad de

Arquitectura y Diseño de la Universidad del Zulia, Caracas, 1993. Pág. 15.

11 Allan Brewer – Carías: *Problemas Institucionales del Área Metropolitana de Caracas y el Desarrollo Regional y Urbano*. Publicado por la Comisión de Administración Pública, Caracas, 1971, Págs. 1 y 2.

12 M. Negrón: "La planificación urbana local y el contexto metropolitano". Op. Cit. Pág. 16.

13 Lorenzo. González Casas: "Metrópolis: ambiente y cultura modernos". En *Revista Urbana, Nro. 24*. Editada por el Instituto de Urbanismo de la Facultad de Arquitectura y Urbanismo de La Universidad Central de Venezuela y por el Instituto de Investigaciones de la Facultad de Arquitectura y Diseño de la Universidad del Zulia, Caracas, 1999. Págs. 65 a la 74.

14 A. Rodríguez García: "La organización de las áreas metropolitanas". Op. Cit. Págs. 676 y 677.

15 Las áreas metropolitanas ya se encontraban consagradas con anterioridad en nuestro ordenamiento jurídico. En efecto, la Constitución de 1961, en su artículo 11, consagra la existencia del Área Metropolitana de Caracas (sin embargo, este artículo pareciera referirse más al régimen de Distrito Federal que de Distrito Metropolitano, figura que comentaremos más adelante). Posteriormente desde la primera Ley Orgánica de Régimen Municipal (publicada en Gaceta Oficial Nro. 2.297 Extraordinaria del 18 de agosto de 1978), se consagra la figura de los Distritos Metropolitanos, como entidades locales compuestas por dos o más municipios, que conformen una unidad urbana, social y económica, figura ésta que ha permanecido en constante evolución hasta nuestros días.

16 Marta Vallmitjana: "La gobernabilidad de las áreas metropolitanas y el urbanismo de las redes. El Área Metropolitana de Caracas". En *Revista Urbana, Nro. 21*. Editada por el Instituto de Urbanismo de la Facultad de Arquitectura y Urbanismo de La Universidad Central de Venezuela y por el Instituto de Investigaciones de la Facultad de Arquitectura y Diseño de la Universidad del Zulia, Caracas, 1997. Pág. 87.

17 M. Negrón: "La planificación urbana local y el contexto metropolitano". Op. Cit. Pág. 18.

18 Decreto Nro. 647, de fecha 13 de octubre de 1950. En D. M. González Cerón: *Régimen Jurídico del Distrito Metropolitano de Caracas*. Op. Cit. Pág. 44

19 *Estudio de base para la formulación de una tesis sobre el Área Metropolitana de Caracas*. Oficina Municipal de Planeamiento Urbano, Caracas, Venezuela, 1963. Págs. 236 y 237.

20 Allan Brewer – Carías: *Urbanismo y propiedad privada*. Editorial Jurídica Venezolana, Caracas, 1980. Pág. 258.

21 Ídem. Págs. 257 y 258.

22 Ibídem. Págs. 272 y 273.

23 Antonio De Lisio: "Caracas: Evolución y Entropía". En *Revista Urbana, Nro. 34*. Editada por el Instituto de Urbanismo de la Facultad de Arquitectura y Urbanismo de La Universidad Central de Venezuela y por el Instituto de Investigaciones de la Facultad de Arquitectura y Diseño de la Universidad del Zulia, Caracas, 2004. Pág. 76.

24 Según consta en estudios realizados por el Ministerio del Poder Popular para la Infraestructura.

25 Allan Brewer – Carías: "Introducción general al régimen del Poder Público Municipal". En *Ley Orgánica del Poder Público Municipal*, Editorial Jurídica Venezolana, Caracas, 2007. Pág. 165.

26 Sin embargo, es importante señalar que la Sala Constitucional del Tribunal Supremo de Justicia, en sentencia de fecha 13 de diciembre de 2000, caso *Alfredo Peña*, estableció que no necesariamente esta Área Metropolitana debía ser encuadrada en las regulaciones constitucionales y legales aplicables a las áreas y distritos metropolitanos, estableciendo que "*...el sistema escogido fue el de un Distrito Metropolitano, el cual puede ser especial y distinto al Distrito Metropolitano prevenido como institución en los artículos 171 y 172 de la Constitución de la República Bolivariana de Venezuela...*"- Sin embargo, la misma sentencia se contradice y señala también que "*...el Distrito Metropolitano de la Ciudad de Caracas, es un sistema especial semejante a la de los Distritos Metropolitanos contemplados en la Constitución, y en la Ley Orgánica del Régimen Municipal...*"

27 "Inventario de instrumentos de planificación vigentes", cuadro del Ministerio de Infraestructura, Dirección General de Planificación y Regulación de Obras Públicas y Desarrollo Urbano, de fecha junio de 2006.

28 Estudios preliminares sobre el Área Metropolitana de Caracas, desarrollados por el Ministerio del Poder Popular para la Infraestructura.

29 Artículo 4 de la Ley Especial que Crea el Distrito del Alto Apure.

30 Artículo 8 de la Ley Especial que Crea el Distrito del Alto Apure.

31 Artículo 6 de la Ley Especial que Crea el Distrito del Alto Apure.

32 M. Negrón: "La planificación urbana local y el contexto metropolitano". Op. Cit. Pág. 13.

33 Esther Elena Marcano: "De la crisis al colapso de los servicios públicos en la metrópoli". En *Revista Urbana, Nro. 13*. Editada por el Instituto de Urbanismo de la Facultad de Arquitectura y Urbanismo de La Universidad Central de Venezuela y por el Instituto de Investigaciones de la Facultad de Arquitectura y Diseño de la Universidad del Zulia, Caracas, 1993. Pág. 58.

34 A. Brewer – Carías: "Problemas Institucionales del Área Metropolitana de Caracas y el

Desarrollo Regional y Urbano". Op. Cit. Págs. 48 y 49.

35   Publicada en Gaceta Oficial Extraordinaria Nro. 2.669, de fecha 25 de septiembre de 1980.

36   Publicada en Gaceta Oficial Extraordinaria Nro. 3.393, de fecha 31 de mayo de 1984.

37   El Ministerio del Poder Popular para el Ecosocialismo, Hábitat y Vivienda se encuentra actualmente elaborando un nuevo Plan de Ordenación Urbanística para esta área metropolitana, tal como se desprende del "Inventario de instrumentos de planificación vigentes", cuadro del Ministerio de Infraestructura, Dirección General de Planificación y Regulación de Obras Públicas y Desarrollo Urbano, de fecha junio de 2006.

38   Publicada en Gaceta Oficial Extraordinaria Nro. 3.438, de fecha 24 de septiembre de 1984.

39   Publicada en Gaceta Oficial Extraordinaria Nro. 3.558, de fecha 28 de mayo de 1985.

40   Publicada en Gaceta Oficial Extraordinaria Nro. 4.576, de fecha 14 de mayo de 1993.

41   Publicada en Gaceta Oficial Extraordinaria Nro. 4.873, de fecha 27 de marzo de 1995.

42   Publicada en Gaceta Oficial Extraordinaria Nro. 5.256, de fecha 26 de agosto de 1998.

43   Publicada en Gaceta Oficial Extraordinaria Nro. 5.270, de fecha 26 de octubre de 1998.

44   Publicada en Gaceta Oficial Extraordinaria Nro. 5.303, de fecha 1ero de febrero de 1999.

45   Publicada en Gaceta Oficial Extraordinaria Nro. 5.314, de fecha 11 de marzo de 1999.

46   Publicada en Gaceta Oficial Extraordinaria Nro. 5.316, de fecha 23 de marzo de 1999.

47   Es una tendencia en el derecho comparado, desde el siglo XIX, el establecimiento de estos Distritos, o figuras similares, en las ciudades capitales, tal como sucede en Londres, París, Roma, Viena, Washington, Buenos Aires, Bogotá, México, Caracas, Río de Janeiro, entre otras. Ver: A. Brewer – Carías: *El régimen de gobierno municipal en el Distrito Federal venezolano*. Op. Cit. Págs. 10 y 11

48   Ver artículos 119 y siguientes de la Constitución Federal para los Estados de Venezuela del 21 de diciembre de 1811 (http://www.cervantesvirtual.com/servlet/SirveObras/02461621981246052976613/p0000001.htm#I_0_)

49   Ver: José Peña Solís: "Algunos Lineamientos Generales sobre las Formas de Estado. Especial Referencia a la Constitución de 1999", en *Libro Homenaje al Profesor Alfredo Arismedi*, Ediciones Paredes, Caracas, 2008, páginas 610 y ss.

50   *Estudio de base para la formulación de una tesis sobre el Área Metropolitana de Caracas.* Ob. Cit. Págs. 14 y 120.

51   http://venciclopedia.com/index.php?title=Constituci%C3%B3n_de_los_Estados_Unidos_de_Venezuela_de_1864

52   Allan Brewer – Carías: "Problemas Institucionales del Área Metropolitana de Caracas y el Desarrollo Regional y Urbano". Op. Cit. Pág. 9.

53 A. Brewer – Carías: *El régimen de gobierno municipal en el Distrito Federal venezolano.* Op. Cit. Pág. VI.

54 D. M. González Cerón: *Régimen Jurídico del Distrito Metropolitano de Caracas.* Op. Cit. Pág. 49.

55 Artículo 7 de la Ley Especial sobre la Organización y Régimen del Distrito Capital, Gaceta Oficial Nro. 39.156 del 13/04/2009. Sin embargo, esto no es una novedad, sino que esta realidad ha estado presente históricamente, ya que en el año 1864, mediante Decreto presidencial de fecha 8 de marzo, se establece que el Poder Ejecutivo del mismo estaría en manos de *"...un gobernador que era del libre nombramiento y remoción del Poder Ejecutivo General..."* y que el mismo era *"su inmediato agente"* (A. Brewer – Carías: *El régimen de gobierno municipal en el Distrito Federal venezolano. Op. Cit. Pág. 31*). Igualmente, las posteriores constituciones establecieron que el Presidente de la República era la primera autoridad del Distrito Federal, y él podía nombrar a quien ejercería el poder en su nombre (D. M. González Cerón: *Régimen Jurídico del Distrito Metropolitano de Caracas. Op. Cit. Pág. 46*) y la Constitución de 1961, en su artículo 190 numeral 17, establece como competencia del Presidente de la República nombrar al Gobernador del Distrito Federal. La Ley Orgánica del Distrito Federal de 1986 igualmente establece que las funciones legislativas del Distrito Federal serían asumidas por el Congreso de la República (D. M. González Cerón: "Régimen Jurídico del Distrito Metropolitano de Caracas". Op. Cit. Pág. 49), siendo que actualmente estas funciones están en cabeza de la Asamblea Nacional, tal como lo dispone el artículo 3 de la Ley Especial sobre la Organización y Régimen del Distrito Capital.

56 La existencia de confusión entre el Distrito Capital y el Distrito Metropolitano de Caracas no resulta absurda, debido a la poco clara redacción del artículo 18 de la Constitución de la República Bolivariana de Venezuela, a lo cual debe sumarse que ni siquiera los propios constituyentistas que aprobaron esta norma estaban claros en la diferenciación entre ambas figuras. En efecto, en la Sesión Ordinaria de la Asamblea Nacional Constituyente del día 20 de octubre de 1999, en la cual se discutió el tema relativo al gobierno de la ciudad de Caracas, los constituyentes Allan Brewer – Carías, William Lara, Luis Camargo, Segundo Meléndez, Aristóbulo Istúriz, Vladimir Villegas, Rodolfo Sanz y Mario Isea proponen crear tanto el Distrito Capital como el Distrito Metropolitano de Caracas; mientras que otros constituyentistas, como Guillermo García Ponce y Freddy Bernal, consideraron que la denominación Distrito Capital o Área Metropolitana de Caracas era indistinta, pues ambas figuras se referían a la misma entidad político – territorial, y lo único que cambiaba era la denominación.

57 Esto sin embargo no es nuevo, toda vez que la legislación anterior, referida al régimen

jurídico del Distrito Federal, igualmente otorgaba competencias a dicho Distrito en materias propias de la vida local, tal como se evidencia del artículo 8, numerales 4, 5, 10, 11, 12 y 13 de la Ley Orgánica del Distrito Federal, publicada en Gaceta Oficial Nro. 3.944 Extraordinario del 30 de diciembre de 1986.

IDENTIDAD Y DESARROLLO LOCAL

Francisco González Cruz

"El Tajo es más bello que el río que corre por mi aldea,
pero el Tajo no es más bello que el río que corre por mi Idea,
porque el Tajo no es el río que corre por mi aldea".

Alberto Caeiro, heterónimo de Fernando Pessoa

INTRODUCCIÓN

Los versos del renombrado poeta portugués Fernando Pessoa hablan con su particular estilo del peso que puede tener la identidad en la valoración de las cosas. A eso apunta este trabajo en homenaje a mi hermano gemelo Fortunato González Cruz. Con frecuencia vemos como los esfuerzos de desarrollo local fracasan porque son la consecuencia de una serie de formulaciones técnicas sin alma, que no tocan a la emoción de la gente y tratan a las personas y a las comunidades como si fueran simples espectadores, que tienen que reaccionar de tal o cual manera a determinados estímulos o políticas públicas. Y resulta que los procesos son mucho más complejos y sutiles que una colección de estrategias y de instrumentos normativos.

Desde que el mundo es mundo existen experiencias exitosas y también fracasadas de desarrollo local. También los estudios que documentan esos procesos en los cuales se ponen de manifiesto que son frecuentes las razones emocionales o espirituales, las no tangibles se les dice, las que explican los verdaderos cambios.

Este trabajo apunta a destacar esos asuntos no tan tecnocráticos sobre el desarrollo local y que se refieren al amor al lugar, al compromiso que de allí se desprende y a los procesos que se pueden desencadenar a partir de las consideraciones en torno a esos asuntos más del corazón que de la razón.

EL DESARROLLO LOCAL

El desarrollo local es un proceso que busca el bienestar de la comunidad, mediante acciones pensadas y diseñadas, de tal manera que potencien las ventajas existentes, mitiguen los elementos negativos y lancen al lugar a la conquista de mejores estándares de vida.

Son muchos los modelos de desarrollo local, tantos casi como experiencias existen. Casi todos parten de rigurosos esquemas de diagnóstico de la situación actual, de sus causas y posibles trayectorias futuras o prospectiva. De los objetivos que se plantean lograr, las estrategias a seguir, los proyectos a ejecutar, los mecanismos administrativos para el seguimiento de los planes y su evaluación y consecuente retroalimentación, los esquemas para su financiamiento y demás asuntos contemplados los manuales.

En términos generales hay dos caminos alternativos u opcionales, y entre ellos diversas variante o combinaciones: uno es atraer inversiones, tecnología, empresas y otros activos desde afuera para promover el crecimiento económico. Generalmente son planes nacionales de desarrollo local y toca al gobierno nacional elaborar esos planes y esos proyectos, construir las infraestructuras, definir las políticas e incluso establecer los mecanismos para administrar el desarrollo local. Aquí la gente de la comunidad y sus autoridades son meros espectadores. En esta alternativa el poder lo tiene la autoridad nacional y las empresas que son generalmente "enclaves" donde la población local solo tiene el rol de mano de obra barata. Es muy fácil que los capitales tipo "golondrina" de carácter especulativo, los recursos provenientes del lavado de dinero proveniente del delito y la corrupción y otras fuentes no lícitas penetren y financien diversos proyectos y hasta dominen el espacio.

La experiencia vivida en este modelo indica que a veces se logran grandes inversiones, infraestructuras impresionantes, incremento de la población y se puebla la localidad de los llamados "no-lugares", sitios que no tienen nada que ver con la identidad local, ni se conectan con lo local, solo son instalaciones que aprovechan los recursos locales y su mano de obra barata. Hablamos de las maquiladores o del turismo llamado "todo incluido", un estilo de crecimiento que margina totalmente al las comunidades locales.

En el otro extremo hay lo que se llama desarrollo endógeno, que trata de promover el bienestar integral de la comunidad desde adentro, contando con los recursos propios o definiendo localmente los recursos externos que se van a necesitar y a gestionar.

Es un camino más modesto, más lento y menos espectacular, pero mucho más participativo y sostenible. Asegura que toda la gente de la localidad sea protagonista de los diversos procesos y que estos tengan su basamento en las opciones que desde la propia localidad emerjan.

Y es más natural. Margaret Wheatley (20019 señala: "En la naturaleza, el cambio no sucede por un proceso top-down (de arriba a abajo), por un enfoque estratégico. No hay nunca jefes en un sistema viviente. El cambio sucede desde adentro, desde muchas acciones locales que ocurren simultáneamente. Cuando tales acciones locales aprenden sobre otras acciones locales, su propia actividad se fortalece. Y aún más, está disponible. Como grupos locales que se conectan ellos pueden de repente, y siempre sorprendentemente, surgir como una fuerza global. Esta fuerza global es mucho más fuerte que la suma de las partes, y también es diferente de las acciones locales que la originaron. Estas fuerzas globales son el resultado de la aparición, son conocidas como fenómenos emergentes. Siempre poseen gran poder y siempre son una sorpresa".

El desarrollo desde adentro es el mismo que ocurre en los ecosistemas naturales. Pueden, como no, existir estímulos externos como cambios en el entorno que provoca las reacciones internas, pero son las comunidades vivas las que se reorganizan y toman nuevas formas para sobrevivir o mejorar.

Así debe ser el desarrollo local, fruto de los iniciativas de los componentes comunitarios que toman conciencia de su propia realidad, conversan sobre ello, plantean alternativas y deciden su futuro.

En el primer camino se tiende a la creación de lugares estándares, con una misma calidad y ofertas idénticas. Todo igual o parecido. Uniforme. En el modelo endógeno se trata de promover la diversidad basada en las particularidades de cada lugar.

Ya se dijo que entre estas dos opciones hay diversas combinaciones posibles que dependen de los juegos de poder que existen, los intereses, la fuerza o la debilidad que tenga la comunidad local, etc.

Por otra parte las teorías del desarrollo hablan de crecimiento y de desarrollo casi como sinónimos. De indicadores de crecimiento, de consumo, de inversión, de construcción de infraestructura. Sin embargo existe un pensamiento emergente que poco a poco toma espacios y cambia conciencias. No es posible un crecimiento ilimitado sin poner en peligro a los propios lugares y al planeta entero. Se toma conciencia – lentamente – de los límites de estos enfoques y que el desarrollo tiene que ver mucho más con la calidad que con la cantidad. Más con el bienestar que con el progreso. Que el desarrollo es un concepto que apunta más a la armonía que al incremento de determinados indicadores económicos o financieros.

Es posible extender y profundizar el bienestar sin perder la identidad y todo eso que nos da ese sentimiento de seguridad y de sosiego en casa. Que se pueden incrementar la equidad sin agotar los recursos locales ni planetarios. Que se puede construir un mundo mejor desde la modestia y la diversidad.

Todo lo aquí escrito va por esta segunda alternativa u opción: la del desarrollo endógeno, o mejor, la del desarrollo humano integral.

IDENTIDAD Y DESARROLLO LOCAL

Entendido así este asunto, un proceso de desarrollo local tiene como punto de partida el complejo sistema de relaciones y elementos que le dan identidad al lugar, tanto en los aspectos positivos que pueden alentar la emergencia de mecanismos virtuosos para el bienestar, como en aquellos que pueden ser obstáculos para su desarrollo integral.

Sobre cuáles son las relaciones y los elementos sustantivos para alentar unos procesos de esta naturaleza se ha escrito mucho y se seguirá escribiendo. En este ensayo intento abordar este tema desde una perspectiva sistémica, lo que quiere decir de partida que con frecuencia el o los elementos disparadores de procesos de desarrollo son inesperados o imprevistos, lo que no quiere decir que no estaban allí, solo que no eran tan evidentes a las miradas poco cuidadosas. Eran invisibles a los ojos de la rutina.

Manfred Max Neeff (1984) escribió dos experiencias suyas sobre las paradojas del desarrollo en su libro "La Economía Descalza". La primera – en Ecuador – "es la historia de un éxito que fracasó", la segunda - en Brasil – "es la de un fracaso que alcanzó el éxito". Y se trata precisamente de la documentación de una acción desde arriba, bien planificada y con enormes recursos; la otra desde abajo que descubre cuales son las emociones de la gente que pueden apalancar su propio entusiasmo para mejorar.

Por supuesto que la teoría del desarrollo local es muy útil, pero esta no puede ser una técnica inodora, incolora e insípida representada en una colección de fórmulas, objetivos principales, objetivos secundarios, programas, proyectos, sub-proyectos, planes de evaluación y de retroalimentación y demás elementos de un plan. Deben existir además otras consideraciones más profundas y más complejas (o más sencillas ¡vaya usted a saber!) que son las que generan una especie de "campo de energía" que es la que en realidad mueve los deseos de cambio.

Los asuntos económicos importan, sobre todo el trabajo humano y que cada persona, cada familia, encuentre en el trabajo la fuente legítima para satisfacer sus necesidades. También importan la infraestructura pues se requieren edificios, calles y avenidas, plazas, mobiliario y equipamiento urbano. Son necesarias las organizaciones burocráticas para cumplir los trámites y procedimientos y para el gobierno de la ciudad. Y las normativas. Y todo lo demás.

Pero con frecuencia se descuidan temas no tan visibles. Son los llamados "los elementos intangibles" del desarrollo. Temas como el amor al lugar, la autoestima local, el orgullo por lo propio. Así mismo los valores vernáculos que le dan sustento a la ética colectiva. Y la memoria como también los sueños, los propósitos y los deseos de mejora. Y el lenguaje junto con las conversaciones de la gente.

Estas cosas caben en un término generoso: identidad. Según el Diccionario de la Real Academia se entiende como: *"Conjunto de rasgos propios de un individuo o de una colectividad que los caracterizan frente a los demás".* (DRAE 2014)

Definida así la identidad colectiva consiste en una serie de elementos o características (rasgos) y las múltiples relaciones entre ellos, que configuran un sentimiento de pertenencia a un lugar o a un grupo humano. Así de sencillo. Es un *sentimiento*, entendido como lo expresa la primera acepción del Diccionario de la Real Academia Española: "Acción y efecto de sentir o sentirse". (DRAE, 2014)

En una escala lógica estaría primero la identidad personal o individual, luego la identidad familiar, la de grupo, comunidad, etc. En el aspecto territorial estaría también la familiar – que ocupa un espacio (la casa, el apartamento, la hacienda, etc.), el lugar (que es el territorio íntimo más allá del espacio familiar), la región, nación o país, continente, etc.

Nos referiremos al espacio local, al lugar propiamente dicho, esté consolidado o no políticamente como municipio. "El lugar es el espacio territorial íntimo y cercano donde se desenvuelven la mayor parte de las actividades del ser humano. Generalmente es el sitio donde las fases del nacer y crecer se plasma con mayor libertad dentro del lienzo llamado vida; es donde la educación y la configuración de la morfología personal se cristalizan con mejor nitidez. En el lugar se encuentran los familiares, las amistades cultivadas con un especial vínculo afectivo. En fin, es una comunidad definida en términos territoriales y de relaciones humanas, con la cual la persona siente vínculos de pertenencia. La primera característica del lugar es que puede circunscribir todos los ámbitos vitales del ser humano". (González Cruz. 2013)

La razón es que son muchas las evidencias de que es la identidad local la más arraigada en los seres humanos. La Encuesta Mundial de Valores (www.worldvaluessurvey.org) muestra cómo las identidades locales superan en muchas veces los sentimientos de identidad nacional y muy ampliamente la identidad planetaria. Por ello se busca que las comunidades locales se reconstituyan con el fin de revitalizar la diversidad cultural de la humanidad, tal como lo propone el Informe Mundial de la Unesco "Invertir en la diversidad cultural y el diálogo intercultural" (UNESCO 2010)

Cuando un individuo se siente partícipe de una comunidad y sabe que allí es apreciado y valorado, su autoestima crece, pero también crece su compromiso con esa comunidad y trata de conocerla, de cuidarla, de mejorarla y, en fin de amarla.

En este mundo de globalidades, que marcha a una velocidad vertiginosa, que tiende a la estandarización, a la pérdida de referentes más o menos estables, de estilo superficial y efímero - sociedad "líquida" diría Bauman (2002) - la identidad se convierte en el lugar seguro, íntimo, cierto que la da a la persona un sentimiento de sosiego. El lugar cobra importancia en una sociedad global que no piensa ni actúa en función de la persona humana, sino en la economía, en las finanzas, en el consumo, en la riqueza material, sin consideraciones éticas, ni humanas, ni ambientales. La identidad siempre fue una de las necesidades existenciales del hombre, pero ahora es más apremiante ante la extensión de los no-lugares, de sitios anodinos donde la gente se siente en soledad así esté en medio de una multitud donde no conoce a nadie y nadie se da por enterado de su existencia.

Por eso interesan los lugares donde la persona importe, no como un consumidor, sino como una persona en el sentido cristiano de la palabra, es decir un ser digno, libre, responsable, que ama y sufre, que siente, que es parte sustantiva de la creación y no un mero objeto para saciar la globalización de la codicia.

El sentimiento de pertenencia, visto desde este punto de vista, aporta autoestima y motivación en tanto que para cualquier persona es fundamental sentirse integrada en su entorno más cercano. Y eso imprime un sentido a la vida, un compromiso con su propio entorno y la motivación para conocerlo, apreciarlo, mejorarlo y cuidarlo continuamente.

Cuidarlo en el sentido que habla Leonardo Boff (2012) que va mucho más allá que la búsqueda de la sustentabilidad. "Es una actitud de relación amorosa, suave, amigable, armoniosa y protectora de la realidad, personal, social y ambiental".

Lugares densos en conversaciones y en elementos referenciales de pertenencia, plenos de vida comunitaria son necesarios para volver a ser humanos en toda la extensión de la palabra. Ese es el verdadero desarrollo local.

La identidad local, es decir el sentido de pertenencia a una comunidad con la que se comparte territorio, historia, cultura y – en particular – un lenguaje, da seguridad en un mundo cada vez más incierto, veloz y turbulento. Si esa identidad es vigorosa, con elevada densidad de capital social, es decir intensas relaciones entre las personas y las familias, con numerosas organizaciones comunitarias, gozando de alto grado de confianza, con normas de convivencia sencillas y que son respetadas, autoridades valoradas por la gente, entonces ese lugar genera autoestima entre sus componentes y admiración en sus vecinos. Se producen como consecuencia círculos virtuosos que refuerzan el desarrollo humano integral de la comunidad.

Una localidad que conoce y valora su territorio, que sabe de sus recursos naturales, conoce sus montañas y sus valles, sus ríos, lagos y lagunas, su mar, que conoce el nombre de sus plantas y de sus animales, sabe de las virtudes de su ambiente y también de sus amenazas. Una localidad así es sustentable, conoce su nicho ecológico

Una localidad que tiene memoria y valora su devenir, sabe de los procesos que conformaron su cultura; conoce los personajes de le dan lustre al gentilicio y los honra en vida o en su evocación, es una localidad orgullosa de sus raíces, pues sabe distinguir los procesos constructivos de las experiencias dolorosas o amargas que todo pueblo carga como tesoro o como cruz. Un pueblo así está alerta a lo que es sustantivo a los fines de su identidad y que debe permanecer o afianzarse con el tiempo. Y sabe lo que debe ser desechado o sustituido por nuevas experiencias o valores renovados.

Una localidad que conversa, que dialoga y que se encuentra en los espacios públicos de calidad, en los cafés, los bares, teatros, plazas y parques, en los comercios, en las calles es capaz de cruzar ideas y de "polinizarlas" fecundándolas en cada persona, familia o comunidad. Sus habitantes se conocen y se tienen confianza. Sabe quién es quién. Y es capaz de discernir la cizaña del trigo, y saber apartar a su tiempo cualquier amenaza ya no de carácter natural sino social.

Una comunidad así es capaz de recordar, de vivir y de soñar. De plantearse proyectos y de asumir desafíos. De mantener lo sustantivo y construir la novedad. De convivir entre la tradición y la vanguardia. Allí crece la motivación, se valora la tradición que da coherencia al grupo y también la innovación que asegura su permanencia y vigencia en el mundo global.

Una comunidad así está bendita, a decir de Robert Putnam. Son sociedades inteligentes diría José Antonio Marina. O comunidades de confianza según Francis Fukuyama. Allí un proceso de desarrollo local se da casi por métodos naturales. La gente se reúne convocada por sus autoridades, plantea sus ideas, se asesora con expertos, diseña lo que quiere, busca el financiamiento y pone a andar las iniciativas. Toma decisiones sobre lo que quiere y también sobre lo que rechaza.

ELEMENTOS DE LA IDENTIDAD LOCAL

Algunos elementos son sustantivos a efectos de la conformación de la identidad. Anotaría estos: El espacio; la memoria histórica; la síntesis cultural; el lenguaje.

85

EL ESPACIO

No es fácil hablar de "espacio" entendido como esa síntesis compleja de los elementos naturales y humanos que conforman un paisaje particular y que se constituye en el "lugar" o en el nicho ecológico de una
comunidad humana en particular. Es por supuesto el territorio, pero en
la rica trama de relaciones que se establecen entre sus componentes tanto físicos (relieve, clima, hidrografía, etc.) como bióticos (fauna, flora),
como con los elementos culturales. Incluye el concepto la dinámica que se
da como consecuencia de la interacción entre los diferentes componentes
del entorno espacial.

Es el espacio geográfico como lo definió el geógrafo francés Jean
Tricart (1920-2003) como la "epidermis del planeta Tierra", que puede
analizarse según su sistema espacial (la locación) o su sistema ambiental
(la ecología). En el sentido que escribía Le Corbusier: "Apropiarse del espacio es el primer gesto de los seres vivos, de los hombres y de las bestias,
de las plantas y de las nubes, una manifestación fundamental de equilibrio
y de vida. La primera prueba de la existencia consiste en habitar el espacio".

Henry Lefrevre (2013) escribió en 1974 su obra "La producción
del espacio" donde analiza en profundidad la "filosofía" del espacio en
cuanto al entorno o medio productivo y que es en donde los factores de
producción interactúan, así como los flujos que tienen efectos. Espacio
óptico lo llama porque es visual y produce imágenes y símbolos que –
agrego yo – le otorgan identidad.

Se trata entonces del "escenario" o el "medio" donde se desenvuelve
la vida de una comunidad local y el cual adquiere una categoría simbólica
sustantiva para la conformación de la personalidad identitaria del lugar.

En la rica trama de elementos y relaciones que conforman el espacio
habrá algunos muy relevantes, como la posición en el globo que determinará las características fundamentales del clima; las formas de relieve y
sus características en relación a los vientos y al sol que explicarán su mi-
croclima; su geología que determinará los colores de la tierra, la dinámica

telúricos y sus recursos minerales y edáficos; la hidrografía; la cobertura vegetal y la fauna natural; las formas de ocupación de esos espacios y su aprovechamiento; la arquitectura predominante en sus edificaciones, entre otros.

La forma de apropiación del espacio es uno de los temas más sensibles a estos efectos. No es lo mismo un espacio dominado por un monopolio, sea público o privado, que otro distribuido más o menos equitativamente entre sus pobladores y la administración local.

Igualmente interesa mucho las formas de ocupación del espacio. Estudiar si es un lugar ordenado o anárquico. Si la el resultado es armonioso o no. Si el plano urbano es eficiente y va relacionado con el relieve, el clima, el paisaje o no.

También si su arquitectura es armoniosa y guarda respeto por el entorno o es "estándar" sin personalidad alguna. Los edificios institucionales que deben ser emblemáticos de la localidad ¿lo son? ¿Forman parte del orgullo local?. Cuentan aquí los monumentos, las estatuas, los espacios públicos y todos esos elementos materiales que marcan un lugar, pues son edificaciones o componentes visuales hechos por el hombre que contribuyen a fijar la identidad, a relacionarla con íconos o imágenes concretas que le dan fuerza al arraigo de la gente. En ese sentido hay lugares anodinos, sin esos elementos físicos y tangibles que son referencias; y también los hay muy ricos en esas referentes que identifican al instante un lugar determinado.

Este espacio es aprehendido en el sentido que su gente conoce y aprecia la esencia del lugar. Es introducido en el subconsciente como el nicho propio y único, donde se siente en casa.

Entra aquí otro tema de interés: el conocimiento del espacio. Hay espacios estudiados, investigados y por tanto conocidos por la gente. Saben de sus dinámicas y sus tendencias. Los hay ignorados, donde la densidad científico – tecnológica es escasa, no se estudia su realidad, ni de dónde viene o hacia dónde va y en consecuencia son espacios desconocidos por su propia gente. Eso genera ventajas o desventajas enormes para el desarrollo local.

El espacio local, esa gran casa colectiva, es el primer elemento de la compleja red que conforma la identidad. Es el lugar. De allí que su conocimiento, su cuidado y su proyección en el tiempo sea la primera responsabilidad de la colectividad local.

LA MEMORIA HISTÓRICA.

"Buscar el camino hacia el futuro, llevando la memoria de las raíces" es el título de un denso ensayo publicado por el entonces Cardenal Jorge Mario Bergoglio (2007). Allí plantea el sentido histórico del proyecto de desarrollo, como continuidad de lo sustantivo de la realidad ya vivida, sufrida o disfrutada. Solo desde la memoria, desde el estudio de lo pasado adquiere sentido la realidad presente y su proyección en el porvenir.

Aquí la historia cobra un sentido proyectista. Nada de nostalgias o relación estéril de nombres y fechas. Se trata de buscar en el pasado los procesos que explican lo que es la comunidad de hoy y sus posibilidades de continuidad y cambio. Encontrar en las raíces, a decir de Don Mario Briceño Iragorry, la sabia nutricia que de fortaleza a los sueños.

Un asusto sustantivo en indagar las características del poblamiento del espacio desde sus inicios hasta el presente. Que grupos humanos iniciaron la humanización de ese lugar, como llegaron, cómo se conformaron, sus adaptaciones e innovaciones originales. Su evolución y su mestizaje.

Existen virtudes arraigadas que caracterizan a la comunidad local. ¿Cuáles son? ¿De dónde vienen esas virtudes colectivas? ¿Qué personajes, familias o grupos las encarnaron?¿Dónde están los modelajes en los cuales ver las conductas que se desean preservar o profundizar?

Es necesario estudiar los procesos sociales que determinaron los usos y costumbres que motivaron o apuntalaron las cosas de las que la gente se siente orgullosa. Para reafirmarlos, recrearlos, renovarlos. Y afianzar en ellos el clima de esperanza y optimismo que necesita el camino del desarrollo.

Y descubrir también las gangrenas sociales que carcomen la sociedad local y pueden poner en peligro los sueños colectivos. Seguramente hay determinados usos y costumbres nada deseables. O determinados antivalores que no apuntan a la solidaridad y a la sustentabilidad. ¿Cómo nacieron y se desplegaron? ¿Cuáles son sus límites o alcances? ¿Qué grupos, personas o intereses los fomentaron? Esas son investigaciones sustantivas, de manera de abortar con tino y delicadeza la extirpación de los demonios locales.

Los procesos históricos no son lineales. Son marchas de una colectividad que a veces son aceleradas, otras lentas, incluso se pueden dar lo que pudiera interpretarse como retrocesos. Pero existen momentos o hitos que son la expresión de circunstancias que se reúnen y producen cambios sustantivos. Cambios epocales, sustantivos, que marcan la historia local, para bien o para mal.

Los hitos históricos que marcan la memoria de la colectividad local hay que tenerlos claros, porque pueden encerrar los disparadores o gatilladores del cambio. Por ello la investigación de la historia local debe ir en la búsqueda de esas encrucijadas, las circunstancias en que se dieron y la reacción que provocaron en el liderazgo colectivo, en las organizaciones o en las personas concretas que las vivieron. Y como quedaron en la memoria: ¿ocultas? ¿heridas abiertas? ¿resentimientos ancestrales? ¿aprendizajes? Un inventario honesto de estos asuntos se aborda sin temor, sin complejos y con el instrumental metodológico más apropiado.

"Las raíces explican el orgullo de las ramas anota el Dr. Miguel Ángel Burelli Rivas en el Prólogo de las obras completas de Don Mario Briceño-Iragorry que editadas por el Congreso de la República. Briceño-Iragorry (1993)

Para emprender la construcción del futuro se debe partir de las memorias de las raíces, que explican la situación actual y pueden fundar mejor las esperanzas del porvenir.

LA SÍNTESIS CULTURAL

El complejo sistema local tiene su expresión más acabada en la síntesis cultural. El inmenso mundo de relaciones que se establece entre la gente y su entorno, en el devenir, en el ir y venir de personas y circunstancias, en las formas que van adquiriendo las maneras de satisfacer las necesidades personales y colectivas, todo esa inmensa y diaria madeja de trama e interconexiones tienen al final una expresión particular e identificable en ese lugar concreto: es la cultura local. En el fondo esa síntesis cultural es la identidad

Entre los múltiples elementos constitutivos de la cultura local el más importante – sin lugar a dudas – es el lenguaje. Es el idioma y la forma en que se habla y se escribe. Las palabras más usadas. Los modismos y giros. También las expresiones corporales, los gestos predominantes, la manera de caminar. Un lugar "habla" fundamentalmente mediante las palabras y los gestos de su gente. "El lenguaje es la puerta que se abre para conocer cualquier cultura" decía el filósofo Briceño Guerrero. Importante es saber sobre las conversaciones habituales. De que se conversa en el lugar, donde, cuando, quienes. ¿Existen lugares adecuados para las conversaciones apropiadas? ¿Sitios lugares públicos de encuentro como esquinas, plazas, parques, bulevares, calles de comercio, etc? ¿Existen cafeterías, bares, teatros, bibliotecas y otros sitios para la reunión casual o programada? Importa saber si las conversaciones son fecundas, proactivas, positivas, amables o si por el contrario predominan las conversaciones tóxicas, o pesimistas. ¿Se habla más del pasado que del futuro? ¿O solo de la situación actual?¿O no se habla?

"Dime de que hablas y te diré quién eres" es un dicho que se aplica a lo local y las conversaciones ponen en evidencia los intereses más importantes (o banales) de una comunidad. Humberto Maturana R (1996) afirma: "Una cultura es una red de conversaciones que definen un modo de vivir, un modo de estar orientado en el existir tanto en el ámbito humano como no humano, e involucra un modo de actuar; un modo de emocionar, y un modo de crecer en el actuar".

Una "manera de ser" es identificable en la gente del lugar. Por supuesto que el lenguaje es la más evidente de esas maneras, pero va acompañada de valores, actitudes, costumbres, maneras de comportarse con los demás sean los propios del lugar o con los extraños. Hay ritos lugareños, una gastronomía, unos horarios, unas maneras de celebrar la alegría y de mitigar la tristeza. Hay música y danza; mitos y leyendas. Rutinas identificables. Todo eso cuenta mucho a la hora de valorar lo que es sensible para un proyecto de desarrollo local.

El culto a Dios es muy importante a la hora de analizar la identidad y con frecuencia es uno de los elementos fundamentales. Hay localidades muy religiosas y las hay poco creyentes. Hay fanatizadas y las hay liberales. Hay organizadas en cofradías y movimientos muy activos y las hay de organización ligera y simple. Las hay con presencia central del templo y las que el centro es el mercado o la plaza (o peor: el "mall").

Hay muchos otros temas sobre la cultura local, como la música y la danza, la gastronomía, el folklore, la arquitectura y la recreación y el uso del tiempo libre, pero tratemos ahora un tema de interés muy especial.

El tema del llamado "capital social" de la localidad merece unas consideraciones particulares por la importancia que tiene a la hora de un proyecto de desarrollo. Se refiere a una serie de instituciones cuya calidad es fundamental a la hora de considerar la realidad actual y – particularmente – el futuro de una comunidad.

El "capital social" se refiere al grado de confianza que existe y a la densidad de redes sociales y comunicacionales. Es el "tejido social" de una comunidad, sus organizaciones y las relaciones entre ellas. También se refiere a la calidad del gobierno local, a su transparencia, eficacia y responsabilidad. Esto por supuesto tiene mucho que ver con lo primero que anotábamos en este trabajo: las redes conversacionales.

Se trata de llegar a saber qué grado de *confianza* existe entre la gente y sus organizaciones. ¿Son las personas de la localidad "gente de palabra"?. Es decir ¿son de fiar? ¿Los negocios que se hacen son honorables?

¿Responden a sus obligaciones la gente y las organizaciones del lugar? El gobierno ¿es honorable? ¿confiable?¿contesta las demandas de los gobernados? ¿tiene prestigio?

Francis Fukuyama (1996), Robert Putnam (1997), Douglas North(1993), José Antonio Marina (2004) y otros prestigiosos intelectuales han destacado estos asuntos como los claves para el desarrollo de una región o un país, y en documentadas investigaciones lo han demostrado. Putnam incluso habla de lugares "malditos" a aquellos donde predominan el chisme y la desconfianza. Marina habla de lugares estúpidos o lugares inteligentes.

La diferencia entre un lugar exitoso y uno fracasado suele estar en la densidad de capital social que tiene uno u otro. No son las riquezas naturales, ni el tamaño, ni el color de la piel de sus habitantes, o sus creencias religiosas, o las ventajas de localización, o su dilatada historia la que explican su prosperidad. Son las virtudes de su gente tanto como personas y familias como de la comunidad.

Una comunidad donde existe confianza entre la gente y sus instituciones, donde existe tejido social, en donde se conversa inteligentemente, se recuerdan sus memorias y se sueñan sus futuros existirá bienestar, así sea modesta en recursos. En cambio un lugar muy bien dotado de recursos naturales pero carente de estas virtudes, siempre dilapidará su patrimonio y no alcanzará el bienestar de todos.

EL PLAN DE DESARROLLO LOCAL Y LA IDENTIDAD

Estos son los elementos claves de la identidad local para plantearse un programa de desarrollo. En consecuencia un plan que busque el bienestar de la gente debe contar como gatilladores de estos procesos estos elementos intangibles de la identidad.

Todo plan que se respete tiene que tener un diagnóstico, una prospectiva, el planteamiento de unos objetivos y unas líneas estratégicas que lleven a lograrlos. Y estas líneas se plantean en cada uno de los diversos sectores que se consideran importantes: económicos, sociales, en equipamiento, ordenamiento físico, asuntos legales y administrativos, etc. Lo que casi nunca contemplan estos planes son justamente los asuntos más complejos y sutiles que al final son los responsables de la suerte de una comunidad, que son estos que atienden a los emociones de la gente, los que la identifica con el lugar y generan amor propio y amor a lugar, que es de donde nace el compromiso con la conservación de lo que consideran valioso, o la transformación de todo aquello que debe cambiar o actualizarse.

Unos temas sensibles tienen que ver con los asuntos que representan punto de orgullo de los habitantes de la localidad. Aquello que nuclea o reúne a la gente y que puede permitir la inspiración para avanzar con seguridad en la construcción de lo posible. De todos esos elementos identitarios se podrán identificar aquellos que pueden ser capaces de ser gatilladores de la emoción de la gente y que pongan en marcha las energías positivas que allí existen para lograr los objetivos comunes.

Por ello todo plan así concebido debe comenzar por las conversaciones sobre el mismo. Se reúne la gente del lugar para tratar sobre sus sueños y como convertirlos en realidad. Existen técnicas conversacionales muy efectivas para ello y deben ser usadas para lograr la "polinización" de los ideas, es decir para que la mayoría de los ciudadanos y las organizaciones del lugar opinen y escuchen las opiniones, planteen sus alternativas y contribuyan a seleccionar aquellas que se van a implantar. Y participen en su seguimiento y control.

En estos ejercicios conversacionales es importante conocer otras experiencias exitosas de lugares que recorrieron previamente esos mismos caminos. También aquellas experiencias que fracasaron, para aprender y no cometer los mismos errores. Todo eso es importante para conocer otras realidades y ver cómo pueden aplicarse al caso local para ahorrar tiempo y dinero. En esa tarea se pueden adelantar iniciativas como los hermanamientos entre distintas localidades, para trabajar juntos. O convenios, mancomunidades o muy diversas formas de cooperación.

Margaret Wheatley ha planteado la creación de una "red global de comunidades locales" que tienen en común las experiencias de sus luchas comunitarias por un destino mejor, de tal manera que puedan intercambiar experiencias y servirse de apoyo unas a otras.

Existen metodologías probadas que son de gran utilidad y que están disponibles por organismos multilaterales, gobiernos locales, universidades y redes de cooperación para el desarrollo local Para esto es muy útil la presencia de expertos que conocen estas alternativas y las promueven. Técnicos muy calificados que participan en la construcción de redes de comunidades diversas y exitosas.

Por otra parte se trata de entender que el método es un camino que tiene la virtud de alinear los distintos esfuerzos, las diversas energías, hacia el logro de los objetivos comunes. Por tanto no son caminos de fuerza, aunque la disciplina y la constancia son virtudes que se deben aplicar para asegurar el cumplimiento de lo acordado. Es usual que el método para elaborar el plan de desarrollo local parta de un diagnóstico de la comunidad, es decir de un análisis de su realidad y de las causas y consecuencias de esta situación actual. Para ello existen muchos instrumentos útiles a los efectos de un buen inventario y algunas buenas explicaciones.

Pero no necesariamente es imperativo este comienzo, puede ser otro que encuentre la comunidad, por ejemplo se puede partir del futuro y soñar como quiere la gente que sea su lugar en unos cuantos años, y a partir de allí construir el plan. Dibujar el proyecto y luego ir a las causas, al entorno, a la memoria, etc. Total que si esa comunidad está sensibilizada a cambiar tiene en la sabiduría colectiva los elementos fundamentales del diagnóstico y de las trayectorias, solo que hay que ponerlas en evidencia.

También se puede partir del pasado, de los recuerdos, de la memoria. Ver en el pasado las encrucijadas fundamentales vividas por la comunidad y recordar cómo han sido abordadas. Volver al vivir en los recuerdos los trances más sentidos, buenos o malos, para anclar en ellos los sueños del futuro esperado.

Pero también puede ser anclado el proyecto de desarrollo en los preparativos para unas efemérides importantes, un evento de importancia histórica o un acontecimiento que se espera. El cumpleaños de la localidad, un encuentro cultural o deportivo, alguna obra pública de gran interés, incluso una obra de arte que despierte la autoestima pueden ser es punto de partida para el proceso de cambio. En la experiencia vivida por muchos lugares están las lecciones que deben estudiarse.

Lo mejor es que el proyecto esté anclado en la decisión de la gente, o de su liderazgo. Que exista una toma de conciencia que la comunidad puede mejorar sustantivamente si se lo propone y toma la decisión consciente y deliberada de hacerlo. Y despliega todas sus energías positivas en la construcción de su propio futuro.

Todo pasa por una toma de conciencia, por el "darse cuenta" del poder de la propia gente en labrarse su destino, en reforzar su personalidad para no perderse en un mundo que tiende a arrasar las identidades. También en defender su autonomía y libertad para decidir sobre las cosas que le importan. Para contar con lugar único e identificable, no un lugar anodino sino un lugar bien plantado, orgulloso y consciente, que busca el bienestar de su gente. Un lugar que respeta y se respeta. Y que mantiene excelentes relaciones e intercambios con su entorno y con las comunidades con las que siente afinidad. En fin un lugar donde valga la pena vivir.

BIBLIOGRAFÍA

Bauman, Zygmunt. La Modernidad Líquida. Fondo de Cultura Económica, 2002.

Bergoglio, Cardenal Jorge Mario, Humanitas n° 47 en julio de 2007

Boff, Leonardo. El Cuidado Necesario. Editorial Trotta. 2012

Briceño- Iragorry, Mario. Las Trujillo Hacia el Mundo. Consejo de Publicaciones. Universidad de los Andes. Mérida, 1993.

Diccionario de la Real Academia Española. http://lema.rae.es/drae/srv/search?key=identidad

Castells, Manuel. Globalización e identidad.

http://www.iemed.org/publicacions/quaderns/14/qm14_pdf_esp/14.pdf

Gardinetti, Marcelo. "Le Corbusier, el espacio inefable". Junio de 2013. Publicado en TECNNE ©Marcelo Gardinetti. Portal de Arquitectura, Urbanismo, Arte y Diseño. http://tecnne.com/?p=8244

Fukuyama, Francis (1996). Confianza. Buenos Aires, Editorial Atlántida.

González Cruz, Francisco. "Lugarización". Fondo Editorial de la Universidad Valle del Momboy. Valer, Venezuela. 2013

Gonzalez Cruz, Fortunato. "El Gobierno de la ciudad". Universidad de los Andes. Vicerrectorado Administrativo. Mérida, 2014.

Lefebvre, Henri. La producción del espacio. Capitan swing, Madrid, 2013

Maturana, Humberto (1997b). La Realidad: ¿Objetiva o construida? II.

Fundamentos biológicos de la Realidad: Anthropos, Barcelona

Marina, José Antonio (2004). "La inteligencia fracasada: teoría y práctica de la estupidez" Anagrama.

Max Neff, Manfred. "Le Economía Descalza". Cepaur – Nordan Comunidad. Buenos Aires. 21984

North, Douglas (1993). Instituciones, cambio institucional y desempeño económico. México D.F., Fondo de Cultura Económica.

Putnam, Robert (1997). Para hacer que la democracia funciones. Barcelona, Editorial Galac.

UNESCO. Informe Mundial de la Unesco "Invertir en la diversidad cultural y el diálogo intercultural". Ediciones UNESCO. 2010

Wheatley, Margaret Recuperando la Esperanza en el Futuro A través de la Educación Crítica de Líderes. Publicado en Vimukt Shiksha, un Boletín de Shikshantar--el Instituto de Las Personas para Repensar la Educación y el Desarrollo, Udaipur, Rajasthan, India, marzo de 2001

SERVICIO PÚBLICO Y AUTONOMÍA MUNICIPAL

José Ignacio Hernández G.

Profesor de Derecho Administrativo en la Universidad Central de Venezuela y en la Universidad Católica Andrés Bello. Director del Centro de Estudios de Derecho Público, Universidad Monteávila

INTRODUCCIÓN

En el presente artículo desarrollamos la tesis de acuerdo con la cual el régimen jurídico de los llamados "servicios públicos municipales" en Venezuela constituye una amenaza no solo para el derecho fundamental de libertad económica, sino en especial, para la autonomía municipal. En concreto, este artículo examina cómo la imprecisión que rodea al llamado "servicio público municipal", y en especial, al llamado "servicio público domiciliario", puede derivar en un indebido ejercicio del control judicial sobre la Administración Pública Municipal.

Estos controles son ejercidos, básicamente, en el marco de dos tipos de acciones: la demanda de intereses difusos y colectivos y la acción derivada del llamado "contencioso de los servicios públicos". A través de tales acciones -teóricamente- se ejerce el control sobre el ejercicio de las competencias municipales relacionadas con el "servicio público", especialmente, en supuestos de inactividad de la Administración municipal. Sin embargo, la imprecisión que rodea al servicio público eleva los riesgos de un indebido control judicial, violatorio del principio de separación de poderes y de la autonomía municipal.

Para desarrollar esta tesis, el presente artículo tratará de los siguientes aspectos. En *primer* lugar, se efectúa una breve síntesis del concepto de "servicio público municipal" como una supuesta especie de la "actividad administrativa municipal". Ello es abordado a fin de denunciar la imprecisión de ese concepto. Luego, y en *segundo lugar,* se exponen algunos aspectos teóricos y prácticos de las acciones judiciales existentes para el control de la actividad administrativa de "servicio público municipal", explicando cómo esas acciones constituyen una amenaza cierta a la autonomía municipal. El artículo culmina con algunas breves propuestas para replantear la relación entre servicio público y autonomía municipal.

I.EL SERVICIO PÚBLICO MUNICIPAL. PROPUESTAS PARA SU REDEFINICIÓN

Como consecuencia de la impronta del Derecho administrativo francés en la construcción del Derecho administrativo, la tesis del servicio público ha tenido un gran auge entre nosotros. Incluso hoy día, el Derecho administrativo en Venezuela se define –entre otros factores- a partir del servicio público[1]. Ese concepto, como se expone en esta primera sección, ha tenido especial relevancia en la interpretación de las competencias municipales.

1. BREVE APROXIMACIÓN AL CONCEPTO DE SERVICIO PÚBLICO EN EL DERECHO VENEZOLANO

De acuerdo con la explicación convencional, el servicio público es una manifestación de la actividad administrativa. Así, la actividad administrativa de servicio público es aquella por medio de la cual la Administración satisface necesidades de interés general bajo los principios de igualdad, continuidad, regularidad y mutabilidad. El servicio público es definido, de esa manera, como una actividad propia de la Administración, o sea, como una *actividad estatal.* Por ello, la gestión del servicio siempre será pública, admitiéndose en todo caso una gestión directa o indirecta, ésta última, por medio de la "concesión de servicio público".

Bajo esta visión tradicional[2], el concepto de servicio público se construye, en *primer* lugar, en función a la "titularidad administrativa". Es decir, debe existir una vinculación directa e intensa entre la actividad y el Estado, para lo cual se ha referido a la expresión *"publicatio"*, es decir, el grado de control de la Administración sobre el servicio, todo lo cual supone la existencia de limitaciones a la libertad de empresa[3].

Este elemento subjetivo se ha pretendido diferenciar de la reserva. Es decir, mientras que la reserva supone la extinción del derecho de libertad de empresa -y por ende, una transferencia de la actividad, que pasa del sector privado al sector público- la declaratoria de una actividad como servicio público, aun admitiendo la *publicatio,* no implicaría necesariamente una reserva en estricto sentido[4]. Empero, bajo su visión tradicional, el servicio público implica siempre una limitación a esa libertad[5].

El *segundo* elemento del concepto de servicio público es el "interés general". La actividad de servicio público debe orientarse a satisfacer necesidades de interés general, en concreto, garantizando la satisfacción de las necesidades catalogadas o consideradas de interés general, mediante un conjunto de prestaciones, es decir, de actividades materiales que consisten en un *hacer.* Este concepto de "necesidades de interés general" se relaciona con la figura de los "derechos fundamentales prestacionales", llamados también -indebidamente a nuestro juicio- "derechos sociales"[6].

Por último, y en *tercer* lugar, a consecuencia de todo lo anterior, el servicio público queda sometido a un "régimen jurídico exorbitante", o sea, un régimen jurídico derogatorio del Derecho Civil.

De manera especial, tal es el concepto que se ha formado, como luego ampliaremos, en el contexto del llamado "contencioso de los servicios públicos". De esa manera, ese "contencioso" procede respecto de actividades que, bajo estas características, son consideradas servicio público. Entre muchas definiciones de la jurisprudencia, podemos tomar ésta[7]:

> "Los servicios públicos contienen una serie de elementos que los caracterizan, entre los que están la actividad prestacional, la satisfacción de necesidades colectivas (o la vinculación al principio de la universalidad del servicio), la regularidad y continuidad del servicio, la calificación por ley de la actividad como servicio público (publicatio), la gestión directa o indirecta de la Administración Pública, y su consecuencial régimen de Derecho público"

Este concepto se ha llevado al ámbito municipal, al estudiarse los "servicios públicos municipales", o sea, las actividades de servicio público cuya *publicatio* pertenece a los Municipios. Tal concepto ha tenido relevante importancia, en tanto muchas de las competencias municipales -artículo 178 constitucional- coinciden con actividades consideradas servicio público[8].

Junto con el servicio público municipal, se ha propuesto el estudio de una especial modalidad, a saber, el llamado "servicio público domiciliario". Aquí, el concepto de servicio público se orienta a la satisfacción de necesidades vinculadas con la vivienda, necesidades que en muchos casos responden a servicios públicos municipales, dado que la satisfacción de tales necesidades es, al menos en su gestión concreta, un asunto propio de la vida local[9].

Sin embargo, como estos servicios públicos municipales y domiciliarios suelen ser actividades infraestructurales –que se prestan a través de una red- se ha reconocido la competencia al Poder Nacional para su ordenación jurídica. Por ello, la Constitución asigna al Poder Nacional el *régimen general* de estos servicios -artículo 156.29- mientras que el *régimen local* deberá entenderse incluido dentro de las competencias del Municipio, al tratarse de un asunto propio de la vida local, conforme al artículo 178[10].

El servicio público municipal, y su especie del servicio público domiciliario, se definen entonces, de manera clásica, como una actividad propia de la Administración, o sea, una actividad pública o administrativa, que podrá ser gestiona directamente por la Administración (central o descentralizada) o de manera indirecta por empresas privadas, pero mediante concesión. De allí que la Ley Orgánica del Poder Público Municipal regula, en general, a la concesión de servicio público domiciliario, regulación complementada por las Leyes sectoriales aplicables[11].

A ello cabe enfatizar que este concepto de servicio público se ha construido sobre la base de su relación con los derechos fundamentales prestacionales, en el sentido que tales derechos exigen, precisamente, prestaciones concretas por parte de los sujetos encargados de gestionar el servicio público. Derechos prestacionales considerados, en adición, derechos difusos y colectivos vinculados, en general, con el derecho a una "adecuada calidad de vida"[12]. Como se observa, se trata de conceptos de muy poca precisión, lo que ha influenciado en su indebido tratamiento por parte de la jurisprudencia que se comenta.

2. EL SERVICIO PÚBLICO EN LAS COMPETENCIAS MUNICIPALES Y SU TRATAMIENTO EN EL MARCO DEL ESTADO COMUNAL

El concepto de servicio público, como ha quedado señalado en la sección anterior, ha encuadrado en el estudio de las competencias municipales basadas en los "asuntos propios de la vida local". En tal sentido, al Poder Municipal corresponde la ordenación de los servicios públicos municipales sólo en lo que atañe a aquéllos aspectos que atiendan a asuntos propios de la vida local, es decir, la dotación y prestación de esos servicios. Quizás por ello el artículo 69 de la Ley Orgánica del Poder Público Municipal reconoce el principio de *libertad de gestión,* conforme al cual corresponde a los Municipios decidir, autónomamente, el modo de gestión más conveniente de sus competencias, incluyendo las competencias asignadas en materia de servicios públicos. Tan sólo la Ley limita esa autonomía al enunciar los servicios que, obligatoriamente, deberán siempre ser atendidos por los Municipios (artículo 68).

En comparación con la derogada Ley Orgánica de Régimen Municipal, el tratamiento dado por la Ley Orgánica del Poder Público Municipal a la gestión de los servicios públicos municipales es bastante tímido. La regulación de esos modos de gestión queda inserta en el Capítulo II del Título III de la Ley, el cual se refiere en general a las *competencias* del Municipio. Con ello, los servicios públicos se confunden con las competencias del Municipio, por lo que hay que recordar que no toda competencia municipal se refiere a actividades que pueden considerarse servicio público. Por lo anterior, dentro de ese Capítulo II, son sólo pocas las normas que regulan, específicamente, la gestión de los servicios públicos municipales.

En relación con estos servicios públicos, y en especial, con los servicios públicos domiciliarios, la Ley Orgánica del Poder Público

Municipal tiene más bien carácter supletorio, desde que tales servicios han sido objeto de regulaciones específicas por parte del Poder Nacional, regulaciones que abarcan sus diversas formas de gestión. Por ello, el régimen que al respecto delinea la citada Ley debe siempre concordarse con la regulación general o sectorial existente para cada uno de esos servicios públicos domiciliarios.

Esta distribución de competencias responde a la interacción entre los artículos 156.29 y 178 de la Constitución, ya tratados: el régimen general de los servicios públicos domiciliarios corresponde al Poder Nacional, mientras que el régimen local pertenece a la competencia de los Municipios. Ello, tomando en cuenta que los servicios públicos domiciliarios al responder a asuntos propios de la vida local, serán considerados servicios públicos municipales[13].

Ahora bien, ese régimen local, que comprende a la dotación y prestación de los llamados servicios públicos municipales, abarca en realidad a un conjunto de competencias heterogéneas. En concreto, pueden distinguirse *tres* tipos de competencias:

. - En *primer lugar,* encontramos la *regulación legal* de las actividades consideradas servicios públicos municipales, la cual se implementará a través de la Ordenanza. Como sea que las actividades que se catalogan como servicios públicos municipales pueden ser ejercidas por los particulares en virtud del derecho fundamental de libertad de empresa, su ordenación debe ser acometida por un acto con rango y fuerza de Ley, como es el caso de la Ordenanza, tal y como ha concluido la Sala Constitucional en la sentencia de 16 de marzo de 2005, caso *Impugnación de los artículos 10 y 16 de la Ordenanza sobre Tarifas del Servicio de Aseo Urbano y Domiciliario en el Municipio Libertador del Distrito Federal.* Luego volveremos sobre este aspecto.

.- En *segundo lugar,* encontramos la competencia de la Administración Pública Municipal para *ordenar y limitar* el ejercicio de esas actividades a través de potestades administrativas, siempre de acuerdo con las Leyes y Ordenanzas aplicables. Tal actividad ha sido generalmente estudiada como *policía económica,* aun cuando preferimos aludir al término más apropiado de actividad administrativa de limitación.

.- Por último, y en *tercer lugar,* el Municipio puede gestionar, directamente, los servicios públicos municipales como derivación de la iniciativa pública económica directa de la cual ha sido apertrechado el Poder Municipal por el artículo 300 de la Constitución.

En este sentido, el precitado artículo 69 reconoce que las competencias municipales podrán ser ejercidas directamente por los propios Municipios o por "medio de organismos que dependan jerárquicamente de ellos". Igualmente, podrán gestionar esas competencias "mediante formas de descentralización funcional o de servicios". La Ley se refiere, así, a la gestión de los servicios públicos por la Administración Pública Municipal Central y por la Administración Pública Municipal Descentralizada.

Junto a este modo de gestión directa, la Ley Orgánica de Poder Público Municipal regula, en su artículo 73, la gestión *indirecta* de servicios públicos municipales a través de la *concesión*. La regulación de la concesión como título habilitante para el ejercicio de servicios públicos municipales por el sector privado coincide con el concepto general de acuerdo con el cual, el servicio público es una actividad *estatal* y que por ello, su gestión por la iniciativa privada solo es posible a través de la llamada concesión de servicio público[14].

Sin embargo, el citado artículo 73 tiene en la práctica una aplicación subsidiaria, en tanto prevalece la ordenación contenida en las Leyes nacionales que, con carácter de especialidad, llevan a cabo la ordenación jurídica del derecho de acceso al mercado de los llamados servicios públicos municipales y en especial, en los servicios públicos domiciliarios. En esta materia no hay uniformidad, pues en algunos casos la Ley especial regula a títulos como el permiso (por ejemplo, artículo 27 de la Ley Orgánica de Hidrocarburos Gaseosos)[15] o a la concesión (artículo 46.e de la Ley Orgánica de Prestación de los Servicios de Agua Potable y Saneamiento)[16].

En cualquier caso, el régimen de la concesión de servicios públicos municipales ha sido modificado en el contexto de la regulación del Estado comunal, con ocasión a regular la transferencia de competencias el Poder Municipal a las "organizaciones del Poder Popular". En este contexto, hay una clara preferencia por trasladar a tales organizaciones la gestión de los servicios públicos municipales, como incluso se admite, con mayor generalidad, en la Ley Orgánica del Poder Público Municipal. Esta regulación, sin embargo, supone una indebida intromisión del Poder Nacional en el ejercicio de competencias municipales, pues en suma, la gestión de los servicios municipales por el Poder Popular se enmarca en el principio de centralización del Poder Nacional[17].

Dentro del Estado comunal, la gestión de los llamados servicios públicos municipales por las instancias del Poder Popular se enmarca en la regulación de la "transferencia" de actividades y bienes regulada en el artículo 184 de la Constitución, transferencia que ha sido desnaturalizada. En efecto, el sentido de esa norma es transferir actividades gestionadas por la Administración -en concreto, de los Estados y Municipios- a la sociedad civil organizada, lo que claramente constituye un caso de privatización. Por el contrario, en el marco del Estado comunal, como recientemente ha sido regulado, la transferencia es abordada como un proceso coactivo por el cual se transfiere competencias solamente a las instancias del Poder Popular y bajo el control del Poder Nacional, a través del Consejo Federal de Gobierno y el Ministerio del Poder Popular con competencia en las comunas[18].

Ese régimen, insistimos, es una indebida intromisión en la autonomía municipal, pues el Poder Nacional determina cuáles son las formas de gestión de las competencias municipales, estableciendo además controles sobre esa gestión. Por el contrario, como se ha desarrollado, la gestión y dotación de los llamados servicios públicos municipales es competencia exclusiva del Municipio, sin que la "regulación general" que corresponde al Poder Nacional pueda inmiscuirse en tales asuntos. Además, la regulación derivada del proceso de transferencia se aparta de los principios constitucionales de la descentralización, en tanto esa transferencia solo podrá realizarse a favor de instancias registradas y controladas por el

Poder Nacional con el único propósito de promover el socialismo.

3. HACIA LA REDEFINICIÓN DEL CONCEPTO DE SERVICIO PÚBLICO MUNICIPAL Y LA ACOTACIÓN DEL CONTROL JUDICIAL SOBRE LA ADMINISTRACIÓN

El concepto de servicio público municipal, como acaba de resumirse, aparece notablemente influenciado en la concepción de acuerdo con la cual el servicio público es, siempre, una *actividad administrativa,* en este caso, una actividad propia de la Administración Municipal. Tal concepción apareja, cuando menos, una consecuencia básica: la gestión de ese servicio por la iniciativa privada será una forma de "gestión indirecta", en especial, a través de la concesión de servicio público municipal.

Si la gestión es indirecta, y siguiendo con este razonamiento, la iniciativa privada no debería tener el derecho a emprender la actividad considerada servicio público municipal. Todo lo contrario, ese derecho es condicionado al correspondiente título habilitante concesional. De lo cual deriva una responsabilidad general en cabeza del Municipio.

Aquí reside la crítica que hemos venido efectuando al concepto de servicio público, pues hay cierta confusión entre el concepto de reserva y el concepto de servicio público. De esa manera, al exigirse como requisito la "titularidad pública" o "publicatio" -en este caso, en cabeza del Municipio- se admite que la declaratoria de servicio público es suficiente para eliminar o limitar el derecho previo a emprender la actividad económica considerada servicio público, al ser necesario el respectivo título concesional[19].

Esta conclusión se aparta del principio constitucional conforme al cual toda limitación a la libertad de empresa es de interpretación restrictiva. Por lo anterior, solo puede admitirse la existencia de tal limitación ante un texto legal expreso. Por el contrario, la declaratoria de una actividad como servicio público -como puede suceder con los llamados "servicios públicos municipales"- es insuficiente para admitir limitaciones a la libertad de empresa y, menos todavía, para reconocer la "titularidad" de esa actividad en cabeza del Municipio.

Siendo ello así, parece adecuado, desde la interpretación constitucional de esta figura, escindir el "concepto" de servicio público de la actividad servicial o prestacional subyacente. Así, el servicio público alude por lo general a un servicio: por ejemplo, el servicio de agua potable o de aseo urbano. Trátese de una concreta actividad económica prestacional respecto de la cual debe regir el artículo 112 constitucional, en el sentido que la iniciativa privada tiene derecho a emprender, explotar y cesar en el ejercicio de dicho actividad, salvo las limitaciones establecidas de manera expresa. Y solo de manera expresa, cumpliéndose las formalidades del artículo 302 constitucional, podrá eliminarse ese derecho para reconocer así la titularidad del Estado sobre la actividad[20].

Por ello, debe descartarse que la sola declaratoria -expresa o implícita- de una actividad como "servicio público municipal", pueda traducirse en limitaciones al derecho de libertad de empresa y, mucho menos, en la "titularidad" pública de esa actividad.

Lo que hemos propuesto, por ello, es asumir que el "servicio público municipal" comprende a actividades económicas prestacionales respecto de las cuales la Administración podrá llevar a cabo dos tipos de actividades: la actividad de limitación y la actividad de prestación[21].

.- La *actividad de limitación* se orienta a ordenar jurídicamente la actividad económica considerada servicio público, siempre, de acuerdo con el marco legal aplicable. En la actividad de limitación la iniciativa privada gestiona la actividad prestacional considerada servicio público, bajo las limitaciones legales existentes.

.- Pero puede también la Administración Municipal ejercer la *actividad de prestación,* a fin de gestionar directamente esa actividad en ejercicio de la habilitación prevista en artículo 300 constitucional y desarrollada en la Ley Orgánica del Poder Público Municipal.

En sentido estricto, no existe una actividad administrativa de servicio público, o sea, una actividad propia del Municipio. Cuando la Ley

Orgánica del Poder Público Municipal alude a tales servicios, en realidad, está definiendo las competencias Municipio respecto de las cuáles éste podrá intervenir a través de su actividad administrativa de limitación o actividad administrativa de prestación. Tan solo en el artículo 68 podría inferirse una obligación legal de gestión de las actividades prestaciones consideradas servicio público, pero ello en modo alguno veda la gestión privada directa. Todo lo contrario, de acuerdo con el principio de subsidiariedad –que encuentra aquí reconocimiento expreso en el artículo 184 constitucional- el Municipio debe preferir la gestión económica privada frente a la gestión pública de las actividades consideradas "servicio público"[22]. De hecho, actualmente, algunos de esos servicios públicos son gestionados por el Poder Nacional –alumbrado público, por ejemplo- lo que corrobora que el citado artículo no impone al Municipio la obligación de gestión exclusiva de esos servicios.

Tomemos otro ejemplo: el aseo urbano, considerado un servicio público domiciliario y municipal[23]. Esa actividad comprende a una actividad económica servicial o prestacional, respecto de la cual, la Administración Municipal puede realizar dos tipos de actividades: *(i)* limitar el ejercicio de ese servicio por la libre iniciativa privada (u otro ente del Poder Público) o *(ii)* gestionar directamente ese servicio. Pero en modo alguno puede concluirse que el Municipio está obligado a la gestionar dicho servicio de manera directa, pese a estar incluido en el citado artículo 68.

Con esta propuesta de redefinición, además, se acotan los títulos de intervención de la Administración Municipal sobre la iniciativa privada. Consecuencia de ello es la sentencia, ya comentada, de 16 de marzo de 2005, en la cual se reconoce que la libertad económica es el derecho que justifica el ejercicio de servicios públicos municipales sujetos a concesión, como el aseo urbano. Con lo cual, necesariamente, deberá concluirse que tal "concesión" es en realidad una "autorización", en tanto presupone el previo derecho a emprender la actividad declarada servicio público[24]. En esa sentencia, en efecto, la Sala Constitucional concluyó:

"Estima esta Sala que, ciertamente, la libertad económica se encuentra sujeta a diversas restricciones, en lo que respecta a la prestación del servicio de aseo urbano y domiciliario, conforme a lo que dispone la Ley Orgánica de Régimen Municipal y la Ordenanza Sobre Tarifas de Aseo Urbano y Domiciliario en el Municipio Libertador del Distrito Federal; aún cuando esas Leyes, e incluso, y de manera indirecta, la propia Constitución en su artículo 156, cardinal 29, califican a esa actividad como servicio público, ello en modo alguno implica la negación absoluta del derecho de libertad económica.

Ya esta Sala aclaró, por un lado, que no toda actividad que se catalogue como servicio público se encuentra reservada al Estado (sentencia no. 2436 de 29 de agosto de 2003, caso Arnaldo González S.) y, por otro lado, que la configuración estricta o tradicional del servicio público debe limitarse a aquellas actividades que por Ley Orgánica han sido reservadas al Estado (sentencia no. 825 de 6 de mayo de 2004). Además de ello, ya esta Sala Constitucional señaló que la ordenación jurídica de los llamados servicios públicos domiciliarios puede ser efectuada por los Municipios en promoción de la libre competencia, la cual es uno de los valores del ordenamiento socioeconómico, según el artículo 299 constitucional (sentencia no. 1563 de 13 de diciembre de 2000, caso Alcalde del Distrito Metropolitano de Caracas).

En consecuencia, estima la Sala que la prestación del servicio de aseo urbano y domiciliario puede realizarse en ejecución del derecho constitucional de libertad económica, cuyo ejercicio quedará restringido según lo que disponga la Ley, y en particular, la Ordenanza Sobre Tarifas de Aseo Urbano y Domiciliario en el Municipio Libertador del Distrito Federal, especialmente para que el Municipio asegure la eficaz prestación de ese servicio, en cumplimiento de los mandatos positivos que derivan de la cláusula constitucional del Estado Social de Derecho" (destacado nuestro).

Además, la anterior precisión acota también las responsabilidades del Municipio frente al servicio público. De esa manera, cuando el Municipio asume la gestión, la responsabilidad se extiende hasta las condiciones de satisfacción de las necesidades de los usuarios, en su condición de proveedor de servicios. Por el contrario, si la gestión es privada, la responsabilidad del Municipio se circunscribe al correcto ejercicio de la actividad de limitación sobre el gestor del "servicio público".

Aquí es preciso insistir en que las competencias municipales referidas a los "servicios públicos" no implican ni una reserva al Estado de las actividades declaradas servicio público, ni tampoco la obligación de la Administración Municipal de asumir la gestión de dichos servicios garantizando un resultado determinado. Por el contrario, esa competencia reconoce que es al Municipio a quien le corresponde desarrollar su actividad administrativa orientada a satisfacer los derechos de los usuarios de tales servicios, de acuerdo con el artículo 117 constitucional y demás derechos relacionados con el servicio de que se trate. Ello podrá hacerlo a través de la actividad de limitación o a través de una actividad de gestión o prestación.

Solo aclarando este aspecto, podrá entonces comprenderse mejor cuáles son las consecuencias de la indebida prestación del servicio público respecto de la Administración Municipal. Bajo la visión tradicional, como siempre el servicio público supone una "publicatio", su indebida prestación siempre podrá imputarse a la Administración Municipal. Pero bajo la propuesta de redefinición que efectuamos, la indebida prestación del llamado servicio público municipal no podrá imputarse, sin más, a la Administración Municipal, pues será necesario determinar qué tipo de actividad administrativa se debió desplegar respecto de tal servicio.

La debida precisión del tipo de actividad administrativa que corresponde al Municipio es fundamental para acotar su responsabilidad y consecuentemente el límite del control judicial. Un aspecto sobre el cual se pronunció la Sala Constitucional en sentencia de 26 de mayo de 2004, caso *Federación Médica Venezolana*:

"Sin embargo, no escapa a la Sala la relación obligatoria que existe entre políticas económicas, sociales y culturales y derechos económicos, sociales y culturales, pues del desarrollo, eficacia y eficiencia de las primeras dependerá, indefectiblemente, el ejercicio o transgresión de los segundos, lo que justifica, como se desarrollará en los párrafos subsiguientes, que esa imposibilidad de control jurisdiccional sobre las políticas sea objeto de algunas matizaciones.

La labor judicial consiste, esencialmente, en señalar transgresiones. **El Poder Judicial no puede sustituir al Legislativo o Ejecutivo en la formulación de políticas sociales, como una manifestación del principio de división de poderes, que, de quebrantarse, conduciría a un gobierno de los jueces.** Ese carácter cognitivo de la jurisdicción sugiere una rigurosa *actio finium regundorum* entre Poder Judicial y Poder Político, como fundamento de su clásica separación: aquello que el Poder Judicial no puede hacer por motivo, justamente, de su naturaleza cognitiva; pero también de aquello que, debido a esa naturaleza, puede hacer, esto es, señalar cuáles políticas conducirían a un desmejoramiento de los derechos.

Partiendo de tal premisa y como quiera que la realización de las políticas económicas, sociales y culturales depende de los recursos existentes, el Poder Judicial posee la facultad de controlar, en sentido positivo, que el Estado haya utilizado el máximo de los recursos disponibles teniendo en cuenta su estado económico -lo que incluye medidas legislativas-, y, en sentido negativo, la ausencia absoluta de políticas económicas, sociales o culturales (pues vacían el núcleo esencial de los derechos respectivos), así como aquellas políticas que se dirijan, abiertamente, al menoscabo de la situación jurídica que tutela los derechos económicos, sociales o culturales, supuestos que colocan en cabeza del Estado la carga probatoria, así como también implica, con respecto al primero, un análisis de la distribución del gasto social" (destacado nuestro).

Una acotada definición del "servicio público" se traducirá en un control judicial acotado, que respete el principio de separación de poderes y en concreto, la autonomía municipal. La Sala Constitucional lo reconoce, en la sentencia precitada, al señalar que o *"el Estado goza de una libertad de configuración propia que no puede ser sustituida legítimamente por el Poder Judicial*. Una "libertad" -es preferible hablar de "ámbito de apreciación"- reconocida expresamente por la Ley Orgánica del Poder Público Municipal desde la perspectiva del artículo 178 constitucional: el control judicial no puede inmiscuirse en el ejercicio de actividades propias del Municipio, cuando no es posible efectuar un análisis de legalidad sino más bien de oportunidad y mérito.

De esa manera, si la gestión del servicio está a cargo del sector privado, lo que deberá determinarse es si la Administración ha ejercido debidamente su actividad de limitación sobre el gestor del servicio público. Por el contrario, si la gestión del servicio está a cargo de la Administración Municipal, entonces, deberá analizarse si se ha ejercido, correctamente, esa actividad prestacional.

Por lo anterior, no toda prestación indebida del servicio público supone un caso de inactividad administrativa contraria a Derecho[25]. Por el contrario, insistimos, en cada caso deberá determinarse si la gestión del servicio está o no en manos de la Administración. Si la gestión es asumida por la Administración Municipal, entonces, podríamos encontrarnos ante una inactividad administrativa en la gestión económica del llamado "servicio público municipal". Por el contrario, cuando la gestión es responsabilidad de un tercero -otro órgano del Poder Público o la libre iniciativa privada- entonces, deberá precisarse si ha habido una inactividad en la limitación sobre la gestión de tal servicio.

La indebida conceptualización del servicio público municipal como una actividad administrativa municipal, lleva al equívoco de considerar que toda deficiencia en la prestación de tal servicio es responsabilidad de la Administración local. En realidad, es necesario considerar que no toda indebida prestación del servicio puede ser imputable a la Administración, pues en la mayoría de los casos, la Administración solo es responsable de desplegar una actividad de limitación sobre la gestión llevada a cabo por la iniciativa privada o por otro órgano del Poder Público, típicamente, del Poder Nacional[26].

A ello hay que agregar que la obligación de la Administración Municipal respecto de los llamados servicios públicos municipales no puede equipararse a la categoría civil de "obligaciones de resultado". Todo lo contrario, en el marco del Estado social y democrático de Derecho, las obligaciones de la Administración respecto a estas actividades se asemejarían a las "obligaciones de medio", pues lo que se exige es el adecuado desarrollo de sus técnicas de actividad administrativa, en especial, si la gestión está confiada a un tercero[27].

En resumen, no toda falla en la prestación del "servicio público municipal" supone una inactividad administrativa justiciable. Ello, pues no es posible mantener el concepto de acuerdo con el cual el servicio público municipal –y su especie, el servicio público domiciliario- constituye una actividad prestacional municipal cuya gestión siempre será responsabilidad de la Administración, de manera directa o indirecta. Antes por el contrario, será preciso definir el tipo de intervención de la Administración municipal -intervención de limitación e intervención de prestación- para poder precisar el tipo de inactividad administrativa justiciable.

Si por el contrario prevalece la visión tradicional y se considera que el servicio público municipal es siempre y en todos los casos una actividad administrativa municipal, entonces, se incrementará el riesgo de considerar que toda falla en la prestación del servicio supone una inactividad administrativa, lo que ampliará la posibilidad de esgrimir pretensiones de condena contra el Municipio. Ello derivará en un control judicial amplio que considere que toda falla en la prestación es siempre responsabilidad del Municipio, el cual consecuentemente será condenado, al margen de la existencia técnica de una inactividad administrativa.

Precisamente ello es lo que sucede con las pretensiones de condena que pueden ejercerse contra el Municipio en el contexto del llamado "contencioso de los servicios públicos" y las "demandas de derechos difusos y colectivos", tal y como lo acreditan algunas recientes sentencias del Tribunal Supremo de Justicia que comentaremos en la sección siguiente.

4. RECAPITULACIÓN

Frente al concepto tradicional de servicio público municipal, aquí se propone partir de una visión distinta. Las actividades consideradas "servicios públicos municipales" o "servicios domiciliarios" quedan sujetas a la intervención municipal, a fin de asegurar su correcta prestación. En modo alguno cabe considerar que esas actividades están reservadas al Estado, sencillamente, pues no hay norma expresa de reserva de acuerdo con el artículo 302 constitucional. Tampoco creemos posible mantener la tesis de una "titularidad" o "publicatio" del Municipio, dada su poca precisión.

Por el contrario, en ausencia de una Ley Orgánica que de manera expresa reserve al Estado tales actividades, deberá concluirse que ellas pueden ser desarrolladas por la libre iniciativa privada –artículo 112 constitucional- y también por la Administración Municipal –artículo 300 constitucional, en concordancia con las disposiciones de la Ley Orgánica del Poder Público Municipal y las Ordenanzas.

Desde la perspectiva de las técnicas de intervención administrativa, y frente a las actividades declaradas o consideradas servicios públicos, la Administración Municipal deberá preferir su gestión en manos privadas, atendiendo al principio de subsidiariedad. Aquí es preciso reconstruir el título habilitante que permite esa gestión privada, pues la "concesión" regulada en la Ley Orgánica del Poder Público Municipal, al no versar sobre una actividad reservada al Estado de acuerdo con el artículo 302 constitucional, debe ser considerada una técnica autorizatoria. Así, la iniciativa privada habilitada para la gestión de la actividad de "servicio público", quedará sujeta a las potestades de limitación de la Administración Municipal que inciden sobre el derecho de libertad económica de quien gestiona el "servicio público municipal".

Pero además, y siempre de acuerdo con los principios de subsidiariedad y menor intervención, la Administración Municipal podrá optar por gestionar directamente esos servicios, a través de sus órganos y entes.

Cada modalidad de la actividad administrativa podrá generar una concreta modalidad de inactividad, la cual será controlable judicialmente.

A tal fin, estudiaremos críticamente los medios procesales actualmente admitidos para el ejercicio de esa tutela judicial, insistiendo en los riesgos derivados de la indebida conceptualización del servicio público municipal.

II. LOS MECANISMOS JUDICIALES TRADICIONALES DE CONTROL JUDICIAL SOBRE LOS SERVICIOS PÚBLICOS MUNICIPALES

Bajo la visión tradicional según la cual el servicio público municipal es una *actividad administrativa del Municipio,* se ha venido admitiendo que los interesados afectados por la indebida prestación de tal servicio podrán esgrimir la correspondiente pretensión de condena ante los Tribunales de la jurisdicción contencioso-administrativa, dentro del llamado "contencioso de los servicios públicos". A su vez, se ha admitido que los derechos de los usuarios del servicio público domiciliario son derechos supraindividuales, considerados "derechos difusos o colectivos", que como tales, permitirían interponer la correspondiente "demanda de intereses difusos y colectivos", igualmente, contra el Municipio.

Ambos remedios judiciales, al partir de una concepción bastante equívoca del "servicio público municipal", constituyen un riesgo cierto de control judicial indebido frente al Municipio, como ha quedado demostrado en algunos recientes excesos del Tribunal Supremo de Justicia. Tal es la premisa desarrollada en esta sección.

1. EL LLAMADO CONTENCIOSO DE LOS SERVICIOS PÚBLICOS

La doctrina –H. Rondón de Sansó[28]- había apostado por la ampliación del ámbito de la jurisdicción contencioso-administrativa, a fin de incluir el control de los servicios públicos. Esta propuesta se basó en la concepción tradicional del servicio público como una *actividad administrativa.* Si ello es así, consecuentemente, toda indebida prestación del servicio público supondría una indebida manifestación de la actividad administrativa, tutelable por la justicia administrativa.

La propuesta, que no se había traducido en un cambio estructurado dentro de la justicia administrativa, fue asumida en la Constitución de 1999, cuyo artículo 259 atribuyó a los Tribunales de la jurisdicción contencioso-administrativa la competencia para reconocer de los "reclamos por la prestación de los servicios públicos"[29]. La Ley Orgánica de la Jurisdicción Contencioso-Administrativa acogió la propuesta y creó, incluso, un procedimiento especial para tramitar tales reclamos[30].

Casi no hace falta destacar que el obstáculo fundamental de tales "reclamos" es la indefinición conceptual del servicio público, que a tales efectos, ha sido asumido con criterios amplios, como toda actividad que se orienta a satisfacer necesidades de interés general y que como tal, ha sido asumida por el Estado. Este último requisito se adopta con bastante laxitud, lo que ha llevado a admitir los "reclamos" contra "servicios públicos" gestionados por la iniciativa privada[31]. Por lo anterior, el llamado "contencioso de los servicios públicos" evolucionó como un conjunto heterogéneo de pretensiones que pueden esgrimirse en casos de falta de prestación, prestación indebida o interrupción en la prestación de actividades que puedan ser consideradas servicios públicos, incluso, cuando su gestión recaiga en la libre iniciativa privada[32].

Esta situación no varió mucho con la Ley Orgánica de la Jurisdicción Contencioso-Administrativa, que se limitó a reconocer la competencia para conocer de los "reclamos por la prestación de los servicios públicos", sin acotar qué debe entenderse por tal. La jurisprudencia posterior a esa Ley ha mantenido la definición amplia de servicio público, lo que ha permitido reconocer la competencia respecto de diversas actividades, sin que parezca prevalecer algún criterio específico[33].

Quizás lo único que se ha acotado, es que los "reclamos" contra la prestación de servicios públicos responden en realidad a la pretensión de condena[34] que podrá interponerse en casos de indebida gestión de tales servicios. Por ello, y en todo caso, la pretensión de condena –basada en la indebida prestación del servicio público- debería ser presentada contra la Administración a quien corresponde la gestión de dicho servicio, con la finalidad de obtener de éste el restablecimiento de la situación jurídica infringida[35]. A ello abona el artículo 7.9 de la Ley Orgánica de la Jurisdicción Contencioso-Administrativa, según el cual, están sujetos a esa jurisdicción "*las entidades prestadoras de servicios públicos en su actividad prestacional*".

En la práctica, sin embargo, ha prevalecido una visión amplia del servicio público, de acuerdo con la cual tal servicio es siempre una *actividad administrativa municipal.* Con base en esto, el "reclamo" por la indebida prestación del servicio se admite respecto al Municipio, al margen de cuál sea la concreta actividad administrativa desplegada: la limitación sobre la gestión del servicio confiada a un tercero, o la gestión directa del servicio. Ello es así por el equívoco manejo del concepto de "publicatio", tal y como se establece en la sentencia de 15 de diciembre de 2005, caso *Compañía Anónima de Administración y Fomento Eléctrico*, en la cual se acota que, de cara al artículo 259 constitucional, la actividad prestacional de servicio público debe ser "*asumida por el Estado, lo que implica la verificación previa de una decisión exteriorizada y concreta ("publicatio")*". Pero –nótese bien- no se exige que esa *publicatio* o *asunción* implique una reserva bajo las formalidades del artículo 302 constitucional. Empero, basta que exista una "intensa" relación entre el servicio y la Administración, para que se considere que opera una "publicatio" en cuya virtud la Administración municipal siempre puede ser demandada en casos de indebida gestión del servicio.

Como se observa, la indeterminación del llamado "contencioso de los servicios públicos" es consecuencia de la indeterminación del servicio público, asumido en un sentido amplísimo en este contexto, en función a su relación con el derecho colectivo o difuso a la "calidad de vida"[36]:

"En concordancia con lo establecido por la Sala Constitucional de nuestro Máximo Tribunal, tenemos que las características distintivas del servicio público vienen determinadas por la necesidad, la cual, debe ser de carácter general o colectiva, en cuanto al sujeto destinatario de la prestación, *vale decir, dirigida a la satisfacción de necesidades de cada persona que en suma son colectivizadas* y que para su materialización se requiera el desarrollo de una actividad técnica especializada que se encuentre reglada con los principios propios de las ciencias, las artes, la industria u oficios determinados, así como su realización en determinadas instalaciones, con equipos e instrumentos específicos y de un personal especializado, siempre que la actividad se encuentre diseñada para producir efectos útiles en un ámbito determinado y sin cuyo desempeño no fuere posible prestar el servicio.

De esta manera el servicio público, podría definirse como toda actividad técnica destinada a satisfacer una necesidad de carácter general, cuyo cumplimiento uniforme y continuo debe ser permanentemente *asegurado, regulado y controlado por el Estado, con sujeción a un dinámico régimen jurídico exorbitante del derecho privado, en beneficio de todos los habitantes de la República Bolivariana de Venezuela*" (destacado nuestro)

Nótese cómo se define el servicio público desde la "colectivización" de los derechos fundamentales en juego, lo que abre las puertas para una clara concepción estatista del servicio público. Por ello, para la sentencia, una vez la actividad es declarada servicio público "*el Estado, o la persona, o ente habilitado tiene el deber de asegurar su prestación mientras subsista la necesidad, conserve su carácter general y durante plazo de tiempo que disponga la Ley*".

Este equívoco concepto no solo atenta contra la libertad general del ciudadano sino que afecta el alcance del llamado contencioso de los servicios públicos, pues en suma, la jurisdicción contencioso administrativa termina asumiendo la competencia para conocer de la pretensión de condena por la indebida gestión de tales servicios públicos municipales, pretensión que es deducida contra el Municipio a pesar que técnicamente no estemos siempre ante una actividad prestacional administrativa[37].

En resumen, la indeterminación del concepto de servicio público municipal impide precisar qué actividad específica debe desarrollar la Administración Municipal, todo lo cual impide la debida concreción de la pretensión de condena. De ello solo puede derivar un indebido control judicial sobre el Municipio.

2. LA DEMANDA DE DERECHOS DIFUSOS Y COLECTIVOS Y SU DISTINCIÓN DE LA DEMANDA POR LA INDEBIDA PRESTACIÓN DE SERVICIOS PÚBLICOS

La doctrina y jurisprudencia reconocieron que la legitimación activa en el contencioso administrativo, usualmente circunscrita a la defensa de derechos e intereses personales, podía extenderse a la tutela de derechos e intereses supraindividuales, como son los derechos difusos y colectivos. Tal legitimación fue expresamente reconocida en el artículo 26 constitucional, que reconoce el derecho a la acción[38].

Lo que en principio era solo un tipo de legitimación activa, fue "transformado" en una pretensión de condena de naturaleza especial, denominada "demanda por intereses difusos y colectivos". Esto es, la pretensión de condena que interponen los titulares de esos derechos, de forma tal que la sentencia que acuerda dicha pretensión surte efectos no solo para los accionantes sino en general, para los demás sujetos que participan en la titularidad de esos derechos[39]. Así quedó establecido en el artículo 146 de la Ley Orgánica del Tribunal Supremo de Justicia, Ley que reconoce la competencia de la Sala Constitucional para el conocimiento de estas demandas, solo cuando ellas versen sobre un asunto de transcendencia nacional; caso contrario, corresponderá a los Tribunales de Primera Instancia en lo Civil.

Como sea que el concepto de servicio público se relaciona con derechos fundamentales prestacionales –que pueden ser considerados derechos difusos o colectivos- la distinción entre esta demanda y la demanda por la prestación de servicios públicos no es clara. Este aspecto fue tratado por la sentencia de la Sala Constitucional de 15 de diciembre de 2005, caso *Compañía Anónima de Administración y Fomento Eléctrico*, reiterada entre otras, en sentencia de 8 de julio de 2009, caso *Jania Josefina Noriega Urbaneja y otros*:

"En atención al razonamiento delineado en el presente fallo, este órgano jurisdiccional considera imprescindible aclarar que en el pasado el criterio sostenido por esta Sala era asumir la competencia de este tipo de acciones -demandas por intereses difusos o colectivos- con similares características a la que aquí se plantea, en las cuales se perseguía "calidad de vida" (Vid. sentencias N° 1571 del 22 de agosto de 2001, caso: Asociación Civil Deudores Hipotecarios de Vivienda Principal [ASODEVIPRILARA]; N° 2354 del 3 de octubre de 2002, caso: Elecentro); no obstante, y en atención al criterio sostenido por este sentenciador en el presente fallo, resulta oportuno aclarar que toda reclamación por la prestación de un servicio público de contenido general, implica una demanda o acción colectiva (intereses colectivos o difusos); sin embargo, si existe en el ordenamiento jurídico un mecanismo ad hoc, esto es, la acción de reclamo por la prestación de servicios públicos (artículo 259 Constitución de la República Bolivariana de Venezuela), esta será la vía a la cual deberán acudir las personas afectadas por la deficiente prestación del servicio para obtener la satisfacción de sus pretensiones"

De acuerdo con este criterio, la demanda por la prestación de servicios públicos es una especie del género de las demandas de derechos difusos y colectivos, pero que al contar con un mecanismo procesal específico (regulado, según vimos, en la vigente Ley Orgánica de la Jurisdicción Contencioso-Administrativa), debe ser tramitado por tal mecanismo, como quedó reconocido en el artículo 150.4 de la Ley Orgánica del Tribunal Supremo de Justicia[40].

La demanda de derechos difusos y colectivos no se basa, así, en la previa calificación de una actividad como servicio público, pero emplea un criterio no menos confuso, que otorga al Juez –especialmente a la Sala Constitucional- un ámbito de control que queda poco delimitado[41].

Por ello, no sería posible acudir a la demanda por intereses difusos y colectivos en caso de indebida prestación de los llamados servicios públicos municipales –o los servicios públicos domiciliarios- pues en tal caso, la acción procedente es la demanda por la prestación de servicios públicos, de conformidad con la Ley Orgánica de la Jurisdicción Contencioso-Administrativa. Recientemente ese principio ha sido desconocido en menoscabo de la autonomía municipal.

3. LA ILEGÍTIMA MUTACIÓN DE LA DEMANDA POR INTERESES DIFUSOS Y COLECTIVOS. ESPECIAL REFERENCIA A LOS CASOS DE LOS MUNICIPIOS SAN CRISTÓBAL, SAN DIEGO, BARUTA, EL HATILLO Y SUCRE

En contra de la Ley Orgánica del Tribunal Supremo de Justicia, de la Ley Orgánica de la Jurisdicción Contencioso-Administrativa y de su propia jurisprudencia, la Sala Constitucional ha admitido la procedencia de la demanda por intereses difusos y colectivos para resolver pretensiones que, en el fondo, encuadran con las denominadas demandas por la prestación de servicios públicos, demandas que como vimos, suponen un grado notable de imprecisión, por la vaguedad con la cual ha sido acotado el concepto de servicio público como criterio determinante de competencia.

El primer antecedente que queremos comentar se originó a propósito de dos acciones de defensa de intereses difusos y colectivos presentadas por personas que alegaban la violación de diversos derechos (como el derecho al libre tránsito, por ejemplo) en ciertos Municipios[42]. Según los demandantes, tales violaciones derivaban de la supuesta inactividad de los Alcaldes en atender a las situaciones de protesta que implicaban cierres de calles.

En sentencias N° 136 y 137, de 17 de marzo de 2014, la Sala Constitucional admitió las acciones intentadas. Al pronunciarse sobre las medidas cautelares que habían sido solicitadas, la Sala, *de oficio,* consideró que en realidad la medida pertinente era el amparo cautelar, con base en el artículo 3 de la –entonces vigente- Ley Orgánica de Amparo. El mandato de amparo cautelar consistió en cinco órdenes, que por indeterminadas, eran de imposible cumplimiento:

> "1. Realicen todas las acciones y utilicen los recursos materiales y humanos necesarios, a fin de evitar que se coloquen obstáculos en la vía pública que impidan el libre tránsito de las personas y vehículos; se proceda a la inmediata remoción de tales obstáculos y se mantengan las vías y zonas adyacentes a éstas libres de residuos y escombros y de cualquier otro elemento que pueda ser utilizado para obstaculizar la vialidad urbana;

2. Cumplir con su labor de ordenación del tránsito de vehículos a fin de garantizar un adecuado y seguro desplazamiento por las vías públicas de sus municipios;

3. Velar por la protección del ambiente y el saneamiento ambiental, aseo urbano y domiciliario;

4. Girar las instrucciones necesarias en sus respectivos cuerpos de policía municipal, a fin de dar cumplimiento efectivo a lo previsto en el artículo 44 de la Ley Orgánica del Servicio de Policía y del Cuerpo de Policía Nacional Bolivariana; y, en este sentido,

5. Desplegar las actividades preventivas y de control del delito, así como, en el ámbito de sus competencias, promover estrategias y procedimientos de proximidad con las comunidades de sus espacios territoriales, a fin de lograr la comunicación e interacción con sus habitantes e instituciones locales con el propósito de garantizar y asegurar la paz social, la convivencia, el ejercicio de los derechos y el cumplimiento de la ley"

Las órdenes eran indebidamente amplias. No se indicó qué específicas conductas debían ser realizadas por los Alcaldes. En muchos casos, además, las órdenes se limitaron a reproducir competencias genéricas del Municipio, como por ejemplo, "cumplir con su labor de ordenación del tránsito" o "velar por la protección del ambiente y el saneamiento ambiental, aseo urbano y domiciliario".

Más grave todavía, la orden relacionada con la actuación de la policía municipal omitió considerar las restricciones existentes para la intervención de esa policía en prevención de protestas. Así, en el marco de la Ley Orgánica del Servicio de Policía y del Cuerpo de Policía Nacional Bolivariana, se ha establecido que la prevención de manifestaciones es competencia privativa de ciertos cuerpos de seguridad, estableciéndose de manera específica que la policía municipal no puede adquirir equipos destinados a la prevención del orden público en manifestaciones o protestas. Los estándares globales de protección de derechos humanos impiden que policías armadas participen en el control de manifestaciones, pues ese control solo puede ejercerse por medio de armas no letales[43].

El panorama anterior se agravó todavía más, cuando la Sala Constitucional decidió ampliar los efectos de las órdenes de amparo –y con ello, del juicio principal en el caso de los Municipios El Hatillo y Baruta- a otros Municipios, incluyendo el Municipio San Cristóbal. La sentencia N° 137/2014, de 17 de marzo, consideró así que "*del planteamiento presentado por los terceros intervinientes, además por hecho notorio, público y comunicacional esta Sala tiene conocimiento que en los municipios Chacao del estado Miranda; San Cristóbal del estado Táchira; Diego Bautista Urbaneja del estado Anzoátegui; y Maracaibo del estado Zulia, desde hace más de un mes se está dando una situación idéntica a la denunciada en la presente demanda (...)*".

Como es sabido, estas demandas derivaron en un inconstitucional "trámite" en el cual la Sala Constitucional valoró y acordó el desacato de la medida cautelar de amparo acordada, en los casos de los Municipios San Diego y San Cristóbal, declarándose además la ausencia absoluta de los Alcaldes de ese Municipio[44].

Poco después la Sala Constitucional insistió en esta interpretación. En sentencia de 14 de octubre de 2014, la Sala Constitucional admitió la demanda de intereses difusos y colectivos ejercida contra el Municipio Sucre del Estado Miranda, por indebida prestación del servicio de aseo urbano. De similar manera, pero invocando el poder cautelar general de la Ley Orgánica del Tribunal Supremo de Justicia, la Sala Constitucional acordó una medida cautelar con las siguientes órdenes:

"Se DECRETA MEDIDA CAUTELAR INNOMINADA y, en tal sentido, se ORDENA al ciudadano Carlos Ocariz, alcalde del municipio Sucre del estado Bolivariano de Miranda, que realice todas las acciones y utilice todos los recursos materiales y humanos necesarios, en el marco de la Constitución y la Ley, para recolectar inmediatamente, sin dilaciones y de forma regular y periódica, la basura y los desechos existentes y que se generaren en las distinta parroquias que comprenden el municipio en el cual debe ejercer sus competencias, especialmente, en las cercanías a las instituciones educativas, centros de salud, zonas residenciales y comerciales, así como en las principales vías públicas. En tal sentido, se le ordena mantener libre de desechos y escombros las vías de comunicación que existieren en el referido municipio que le corresponde gobernar, y ejercer todo el control sanitario en general que les es inherente a su cargo público, para evitar la afectación de los derechos que sustenta la presente demanda en tutela de intereses colectivos ejercida por habitantes del municipio en cuestión. Igualmente, se le ORDENA que vele por la protección del ambiente, la salud, la educación, el libre tránsito y demás bienes jurídicos que le corresponde tutelar como jefe del ejecutivo municipal, en el marco de sus atribuciones y deberes constitucionales y jurídicos en general, particularmente en lo relativo a garantizar que las aguas servidas contaminadas con los desechos no recolectados en ese ámbito geográfico, no afecten las cuencas hidrográficas, perjudicando el equilibrio ecológico de esas zonas"

Se trata, como puede observarse, de órdenes indeterminadas e imprecisas, que como tales, son de imposible cumplimiento. Lejos de tratarse de ordenes específicas –como debería ser el caso de las medidas cautelares en el marco de una pretensión de condena- estas órdenes versan sobre un contenido indeterminado que impide valorar, objetivamente, su cumplimiento o incumplimiento.

Puede entonces afirmarse que las sentencias comentadas constituyen una indebida mutación de la demanda de intereses difusos y colectivos para dilucidar lo que deberían ser pretensiones propias de las demandas por servicios públicos. En efecto:

.- En *primer* lugar, e incluso desde el régimen de las demandas por intereses difusos y colectivos, notamos que no estamos ante situaciones de trascendencia nacional sino, de ser el caso, ante situaciones de trascendencia local, todo lo cual permitía considerar la incompetencia de la Sala

Constitucional[45]. Para tratar de justificar su competencia, la Sala acude a criterios ajenos a los parámetros de competencia de la Ley, como la "trascendencia constitucional" de los derechos supuestamente violados.

.- En *segundo* lugar, la pretensión de condena, en los casos comentados, versaban sobre competencias municipales que han sido consideradas –o podrían ser consideradas- como "servicios públicos municipales", como es el caso de la actividad de ordenación y tránsito terrestre y, todavía más claro, de aseo urbano. Como se analizó, la amplitud conceptual del servicio público permitía concluir que las demandas por intereses difusos y colectivos, en realidad, versaban sobre alegatos de indebida prestación de servicios públicos municipales, lo que acreditaba la inadmisibilidad de esa demanda, ante la previsión de un cauce procesal específico en la Ley Orgánica de la Jurisdicción Contencioso-Administrativa.

Aquí es importante recordar que el concepto de servicio público municipal es tan amplio que no se limita a actividades de gestión económica, como el aseo urbano, sino que puede alcanzar a la actividad de policía de tránsito terrestre[46]. Por lo tanto, si dicha actividad es considerada servicio público, entonces, debería haberse admitido que el cauce procesal era el correspondiente a las "demandas contra los servicios públicos", pues lo que estaba en discusión era la indebida prestación del "servicio público"
.

.- Por último, y en *tercer* lugar, la Sala Constitucional consideró que el Municipio tiene una especie de obligación de resultado respecto de estas actividades, al imponer órdenes que solo se cumplen con la satisfacción efectiva de un fin. Empero, como ha quedado dicho, las actividades consideradas "servicios públicos" no pueden ser valoradas en el contexto de "obligaciones de resultados" en el marco de la actividad administrativa, sino en todo caso, en "obligaciones de medio".

De hecho, como vimos, la Sala Constitucional asumió que el Juez no puede sustituirse en el diseño y ejecución de políticas públicas del Estado, siquiera, en materias relacionadas con derechos prestacionales (sentencia de 26 de mayo de 2004, caso *Federación Médica Venezolana*). Tal criterio fue asumido por la Sala Constitucional respecto del Poder Nacional pero olvidado respecto del Poder Municipal, todo lo cual denota, o una ausencia de criterio definido o, lo que es peor, un sesgo en el ejercicio de la función judicial.

Pues en el fondo, en los casos comentados, la Sala Constitucional se erige en una especie de contralor de gestión de actividades declaradas o consideradas servicios públicos y que, como tales, se consideran actividades "asumidas" por el Municipio quien tiene, por ello, una suerte de obligación de resultado.

Esta es la crítica más grave, de cara a la autonomía municipal. La imprecisión que rodea a la demanda de intereses difusos y colectivos fue aprovechada indebidamente por la Sala Constitucional para considerar que existía un incumplimiento objetivo de obligaciones a cargo del Municipio y relacionadas con un concepto amplio de "servicio público", que abarca a actividades de limitación –policía- e prestación –aseo urbano- incluso, cuando la gestión de esos servicios quedaba confiada a la iniciativa privada, a través de la respectiva concesión, como sucede con el servicio de aseo urbano.

Esto evidencia que a través de la mutación de la demanda por intereses difusos y colectivos, el Tribunal Supremo de Justicia ha establecido un indebido control judicial que menoscaba la autonomía municipal, pues es el Tribunal quien asume la competencia para definir, a su arbitrio, las obligaciones del Municipio respecto de los "servicios públicos municipales" y, consecuentemente, es quien se sustituye indebidamente en el Municipio en decidir cómo podrán ser ejercidas las competencias municipales relacionadas con tales servicios.

La situación, sin embargo, tampoco hubiese sido muy distinta si la demanda hubiese sido canalizada como una pretensión de servicios públicos y conocida por el Juez Municipal. La imprecisión del servicio público marca, como ha sido señalado, una absoluta indeterminación en el contenido de esa pretensión, todo lo cual queda trasladado al control judicial que por indebidamente amplio, es una amenaza a la autonomía municipal.

III. PROPUESTA DE REDEFINICIÓN DEL CONTROL JUDIDICAL DE LA ACTIVIDAD ADMINISTRATIVA MUNICIPAL RELACIONADA CON LOS LLAMADOS SERVICIOS PÚBLICOS MUNICIPALES

1. PRELIMINAR. LA IMPORTANCIA DEL CONTROL JUDICIAL SOBRE EL MUNICIPIO

El control judicial sobre el Municipio y en especial, sobre su Administración, debería quedar rodeado de características especiales, de cara al régimen derivado del artículo 168 constitucional. La autonomía municipal reconocida en este artículo supone, entre otras garantías, una prohibición de injerencias indebidas de otros órganos del Poder Público en el ejercicio de las competencias municipales, que pivotan sobre los asuntos propios de la vida local a los que se contrae el artículo 178 de la Constitución. Esta garantía es reforzada en el último párrafo del artículo 168, de acuerdo con el cual *"los actos de los Municipios no podrán ser impugnados sino ante los tribunales competentes, de conformidad con esta Constitución y la Ley".*

Esa garantía específica no solo prohíbe que los actos del Municipio puedan ser revisados por órganos distintos al Poder Judicial sino además, marca un límite especial a la revisión que puede llevar a cabo el Poder Judicial, revisión judicial que no puede implicar una injerencia en el ejercicio de las competencias del Municipios. La línea de distinción es ciertamente tenue, por la aparente antinomia entre dos principios: aquel que postula que todos los actos del Municipio se someten a la Constitución y por ello, al control judicial (artículo 137) y el principio que impide una indebida sustitución de las competencias del Poder Municipal por parte del Poder Judicial (artículo 168).

Esta limitación al control judicial no puede derivar, claro está, en el reconocimiento de actos exentos del control judicial o de inmunidades de control. Todo lo contrario, se insiste, los actos del Poder Municipal quedan sujetos al control judicial integral, incluyendo la actividad e in-actividad de la Administración, cuyo control recae en la jurisdicción con-tencioso-administrativa. Pero tal control judicial, en el marco del princi-pio de separación de poderes, debe salvaguardar la autonomía municipal en el ejercicio de sus competencias.

Ese debe ser el sentido del último párrafo del artículo 168 cons-titucional. La prohibición de medios de impugnación de los actos del Municipio distintos al control judicial debe suponer el reconocimiento de límites ciertos a dicho control, para evitar que sea el Poder Judicial quien termine decidiendo cómo podrán ser ejercidas las competencias municipales. En el caso de la justicia administrativa, esto responde al problema clásico relacionado con los límites del control judicial sobre la Administración[47]. Tales límites deben extremarse en el caso del control judicial del Municipio, de cara a asegurar la efectividad de la autonomía municipal reconocida en el citado artículo 168.

Claramente esos límites fueron irrespetados por las sentencias co-mentadas de la Sala Constitucional, que no solo mutaron la naturaleza de la demanda de intereses difusos y colectivos sino que además, asumie-ron el control judicial sobre los llamados "servicios públicos municipales" considerando que las competencias del Municipio responden a "obliga-ciones de resultado" y no a "obligaciones de medio". Al haber estableci-do un catálogo amplio e indeterminado de obligaciones del Municipio que solo se cumplen con la obtención de un resultado específico, la Sala Constitucional terminó usurpando el ejercicio del Poder Municipal y me-noscabando la autonomía municipal constitucionalmente garantizada.

Es el Municipio -y no el Poder Judicial- quien debe decidir, den-tro del marco aplicable, cómo llevar a cabo la gestión de las competencias municipales consideradas "servicios públicos municipales", lo que es re-conocido por la Ley Orgánica del Poder Público Municipal al reconocer la "libertad" del Municipio para decidir sobre la gestión de sus compe-tencias. Esto justifica, como se expone en el punto siguiente, redefinir el control judicial sobre los llamados "servicios públicos municipales".

2. PROPUESTA DE REDEFINICIÓN DEL CONTROL JUDICIAL SOBRE LOS SERVICIOS PÚBLICOS MUNICIPALES

El control judicial sobre los servicios públicos municipales, de acuerdo a lo antes planteado, se ejerce actualmente a través de la "demanda por la prestación de los servicios públicos", que ha sido considerada una especie del género de las demandas de derechos difusos y colectivos. De acuerdo con su configuración en la Ley Orgánica de la Jurisdicción Contencioso-Administrativa, tal demanda podrá ejercerse en casos de indebida prestación de aquellas actividades "asumidas" por el Municipio, en su condición de "servicios públicos municipales".

De entrada, la demanda por la prestación de servicios públicos encuentra un punto débil, cual es la imprecisión del concepto de servicio público, cuestión ya tratada. La confusión deviene por cuanto en este ámbito sigue prevaleciendo la idea según la cual, todo servicio público supone una "titularidad" o "publicatio", en este caso, en cabeza del Municipio, con lo cual, la actividad de servicio público es siempre una *actividad municipal*[48].

Si se considera que toda actividad de servicio público municipal es siempre una actividad municipal, entonces, se ampliará notablemente el control judicial sobre la Administración, pues toda deficiencia en la prestación de tal servicio podrá ser considerada como un caso de indebido ejercicio de la "actividad administrativa de servicio público". Si a ello le agregamos el riesgo de que las competencias municipales sean consideradas como "obligaciones de resultado", en el sentido que ellas exigen obtener específicos resultados en la gestión de esa "actividad administrativa de servicio público", entonces, el control judicial sobre la Administración Municipal tendrá el riesgo cierto de derivar en una usurpación de las competencias municipales.

El llamado contencioso de los servicios públicos no podrá articularse como un medio efectivo de tutela judicial, en la medida en que siga dependiendo de un concepto tan impreciso y riesgoso como el servicio público, concepto que en el ámbito municipal adquiere incluso mayor imprecisión, ante la tendencia por equiparar todas las competencias municipales a actividades de servicio público que como tal, suponen siempre una actividad administrativa. Bajo esta distorsionada visión, cualquier falla en la prestación de los servicios públicos municipales -incluyendo a los llamados servicios domiciliarios- podrá derivar en una pretensión de condena contra la Administración.

Es necesario reconstruir todo este sistema de control judicial a partir del concepto técnico de inactividad administrativa, lo que a su vez exige partir del concepto técnico de actividad administrativa Y aquí reside la causa del equívoco, pues en realidad, no existe una "actividad administrativa de servicio público", con lo cual, mal puede pretenderse el control judicial de la "inactividad administrativa de servicio público"[49]. El control judicial debe versar, así, sobre los conceptos técnicos de actividad e inactividad administrativa.

Lo cierto es que frente a las actividades económicas de servicio consideradas "servicios público" (aseo urbano, por ejemplo), y según vimos, la Administración Municipal podrá asumir dos tipos de actividades: *actividad de limitación* sobre la gestión de esas actividades asumidas por un tercero, o la *actividad prestacional,* cuando la Administración asume directamente la gestión del servicio. Consecuentemente, solo hay dos tipos de inactividad administrativa: la inactividad en la limitación de la gestión del servicio, o la inactividad en la gestión del servicio.

Esta propuesta va en sintonía con la redefinición actual del concepto de servicio público, en la cual se abandona la tradicional visión estatista (que concibe al servicio público como una actividad estatal) para asumir que el servicio público también puede comprender a actividades entregadas a la libertad económica y la libre competencia, pero bajo el control de la Administración[50]. Una visión asumida incluso en Francia, y en general, en Europa[51], y que desecha la tradicional concepción estatista del servicio público por una visión centrada en el ciudadano[52].

Que la anterior conclusión no se preste a confusiones. Bajo la Constitución es innegable que los Poderes Públicos deben intervenir para *satisfacer* o *garantizar la satisfacción* de necesidades sociales relacionadas con los derechos prestacionales, como corresponde a la cláusula del Estado social y Democrático de Derecho. El estudio de la actividad administrativa relacionada con tal actuación no precisa, sin embargo, acudir al servicio público, pues bien puede ser analizada desde la doble visión de la actividad prestacional y la actividad de limitación. Comprendiendo, además, que la actividad prestacional admite grados: desde el estímulo a la libre iniciativa privada a la asunción de la gestión directa de la actividad, todo ello, en respeto a los principios de menor intervención y subsidiariedad.

Bajo esta redefinición sería equívoco sostener que toda indebida gestión de la actividad considerada servicio público permite el ejercicio de la pretensión de condena contra la Administración. En realidad, es necesario distinguir el supuesto en el cual la Administración asume la gestión de ese servicio de aquel en el cual el servicio es gestionado por un tercero, típicamente por la libre iniciativa privada pero bajo el control de la Administración. En el primer caso, la pretensión de condena sí podría esgrimirse contra la Administración por la inactividad de su actividad de prestación, siempre acotando cuál es la obligación incumplida; en el segundo caso, por el contrario, la pretensión de condena no podrá dirigirse contra el gestor privado del servicio –en tanto, en su condición de particular, no puede ser juzgado por la justicia administrativa[53].- sino solo contra la Administración, pero por su inactividad en la limitación sobre la gestión privada.

El concepto de inactividad administrativa se ha adoptado al Estado social, al aludirse así la inactividad prestacional y a la pretensión prestacional (Urosa Maggi)[54]. De acuerdo con esta posición, la pretensión prestacional tendría por objeto procurar la tutela judicial frente a *(i)* la inactividad administración en la gestión de servicios o *(ii)* la inactividad administrativa en la limitación de la gestión privada de servicios[55].

Sin embargo, pareciera adecuado concretar este concepto a la pretensión de condena ejercida respecto de la omisión de la Administración en llevar a cabo su actividad prestacional, es decir, la inactividad relacionada con la gestión de servicios a cargo de la Administración[56].

Bajo esta noción estricta, la pretensión se orientaría a una condena a la Administración para restablecer la adecuada gestión de la actividad prestacional. De esa manera, no es necesario entrar a resolver sobre el complicado concepto de servicio público (como sucede con los artículos 8, 9.5 y 65.1 de la Ley Orgánica de la Jurisdicción Contencioso-Administrativa), pues la tutela judicial se ejercerá respecto de la inactividad de la actividad prestacional, procurando así, de la Administración, la corresponde gestión del servicio. En parte, ello está presente en el artículo 7.5 de la Ley, que reconoce la competencia de la justicia administrativa para conocer de la "actividad prestacional". Como se observa, aquí no es necesario entrar a determinar qué es servicio público, pues lo relevante será la existencia de una actividad prestacional de la Administración.

¿Podría ejercerse esta pretensión contra la Administración, cuando la gestión del "servicio público" esté en manos privadas? Si se admite el concepto restrictivo, la pretensión prestacional solo puede tener por fundamento la inactividad en el ámbito de la actividad prestacional a cargo de la Administración. Sin embargo, en este supuesto, la pretensión de condena puede también ser ejercida respecto de la inactividad de la Administración en el ejercicio de la actividad de limitación sobre la gestión privada del servicio, lo que en sentido estricto, no sería un supuesto de inactividad prestacional.

Si asumimos esta posición, entonces, tendríamos que denunciar la confusión entre el "contencioso de los servicios públicos" y la tutela judicial frente a la inactividad administrativa, tanto más cuando la Ley Orgánica de la Jurisdicción Contencioso-Administrativa regula ambos supuestos bajo el mismo "procedimiento breve"[57]. Cabe recordar que la propuesta inicial considerada por la Asamblea Nacional –como pudimos comprobar al haber participado en las primeras consultas públicas iniciadas respecto de esa Ley- era establecer un procedimiento común –incluso para la tutela frente a la inactividad- y un procedimiento breve –para casos de urgencia, incluso, relacionados con la inactividad administrativa en los "servicios públicos". Aun cuando ese no sea el resultado final –lamentablemente toda pretensión frente a la inactividad es tramitada por el juicio breve- lo cierto es que pudiera entenderse que, para la Ley, el reclamo de los servicios públicos es un tipo especial de tutela judicial frente a la inactividad.

3. RECAPITULACIÓN

Tomando en cuenta lo anteriormente expuesto respecto del control judicial de los llamados "servicios públicos municipales", podemos arribar a las siguientes conclusiones:

- En *primer* lugar, conviene insistir en la necesidad de no acudir al equívoco concepto de "servicio público municipal" para determinar las competencias municipales y para fijar la competencia de la jurisdicción contencioso-administrativa, en tanto su indeterminación amplía, indebidamente, la responsabilidad que el Municipio pueda tener en casos de indebida gestión de las actividades consideradas o declaradas servicios públicos. En especial, ante la prevalencia de la visión según la cual, el servicio público es, siempre, una actividad administrativa, incluso cuando su gestión esté en manos privadas.

- En *segundo* lugar, el control judicial debe enfocarse en la tutela de la inactividad de la Administración Municipal en la gestión de su actividad prestacional. Aquí es irrelevante calificar o no a tal actividad prestacional como un "servicio público". En realidad, el Municipio puede asumir directamente la realización de actividades económicas en las materias de su competencia. Toda inactividad en esa gestión económica podrá ser tutelada ante la justicia administrativa, por medio del procedimiento aplicable a los reclamos por la omisión, demora o deficiente prestación de los servicios públicos (artículo 65.1, Ley Orgánica de la Jurisdicción Contencioso-Administrativa). Por ello, lo que se propone es que ese procedimiento de "reclamos de servicios públicos", aplique solo en casos de inactividad prestacional de la Administración[58].

- En *tercer* lugar, cuando sea la iniciativa privada –u otro órgano del Poder Público- quien asuma la gestión directa de actividades cuya regulación corresponde al Municipio, al ser competencias en asuntos propios de la vida local, podrá ejercerse la correspondiente pretensión de condena por la inactividad de la Administración en el ejercicio de las potestades de ordenación y limitación sobre esa actividad económica. La pretensión no se dirige, en este caso, a obtener de la Administración la actividad prestacional omitida, sino en obtener de la Administración la actividad de limitación que ha sido obviada y que coadyuvaría a la correcta gestión de la actividad. En tal caso, estaríamos ante una de las "abstenciones" a las cuales se contrae el artículo 65.3 de la Ley Orgánica de la Jurisdicción Contencioso-Administrativa.

Esto supone erradicar la práctica –admitida por los Tribunales- de admitir la pretensión de condena contra el Municipio por la indebida gestión de las actividades consideradas servicios públicos, incluso, cuando su gestión recae en un tercero, como sería el caso de la empresa privada que opera el servicio en virtud de una "concesión"[59]. Como vimos, no estamos ante una estricta concesión, pues esa actividad no está reservada al Estado de acuerdo con el artículo 302 constitucional. Por ello, mal podría esgrimirse una pretensión de condena contra la Administración para que lleve a cabo la prestación de un servicio que es prestado por la iniciativa privada en ejercicio de su derecho de libertad económica.

- En *cuarto* lugar, la pretensión de condena debe basarse en un concepto específico de inactividad, todo lo cual supone el incumplimiento de la obligación que, dentro del ordenamiento jurídico, compele a la Administración Municipal a actuar, sea para asumir la gestión del servicio –actividad prestacional- sea para limitar la gestión privada de tal servicio – actividad de limitación. La pretensión de condena, así, debe ser específica y concreta, sin que se admitan pretensiones indeterminadas que no identifiquen con precisión la obligación que ha omitido la Administración[60].

- Por consiguiente, y en *quinto* lugar, la condena del juez debe ser igualmente específica, como lo exigen por lo demás las normas procesales aplicables. Una condena indeterminada no sólo es ineficaz, sino que además, constituye un riesgo claro de injerencia del Poder Judicial en el ejercicio de las competencias propias de la autonomía municipal. Tampoco es posible una condena indeterminada que obligue al Municipio a alcanzar un cierto resultado general, en tanto tal resultado dependerá de factores ajenos al propio Municipio.

Por ello, la tendencia de la Sala Constitucional de mutar la demanda de intereses difusos y colectivos como mecanismo de control judicial sobre los servicios públicos municipales, admitiendo condenas imprecisas contra el Municipio que además requieran obtener un resultado específico, constituyen un claro exceso en el control judicial que lesiona la autonomía municipal constitucionalmente garantizada.

La Unión, diciembre 2014

(ENDNOTES)

1   Para la bibliografía básica de este punto, vid. Hernández G., José Ignacio, *Derecho administrativo y regulación económica,* Editorial Jurídica Venezolana, Caracas, 2006, pp. 235 y ss.

2   Vid. Araujo Juárez, José, *Derecho administrativo general. Servicio público,* Paredes, Caracas, 2010, pp. 58 y ss.

3   La actividad de servicio público comprende a las prestaciones que deben ser gestionadas obligatoriamente por el Estado, razón por la cual ellas se encuentran sustraídas de las actividades que pueden ser libremente realizadas por los ciudadanos. Brewer-Carías, Allan, "Prólogo", *Los servicios públicos domiciliarios,* Editorial Jurídica Venezolana, CERECO, FUNEDA, Caracas, 2012, p. 19.

4   Por ello, se admite que la iniciativa privada puede ejercer actividades de servicio público, sujeta a una previa habilitación. Vid. Hernández-Mendible, Víctor, *Telecomunicaciones, regulación y competencia,* Editorial Jurídica Venezolana, Caracas, 2009, pp. 67 y ss. Con todo, la diferencia entre la "reserva" y la "publicatio" no queda del todo clara. Pareciera que solo cuando la "publicatio" es intensa hay reserva de titularidad, pero si la "publicatio" es mínima, no existe tal reserva, aun cuando sí limitaciones a la libertad de empresa.

5   De manera tradicional, la gestión del servicio público por la iniciativa privada es posible a través de la concesión, lo que implica la gestión temporal del servicio bajo el control de la Administración. Lares Martínez, Eloy, *Manual de Derecho administrativo.* XIV edición, Facultad de Ciencias Jurídicas y Sociales, Universidad Central de Venezuela, Caracas, 2013, p. 278.

6   Los derechos fundamentales prestacionales son aquellos cuya satisfacción requiere de una prestación o *hacer,* a cargo de la Administración pero también a cargo de la iniciativa privada.

Estos derechos prestacionales coinciden en muchos casos con las actividades consideradas de servicio público, como sucede por ejemplo, con el derecho a la vivienda y a la salud. En general, vid. Casal, Jesús María, *Los derechos fundamentales y sus restricciones,* Legis, Caracas, 2010, pp. 22 y ss.

7   Sentencia del Juzgado Superior Sexto de lo Contencioso Administrativo de la Región Capital de 1 de octubre de 2013, caso *FAPUV.*

8   Sobre los servicios públicos municipales, nos remitimos a las consideraciones y bibliografías contenidas en Hernández G., José Ignacio, *Derecho administrativo y regulación económica,* cit., pp. 609 y ss. Respecto del citado artículo 178, vid. Villegas Moreno, José Luis, *Doscientos años de municipalismo,* Universidad Católica del Táchira-FUNEDA, Caracas, 2010, pp. 121 y ss.

9   Recientemente, vid. Araujo-Juárez, José, *Derecho administrativo. Parte General. Servicio Público,* cit., pp. 197 y ss.

10   Recientemente, véase la obra colectiva, ya citada, *Los servicios públicos domiciliarios,* cit. Igualmente, véase nuestra posición en Hernández G., José Ignacio, "Servicio domiciliario y servicio público", en *Revista de la Facultad de Ciencias Jurídicas y Políticas de la Universidad Central de Venezuela,* Volumen 53, Número 129, Caracas, 2007, pp. 321 y ss.

11   Véase nuestro anterior estudio en este tema, en Hernández G., José Ignacio, "El régimen de los servicios públicos municipales", en *Ley Orgánica del Poder Público Municipal,* Editorial Jurídica Venezolana, Caracas, 2007, pp. 291 y ss. El artículo 73 de esa Ley reconoce así, como principio, que "la prestación de los servicios públicos municipales podrá ser objeto de concesión, sólo mediante licitación pública a particulares".

12   Como es el caso, entre otros, del derecho prestacional a la dotación de agua. Véase entre otras, la sentencia de la Sala Constitucional de 30 de marzo de 2007, caso *Coopejunko.*

13   Resalta en este sentido la imprecisión terminológica de la Constitución. El artículo 156.29 emplea la denominación "servicio público domiciliario" para referir a servicios como el agua potable, mientras que el artículo 178.6 alude al servicio de agua potable dentro de las competencias municipales, pero sin calificar a tal actividad como servicio público.

14   Además de las citas efectuadas, vid. Araujo-Juárez, José, *Derecho administrativo,* Paredes, Caracas, 2013, pp. 390 y ss.

15   Jiménez Guanipa, Henry, "El régimen del gas natural como servicio público en Venezuela", en *Los servicios públicos domiciliarios,* cit., pp. 365 y ss.

16   Hernández-Mendible, Víctor, "El servicio público domiciliario de agua potable y saneamiento", en *Los servicios públicos domiciliarios,* cit., pp. 43 y ss.

17   Este es uno de los argumentos que sostienen la inconstitucionalidad del Estado Comunal. Para el caso del Municipio, vid. Villegas, José Luis, "Jaque al municipio constitucional. La irrupción de la Comuna en el sistema territorial municipal", en *Anuario de Derecho Público V-VI,*

Universidad Monteávila, Caracas, 2012, pp. 57 y ss. Recientemente, vid. Brewer-Carías, Allan "El Estado totalitario y la ausencia de Estado democrático y social de Derecho y de Justicia, de economía mixta y descentralizado", y Sánchez Falcón, Enrique, "Inconstitucionalidad del Estado Comunal", ambos en *XII Jornadas Centenarias Internacionales. Constitución, Derecho administrativo y Proceso,* FUNEDA, Caracas, 2014, pp. 31 y ss., y 163 y ss. Véase en general la obra colectiva *Leyes del Poder Popular,* Editorial Jurídica Venezolana, Caracas, 2011.

18   Véase el Decreto N° 1.389, mediante el cual se dicta el *Decreto con Rango, Valor y Fuerza de Ley de Reforma del Decreto con Rango, Valor y Fuerza de Ley Orgánica para la Gestión Comunitaria de Competencias, Servicios y Otras Atribuciones* (*GO* N° 40.540 de 13 de noviembre de 2014). En cuanto al régimen del Decreto-Ley original, véanse los distintos comentarios contenidos en la *Revista de Derecho Público N° 130,* Caracas, 2012.

19   Recientemente, como vimos al comentar la posición de Araujo-Juárez, jurisprudencia y doctrina venezolana han matizado esta conclusión, al entender que no toda actividad de servicio público se encuentra reservada al Estado en los términos del artículo 302 constitucional. Por ello se ha afirmado la compatibilidad entre servicio público y libertad de empresa. Fundamental resulta, en este sentido, la sentencia de la Sala Constitucional de 29 de agosto de 2003, caso *Arnaldo González Sosa.* Nuestro comentario en Hernández G., José Ignacio, "¿Superación de la crisis conceptual del servicio público", en *Revista de Derecho Administrativo número 17,* Caracas, 2003, pp. 123 y ss. Aun así, se insiste, no queda claro, en la práctica, cuál sería la distinción entre la "reserva" y la "publicatio".

20   Es por ello que, en nuestra opinión, no puede diferenciarse la "reserva" de la "publicatio". En su sentido común, la "publicatio" supone que la titularidad de la actividad pasa al Estado, lo que solo puede efectuarse a través de la reserva. Esa titularidad puede admitir la gestión pública o la gestión privada de la actividad, pero tal gestión privada no será ya consecuencia del derecho de libertad de empresa, sino del acto traslativo del derecho a realizar la actividad, o sea, la concesión.

21   Esta distinción bipartita es de arraigo alemán y ha sido trabajada por la doctrina española. Véase la obra colectiva *Lecciones y materiales para el estudio del Derecho Administrativo. Tomo III. La actividad de las Administración Públicas. Volumen III. El contenido,* Iustel, Madrid, 2009, pp. 13 y ss. De manera especial, vid. Wolff, Hans-Julius, "Fundamentos del Derecho administrativo de prestaciones", en *Perspectivas del Derecho público en la Segunda Mitad del siglo XX. Homenaje al profesor Enrique Sayagués-Laso, Tomo V,* Instituto de Estudios de Administración Local, Madrid, 1969, pp. 349 y ss.

22   Recordamos que de acuerdo con el artículo 68, "*la ley estadal respectiva determinará los servicios públicos mínimos que cada Municipio deberá prestar de manera obligatoria*". No obstante, la "*prestación de los servicios de agua potable, de recolección de basura, de alcantarillado de aguas*

servidas y pluviales, de alumbrado público, de plazas y parques públicos, será obligatoria para todos los municipios".

23 Riesta, Juan Lucas, "El régimen del servicio público de gestión de residuos y desechos sólidos", en *Los servicios públicos domiciliarios,* cit., pp. 221 y ss.

24 La distinción entre concesión y autorización no depende de la terminología empleada por la Ley sino del derecho económico ejercido: si es un derecho propio -libertad de empresa- estaremos ante una autorización; si el derecho es otorgado por la Administración -a consecuencia de una reserva previa- estaremos ante una concesión. Hernández G., José Ignacio, *La libertad de empresa y sus garantías jurídicas,* IESA-Funeda, Caracas, 2004, pp. 335 y ss.

25 Para el concepto de inactividad administrativa, vid. Urosa Maggi, Daniela, *Tutela judicial frente a la inactividad administrativa en el Derecho español y venezolano,* FUNEDA, Caracas, 2003, pp. 44 y ss.

26 Recalcamos que la práctica, buena parte de los servicios públicos municipales son gestionados por la Administración Pública Nacional, lo que reduce todavía más la autonomía municipal. Notable es el caso del servicio de agua potable, en manos de empresas públicas nacionales.

27 El tema ha sido estudiado en el contexto de la Administración prestacional del Estado social, y respecto de las consecuencias jurídicas de su inactividad. Véase sobre ello a Urosa Maggi, Daniela, *Tutela judicial frente a la inactividad administrativa en el Derecho español y venezolano,* cit., pp. 277 y ss. Se advierte allí sobre los riesgos de un control judicial desmesurado.

28 Véase su inicial propuesta en "Ampliación del ámbito contencioso-administrativo", en *Revista de Derecho Público Nº 22,* Caracas, 1985, pp. 33 y ss. Con posterioridad, la autora ha vuelto sobre esta idea en *Las Peculiaridades del Contencioso Administrativo,* FUNEDA, Caracas, 2001, pp. 199 y ss., entre otras obras.

29 Para el análisis sobre la incorporación de esa norma en el artículo 259 constitucional, vid. Urosa Maggi, Daniela, *Tutela judicial frente a la inactividad administrativa en el Derecho español y venezolano,* cit., pp. 99 y ss.

30 En cuanto a los antecedentes de estos "reclamos", nos remitimos a nuestro estudio anterior Hernández G., José Ignacio, "Las pretensiones procesales administrativas en la nueva Ley Orgánica del Tribunal Supremo de Justicia", en *Revista de Derecho Administrativo Nº 20,* Caracas, 2005, pp. 121 y ss. Sobre la regulación de estos reclamos en la Ley Orgánica de la Jurisdicción Contencioso-Administrativa, vid. Brewer-Carias, Allan, "Introducción general régimen de la jurisdicción contencioso administrativa", *Ley Orgánica de la Jurisdicción Contencioso Administrativa,* Editorial Jurídica Venezolana, Caracas, 2010, pp. 9 y ss. Véase también, entre otros, a Herrera, Carlos Eduardo, "Constitución, Servicios Públicos y "Poder Popular". Consideraciones generales sobre el contencioso administrativo de los servicios públicos en Venezuela", en *La actividad e inactividad administrativa y la jurisdicción contencioso-*

administrativa, Editorial Jurídica Venezolana, Caracas, 2012, pp. 317 y ss.

31 Un ejemplo prototípico de tal noción amplia es la sentencia de 6 de julio de 2001, caso *Luz Eléctrica de Venezuela y otros,* de la Corte Primera de lo Contencioso Administrativo. Allí se sostuvo que para que una actividad pueda ser considerada servicio público debe reunir las siguientes notas: *(i)* ha de tener contenido prestacional; *(ii)* ha de estar "asumida" por el Estado; *(iii)* debe ser atendida –directa o indirecta-mente- por la Administración y *(iv)* debe contar con un estatuto general que asegure las notas de continuidad, generalidad, igualdad de prestación y regularidad, entre otras. Por ello, tales reclamos se han intentado contra sociedades mercantiles privadas (sentencia de la Corte Primera de lo Contencioso Administrativo de 6 de marzo de 2003, caso *C.A. Luz Eléctrica de Venezuela*, y de 18 de septiembre de 2003, caso *CANTV*).

32 Por ejemplo, véanse las sentencias de la Corte Primera de lo Contencioso Administrativo de 3 de abril de 2002, caso C.A. *Luz Eléctrica de Venezuela y otros II* así como la sentencia de la Corte Segunda de lo Contencioso Administrativo de 5 de noviembre de 2004, caso *C.A. Electricidad de Caracas.*

33 Para el estado actual de los "reclamos" por la prestación de servicios públicos, vid. Urosa Maggi, Daniela, "Demandas por prestación de servicios públicos. Estado actual y perspectivas de cambio", *Revista Electrónica de Derecho Administrativo Venezolano N° 4,* Caracas, 2014.

34 La Corte Primera de lo Contencioso Administrativo, en sentencia de 14 de noviembre de 2007, caso *Luz Eléctrica de Venezuela III,* entendió que los "reclamos" contra la prestación de los servicios públicos pueden deducirse a través de la *pretensión procesal administrativa*, bajo la tesis conforme a la cual, ante la justicia administrativa puede formularse cualquier tipo de pretensión, aun no contando con reconocimiento expreso en la Ley procesal. Como apunta la sentencia, "la jurisdicción contencioso administrativa es competente para conocer de cualquier tipo de reclamo acerca de la prestación de servicios públicos; es decir, es competente para conocer de cualquier tipo de pretensión procesal acerca de la prestación de servicios públicos; bien sea una pretensión de condena, declarativa, anulatoria, restitutoria, etc.".

35 Como parece sostener la sentencia de la Sala Político-Administrativa de 20 de marzo de 2014, caso *Italcambio.* En este mismo sentido, entre otras, véase la sentencia del Tribunal Superior Octavo de lo Contencioso Administrativo de 17 de febrero de 2011, caso *Hidrocapital.*

36 Tribunal Superior Octavo de lo Contencioso Administrativo, sentencia de 17 de febrero de 2012, caso *Hidrocapital.*

37 Algún sector de la doctrina ha pretendido acotar el concepto de servicio público a estos fines, por ejemplo, excluyendo a las actividades económicas no esenciales o respecto de las cuales no existe obligación de prestación del Estado (Pasceri, Pier Paolo, "Control contencioso administrativo sobre los servicios públicos", en *XXXVII Jornadas J.M. Domínguez Escovar. Avances*

jurisprudenciales del contencioso administrativo en Venezuela, Barquisimeto, 2013, pp. 172-173). Esta misma distinción entre servicio público y actividad prestacional es asumida por Canónico, Alejandro, "La demanda para el reclamo por la prestación de servicios públicos", en *La justicia constitucional y la justicia administrativa como garante de los derechos humanos reconocidos en la Constitución,* FUNEDA, Caracas, 2013, p. 407. Otro sector insiste en la idea general de una "asunción de titularidad" o "publicatio" de grado variable, pero admitiéndose que tal titularidad se mantiene incluso cuando la intervención administrativa solo se extiende a la regulación de la actividad. Silva Bocaney, José Gregorio, "De los servicios públicos. De las demandas que interpongan los usuarios por su prestación y la Ley Orgánica de la Jurisdicción Contencioso Administrativa", en *Los servicios públicos domiciliarios,* cit., pp. 336-337.

38   Sobre estos antecedentes, vid. Grau, María Amparo, "Los intereses difusos y colectivos", *Revista Derecho y Sociedad N° 2,* 2001, pp. 195 y ss.

39   Véase a Badell Madrid, Rafael, "La protección de los intereses colectivos o difusos en Venezuela", en *Revista Electrónica de Derecho Administrativo Venezolano N° 2,* Universidad Monteávila, Caracas, 2013, pp. 13 y ss. Con mayor amplitud, del autor, vid. *La protección de los intereses colectivos o difusos en Venezuela. Class Action,* Universidad Católica Andrés Bello, Caracas, 2014, pp. 93 y ss.

40   La sentencia de 6 de junio de 2011, caso *ANAUCO,* reitera este criterio y concluye que la demanda por intereses difusos y colectivos es inadmisible cuando se base en la prestación de servicios públicos. Véase sobre este punto, lo tratado en Badell Madrid, Rafael, *La protección de los intereses colectivos o difusos en Venezuela,* cit., pp. 102 y ss., así como Urosa Maggi, Daniela, "Demandas por prestación de servicios públicos. Estado actual y perspectivas de cambio", cit.

41   Todo lo cual se traduce en un riesgo cierto a la libertad general del ciudadano, ante la intención de ver a esos derechos colectivos y difusos desde una perspectiva colectivista. La base de los derechos prestacionales –que son "derechos difusos y colectivos"- es la libertad del ciudadano, lo que parece no tenerse en cuenta en el tratamiento de esta demanda. Véase nuestra posición en Hernández G., José Ignacio, "Los derechos humanos y la necesaria transformación de la justicia administrativa", en *La justicia constitucional y la justicia administrativa como garante de los derechos humanos reconocidos en la Constitución,* cit., pp. 629 y ss.

42   La primera acción fue interpuesta el 5 de marzo de 2014, respecto de los Municipios Baruta y El Hatillo del Estado Miranda. La segunda acción, ejercida el 7, se relacionó con el Municipio San Diego del Estado Carabobo.

43   De conformidad con *Normas para la adquisición, posesión, uso, registro y control de armamentos, municiones, equipos y accesorios para los Órganos de Seguridad Ciudadana, Cuerpos de Seguridad del Estado y demás Órganos y Entes que excepcionalmente ejerzan competencias propias del Servicio de Policía* (Gaceta Oficial N° 39.627 de 2 de marzo de 2011) y las *Normas*

sobre la actuación de los Cuerpos de Policía en sus diversos ámbitos políticos territoriales para garantizar el orden público, la paz social y la convivencia ciudadana en reuniones públicas y manifestaciones (Gaceta Oficial N° 39.658 de 18 de abril de 2011), el control de orden público supone el uso de armas y equipos no letales, como las bombas lacrimógenas. De acuerdo esas Normas, se prohíbe "el uso de equipos y vehículos para control de orden público, por parte de las Policías Municipales". Por ello, esos cuerpos "no portarán ni usarán armas de fuego en el control de reuniones públicas y manifestaciones pacíficas".

44 Brewer-Carías, Allan, "La condena y encarcelamiento de Alcaldes por la Sala Constitucional del Tribunal Supremo de Justicia", en http://www.allanbrewercarias.com/Content/449725d9-f1cb-474b-8ab2-41efb849fea3/Content/Brewer-Car%C3%ADas.%20Sobre%20la%20sentencia%20de%20la%20Sala%20Constitucional%20encarcelando%20Alcaldes.%2021-3-2014.pdf [Consulta: 06.12.14]

45 En ninguna de las demandas examinadas la Sala Constitucional era el Tribunal competente, pues no se trataba de demandas de intereses difusos de alcance nacional. Sin embargo, la Sala Constitucional concluyó que las pretensiones deducidas "requieren de tutela especial por parte de la Sala Constitucional". Por ejemplo, en la sentencia N° 136, al admitir una de esas acciones, se señaló que "*esta Sala observa la relevancia constitucional que tienen los derechos constitucionales que se denuncian vulnerados por parte de los presuntos agraviantes, los cuales pueden vincularse, en este caso, a intereses jurídicos de especial importancia como la alimentación, salud, la vida (en la demanda se alude expresamente al derecho a la vida) y la libertad de tránsito, por lo que la Sala estima que el asunto de autos posee la característica a la que se refieren los citados dispositivos contenidos en la Ley Orgánica del Tribunal Supremo de Justicia, que atribuyen competencia a esta Sala*". La "relevancia constitucional" no es un parámetro de competencia en la Ley Orgánica del Tribunal Supremo de Justicia.

46 Cfr.: Brewer-Carías, Allan, "Prólogo", *Los servicios públicos domiciliarios,* cit., pp. 26 y ss.

47 Para el caso de la inactividad administrativa, vid. Urosa Maggi, Daniela, *Tutela judicial frente a la inactividad* Véase de la autora, sobre el control judicial del Municipio, su artículo "De la actuación del Municipio en juicio", en *Ley Orgánica del Poder Público Municipal,* cit., pp. 443 y ss. De manera especial, para un detallado análisis de este tema y adicionales referenciales, véase a Urdaneta Troconis, Gustavo, "Innovaciones en el contencioso-administrativo municipal", en *Revista de la Facultad de Ciencias Jurídicas y Políticas N° 129,* Universidad Central de Venezuela, Caracas, 2007, pp. 381 y ss.

48 Este elemento de la "publicatio" ha sido realzado desde la sentencia de la Sala Constitucional de 15 de diciembre de 2005, caso *Compañía Anónima de Administración y Fomento Eléctrico,* en la cual se intenta -sin mucho éxito- una distinción de "rigor conceptual" entre el servicio público y las otras actividades de interés general. En realidad, la "publicatio" es asumida, en

este contexto, como todo vínculo intenso entre la actividad prestacional y la Administración, más allá que se trate de una actividad expresamente reservada por Ley al Estado. Entre otras, véase la sentencia de la Sala Constitucional de 6 de mayo de 2013, caso *Corpoelec Yaracuy*.

49 Además de las citas antes efectuadas, para mayores referencias en cuanto al concepto de actividad administrativa, vid. Hernández G., José Ignacio, *Introducción al concepto constitucional de Administración Pública en Venezuela*, Editorial Jurídica Venezolana, Caracas, 2011, pp. 53 y ss.

50 Es la tesis del nuevo servicio público, por ejemplo, tratada entre otros por el profesor Ariño Ortíz. Vid. Hernández G., José Ignacio, "Servicio Público y Regulación económica. Una perspectiva desde la América Española", en *Derecho administrativo y regulación económica. Liber Amicorum Gaspar Ariño Ortiz,* La Ley, Madrid, 2011, pp. 879 y ss.

51 En cuanto a la visión actual francesa, vid. Esplugas, Pierre, *Le service public,* Dalloz, Paris, 2012, pp. 73 y ss. En general, vid. Bauby, Pierre, et al (coordinadores), *Los servicios públicos en Europa,* Universidad Externado, Bogotá, 2010.

52 Véase en general a Rodríguez-Arana Muñoz, Jaime, *El ciudadano y el poder público. El principio y el derecho al buen gobierno y a la buena administración,* Reus, Madrid, 2012, pp. 112 y ss.

53 ¿Podría ejercerse esta prestación contra los sujetos del sector privado que lleven a cabo actividades prestacionales consideradas o declaradas servicios públicos? Bajo la visión tradicional, sin duda, tales empresas privadas podrían ser demandadas ante la justicia administrativa, lo que supone un exceso, de cara al ámbito de la justicia administrativa en el artículo 259 constitucional. Esa justicia se justifica en tanto técnica de control de la Administración, pero en modo alguno puede admitirse su extensión a los particulares Sin embargo, en Venezuela se ha admitido que los particulares pueden dictar "actos de autoridad" equiparables a los actos administrativos, en dos casos: *(i)* cuando ejerzan servicios públicos y *(ii)* cuando ejerzan potestades administrativas.

54 Urosa Maggi, Daniela, "El contencioso administrativo prestacional", *100 años de la enseñanza del Derecho administrativo en Venezuela 1909-2009,* Universidad Central de Venezuela-Centro de Estudios de Derecho Público-FUNEDA, Caracas, 2011, pp. 1141 y ss.

55 Urosa Maggi, Daniela, "El contencioso administrativo prestacional", cit., p 1157.

56 Puede verse en general a González-Varas Ibáñez, Santiago, *Tratado de Derecho Administrativo. Tomo III,* Thomson Reuters-Civitas, Madrid, 2012, pp. 403 y ss.

57 De acuerdo con el artículo 65, *"se tramitarán por el procedimiento regulado en esta sección, cuando no tengan contenido patrimonial o indemnizatorio, las demandas relacionadas con: 1. Reclamos por la omisión, demora o deficiente prestación de los servicios públicos. 2. Vías de hecho. 3. Abstención".* Sobre ello, véase a Urosa Maggi, Daniela, "Tutela judicial frente a la inactividad

administrativa a la luz de la Ley Orgánica de la Jurisdicción Contencioso-Administrativa venezolana", en *La justicia constitucional y la justicia administrativa como garante de los derechos humanos reconocidos en la Constitución,* cit., pp. 439 y ss.

58   Esta distinción en la práctica es, sin embargo, inútil: la tutela frente a la inactividad de limitación también será tramitada por medio del mismo procedimiento breve.

59   Por ejemplo, véase la sentencia de 19 de septiembre de 2012 del Juzgado Primero de los Municipios Libertador y Santos Marquina de la Circunscripción Judicial del Estado Mérida, caso *Municipio Libertad del Estado Mérida.*

60   No se pretende volver al concepto restrictivo de "abstención" como la omisión específica a dictar un acto determinado. Pero entendemos que la inactividad administrativa requiere precisar, con claridad, cuál es la obligación que ha sido omitida.

DESARROLLO SOSTENIBLE Y PODER PÚBLICO LOCAL

Víctor Rafael Hernández-Mendible[*]
Director del Centro de Estudios de Regulación Económica
Universidad Monteávila

SUMARIO

I. Introducción
II. ¿Qué se entiende por desarrollo sostenible?
III. El Poder Público Local como promotor del desarrollo sostenible
IV. Consideraciones finales

I. INTRODUCCIÓN

Este homenaje que han promovido quienes han sido los discípulos[1] del Catedrático e Investigador doctor Fortunato González Cruz, a lo largo de tantos años en la Universidad de Los Andes, en Mérida, Venezuela, permite que profesores de otras universidades nacionales e internacionales podamos sumarnos a tan merecido reconocimiento. Para mí constituye un verdadero honor participar con tan prestigiosos académicos en este tributo al gran jurista merideño, con motivo de su dilatada y exitosa trayectoria académica.

Para esta ocasión he seleccionado como contribución, quizás uno de los temas más apasionantes de los actuales tiempos, el desarrollo sostenible y su vinculación con el municipio, dos áreas de trabajo e investigación que han ocupado al homenajeado durante su larga vida académica.

El modelo de desarrollo surgido a partir de la revolución industrial y que deja su huella durante el siglo XX, ya no resulta viable, ha llegado a su fin, pues no es posible mantener el modelo de producción sin límites, el consumo desmedido y el derroche de recursos perecederos en su mayoría y de difícil renovación el resto, pues simplemente es insostenible la continuidad de ese estilo de vida y de progreso. El desarrollo ilimitado, irresponsable e irracional produce consecuencias temporales y permanentes en el crecimiento económico, en la cohesión social, en el equilibrio ecológico y en el acceso a las tecnologías.

Así las cosas, la propuesta del desarrollo sostenible constituye un auténtico cambio de paradigma, que supone la apuesta por construir un nuevo modelo económico, en que no antagonicen el desarrollo necesario y deseado, con la conservación y protección de la naturaleza[3], es decir, que persigue un cambio de la manera de producción y de consumo, así como también la protección y gestión de los recursos naturales necesarios para satisfacer las necesidades de las personas comprendiendo una dimensión económica, una social y una ambiental[4].

El paradigma del desarrollo sostenible ha emergido para colocar en el centro del mismo a la persona humana y el respeto a su dignidad, pero no se ha limitado a las personas que conforman la actual generación, sino a aquellas que están llamadas a integrar las futuras generaciones.

Por ello, al desarrollo sostenible se le atribuye el transcendental rol de buscar armonizar o conciliar en aras de la solidaridad dos momentos temporalmente distintos[5], la posibilidad de que en el momento actual se utilicen y exploten racionalmente los bienes y recursos necesarios para satisfacer las necesidades que permitan vivir con dignidad, y a su vez, garantizar que en el futuro, a las personas que les toque vivir su respectiva época, cuenten con los bienes y recursos necesarios que también les permitan satisfacer las necesidades de su tiempo.

Sin duda, la construcción de la noción de desarrollo sostenible se asienta en la presencia del progreso económico y social con responsabilidad ambiental de quienes actualmente habitamos el planeta, haciendo un aprovechamiento racional de los recursos naturales, con la finalidad de otorgarles un uso adecuado y conservarlos para garantizar su utilización por las generaciones futuras, quienes tendrán de esta manera la misma posibilidad de bienestar económico y social.

Ello así, corresponde a los operadores jurídicos, pero también a los técnicos, económicos y ambientales, en especial a los que se encuentran en el ámbito de los países que cuentan con la mayor cantidad de recursos naturales, extraer las consecuencias de este nuevo modelo de desarrollo que permita el deseado progreso económico y social, sin agotar tales recursos, ni comprometer el porvenir de las personas que vivirán en el futuro en estos países.

Esto lleva a situar el presente trabajo en un ámbito espacial concreto, el municipal, donde se desarrolla la vida local y en un ámbito de Poder específico, el Poder Local, en el cual se deben ejercer la función administrativa, de planificación, control, fomento y protección del aprovechamiento racional de los bienes y recursos destinados a la satisfacción del interés general, así como la remoción de los obstáculos que se opongan al ejercicio de la libertad, que debe ser disfrutada conforme a los límites legales admisibles en una sociedad democrática.

En aras de una mayor claridad en la exposición de las ideas, dividiré el presente análisis en los siguientes aspectos a saber: En primer lugar, se abordará qué se considera que constituye el desarrollo sostenible (II); seguidamente, se hará referencia al Poder Público Local como promotor del desarrollo sostenible (III); y, se terminarán efectuando unas consideraciones finales (IV).

II. ¿QUÉ SE ENTIENDE POR DESARROLLO SOSTENIBLE?

La expresión desarrollo sostenible tan presente en la comunidad internacional en las últimas cuatro décadas, no ha estado exenta de polémica, confusión[6], malas interpretaciones sobre su auténtica naturaleza y su contenido axiológico, -llegando incluso a desfigurarse por algunos-, al ser empleada con fines distintos a los que le dieron origen.

A la dificultad de conceptuación de la expresión desarrollo sostenible, -bien sea inspirada en una visión biocéntrica o en una visión antropocéntrica-, se le suma la utilización semántica impropia, pues se introduce el empleo de los vocablos sustentabilidad y sustentable.

En tal sentido se debe aclarar que el vocablo sustentabilidad está inspirado en la expresión inglesa *sustainability*, aunque no se corresponde a una traducción literal y que la introducción en el vocabulario jurídico de la expresión *sustentable*[7]-[8] es impropiamente utilizada para referirse a lo *sostenible*[9]-[10].

Por tanto, el empleo de la palabra sostenibilidad en lugar de sustentabilidad, constituye un neologismo que se formula a partir de la noción de desarrollo sostenible que constituye el uso correcto, en lugar de desarrollo sustentable que es equívoco, aunque de empleo cada vez más frecuente.

Como se puede apreciar, la aplicación de la cláusula de sostenibilidad no resulta sencilla, ni siquiera en lo que respecta al empleo unívoco de la terminología y de allí que se imponga ir tras los antecedentes de esta noción, en principio propia de las ciencias naturales, en concreto de la biología[11], pero que se ha incorporado al mundo de la ciencia jurídica con plena fuerza en los ordenamientos jurídicos actualmente vigentes.

La evolución del concepto de desarrollo sostenible de indudable génesis internacional y que se ha incorporado a los ordenamientos jurídicos nacionales, no se produce de un momento a otro, ni aparece por generación espontánea, sino que el mismo es fruto de un proceso de maceración que ha permitido su progresiva formulación por las organizaciones internacionales, para luego filtrarse en un proceso de decantación y asimilación en el orden interno de los países.

Esto lleva a precisar los antecedentes internacionales más relevantes en este largo recorrido de construcción de un concepto capital en los tiempos contemporáneos para las actuales generaciones y de extraordinaria proyección e interés para las futuras generaciones.

2.1. LOS ORÍGENES DEL CONCEPTO DE DESARROLLO SOSTENIBLE

El antecedente remoto más relevante a nivel internacional lo constituye la Declaración de Estocolmo, surgida en el marco de la Conferencia de las Naciones Unidas sobre el Medio Humano en 1972, que contiene 26 principios y un Plan de acción para el futuro. La directriz asumida en el primer principio destaca la centralidad de la persona humana y el derecho a una vida digna en la actualidad y en el futuro, señalando lo siguiente:

> El hombre tiene el derecho fundamental a la libertad, la igualdad y el disfrute de condiciones de vida adecuadas, en un medio de calidad tal que le permita llevar una vida digna y gozar de bienestar, y tiene la solemne obligación de proteger y mejorar el medio para las generaciones presentes y futuras.

Este principio, debe ser considerado junto al segundo, que pone el énfasis en el aprovechamiento de los recursos naturales:

> Los recursos naturales de La Tierra, incluidos, el aire, el agua, la tierra, la flora y la fauna y especialmente muestras representativas de los ecosistemas naturales, deben preservarse en beneficio de las generaciones presentes y futuras mediante cuidadosa planificación u ordenación, según convenga.

Por su parte, el principio octavo hace referencia a la importancia de las dimensiones económica y social, en la contribución a la mejora de la calidad de vida:

> El desarrollo económico y social es indispensable para asegurar al hombre un ambiente de vida y trabajo favorable y crear en La Tierra las condiciones necesarias para mejorar la calidad de vida

En estos principios, que se suman a los 23 restantes no menos importantes, se siembra el germen del concepto de desarrollo sostenible, que aparecería por primera vez en la Carta Mundial de la Naturaleza, adoptada por la Asamblea General de las Naciones Unidas en 1982[12] y alcanzaría su plenitud cinco años después, en 1987, cuando a requerimiento de la Organización de las Naciones Unidas, se presentó el Informe titulado "Nuestro Futuro Común", también conocido como Informe de la

Comisión Brundtland[13], que lo elaboró. En dicho texto se define el desarrollo sostenible en los siguientes términos:

> aquél que responde a las necesidades del presente de forma igualitaria, pero sin comprometer las posibilidades de sobrevivencia y prosperidad de las generaciones futuras.

A la Declaración de Estocolmo[14], la sucedió 20 años después la Cumbre de la Tierra, promovida por la Organización de las Naciones Unidas, de donde surgió la "Declaración de Río de Janeiro sobre Medio Ambiente y Desarrollo", en 1992, que contiene 27 principios y se complementa con la Declaración sobre Desarrollo Sostenible de los Bosques y el Programa XXI.

La idea primordial sobre la que se elabora el documento que contiene la Declaración de Río, es colocar a la persona humana en el centro del quehacer de las sociedades que se orientan al desarrollo, ratificando lo que había señalado el Informe Brundtland. En tal sentido expresa el Principio I, que:

> Los seres humanos constituyen el centro de las preocupaciones relacionadas con el desarrollo sostenible. Tienen derecho a una vida saludable y productiva en armonía con la naturaleza.

Dentro de estos principios interesa destacar por sus implicaciones preeminentemente jurídicas –aunque no vinculantes-, el Principio 11, que expresa:
Los Estados deberán promulgar leyes eficaces sobre el medio ambiente. Las normas, los objetivos de ordenación y las prioridades ambientales deberían reflejar el contexto ambiental y de desarrollo al que se aplica. Las normas aplicadas por algunos países pueden resultar inadecuadas y representar un costo social y económico injustificado para otros países, en particular para los países en desarrollo.

Es así como se observa que los Estados en ejercicio de su soberanía tienen libertad de aprovechar o no sus recursos naturales, pero en caso de optar por lo primero, deben actuar de manera racional, para garantizar la equidad intrageneracional; y la solidaridad intergeneracional, es decir, el aprovechamiento por todos quienes integran la generación presente, pero sin mermar los recursos para que puedan ser aprovechados por las futuras generaciones.

En razón de ello se va a iniciar la evolución en la construcción de un concepto de desarrollo sostenible integral, es decir, aquel que comprende los ámbitos económicos, sociales, ambientales y tecnológicos, para garantizar la vida y dignidad de las personas.

En el corto tiempo se tendría la reunión de la Organización de Naciones Unidas en 1997, que se conoce como Río+5, para hacerle seguimiento a la Cumbre y Declaración de Río.

Posteriormente se produjo la Declaración del Mileno por la Organización de las Naciones Unidas, en Nueva York, en el año 2000, que constituyó el marco de preparación de la Cumbre Mundial sobre el Desarrollo Sostenible, Río+10 de Johannesburgo, que dio origen a la Declaración sobre Desarrollo Sostenible en 2002 y al plan de acción respecto a la declaración adoptada, en los que se pone de relieve la concepción del desarrollo sostenible en su triple dimensión o en su dimensión global, tal como se venía gestando desde la anterior reunión.

La Declaración asume una apuesta resuelta por la dignidad de la persona humana, en el número 18, al expresar que:
Acogemos el foco de la Cumbre de Johannesburgo en la indivisibilidad de la dignidad humana y estamos resueltos mediante decisiones sobre metas, cronogramas y asociaciones a rápidamente aumentar el acceso a requerimientos básicos tales como agua limpia, saneamiento, vivienda adecuada, energía, salud pública, seguridad alimentaria y protección de la biodiversidad. Al mismo tiempo, trabajaremos juntos para asistirnos unos a otros para tener acceso a recursos financieros, beneficiarnos de la apertura de

mercados, asegurar el fortalecimiento de las capacidades, utilizar tecnología moderna para generar el desarrollo, y asegurar que haya transferencia tecnológica, desarrollo de recursos humanos y entrenamiento para desterrar para siempre el subdesarrollo.

Este conjunto de declaraciones de buena intención, será reconocido y ratificado en Río+20, Conferencia de las Naciones Unidades sobre el Desarrollo Sostenible, realizada en Río de Janeiro, en 2012 y que concluyó con la Declaración del "Futuro que Queremos", que comienza en los siguientes términos:

1. Nosotros, los Jefes de Estado y de Gobierno y los representantes de alto nivel, habiéndonos reunido en Río de Janeiro (Brasil) entre el 20 y el 22 de junio de 2012, con la plena participación de la sociedad civil, renovamos nuestro compromiso en pro del desarrollo sostenible y de la promoción de un futuro económico, social y ambientalmente sostenible para nuestro planeta y para las generaciones presentes y futuras.

Una vez ratificado de manera genérica el compromiso con el desarrollo sostenible integral, se procede a exponer los pasos para lograrlo.

2. La erradicación de la pobreza es el mayor problema que afronta el mundo en la actualidad y una condición indispensable del desarrollo sostenible. A este respecto estamos empeñados en liberar con urgencia a la humanidad de la pobreza y el hambre.

3. Por consiguiente, reconocemos que es necesario incorporar aun más el desarrollo sostenible en todos los niveles, integrando sus aspectos económicos, sociales y ambientales y reconociendo los vínculos que existen entre ellos, con el fin de lograr el desarrollo sostenible en todas sus dimensiones.

4. Reconocemos que la erradicación de la pobreza, la modificación

de las modalidades insostenibles y la promoción de modalidades sostenibles de producción y consumo, y la protección y ordenación de la base de recursos naturales del desarrollo económico y social son objetivos generales y requisitos indispensables del desarrollo sostenible. Reafirmamos también que es necesario lograr el desarrollo sostenible promoviendo un crecimiento sostenido, inclusivo y equitativo, creando mayores oportunidades para todos, reduciendo las desigualdades, mejorando los niveles de vida básicos, fomentando el desarrollo social equitativo y la inclusión, y promoviendo una ordenación integrada y sostenible de los recursos naturales y los ecosistemas que preste apoyo, entre otras cosas, al desarrollo económico, social y humano, y facilite al mismo tiempo la conservación, la regeneración, el restablecimiento y la resiliencia de los ecosistemas frente a los problemas nuevos y emergentes.

Luego de sentadas las premisas sobre las que se debe trabajar para concretar que el desarrollo alcance a ser efectivamente sostenible, se reafirman los compromisos asumidos en los Objetivos del Milenio.

5. Reafirmamos nuestro compromiso de hacer todo lo posible para acelerar el logro de los objetivos de desarrollo convenidos internacionalmente, incluidos los Objetivos de Desarrollo del Milenio para 2015.

Seguidamente se reitera que la persona humana constituye el eje central de actuación de la comunidad internacional y la fuente de inspiración para lograr el deseado desarrollo sostenible.

6. Reconocemos que las personas constituyen el centro del desarrollo sostenible y a este respecto, nos esforzamos por lograr un mundo que sea justo, equitativo e inclusivo, y nos comprometemos a trabajar de consuno para promover el crecimiento económico sostenido e inclusivo, el desarrollo social y la protección del medio ambiente, lo que redundará en beneficio de todos.

Esto se corrobora, sin olvidar, los compromisos internacionales asumidos por la comunidad de naciones, en especial, con el respeto, promoción y protección de los Derechos Humanos, al expresar:

> 7. Reafirmamos que seguimos guiándonos por los propósitos y principios de la Carta de las Naciones Unidas, con pleno respeto del derecho internacional y sus principios.

> 8. Reafirmamos también la importancia de la libertad, la paz y la seguridad, el respeto de todos los derechos humanos, entre ellos el derecho al desarrollo y el derecho a un nivel de vida adecuado, incluido el derecho a la alimentación, el estado de derecho, la igualdad entre los géneros, el empoderamiento de las mujeres y el compromiso general de lograr sociedades justas y democráticas para el desarrollo.

> 9. Reafirmamos la importancia de la Declaración Universal de Derechos Humanos, así como de los demás instrumentos internacionales relativos a los derechos humanos y el derecho internacional. Destacamos la responsabilidad que incumbe a todos los Estados, de conformidad con la Carta de las Naciones Unidas, de respetar, proteger y promover los derechos humanos y las libertades fundamentales de todos, sin distinción alguna por motivos de raza, color, sexo, idioma, religión, opinión política o de otra índole, origen nacional o social, capacidad económica, nacimiento, discapacidad u otra condición.

Se ratifica que el Estado de Derecho y sus instituciones, el sistema democrático y la gobernanza constituyen presupuestos esenciales para el desarrollo sostenible.

10. Reconocemos que la democracia, la buena gobernanza y el estado de derecho, en los planos nacional e internacional, así como un entorno propicio, son esenciales para el desarrollo sostenible, incluido el crecimiento económico sostenido e inclusivo, el desar-

rollo social, la protección del medio ambiente y la erradicación de la pobreza y el hambre. Reafirmamos que para lograr nuestros objetivos de desarrollo sostenible necesitamos instituciones en todos los niveles que sean eficaces, transparentes, responsables y democráticas.

Además se apuesta por la cooperación internacional, para poder superar las dificultades que impiden el desarrollo sostenible en los países menos desarrollados.

11. Reafirmamos nuestro compromiso de fortalecer la cooperación internacional para hacer frente a los persistentes problemas relacionados con el desarrollo sostenible para todos, en particular en los países en desarrollo. A este respecto, reafirmamos la necesidad de lograr la estabilidad económica, el crecimiento económico sostenido, la promoción de la equidad social, y la protección del medio ambiente, aumentando al mismo tiempo la igualdad entre los géneros, el empoderamiento de las mujeres y la igualdad de oportunidades para todos, y la protección, la supervivencia y el desarrollo de los niños hasta que alcancen su máximo potencial, incluso mediante la educación.

También se promueve la adopción de medidas urgentes y eficaces para progresar en los logros alcanzados hacia el deseado desarrollo sostenible y se coincide con la propuesta de impulsar la economía verde.

12. Resolvemos adoptar medidas urgentes para lograr el desarrollo sostenible. Por lo tanto, renovamos nuestro compromiso en favor del desarrollo sostenible, evaluando los avances realizados hasta el momento y lo que aun queda por hacer en cuanto a la aplicación de los resultados de las principales cumbres sobre el desarrollo sostenible, y haciendo frente a las dificultades nuevas y emergentes.

Expresamos nuestra firme decisión de abordar los temas de la Conferencia de las Naciones Unidas sobre el Desarrollo Sostenible, a saber, la economía verde en el contexto del desarrollo sostenible y la erradicación de la pobreza, y el marco institucional para el desarrollo sostenible.

Se finaliza el preámbulo de la Declaración reconociendo la necesidad de participación de todos para lograr el futuro que queremos.

13. Reconocemos que la oportunidad de que las personas influyan en sus vidas y su futuro, participen en la adopción de decisiones y expresen sus inquietudes es fundamental para el desarrollo sostenible. Subrayamos que el desarrollo sostenible exige medidas concretas y urgentes. Solo se puede lograr forjando una amplia alianza de las personas, los gobiernos, la sociedad civil y el sector privado, trabajando juntos para lograr el futuro que queremos para las generaciones presentes y futuras.

Tal como se puede apreciar el compromiso de toda la comunidad internacional –individuos, gobiernos, tercer sector- con el desarrollo sostenible integral, no admite dudas, ni tiene posibilidades de retroceso o de detenerse. Las exigencias de la satisfacción de las necesidades de los 7.000 millones de habitantes que actualmente pueblan el planeta, así como de aquellos que lo harán en el futuro, imponen una actuación más eficiente e inmediata para terminar de implementar y aplicar este modelo de desarrollo de calidad, en sus dimensiones económica, social y ambiental.

Es preciso mencionar que en el estado actual de la civilización internacional, los países deben encausar su marcha hacia el *desarrollo sostenible*[15] en su triple dimensión: económica, social y ambiental, en el entendido que dichas dimensiones se encuentran interrelacionadas y se complementan[16].

En este orden de ideas, la Organización para la Cooperación y el Desarrollo Económico (OCDE) al formular la denominada "*estrategia de crecimiento verde*" abreva de este enfoque tridimensional e incorpora un aspecto adicional: el tecnológico, que ratifica con un *plus* la visión del desarrollo en un contexto integral[17].

Tal como se puede apreciar, la noción de desarrollo sostenible entendida en su dimensión integral ha experimentado una evolución lenta y continua de cuatro décadas hasta llegar a la actualidad. Así concebido, debe analizarse cómo se encuentra recogido en el ordenamiento jurídico.

2.2. EL FUNDAMENTO JURÍDICO INTERNACIONAL

Partiendo de la premisa de la preeminencia de los Derechos Humanos que establecen las Constituciones, donde la Convención Americana sobre Derechos Humanos y sus protocolos tienen un rol protagónico para reforzar la garantía de tales derechos y considerando que entre los Derechos Humanos, el reconocimiento del derecho a vivir en un ambiente sano ha adquirido un espacio propio y un notable grado de autonomía, sin desconocer su interrelación con otros Derechos Humanos, se debe analizar el tema a partir de la perspectiva ambiental.

Es así como la referencia jurídica inmediata en este asunto se ubica en el Protocolo Adicional a la Convención Americana sobre Derechos Humanos en materia de Derechos Económicos, Sociales y Culturales, conocido como "Protocolo de San Salvador", de 1996, en el que se reconoce:

Toda persona tiene derecho a vivir en un medio ambiente sano y a contar con servicios públicos básicos.

Este "derecho a vivir en un medio ambiente sano" constituye parte del conjunto de Derechos Humanos que han adquirido rango constitucional en algunos países del continente americano, gracias a la constitucionalización de los tratados o convenciones internacionales sobre Derechos Humanos y que deben ser garantizados y tutelados como integrantes del bloque de la constitucionalidad[18] o por la técnica del control difuso de la convencionalidad[19].

De allí que en virtud de los principios de indivisibilidad, irrenunciabilidad, interdependencia y progresividad, así como de la cláusula federal de la Convención Americana sobre Derechos Humanos, corresponde a los Estados Nacionales con independencia de su organización federal o unitaria, garantizar en el ámbito territorial donde ejecutan su soberanía, el ejercicio efectivo del "derecho a vivir en un medio ambiente sano", lo que deberían hacer en armonía con las normas constitucionales y legales que reconocen las libertades económicas.

Luce importante resaltar que la protección del ambiente y la garantía de su ejercicio como Derecho Humano individual y colectivo (dimensión ambiental), se interrelaciona con el ejercicio de las libertades económicas, que al no ser absolutas, tienen entre sus límites la protección del ambiente (dimensión económica) y la necesidad de garantizar la satisfacción de las necesidades humanas de las generaciones presentes, sin comprometer a las generaciones futuras (dimensión social), lo que no puede ser concebido de manera aislada sino interrelacionada y en un contexto global, es así como se puede entender el derecho a la sostenibilidad.

En fin, se trata de entender que el libre desarrollo de la persona humana encuentra limitaciones de carácter ambiental, social, económico y tecnológico, con la finalidad de garantizar que el desarrollo que se logre en el presente no afecte el desarrollo y progreso de quienes vivan en el futuro, sino que tales personas cuenten con similares o mejores posibilidades para disfrutar de una vida digna.

2.3. EL FUNDAMENTO JURÍDICO NACIONAL

En el Estado constitucional, el desarrollo sostenible no puede considerarse una declaración de buena intención vacía de todo contenido jurídico, sino que se debe entender dentro del ordenamiento jurídico y a partir de allí, que constituye una cláusula o término jurídico que informa y vincula el funcionamiento institucional del Estado -Poder Público- y el desenvolvimiento de cada persona en la sociedad, dado que ambos son corresponsables del logro del bien común de las generaciones presentes, sin afectar de que también lo logren las generaciones futuras[20].

La mayoría de los países suramericanos recogen en sus constituciones de manera expresa o implícita el postulado del desarrollo sostenible, pero claro está, no corresponde a la Constitución otorgarle contenido a los conceptos jurídicos y en ocasiones ésta tampoco contiene o emplea las nociones de la manera técnica o incluso semántica más adecuada.

En efecto, no puede dejar de mencionarse que el texto constitucional en Venezuela, no emplea expresamente las expresiones desarrollo sostenible, ni sostenibilidad, sino que de manera incorrecta se refiere a desarrollo sustentable y sustentabilidad.

Ahora bien, al efectuar una interpretación armónica y racional de las distintas disposiciones que contiene la Carta constitucional, se puede evidenciar cómo en la misma se encuentra presente tanto expresa como implícitamente la noción de desarrollo sostenible.

En efecto, al comenzar a analizar el catálogo de derechos reconocidos en la Constitución, se señala que toda persona tiene derecho al libre desenvolvimiento de su personalidad, que no consiste en otra cosa que la libertad de actuación para alcanzar un desarrollo humano integral y una vida digna. Tal libertad de actuación encuentra límites a lo largo de la Carta constitucional y del resto del ordenamiento jurídico.

A título de ejemplo de lo antes dicho, se puede mencionar el reconocimiento de la libertad de empresa -como proyección del principio general de libertad antes mencionado-, que tiene como límites la garantía del desarrollo humano, así como la seguridad, la sanidad, la protección del ambiente u otras de interés social[21].

En este orden de ideas, se reconoce el derecho individual y colectivo a disfrutar de un ambiente sano, seguro y ecológicamente equilibrado; y se impone el deber de protegerlo y mantenerlo, tanto a las generaciones presentes para su propio beneficio, como para provecho de las generaciones futuras[22].

Incluso se señala que la Ley debe establecer los principios y criterios que conforme a las premisas del desarrollo sostenible, contenga el régimen de ordenación del territorio[23].

En la concepción del sistema económico, la Constitución admite -aunque no la asume expresamente- una economía social de mercado[24], en la que el Estado conjuntamente con la iniciativa privada, juntan esfuerzos para lograr el desarrollo armónico de la economía nacional, con el fin de elevar el nivel de vida de la población, así como de garantizar sostenibilidad, permanencia y equidad en el crecimiento de la economía[25]. En este sentido se entiende el desarrollo de las distintas industrias en general, así como de la industria de la agricultura[26] y el turismo de manera concreta[27].

Una vez establecida la presencia de la cláusula de desarrollo sostenible en los textos jurídicos constitucionales, procede plantear algunas referencias sobre su naturaleza.

2.4. LA NATURALEZA DEL DESARROLLO SOSTENIBLE

En los últimos veinte años se ha asistido a un proceso de juridificación del concepto de desarrollo sostenible, lo que permite afirmar que éste resulta relativamente reciente en los ordenamientos jurídicos nacionales. No obstante, su reconocimiento expreso o implícito, se debe hacer alguna referencia a cómo entender el desarrollo sostenible.

Para un sector de la doctrina científica, el desarrollo sostenible constituye un Principio general de Derecho[28] y como tal vincula jurídicamente tanto a los órganos que ejercen el Poder Público como a los particulares, pues en el Estado constitucional, todos se encuentran sujetos al imperio de la Ley y al Derecho. En este sentido se considera que el desarrollo sostenible es un "verdadero *principio general del derecho*, aplicable e invocable"[29] y se agrega que "merece el respeto de los poderes públicos (que sin duda deben sentirse vinculados por él) y de las organizaciones privadas, así como de cuantos habitamos el planeta, teniendo en cuenta que quienes con mayor razón hemos de sentirnos por él vinculados somos quienes desde el mundo occidental y desarrollado podemos ponerlo con más probabilidad en peligro"[30]. En este orden de ideas, el desarrollo sostenible sirve de directriz orientadora, para la interpretación, aplicación e integración del ordenamiento jurídico.

Para otro sector de la doctrina científica, el desarrollo sostenible debe ser considerado como un derecho de la persona humana, por tanto un derecho subjetivo individual, que como ser social también lo ejerce y disfruta en colectivo[31]. De este derecho son titulares por tanto, aquellas personas que actualmente existen e integran las generaciones presentes, quienes persiguen utilizar los recursos naturales para su propio beneficio, en la búsqueda de la satisfacción de las necesidades actuales, en armonía y equilibrio con el ambiente, sin comprometer el ejercicio de este derecho por las personas que no existen en este momento, pero que están llamadas a integrar las generaciones futuras, que también son reconocidas por virtud de dicha definición como sujetos titulares de dicho derecho[32].

Finalmente, se podría considerar que el desarrollo sostenible integra el conjunto de valores superiores del ordenamiento jurídico, que deben guiar o inspirar tanto el desempeño del Estado, como el ejercicio de los derechos y libertades de las personas. En efecto, las constituciones nacionales reconocen entre tales valores superiores, la vida, la dignidad de la persona y el bien común, los que sólo son posibles de garantizar si se interrelacionan con un modelo de producción y consumo que sea sostenible, en el sentido de permitir la satisfacción de las necesidades actuales, sin extinguir los recursos naturales necesarios para que en el futuro, se siga garantizando la vida, la dignidad de la persona y el bien común de las próximas generaciones. Es así, como el desarrollo sostenible podría ser considerado un auténtico valor superior, que no se superpone a los otros, sino que los complementa y asegura, que como tal valor transciende de una generación a otra, que persigue el progreso y bienestar de las personas, en su dimensión económica, social y ambiental.

2.5. LA CLÁUSULA DE DESARROLLO SOSTENIBLE COMO TÍTULO DE INTERVENCIÓN Y LÍMITE DE LOS DERECHOS Y LIBERTADES

La cláusula de desarrollo sostenible al ostentar anclaje constitucional, integra el bloque de normas superiores que sirven de fundamento al resto del ordenamiento jurídico y expresamente informa tanto la actuación de los órganos que ejercen el Poder Público como el desempeño de las personas particulares.

Es así como en el actual Estado de Derecho, la cláusula constitucional de desarrollo sostenible tiene plena fuerza normativa y sirve de causa justificante de la intervención del Estado en los ámbitos económicos, sociales y ambientales, siempre que ello sea necesario para garantizar la satisfacción de las necesidades de las personas integrantes de las actuales generaciones, sin afectar el derecho irrenunciable de las futuras generaciones a contar con los recursos indispensables para satisfacer las necesidades que surjan en su época.

Esta intervención se produce en un primer momento, mediante la expedición de las leyes que por una parte, regulan el ejercicio de las competencias de los órganos que ejercen el Poder Público, para promover y garantizar el desarrollo sostenible; y por la otra, que imponen los límites aceptables en una sociedad democrática, para el ejercicio, goce y disfrute de los derechos y libertades que permitan satisfacer las necesidades de las presentes generaciones, sin comprometer los recursos que servirán para garantizar que la sucesión generacional también disfrute del bienestar en su tiempo.

En una segunda esfera de intervención, las autoridades públicas – Administración Pública y órganos jurisdiccionales- responsables de cumplir y hacer cumplir las leyes, deberán actuar con sujeción plena al ordenamiento jurídico, para garantizar la consecución del desarrollo sostenible integral y disponer lo que sea conducente para ello.

Por su parte, las personas tienen un conjunto de derechos y libertades que deben ser ejercidos y disfrutados conforme a la configuración y delimitación que establezca el ordenamiento jurídico para asegurar la realización del desarrollo sostenible y ello apareja como contrapartida, la existencia de responsabilidades y obligaciones individuales y colectivas, que conducen a un uso racional, eficiente, equitativo y solidario de los bienes y recursos naturales, necesarios para proteger la vida, la dignidad y el porvenir de las personas que conformarán las generaciones futuras.

Hechas estas precisiones, debe analizarse el papel que corresponde al Poder Local en el fomento del desarrollo sostenible.

III. EL PODER PÚBLICO LOCAL COMO PROMOTOR DEL DESARROLLO SOSTENIBLE

La reforma de la Constitución en 1999, reintroduce en el ámbito local una expresión importante en la distribución vertical del Poder Público, al calificar de "Poder" al que existe a nivel Municipal, lo que constituye un rescate de una larga tradición constitucional, aunque con períodos de intermitencia en Venezuela.

Sin embargo, la Constitución establece un Poder Municipal, al que le reconoce autonomía, pero no sujeta exclusivamente a la regulación constitucional, sino también a aquellos límites que establezca la ley.

En tal sentido, el artículo 168 de la Constitución establece que los Municipios "constituyen la unidad política primaria de la organización nacional, gozan de personalidad jurídica y autonomía dentro de los límites de la Constitución y de la ley"[33].

Conforme a lo anterior, el ejercicio de la autonomía del Poder Municipal, se encuentra sometido a las limitaciones de rango constitucional y a aquellas que en sus respectivas leyes establezcan el Poder Público Nacional y Estadal.

Son estas leyes las que deben garantizar la coexistencia de la Administración local vicarial, al servicio de los ciudadanos, con el postulado de la descentralización y el principio-derecho de la participación, en el entendido que constituyendo ellos una categoría jurídica propia, son compatibles y complementarios para lograr la profundización de la democracia real en el tejido social.

Entre las leyes nacionales que interesarían a los fines de este análisis, se encuentran −sin ser las únicas- la Ley Orgánica del Poder Público Municipal[34], la Ley Orgánica del Ambiente[35], la Ley de Aguas[36], la Ley Orgánica para la prestación de los servicios públicos de agua potable y saneamiento[37], así como la Ley de gestión integral de la basura[38].

No obstante, por razones de espacio este subepígrafe luego se considerar el diagnóstico realizado antes de la expedición de las mencionadas leyes nacionales, se limitará a referirse a las dos primeras arriba mencionadas, circunscribiendo en consecuencia el análisis a lo concerniente a las competencias del Poder Público Municipal, en materia de desarrollo sostenible desde la perspectiva estrictamente ambiental.

3.1. LA SITUACIÓN PREVIA A LA EXPEDICIÓN DE LAS LEYES NACIONALES VINCULADAS AL DESARROLLO SOSTENIBLE

Antes de la expedición de las leyes nacionales mencionadas arriba, en la doctrina científica se había planteado la necesidad de que los municipios contasen con los medios adecuados para promover el desarrollo sostenible a nivel local.[39] No obstante se advertía que dada la precariedad institucional en que se encontraban los municipios, la factibilidad de asumir la iniciativa en materia de desarrollo sostenible se presentaba sumamente remota, por lo que se proponía tomar como referencia la Agenda Local 21.

Sin embargo, siendo los municipios las entidades más apropiadas para impulsar el desarrollo sostenible a nivel local, se sugerían los siguientes objetivos[40]:

1. Ambientales, para proteger el ambiente y la calidad de vida en el municipio.
2. Económicos, a los fines de determinar cuáles son los potenciales beneficios económicos, que deben adaptarse a las prioridades locales concretas.
3. Políticos, que se relacionan con la mejora de la vida política democrática en la comunidad local.

4. Sociales, vinculados a la calidad de vida de las personas que residen en el municipio.

5. Jurídicos, que permitan detectar las deficiencias, efectuar la adecuación normativa que sea necesaria y garantizar su efectivo cumplimiento.

En este sentido se apuesta por el desarrollo sostenible, entendido como un proceso en lugar de un producto, que exige una nueva ética ante el futuro, que impone la asunción de renovados valores y principios que permitan cambiar el actual modelo de comportamiento, de producción y consumo en la sociedad.

Así entendido, el desarrollo sostenible a nivel municipal ofrece multitud de oportunidades para la formulación de las políticas locales, en especial aquellas orientadas a incidir de manera inmediata en la cuestión ambiental. Es por ello que aunque la noción de desarrollo sostenible abarque de manera predominante los tres ángulos antes mencionados: el económico, el social y el ambiental, en el siguiente subepígrafe se hará especial énfasis a la perspectiva ambiental, que cuenta con relevante regulación en el ordenamiento jurídico.

3.2. LAS PRINCIPALES COMPETENCIAS DEL PODER PÚBLICO LOCAL EN MATERIA DE DESARROLLO SOSTENIBLE DESDE LA PERSPECTIVA AMBIENTAL

Se debe mencionar que en ejecución del artículo 168 de la Constitución, el legislador reconoce que la autonomía municipal comprende la facultad del municipio para "organizarse con la finalidad de impulsar el desarrollo social, cultural y económico sustentable de las comunidades y los fines del Estado"[41].

Por otro lado, en aplicación del artículo 178 de la Constitución, la Ley atribuye entre las competencias propias del municipio, el gobierno y administración de los intereses propios de la vida local; la gestión de las competencias que las demás leyes nacionales les confieran en todo lo relativo a la vida local, en especial, la ordenación y promoción del desarrollo económico y social, así como el mejoramiento de las condiciones de vida de la comunidad en lo relacionado con la protección del ambiente y la cooperación en el saneamiento ambiental; el aseo urbano y domiciliario, incluidos los servicios de limpieza, recolección y tratamiento de residuos[42].

En concreto, el legislador le otorga a los municipios competencia en la protección del ambiente, de la salubridad pública, el suministro de agua y el tratamiento de las aguas residuales, así como el respeto y garantía de los derechos ambientales de los vecinos. La Administración municipal tiene a su cargo la gestión de los residuos urbanos y de las aguas residuales, la intervención contra los ruidos molestos, el control de las emisiones de los vehículos que circulen por el ámbito municipal, así como el establecimiento de los corredores de circulación para el transporte de sustancias tóxicas o peligrosas[43].

Al delimitar las competencias entre los distintos niveles del Poder Público, se dispone que el Poder Federal y el Poder Estadal deben convocar al Poder Municipal para que participen en la formulación de la política ambiental[44] en el ámbito nacional o estadal, correspondiéndole a cada uno ejecutar sus competencias de manera coordinada, armónica y con sujeción a las directrices de la política nacional ambiental, a fin de garantizar el tratamiento integral del ambiente[45-46].

Conforme a ello los municipios pueden desarrollar normas ambientales locales, en los asuntos que son de su competencia exclusiva; siempre que lo hagan con sujeción a la Ley Orgánica del Ambiente y atendiendo a los principios de interdependencia, coordinación, cooperación, corresponsabilidad y subsidiariedad, teniendo en consideración las características ambientales propias de cada municipio[47]. Se trata sin duda de uno de los supuestos de limitaciones a la autonomía municipal establecidas por ley nacional, a las que se hizo referencia anteriormente.

En este orden de ideas, se considera que dentro de la gestión ambiental integral, se debe llevar a cabo la planificación del ambiente[48] que forma parte del proceso de desarrollo sostenible del país. Según esto, todos los planes, programas y proyectos de desarrollo económico y social, nacionales, regionales, estadales o municipales, deben elaborarse de no existir o adecuarse en caso de existir, tanto a la Ley nacional que regula la materia, como a las políticas, lineamientos, estrategias, planes y programas ambientales, establecidos por el ministerio con competencia en materia de ambiente[49].

3.3. LAS COMPETENCIAS DEL PODER EJECUTIVO LOCAL COMO PROMOTOR DEL DESARROLLO SOSTENIBLE DESDE LA PERSPECTIVA AMBIENTAL

Dentro de la determinación de las competencias específicas se atribuye al Poder Ejecutivo Municipal, hacer cumplir la legislación ambiental en la circunscripción municipal[50], siendo responsable de la aplicación y consecución de los objetivos de la Ley Orgánica del Ambiente[51].

Es así como en lo relativo a la actividad administrativa de promoción del desarrollo sostenible, la Ley ha establecido disposiciones concretas de las políticas a ejecutar y de quienes tienen la competencia para implementarlas.

Al respecto, se señala que el Estado debe establecer los incentivos económicos y fiscales que se otorgarán a aquellas personas naturales y jurídicas que efectúen inversiones para conservar el ambiente y garantizar el desarrollo sostenible[52]. Tales incentivos deben tener como objetivos los siguientes[53]:

1. Estimular aquellas actividades que utilicen tecnologías limpias o mecanismos técnicos que generen valores menores que los parámetros permisibles, modifiquen beneficiosamente o anulen el efecto de contaminantes al ambiente.
2. Promover el empleo de nuevas tecnologías limpias, sistemas de gestión ambiental y prácticas conservacionistas.
3. Fomentar el aprovechamiento integral de los recursos naturales.
4. Establecer programas y proyectos de reforestación y aforestación.
5. Todas aquéllas que determinen las leyes especiales.

Se trata de un grupo de iniciativas que pueden realizar los interesados, para lograr los objetivos del desarrollo sostenible y a tales fines se enuncian algunos de los incentivos económicos y fiscales que puede promover el Estado. En esencia se trata del otorgamiento de créditos cuyo financiamiento asume el Estado; las exoneraciones del pago de tributos, así como cualquier otro incentivo económico y fiscal que se establezca legalmente[54].

Nuevamente el legislador federal condicionando el ejercicio de la autonomía municipal a la sujeción de la ley nacional, ha establecido que las autoridades municipales en el ámbito de sus competencias puedan otorgar incentivos fiscales y económicos conforme a lo dispuesto en dicha ley[55].

En consecuencia, en ejercicio de sus competencias -y sin perjuicio de aquellas que corresponden a la Cámara Municipal-, deberá ser el Ejecutivo Local quien desarrolle y ejecute la política de promoción de la conservación del ambiente y de desarrollo sostenible, a través del otorgamiento de créditos municipales, la exoneración de tributos locales o de cualquier otro incentivo que establezcan las ordenanzas, en beneficio de las personas que hagan inversiones y formulen proyectos dirigidos a utilizar los recursos naturales de manera que permitan satisfacer las necesidades de las actuales generaciones, sin comprometer la satisfacción de las necesidades de las futuras generaciones.

IV. CONSIDERACIONES FINALES

La construcción de la noción de desarrollo sostenible concita la presencia del progreso económico de quienes actualmente habitan el planeta, con el aprovechamiento racional de los recursos naturales, con la finalidad de otorgarles un uso adecuado y conservar tanto el planeta como los recursos, para garantizar su aprovechamiento por las generaciones futuras.

Es así como se entiende que la idea del desarrollo sostenible, evolucionó de su concepción inicial de aprovechamiento del ambiente con el compromiso de salvaguardarlo para las futuras generaciones; al incluir tanto el aspecto económico de que la producción de bienes y prestación de servicios no es incompatible ni con el ambiente, ni se debe hacer a cualquier precio, que incluso pueda implicar sacrificar los derechos y libertades de las personas; como el aspecto social, que involucra que los menos favorecidos, no se empobrezcan más y además sean quienes terminen pagando el precio de la factura de un desarrollo carente de otro valor, que no sea la mera acumulación de riqueza.

Como se puede apreciar, el desarrollo sostenible se trata de un concepto en permanente evolución, además impregnado de un evidente contenido ético, que persigue colocar a la persona humana como el centro de las actividades que justifican el desarrollo, en lugar priorizar el desarrollo como un fin en si mismo[56], desprovisto de su auténtica función, de ser un medio para lograr la satisfacción de las necesidades de las personas, sin derrochar los recursos económicos, sin extinguir los recursos naturales que se han heredado de los antepasados, permitiendo la cohesión social y la solidaridad intergeneracional, en fin, supone una apuesta resuelta por la calidad del desarrollo, en lugar de la cantidad de desarrollo o si se prefiere por el cómo se logra, en lugar de cuánto se logra.

Esta concepción ética del desarrollo, que aprovecha racionalmente en el presente la herencia recibida de los antepasados y se compromete con el porvenir de los descendientes, conduce a que las personas reflexionen sobre si mismas, respecto a la sociedad en la que viven actualmente, sobre los falsos ideales de bienestar, progreso y acumulación de bienes y riquezas a cualquier precio que se han asumido, incluso a riesgo de su propio ser, de cómo el "vale todo" ya no tiene cabida si es que en algún momento realmente lo tuvo y respecto a los verdaderos valores que deben estar presentes en la sociedad, donde la libertad debe seguir teniendo su protagonismo, pero estando comprometida con el respeto y la responsabilidad hacia los contemporáneos y a quienes puedan suceder a la actual generación.

Se ha dicho que el desarrollo sostenible coloca en el centro de si a la persona humana y exige tanto de ésta como del Estado, una planificación participativa y estratégica prospectiva, que permita la eficiencia y racionalidad en el aprovechamiento de los recursos para satisfacer las necesidades actuales y que visualice los requerimientos que pueden presentar las personas en el futuro, a los fines de garantizar la existencia de los recursos necesarios, para lograr satisfacer las necesidades que se aparezcan en los tiempos porvenir.

Ha finalizado el período de lo que la Asamblea General de la Organización de las Naciones Unidas resolvió declarar la *Década de la educación para el desarrollo sostenible*, (EDS) 2005-2014, que planteaba el reto de una educación integral, con todas las técnicas existentes y en todos los ámbitos. Llega el momento de hacer un balance de los avances logrados durante la década en este sentido, para que a partir de allí y de los logros alcanzados a través de los Objetivos del Milenio, se definan para los próximos años, los Objetivos del Desarrollo Sostenible[57].

En tal contexto, el Poder Público Local tiene atribuido constitucional y legalmente las competencias necesarias para contribuir de manera armónica y racional junto al Poder Estadal y Federal, a garantizar que se cumplan tanto los postulados del desarrollo sostenible previstos en el ordenamiento jurídico, como aquellos que formule la Organización de las Naciones Unidas como Objetivos del Desarrollo Sostenible.

(ENDNOTES)

[*] Doctor en Derecho. Profesor-Director del Centro de Estudios de Regulación Económica en la Universidad Monteávila (Venezuela) e invitado en la Maestría de la Universidad Externado de Colombia, siendo además parte del grupo de investigación en Derecho de la regulación de mercados energéticos del Departamento de Derecho Minero Energético de esta última Universidad; y miembro de la Comisión Académica del Doctorado en Derecho Administrativo Iberoamericano de la Universidad de La Coruña. Miembro del Foro Iberoamericano de Derecho Administrativo, deoamericano de Derecho Administrativo. la Asociación Iberoamericana de Estudios de Regulación, de la Red de Contratos Públicos en la Globalización Jurídica; fundador de la Asociación Internacional de Derecho Administrativo, de la Asociación Iberoamericana de Derecho Administrativo, Asociación Internacional de Derecho Municipal y de la Red de Investigación de Derecho de los Bienes Públicos. www.hernandezmendible.com

2   Debo expresar mi felicitación y agradecimiento a las autoridades de la Facultad de Ciencias Jurídicas y Políticas de la Universidad de Los Andes, en Mérida, Venezuela, por

la promoción de esta publicación jubilar y a su vez quiero materializar dicho agradecimiento en el distinguido profesor, doctor Jaime Grimaldo Lorente y en Luis Alfonso Viloria Chirinos, cuya generosidad me permite contribuir con estas reflexiones.

3   Villegas Moreno, J. L., La protección del medio ambiente como desafío del Derecho Administrativo en Venezuela, *Desafíos del Derecho Administrativo Contemporáneo. Conmemoración Internacional del Centenario de la Cátedra de Derecho Administrativo en Venezuela*, (Coord. Víctor Rafael Hernández-Mendible), Tomo I, Ediciones Paredes, Caracas, 2009, p. 747.

4   Villegas Moreno, J. L., Desarrollo Sostenible, Capital Social y Municipio. Aproximación a la configuración del municipio como agente de desarrollo, *Provincia* N° 9, julio-diciembre 2002, Universidad de Los Andes, Mérida, 2002, p. 57.

5   Villegas Moreno, J. L., La protección del medio ambiente como desafío del Derecho Administrativo en Venezuela, *Desafíos del Derecho Administrativo Contemporáneo. Conmemoración Internacional del Centenario de la Cátedra de Derecho Administrativo en Venezuela*, (Coord. Víctor Rafael Hernández-Mendible), Tomo I, Ediciones Paredes, Caracas, 2009, p. 749.

6   Barcena, I., Ibarra, P., y Zubiaga, M., (Dir.) *Desarrollo Sostenible: Un concepto polémico*, Universidad del País Vasco, Bilbao, 2000, pp. 11-12.

7   Diccionario de la Lengua Española define SUSTENTABLE como "Que se puede sustentar o defender con razones", en tanto que una de las acepciones de SUSTENTAR es "Defender o sostener determinada opinión". Real Academia Española. 22ª ed. Madrid. 2001.

8   Villegas Moreno, J. L., *Manual de Derecho Administrativo Ambiental*, Universidad Católica del Táchira, San Cristóbal, 2012, p. 29.

9   Diccionario de la Lengua Española define SOSTENIBLE como "Dicho de un proceso: Que puede mantenerse por sí mismo, como lo hace p. ej., un desarrollo económico sin ayuda del exterior ni merma de los recursos existentes". Real Academia Española. 22ª ed. Madrid. 2001.

10   Amaya Navas, O. D., *El desarrollo sostenible y el derecho fundamental a gozar de un ambiente sano*, Universidad Externado de Colombia, Bogotá, 2012, p. 86.

11   Amaya Navas, O. D., Ob. cit., pp. 90-92.

12   Blanco-Uribe Quintero, A., La idea democrática de participación para la protección del ambiente. Corresponsabilidad en la protección ambiental, una forma de participar, *Desafíos del Derecho Administrativo Contemporáneo. Conmemoración Internacional del Centenario de la Cátedra de Derecho Administrativo en Venezuela*, (Coord. Víctor Rafael Hernández-Mendible), Tomo I, Ediciones Paredes, Caracas, 2009, pp. 802-803.

13 Fue la señora Gro Harlem Brundtland, ex-primer Ministro de Noruega, quien presidió la Comisión que lleva su nombre.

14 Se debe reconocer que aunque con menor proyección, se produjeron varias importantes declaraciones, entre las que destacan: La Declaración de La Haya sobre el Medio Ambiente de 1989 y la Declaración de Ámsterdam de 1992.

15 Comisión Brundtland, *Informe del Nuevo Futuro Común*, elaborado a requerimiento de la Organización de las Naciones Unidas, 1987.

16 Tejeiro Gutiérrez, G., Cuestiones jurídicas sobre las energías renovables en Colombia: Un análisis crítico, *Regulación Internacional de las Energías Renovables y de la Eficiencia Energética*, 5 Colección de Regulación Minera y Energética, Universidad Externado de Colombia, Bogotá, 2011, pp. 233-234.

17 Organización para la Cooperación y el Desarrollo Económico (OCDE), *Hacia el Crecimiento Verde: Un Resumen para los diseñadores de Políticas*, Mayo 2011. Este informe fue consultada el día 11 de mayo de 2013, en la dirección: http://www.oecd.org/dataoecd/58/34/44077822.pdf

18 En este mismo orden de ideas, se puede destacar lo expresado en la doctrina científica por Duque Corredor, R. J., Postulados y principios. El Sistema constitucional de los Derechos Humanos en la Constitución Venezolana, *Derecho Administrativo Iberoamericano. 100 autores en homenaje al postgrado de Derecho Administrativo de la Universidad Católica Andrés Bello*, tomo I, (Coord. V. R. Hernández-Mendible), Ediciones Paredes, Caracas, 2007, pp. 155-171; en sentido similar se ha sostenido que los instrumentos internacionales en materia de Derechos Humanos, forman parte del "Derecho de la Constitución o bloque de la constitucionalidad". Jinesta Lobo, E., La oralidad en el nuevo Proceso Contencioso-Administrativo, *Procedimiento y Justicia Administrativa en América Latina,* Konrad Adenauer Stiftung, México, 2009, p. 339; igualmente se ha señalado que la "decisión de nuestros constituyentes de 1994 de ubicar los tratados de derechos humanos en la cúspide del sistema constitucional –por vía de su incorporación en el art. 75, inc. 22, de la Carta Magna- al tiempo cerró parcialmente a nivel de regulación positiva una discusión sostenida en el plano jurisprudencial,...". Gutiérrez Colantuono, P. A., *Administración Pública, Juridicidad y Derechos Humanos,* Abeledo Perrot, Buenos Aires, 2009, p. 3.

Resulta importante recordar que aún cuando la Constitución Política de Perú no le otorga expresamente jerarquía normativa constitucional a los tratados internacionales en materia de Derechos Humanos, como ha sucedido en otros países del continente (Argentina, Costa Rica y Venezuela), -donde incluso se ha llegado a considerarlos como integrantes del "bloque de la constitucionalidad"-, en el Perú, la Cuarta Disposición Final y Transitoria dispone que *"Las normas relativas a los derechos y a las libertades que la Constitución reconoce se interpretan de conformidad con la Declaración Universal de Derechos Humanos y con los tratados y acuerdos internacionales sobre las mismas materias ratificadas por el Perú"*, lo que condujo a que el Tribunal Constitucional en sentencia de 26 de enero de 2007, sostuviese que "También se trata de un compromiso supranacional proveniente del artículo 2.1 del Pacto Internacional de Derechos Económicos, Sociales y Culturales, instrumento que, al amparo de la Cuarta Disposición Final y Transitoria de la Constitución y del artículo V del TP del CPCo, forma parte del bloque de constitucionalidad ...", quedando resuelta positivamente la duda respecto a la jerarquía jurídica de ostentan los tratados internacionales en materia de Derechos Humanos.

19   Corte Interamericana de Derechos Humanos, sentencia de 26 de junio de 2006, caso Almonacid Arellano *vs* Chile.

20   Piñar Mañas, J. L., El desarrollo sostenible como principio jurídico, *Estudios de Derecho Público Económico. Libro Homenaje al Prof. Dr. D. Sebastián Martín-Retortillo*, Civitas, Madrid, 2003, p. 186.

21   Artículo 112 de la Constitución.

22   Artículo 127 de la Constitución.

23   Artículo 128 de la Constitución.

24   Hernández-Mendible, V. R., Economía social de mercado en el Estado de Garantía de Prestaciones, *El Derecho Administrativo en Perspectiva. En Homenaje al profesor José Luis Meilán Gil,* (Dirs. Jaime Rodríguez Arana-Muñoz y Ernesto Jinesta Lobo, Coord. José Pernas García), Ed. RAP, Buenos Aires, 2014, pp. 331-348.

25   Artículo 299 de la Constitución.

26   Artículos 305 y 306 de la Constitución.

27   Artículo 310 de la Constitución.

28   Incluso se le ha calificado de "megaprincipio". Montoro Chiner, M. J., El Estado ambiental de Derecho. Bases constitucionales, *El Derecho Administrativo en el umbral del siglo XXI. Homenaje al Profesor Dr. D. Ramón Martín Mateo,* Tomo III, (Coord. Francisco Sosa Wagner), Tirant lo Blanc, Valencia, 2000, p. 3444.

29   Piñar Mañas, J. L., Ob. cit., p. 190.

30   Piñar Mañas, J. L., Ob. cit., p. 202.

31   López Ramón, F., Derechos fundamentales, subjetivos y colectivos al ambiente, *Revista Española de Derecho Administrativo N° 96*, Civitas, Madrid, 1997, p. 347.

32   Tornos Mas, J., Prólogo a D. C. Sanz Pérez, *La administración local y la protección de la atmósfera. La intervención a través de los instrumentos de control preventivo*, CEDECS,

Barcelona, 1999, p. 5.

33 Una severa crítica a esta redacción la realiza González Cruz, F., quien sostiene que "La primera frase del encabezamiento del Artículo 168 define los Municipios como la unidad política primaria de la organización nacional, como lo reconoce la doctrina universal y las legislaciones de casi todos los países. Luego señala que goza de personalidad jurídica y autonomía, atributos esenciales del Municipio; no obstante hay que señalar, por las consecuencias que se verán más adelante, que esta redacción es inadecuada porque la personalidad jurídica del Municipio, tal como lo establece la doctrina, es una consecuencia inmediata y necesaria de la autonomía, y no como lo sugiere la alteración de los términos de la norma transcrita. Pero lo que más desdibuja la autonomía municipal es la posibilidad de su limitación por vía legislativa. Es éste el asunto más delicado y que menoscaba el concepto de Municipio porque deja abierta la posibilidad de que se establezcan nuevas limitaciones a la autonomía municipal mediante el proceso legislativo". Comentarios a la Ley Orgánica del Poder Público Municipal, *Ley Orgánica del Poder Público Municipal,* 2ª ed., Editorial Jurídica Venezolana, Caracas, 2005, p. 200.

34 Gaceta Oficial N° 6.015, de 28 de diciembre de 2010.

35 Gaceta Oficial N° 5.833, de 22 de diciembre de 2006.

36 Gaceta Oficial N° 38.595, de 2 de enero de 2007.

37 Gaceta Oficial N° 38.763, de 6 de septiembre de 2007.

38 Gaceta Oficial N° 6.017, de 30 de diciembre de 2010.

39 Villegas Moreno, J. L., Desarrollo Sostenible, Capital Social y Municipio. Aproximación a la configuración del municipio como agente de desarrollo, *Provincia* N° 9, julio-diciembre 2002, Universidad de Los Andes, Mérida, 2002, pp. 61-62.

40 Villegas Moreno, J. L., Ob. cit., pp. 63-64.

41 Artículo 3 de la Ley Orgánica del Poder Público Municipal.

42 Artículo 56 de la Ley Orgánica del Poder Público Municipal.

43 Artículo 64 de la Ley Orgánica del Poder Público Municipal.

44 El artículo 3 de la Ley Orgánica del Ambiente señala que la Política ambiental consiste en el *"conjunto de principios y estrategias que orientan las decisiones del Estado, mediante instrumentos pertinentes para alcanzar los fines de la gestión del ambiente, en el marco del desarrollo sustentable".*

45 Artículo 16 de la Ley Orgánica del Ambiente.

46 El artículo 3 de la Ley Orgánica del Ambiente dispone que la Gestión del ambiente supone *"todas las actividades de la función administrativa, que determinen y desarrollen las políticas, objetivos y responsabilidades ambientales y su implementación, a través de la planificación, el control, la conservación y el mejoramiento del ambiente".*

47 Artículo 17 de la Ley Orgánica del Ambiente.

48 El artículo 3 de la Ley Orgánica del Ambiente define la Planificación ambiental como el "*proceso dinámico que tiene por finalidad conciliar los requerimientos del desarrollo socio económico del país, con la conservación de los ecosistemas, los recursos naturales y un ambiente sano, seguro y ecológicamente equilibrado*".

49 Artículo 24 de la Ley Orgánica del Ambiente.

50 Artículo 88.22 de la Ley Orgánica del Poder Público Municipal.

51 Artículo 15 de la Ley Orgánica del Ambiente.

52 Artículo 102 de la Ley Orgánica del Ambiente.

53 Artículo 103 de la Ley Orgánica del Ambiente.

54 Artículo 104 de la Ley Orgánica del Ambiente.

55 Artículo 107 de la Ley Orgánica del Ambiente.

56 En contra, Amaya Navas, O. D., considera que el "desarrollo sostenible es en sí mismo un fin que se encuentra sometido a un cúmulo de metas de orden superior, muchas de las cuales tienen que ver con la necesidad de vivir bien, de vivir mejor, entre otras". Ob. cit., pp. 274 y 287.

57 Griggs, D., Stafford-Smith, M., Gaffney, O., Rockström, J., Öhman, M. C., Shyamsundar, P., Steffen, W., Glaser, G., Kanie, N., at Noble, I., Sustainable development goals for people and planet, *Nature 495*, (7441), 2013, pp 305–307.

LA DEFENSA DE LA INSTITUCIÓN MUNICIPAL Y LA OICI

Enrique Orduña Rebollo
Secretario General de la OICI

I.- UNA "LAUDATIO" QUE SE QUEDA CORTA

Unos buenos amigos piden mi participación intelectual para homenajear al viejo compañero de vicisitudes municipalistas, profesor de la Universidad de Mérida de los Andes (Venezuela) Fortunato González Cruz, a lo que accedo gustoso, pero sospechando que la encomienda supera mis posibilidades y me dejaré llevar por el afecto a este gran profesor y sobre todo amigo.

Sus grandes afinidades profesionales fueron el Municipio, no en vano fue el primer alcalde electo de la ciudad de Mérida, la Universidad y el Centro Iberoamericano de Estudios Provinciales y Locales, adscrito a la Universidad merideña y desde el que ha realizado su obra profesional y docente más intensa en los últimos veinte años. Su vocación jurídica se plasmó con la designación como miembro de número de la Academia Nacional de Ciencias Políticas y Sociales. Hombre de firmes creencias cristianas, acepta con resignación las diatribas e inconveniencias de un sistema inspirado en factores exógenos contra no ha escatimado esfuerzos por llevarlos a la práctica en momentos adversos, como los que le ha tocado vivir. Periodista de fácil y aguda pluma sus colaboraciones permanentes y periódicas en la prensa regional crean inquietud entre sus detractores, abren la esperanza a los tibios y a los que compartimos sus principios nos animan a seguir su ejemplo.

Fortunato González Cruz es un luchador incansable, otros con más méritos y conocimientos que el autor de estas líneas darán testimonio de sus esfuerzos y méritos, sin embargo después de más de veinte años de lucha común y amistad inquebrantable, nos ha dado ejemplo de su grandeza moral hace apenas unas semanas, anécdota que no puedo omitir aquí pues afectó directamente a la Institución que me honro en ocupar responsabilidades directivas. Invitado a participar como ponente en el XXX Congreso Iberoamericano de Municipios, organizado por la OICI, que se celebraba en la ciudad mejicana de Guadalajara, una decisión burocrática, propia de los autoritarismos, le impidió compartir sus enseñanzas y experiencias con un público ansioso de conocerlas, al ser privado del pasaporte sin otra explicación que el obstáculo permanente a su actividad docente y profesional. Ni que decir tiene que tal actitud arbitraria, unida a la permanente agresión de los poderes públicos a los municipios, a su autonomía y a la democracia representativa local, suscitó por parte de los asistentes al mencionado XXX Congreso, el acuerdo unánime de aprobar un documento sobre la postura de la OICI ante la crisis de la democracia Municipal en Venezuela, que se incorporó al documento final de las actas del evento.

Antes de entrar en materia para describir la estructura, actividad y funciones de la OICI en defensa de la democratización de las estructuras locales y la autonomía municipal, es necesario para seguir el cauce de nuestra reflexión describir la vinculación de Fortunato González Cruz con la OICI. Esta se produjo tempranamente cuando ostentaba el cargo de alcalde de Mérida, con ocasión del XX Congreso Iberoamericano de Municipios celebrado en Caracas en noviembre de 1990, en el que aparece como delegado nacional de Venezuela. De nuevo le vemos en el Congreso celebrado en Valladolid y el 15 de julio de 1992 es nombrado delegado regional de la OICI para los Países del Pacto Andino.

En aquella ocasión y ante la desaparición del Instituto de Estudios de Administración Local de España, organismo dedicado a la investigación, el estudio y la formación de los empleados locales, el profesor González Cruz propuso la creación de una institución que supliese aquellas funciones, pero en América, para lo que ofreció la posibilidad de llevarlo a cabo en Mérida y vincularlo a la Ilustre Universidad de los Andes. Aprobada la moción, fue capaz en pocos meses de convertir en realidad el Centro Iberoamericano de Estudios Provinciales y Locales, el CIEPROL, enmarcado en la Institución docente superior, que pronto cumplirá los veinte años de existencia y actividad.

El ingente esfuerzo realizado a lo largo de estos años, se ha plasmado en la creación de un organismo activo que ha generado múltiples servicios a los Municipios venezolanos, al tiempo que consolidó una plataforma de destacados profesionales, también procedentes de la Universidad, como sería Nory Pereira, Viloria, y muchos más de cuyo nombre no tengo memoria y ruego perdonen la omisión.

A lo largo de los años, la OICI estuvo presente en las actividades del CIEPROL, recordemos el Simposio Iberoamericano de Medio Ambiente y Municipio celebrado en Mérida en 1998 o la participación en las Jornadas sobre Federalismo y Municipio, que con gran constancia perseverancia organizaba todos los años en el mes de noviembre y que la OICI las ha incorporado a sus Planes de Actividades anuales. Nuestro homenajeado siguió participando en los sucesivos Congresos y actividades de la OICI y así en el de Guadalajara de México en 2001 fue designado asesor de la Organización, complementado en el Congreso de Cancún en 2008, cuando se integró de forma definitiva y con todo mérito en el Comité Científico de la OICI, funciones que continúa ocupando, lo que le permite asistir a las reuniones del Consejo Directivo con pleno derecho.

II.- Intermunicipalismo y asociacionismo local

El movimiento asociativo municipalista de los años inmediatamente posteriores a la I Guerra Mundial dio lugar a la aparición de una serie de organismos nacionales e internacionales en Europa y América, donde caló hondamente en el panorama local, que tenían por objetivo general superar las diferencias entre los pueblos para evitar nuevos enfrentamientos, pues ya entonces se formuló la idea del entendimiento entre las ciudades y los pueblos, por encima de los Estados, como vía idónea para superar las diferencias y los agravios internacionales. Recordemos a estos efectos algunas asociaciones nacionales como la Unión de Municipios Españoles y entre las segundas a la Unión Internacional des Villes et Pouvoirs Locaux, que celebraban reuniones, asambleas anuales, congresos internacionales de ciudades, conferencias interamericanas, etc [1].

Por lo general estas asociaciones tenían como denominador común la defensa de los derechos y la autonomía de los municipios, al tiempo que trataban de buscar fórmulas para conseguir actuaciones conjuntas basadas en la intermunicipalidad, concepto cuya génesis hemos de atribuir a los municipios del continente americano, ya que fueron expuestos en ciudad de México en 1921 por el ilustre municipalista cubano Ruy Lugo-Viña, propugnando las relaciones e intercambios internacionales entre los municipios con el fin de superar fronteras y entrar para su mayor desarrollo en el ancho campo experimental de la universalización más absoluta, con la esperanza entonces frustrada, de mantener la paz entre las naciones [2].

Esta filosofía fue la que motivó sendas resoluciones en la V y VI Conferencia Internacional de Estados Americanos, celebradas respectivamente en Santiago de Chile y La Habana en los años 1923 y 1928. Es indudable, y así debemos reconocerlo, el protagonismo cubano en la génesis del movimiento asociativo local, pues el Historiador de la Ciudad de La Habana, Dr. Emilio Roy Leousate fue uno de sus promotores, al impulsar la celebración en La Habana de la reunión de 1928, en la que se consolidaría la idea doctrinal de la intermunicipalidad [3].

En esta VI Conferencia de Naciones Americanas, participaron activamente y prestaron su decidida colaboración el municipalista y concejal de La Habana Ruy de Lugo Viña y los profesores Carreras Jústiz y José Luciano Franco, cuyas aportaciones fueron definitivas en el proceso de creación de la OICI diez años más tarde [4]. Pero tampoco podemos olvidar los estudios que sobre el pasado municipalista se hicieron por entonces en Cuba, joven república que trataba de fijar su andadura con una base tradicional extraída del municipio español, y que sin duda creó un ambiente muy propicio para los pasos dados en 1938 y 1939 que hicieron realidad la OICI[5]. A consecuencia de la reunión de 1928, se creó en La Habana la primera Oficina de la Intermunicipalidad merced a los trabajos y esfuerzos de cuatro Alcaldes de La Habana, cuya memoria parece oportuno recordar: Verús Mendieta, Carlos de la Torre, Miguel Mariano Gómez y finalmente el doctor. Superville [6].

El homenaje que rendimos a estos munícipes, debe ampliarse a Ruy de Lugo-Viña, que murió en Cali (Colombia) en accidente aéreo junto a la delegación de la Intermunicipalidad que trataba de llevar a los otros países hermanos su mensaje de solidaridad en el denominado "Vuelo de Buena Voluntad por Faro de Colón", organizado por el doctor Julián Martínez Castells, en nombre de la Sociedad Colombeísta Panamericana y que acabaría trágicamente en noviembre de 1937[7].

III. LA CREACIÓN DE LA OICI

Siguiendo la línea del pensamiento intermunicipalista y en virtud de las mencionadas resoluciones V y VI de la Conferencia Internacional de Estados Americanos de 1928, diez años más tarde se creó la OICI durante el I Congreso Panamericano de Municipios, celebrado en La Habana durante los días 14 a 18 de noviembre de 1938. El Congreso se organizó bajo los auspicios de la Municipalidad de La Habana y el asesoramiento de la Unión Panamericana que contrató para ello los servicios técnicos de la Public Administration Clearing House de Chicago[8], desarrollando sus actividades en el salón de sesiones de la Cámara de Representantes.

La Resolución número 70, adoptada por el Congreso, acordaba la creación de una asociación hemisférica de cooperación intermunicipal permanente que posteriormente se denominaría "**Organización Interamericana de Cooperación Intermunicipal**" (OICI), en español; "**Organizaçao Inter-Americana de Cooperaçao Intermunicipal**" (OICI), en portugués e "**Inter American Municipal Organization**" (IAMO), en inglés. Del Congreso fundacional de la OICI se obtuvo un primer resultado de carácter práctico y fue la organización y régimen de funcionamiento de los entes locales cubanos, recogido en la Constitución de 1940. También resultó una consecuencia de aquella reunión, a la que asistieron representantes de 19 naciones americanas, la creación de organizaciones nacionales de cooperación intermunicipal, como la Asociación Panameña de Cooperación Intermunicipal, desaparecida, pero de la que aún se conserva memoria en aquel país[9]. Entre las que perduran: la OPACI (Paraguay), la AVECI (Venezuela) y la Liga Municipal Dominicana, creada por Ley de 23 de diciembre de 1938 y cuyo protagonismo municipalista en la República Dominicana es notoria en la actualidad[10].

Además de los organizadores de la municipalidad de La Habana y de las otras municipalidades e instituciones participantes, ha llegado hasta nosotros el recuerdo de algunos protagonistas de aquel primer congreso, vinculados al mundo docente iberoamericano: Salvador Dana Montano y Pedro Frías, argentinos; Ramiro Capablanca, Carreras Jústiz, Pablo Laville, cubanos como Carlos Manuel Morán, elegido secretario y que después sería el alma de la organización hasta finales de la década de los sesenta, casi durante treinta años. Por parte española se mencionó la presencia del profesor Manuel Ballbé, catedrático de derecho administrativo que desempeñó un importante papel [11].

Sin embargo la Resolución número 70 era nada más que el principio de un largo camino, pues inicialmente lo que se creó fue una Comisión Panamericana de Cooperación Intermunicipal, integrada por representantes de las tres Américas, con el español, inglés, francés y portugués como idiomas oficiales. Al objeto de avanzar en su desarrollo, la Public Administration Clearing House, hizo en Chicago el papel anfitrión en la primera reunión de la Comisión en noviembre de 1939, en la que estuvieron presentes los representantes municipales de los 19 países, donde se redactaron los primeros estatutos de la OICI[12].

En ellos se hacía un señalamiento de objetivos y actividades, que recogidas textualmente hacían constar:

OBJETIVOS

Contribuir al desarrollo, fortalecimiento y autonomía de los municipios.

Defender la democracia en la esfera local.

Promover la incorporación efectiva de las administraciones locales en el proceso de desarrollo nacional de sus respectivos países.

ACTIVIDADES

Actuar como centro de difusión, estímulo e intercambio de estudios, ideas, experiencias y asistencia técnica.

Propender al establecimiento de normas que facilitarán la administración municipal y en particular a todo lo concerniente a la actividad municipal.

Abogar por los intereses municipales ante los Organismos Internacionales, especialmente la creación del Banco Interamericano de Municipios.

Promover el mutuo entendimiento, cooperación y buena vecindad entre los gobiernos municipales de los países miembros.

Estimular el establecimiento de institutos nacionales e internacionales de administración municipal y de enseñanza de las técnicas de gobierno y administración en dicha materia.

Fomentar la participación e interpretación más directa de la comunidad en los asuntos de la vida local, promoviendo la mayor democratización en la organización y funcionamiento de las Administraciones locales.

Prestar asistencia técnica en materia municipal a los miembros de la Organización.

Promover la organización de Asociaciones Nacionales de Municipios y Asociaciones Técnicas en el área municipal en los países miembros.

Celebrar periódicamente congresos, conferencias y seminarios nacionales e internacionales sobre temas municipales.

Promover los mecanismos correspondientes para que todos los países latinoamericanos formen parte de la OICI.

Esos principios, fueron recogidos en su integridad en los vigentes estatutos de la OICI, después de la reforma del año 1994 aprobada en el Congreso Iberoamericano de Municipios celebrado en dicho año en la Ciudad de La Plata (República Argentina)

En definitiva se habían sentado las bases de los primeros estatutos de la OICI, imbuidos del espíritu de la intermunicipalidad y la cooperación. Estatutos que no difieren mucho de los actuales, ya que en la práctica se mantienen con las naturales incorporaciones propias de las necesidades marcadas por la dinámica histórica, casi como el de la época fundacional, incluso coincidiendo textualmente en numerosos apartados y párrafos. Estas coincidencias de los Estatutos de la OICI, actualmente en vigor, se manifiestan en el epígrafe de los objetivos, que se mantienen en los mismos términos en el artículo 3º y las actividades previstas en el artículo 4º.

III. A propósito de la democracia y la autonomía municipal

Como hemos reiterado, hoy no es factible la práctica de la democracia directa en el gobierno municipal, salvo en aquellas excepciones marcadas por el reducido tamaño de población en la Entidad territorial, como es el caso de los 1.036 municipios españoles inferiores a cien habitantes. Es sin duda la democracia representativa la que contiene la auténtica forma de gobierno, según el principio planteado desde los orígenes del constitucionalismo y canalizado con el ejercicio de la actividad política a lo largo de doscientos años. Por eso, sentadas las bases de la solidez democrática es difícil que con un esfuerzo generalizado no perdure el sistema, ya que como dijo Sir Winston Churchill, pese a sus defectos, era el menos malo de todos.

Por tanto, es necesario que se recupere la confianza ciudadana en el sistema democrático, a partir de un rearme de la conciencia política que erradique la corrupción y las rutinas de la vida pública. Depúrense los elementos gangrenados y regenérese el sistema democrático representativo, pues no podemos ignorar que en todos los Estados democráticos, el Municipio, como poder del mismo más próximo al ciudadano, es considerado como la institución genuinamente democrática y el municipio, al configurarse los Estados contemporáneos, ha constituido por naturaleza el escalón intermedio entre ellos y la sociedad civil, como reiteradamente defiende la doctrina municipalista (Parejo, Brewer Carías, Armando Rodríguez, González Cruz, Villegas, etc.).

Hagamos una corta reflexión sobre la democratización de las estructuras locales, que desde los orígenes del constitucionalismo ha encontrado dificultades, para consagrar el sufragio universal, libre, secreto y directo como procedimiento habitual para elegir concejales, síndicos, etc. incluidos los alcaldes. Por ello debemos rechazar cualquier subterfugio tendente a manipular o alterar los resultados electorales. Recordemos entre los vicios del pasado las elecciones censitarias, las alteraciones de resultados *"(pucherazo)"*, compra de votos, etc. o en la actualidad las tentaciones manipuladoras de censos y resultados apoyados por los medios tecnológicos.

La suplantación de la Democracia local

Como decíamos anteriormente, los principios de la democracia representativa, formulados en los inicios del constitucionalismo, son admitidos sin dudas ni titubeos como el medio más idóneo y adecuado para la elección de los representantes políticos de cualquier nivel. Es evidente que la democracia directa o el ejercicio asambleario en el autogobierno, sólo puede tener valor en los muy determinados casos que se han establecimiento de la regulación legal adecuada.

En los últimos años, la influencia de modelos exógenos sucedáneos del municipio constitucional y democrático, se ha extendido por diversos países del ámbito Iberoamericano, con el propósito de suplantarlo, justificando el cambio por la ausencia de una verdadera participación democrática de los ciudadanos en el gobierno local, argumento falaz que concluye como se ha comprobado, y reiteramos una vez más, en la generación de un sistema elitista, en el que solo tiene cabida los afines y con limitaciones.

Estas corrientes, hábilmente manejadas, encuentran eco en una opinión pública desencantada, que respalda los cambios, seducida por el señuelo de una democracia asamblearia, que colapsa el Gobierno local representativo, para deslizarse peligrosamente hacia los totalitarismos, en estos casos de inspiración izquierdista, renunciando a modelos socialdemócratas o liberales. Esta cuestión ha sido una preocupación permanente desde hace algunos años de los municipalistas que configuran la OICI y de su Consejo directivo, manifestado reiteradamente en los recientes Congresos Iberoamericanos de Municipios o en las colaboraciones de la Revista Cuadernos de la OICI.

Aunque existen varios intentos contra la institución municipal democrática en otros países, no podemos omitir que en la Constitución de la República Bolivariana de Venezuela de 1999, al referirse a la participación de todos los ciudadanos en los asuntos públicos, además del tradicional Cabildo abierto,[13] en el artículo 70º, dedicado a la participación ciudadana, menciona: la elección de cargos públicos, el referendo, la consulta popular, la revocatoria de mandato, la iniciativa legislativa constitucional y constituyente, el citado Cabildo abierto y ¡atención!: *la Asamblea de ciudadanos y ciudadanas, cuyas decisiones serán de carácter vinculante* en una serie de materias de carácter social y económico, como la autogestión, la cogestión, cooperativas, cajas de ahorros, empresas comunitarias, etc.

La Asamblea de ciudadanos y ciudadanas funcionará en el ámbito local y puede ser convocada a iniciativa del 1% del censo, con un mes de anticipación mediante escrito dirigido a la Junta Parroquial o al Alcalde, los cuales están obligados a dar toda clase de facilidades para su desarrollo, desde locales a garantizar la seguridad. Los asuntos serán acordados por mayoría simple de los asistentes y como dijimos anteriormente las decisiones tiene carácter vinculante para las autoridades que deban hacerla efectiva [14].

Aunque anteriormente, al tratar las relaciones entre la democracia y la autonomía, hemos realizado una reflexión sobre el diferente discurso entre democracia representativa y participativa, es oportuno insistir sobre el tema al considerar el capítulo del Poder Público Municipal, sobre todo el artículo 182º por el que se crean los Consejo Locales de Planificación Pública, presididos por el Alcalde, e integrado por los concejales, los presidentes de las juntas parroquiales y representantes de organizaciones vecinales y otras, no especificadas, de la sociedad [15].

Existe un innegable grado de preocupación en la doctrina por el alcance y los efectos de los mecanismos participativos principalmente, por el carácter vinculante de las decisiones tomadas por las asambleas de ciudadanos, según vimos previsto en el artículo 70º del texto Constitucional. Ahora bien, el mecanismo creado en el 182º es el Consejo Local de

Planificación, que será el adecuado para canalizar la participación, por lo que puede deducirse la existencia no sólo de una duplicidad entre democracia representativa (El Concejo con sus electos) y democracia participativa con su Consejo Local de Planificación, que puede inducir a una falta de eficacia, de identificación de responsabilidades en la gestión pública y sobre todo por el ejercicio del control, por parte del ciudadano, frente a su electo, cuando ha sido coautor de las decisiones concretas [16].

Más compleja para las garantías de la autonomía municipal, resulta la promulgación el 18 de mayo de 2006 de la *"Ley de los Consejos Comunales"*, que presuntamente puede afectar al contenido del artículo 70 de la Constitución, que como vimos, reconoce como medios de participación y protagonismo del pueblo en el ejercicio de su soberanía, no sólo, entre otros, al Cabildo abierto, sino a las asambleas de ciudadanos y ciudadanas.

El último artículo del mencionado Capítulo se refiere a la creación de mecanismos abiertos y flexibles para que los Estados y los Municipios descentralicen y transfieran a las comunidades y grupos vecinales organizados una serie de servicios para que éstos los gestionen "previa demostración para prestarlos", referidos a salud, educación, vivienda, deporte, cultura, programas sociales, medio ambiente, mantenimiento de áreas industriales, conservación de áreas urbanas, prevención y protección comunal, obras y prestación de servicios públicos. Para materializarlos, se prevé el establecimiento de convenios o conciertos, cuyos contenidos estén informados por los principios de independencia, coordinación, cooperación y corresponsabilidad.

Sin poner en tela de juicio la capacidad, e inmejorable voluntad de dichos grupos para la gestión convenida de los servicios descritos, es una realidad que en los municipios de cierta entidad de población y tamaño, la complejidad de los servicios, los procedimientos y su control, resultan en muchas ocasiones difíciles de poner en práctica y llevar a buen fin, por la conjunción de electos y equipos técnicos de empleados locales habituados a ello, por la especialización que actualmente se requiere para gestionarlos con eficacia y transparencia. Ante lo expuesto hemos de preguntarnos,

¿también pueden ser objeto de trasferencia a las comunidades y grupos vecinales, la gestión de las competencias nacionales previstas en el artículo 157°, que tentativamente podían traspasarse a Municipios y Estados? [17].

Hay que recordar, también referido a Venezuela, que a partir de 2010 se ha producido un verdadero torrente legislativo que persiguen el objetivo común de sustituir el Municipio democrático, como las Leyes del Poder Popular, de las Comunas, Planificación Pública y Comunal, Contraloría social. Indirectamente el Decreto de Ley Orgánica de Bienes Públicos de 2012. En todos los casos, entiende la doctrina que existe que entran en pugna los artículos 4° y 6° de la Constitución, en relación con el 168° que corresponde con carácter exclusivo a los Estados la organización de sus municipios y demás entidades locales.

A la vista de las experiencias en los diversos países y lugares, hemos de reconocer que no todo ha evolucionado en forma aceptable, pues en ocasiones la democracia representativa como base del Estado de derecho y del régimen constitucional, que debía haber sido perfeccionada, acorde con los nuevos tiempos y la dinámica social, para que fuese efectivamente representativa de la ciudadanía, de sus organizaciones, regiones, municipios, etc., no sólo de unos pocos partidos políticos que la monopolizan. En consecuencia la democracia representativa se encuentra distorsionada en diversas ocasiones, porque entonces aparenta representar sólo al partido en el Gobierno, corriendo el riesgo de que una democracia de representatividad partidista de carácter plural, se convierta en la democracia de un solo partido [18]

A estos efectos hemos de recordar la opinión generalizada de la doctrina y muy especialmente del profesor Armando Rodríguez, cuando recuerda que, a partir de unos postulados constitucionales –aparentemente y bien intencionados- relativos a la participación ciudadana y la instalación de una pretendida democracia participativa, prevista en el artículo 70 de la Constitución Venezolana de 1999, que prevé la existencia de una asamblea de ciudadanos y ciudadanas cuyas decisiones serán vinculantes. E Incluye a la autogestión como medios de participación y protagonismo del pueblo en el ejercicio de su soberanía, en el orden político.

La conclusión que obtienen del desarrollo de estos principios constitucionales, es la existencia de una auténtica deriva hacia la construcción de un Estado Comunal, mediante un conjunto de leyes contrarias a la Constitución que, en su esencia, apuntan a reforzar la concentración del poder, en un esquema que sujeta las nuevas, aunque provectas, organizaciones de la sociedad civil diluidas en comunas, concejos comunales, etc. todo ello a instancias del dirigismo del Poder Ejecutivo Nacional

Por ello, ante el reverdecimiento de corrientes en pro de la democracia asamblearia, hemos de advertir que se corre el riesgo eminente de poner en manos de una minoría la toma de decisiones políticas y el gobierno local [19]. Minoría que, evidentemente y con carácter finalista, representa sus propios intereses y no los de la comunidad, por lo que a corto plazo acaba convirtiéndose en una verdadera oligarquía local, pues resulta inevitable impedir en los movimientos asamblearios el cansancio de sus protagonistas, que terminan delegando las funciones en la minoría que dirige las reuniones, los más elocuentes, los que disponen de tiempo libre, etc. que no suelen coincidir con los más eficaces y rigurosos.

Es una lección aprendida a lo largo de la historia, que no admite revisión, pese a las pretendidas innovaciones de los que sin el fundamento del conocimiento histórico, pero avalados por tentaciones populistas, creen encontrar en el mecanismo asambleario el remedio a los problemas políticos de los gobiernos, ya sean nacionales o locales [20].

Entre los remedios para corregir tales defectos hemos de señalar la celebración periódica de elecciones municipales, libres, secretas y directas, preferentemente en listas abiertas, precisamente para evitar el eclipse de la democracia participativa al viciarse la de carácter representativo. En cuanto a la periodicidad en los procesos electorales municipales es otra de las características básicas de la democracia. En cada país se sigue un criterio, que suele oscilar entre los tres y los seis años. Siempre hemos pensado que el primer plazo es un corto espacio de tiempo para desarrollar adecuadamente programas, principalmente los referidos a las infraestructuras. Los períodos de mandato, oscilan entre los seis años de Nicaragua, los cinco de Panamá, Paraguay y Uruguay, los cuatro de Argentina, Brasil, Costa Rica,

Chile, Ecuador, España, Guatemala, Honduras y República Dominicana, tres en Colombia, El Salvador, México, Perú y Venezuela, finalmente cada dos años en Bolivia [21].

Otra cuestión que se plantea es el de la reelección. Mientras que en España no existe límite para los candidatos, en otros países, como Méjico se excluye., Es probable que el sistema resulte muy rígido. De hecho, en este país los gobernadores han ampliado a seis años sus períodos de mandato [22].

IV.- EL FORTALECIMIENTO DE LA DEMOCRACIA Y A AUTONOMÍA LOCAL

En el momento presente, junto a la preocupación manifestada en líneas anteriores, debo señalar algunos síntomas favorables, en el Municipio Iberoamericano, como la generalización de elección de alcaldes y concejales por sufragio universal, la aparición de Asociaciones municipalistas en la práctica totalidad de los países Iberoamericanos que no hacen más que confirmar un primitivo proyecto de la OICI en 1938 y del que tomó ejemplo la Liga Municipal Dominicana, cuya fecunda actividad se mantiene en nuestros días o la paraguaya OPACI. Hemos de lamentar, en el caso de Venezuela, la crisis de AVECI, que desapareció prácticamente hace quince años.

Todo ello son logros que nos permiten afrontar con cierto optimismo el futuro del municipalismo y su esencia autonómica, pero frente a esta visión positiva se alza un nuevo conflicto, también común, el provocado por la forma de organización territorial del Estado, por lo que la redistribución de competencias y su financiación, compartida por los otros poderes del Estado, es necesaria para conseguir una sociedad más justa e igualitaria. Mientras no superemos este desafío, no se podrá valorar en su auténtica medida el poder municipal como verdadero poder del Estado [23].

Desde hace años se trabaja por los municipalistas de algunos países iberoamericanos en este sentido. Después de las reformas realizadas, en los últimos tiempos, sobre su legislación municipal, vemos que el gobierno local se configura como una parte decisiva del Estado, encontrándose teóricamente prevista de autonomía para la gestión de sus intereses. Esta autonomía se traduce por un lado, en las competencias que han de ejercer en función de las potestades que las leyes les atribuyen y, por otro, en dotar a la administración local de la suficiencia financiera necesaria para el ejercicio de aquellas, pues resulta un principio inquebrantable el de que sin medios económicos no puede existir autonomía real.

Quiero por tanto hacer reflexiones más cercanas en el tiempo a nosotros desde la perspectiva de un municipalista, preocupado por la evolución de los municipios y a la vez testigo de las diversas situaciones que se producen en el área Iberoamericana sobre esta cuestión, reflexiones que no quiere decir sean acertadas, pero sí les aseguro bienintencionadas.

Hoy no estamos ante municipios urbanos medievales, nos encontramos ante los municipios urbanos a principios del siglo XXI, con una acumulación de problemas de difícil solución y que escasamente pueden cumplir el fin principal de toda organización administrativa desde la Atenas democrática: el bienestar de los súbditos entonces, de los ciudadanos en nuestros días.

El reconocimiento constitucional de la democracia y la autonomía municipal en los países de nuestro entorno, es por tanto una de los objetivos permanentes en los principios inspiradores de la OICI, por eso es conveniente recordar la evolución del proceso institucional en defensa de la Democracia y Autonomía municipal. Prácticamente contemporánea con la Ley Municipal española de abril de 1985 es la Carta Europea de la Autonomía Local (CEAL), adoptada por el Comité de Ministros del Consejo de Europa en octubre de 1985. Ratificada por España el 20 de enero de 1988 entró en vigor el 1 de marzo de 1989. La Carta no es una mera declaración de intenciones, sino que es la expresión política del Consejo de Europa, que obliga a la interpretación de los preceptos constitucionales que reconocen la autonomía local en armonía con su contenido, por lo que junto al resto de las normas ya mencionadas, debemos incluir a la CEAL en el bloque de la constitucionalidad local [24].

A consecuencia de la adaptación de la CEAL al ordenamiento español, en 1990, y con motivo del XX Congreso Iberoamericano de Municipios celebrado en Caracas por la OICI, se aprobó la Carta de la Autonomía Local Iberoamericana (en lo sucesivo CAMI), ratificada en el XXI Congreso que se celebró en 1992 en Valladolid [25].

En la CAMI se recuerda que la democratización de las estructuras locales debe consagrarse como principio general y obligatorio, manteniendo la periodicidad de los procesos electorales y el sufragio universal. En cuanto al concepto de autonomía local, deben superarse los planos teóricos y materializarse *"en una realidad permanente y auténtica que además de constar en los Textos Fundamentales de cada país sea reconocido como un principio inalterable, como deber de los Gobiernos y derecho de los ciudadanos"* [26].

Relacionado directamente con la autonomía municipal, y a partir de la experiencia deducida de los acuerdos que conllevaron en España a la firma del Pacto Local en 1998, en lo referente a la posibilidad de acceso de los Municipios al Tribunal Constitucional, la presidenta de la Federación Española de Municipios y Provincias, propuso una adición a la CAMI redactada en los siguientes términos:

"Los Municipios y demás entidades locales, tendrán plena legitimación para actuar en defensa de la autonomía local ante los diversos órganos jurisdiccionales de cada país, incluyendo a los tribunales supremos y a los competentes para resolver las cuestiones de constitucionalidad" [27]

Los principios de este documento, no han sido alterados con el paso de los años, probablemente, al igual que en la Guadalajara española de 1998, en la Guadalajara mexicana de 2014 o en la prevista peruana de Lima en 2016, fuese conveniente incorporar a la CAMI una segunda adición referida a la defensa y garantía institucional del Municipio democrático constitucional. Por la importancia que tiene para el Municipalismo Iberoamericano el contenido de dicha Carta, la incorporamos en su integridad a esta colaboración:

CARTA DE LA AUTONOMÍA MUNICIPAL IBEROAMERICANA

INTRODUCCIÓN

Los municipios constituyen una sociedad natural, formada por cuerpos vivos, anteriores a la voluntad del estado, cuya existencia reconoce en nuestros días como Institución político-social de participación popular, democrática y autónoma.

El Municipio Iberoamericano tiene su origen en el municipio aparecido en el norte del Duero, extendiéndose por lo que hoy constituye Portugal y España, por los siglos X y XI, desde donde fue transplantado con renovada sabia y vigor a las tierras americanas, desempeñando un protagonismo sociopolítico de primer rango en los momentos claves de la fundación de las ciudades y en proceso el emancipador, que alumbraría las nuevas repúblicas.

Las raíces comunes de los municipios iberoamericanos suponen a la vez coincidencia de los principios autonómicos, democráticos y solidarios bajo el signo de la paz y la fraternidad entre los pueblos.

El camino de recuperación de la democracia, emprendida por los países de la Comunidad Iberoamericana en las últimas décadas, ha incidido en el proceso de desarrollo del municipalismo iberoamericano, reconocido ante los Estados por su importancia y dimensión, como una verdadera fuerza política y social que ha de cooperar eficazmente al entendimiento entre los pueblos y a la eliminación de las desigualdades que caracterizan a la sociedad de nuestros días.

Coincidiendo con el espíritu de reconocimiento municipalista en España, Portugal y América, y recogiendo el mandato de diversos Congresos y reuniones municipalistas, parece oportuno formular una Carta de la Autonomía Municipal Iberoamericana, que inspirada en los reiterados principios de autonomía y democracia, contribuya al establecimiento de la paz y la solidaridad entre los pueblos de nuestra cultura, a la vez que consagre como una realidad la participación de todos los ciudadanos sin distinciones ni discriminaciones políticas, sociales o económicas, en la construcción de un mundo mejor.

Por todo ello, teniendo en cuenta los diversos documentos y manifiestos emitidos en este sentido, principalmente la Declaración Universal de los Derechos Humanos y la Carta Europea de la Autonomía Local, los Representantes de Municipalidades Iberoamericanas, Organizaciones y Asociaciones de Municipios, intelectuales, docentes y municipalistas, reunidos en la ciudad de Caracas en la mañana del día 22 de noviembre de 1990, acuerdan promulgar la siguiente

CARTA

PRIMERO.- Que el proceso democratizador de los Estados de Iberoamérica se transmita a las estructuras municipalistas de todos los países consagrándose como general y obligatorio el principio de electividad periódica por sufragio universal, libre, directo y secreto de todos los representantes y cargos políticos.

SEGUNDO.- El concepto de autonomía local debe superar los planos teóricos y el universo de las grandes declaraciones para materializarse en una realidad permanente y auténtica que además de constar en los Textos Fundamentales de cada país, sea reconocido como un principio inalterable, como deber de los Gobiernos y derecho de los ciudadanos.

TERCERO.- Que los Parlamentos, Cámaras y demás órganos de la representación democrática nacional consagren la autonomía local a través de los textos legales que rijan en todos los municipios de cada país en plenitud democrática, dotándoles con medios y recursos económicos suficientes para conseguir la efectividad de la autonomía municipal.

CUARTO.- Que desaparezcan los intervencionismos y controles gubernamentales sobre el municipalismo y sus electos, haciendo realidad el principio de que el control sea ejercido exclusivamente por los Tribunales de Justicia y en la órbita financiera por el Organo Superior de

Control Económico de cada país.

QUINTO.- Pese a los avances tecnológicos y la eliminación de distancias, dada la complejidad de la gestión y los procesos administrativos, es preciso que a las medidas democratizadoras y autonomistas locales, se incorporen criterios descentralizadores auténticos, plasmados en la transferencia a los municipios de competencias, funciones y actividades, reservadas hasta ahora a otras administraciones.

SEXTO.- La existencia de actividades públicas que obligan a la concurrencia de administraciones de diverso nivel, implica la necesidad de que a los municipios les sean reconocidas tales participaciones en igualdad de derechos, obligaciones y responsabilidades que a los otros integrantes, articulándose unos equitativos criterios para el ejercicio de las competencias compartidas.

SEPTIMO.- La existencia de estructuras locales democráticas, autonomía municipal y descentralización, requieren la incorporación de los ciudadanos a los procesos de gobierno y a la gestión municipal, por lo que deben facilitarse las vías y los cauces para una participación ciudadana efectiva,.

OCTAVO.- La consolidación de los procesos de recuperación municipalista tienen que contar con el impulso del asociacionismo municipal en todos los países, tomándose con carácter prioritario su implantación donde no exista o se manifieste tibiamente, para lo cual es imprescindible el apoyo y respaldo de las Organizaciones Municipalistas Iberoamericanas.

NOVENO.- Los Municipios Iberoamericanos no pueden ser ajenos a las políticas nacionales de desarrollo económico y han de participar en el estudio, programación y ejecución de los planes de desarrollo, conjuntamente con las otras administraciones del país y con los organismos internacionales especializados que cooperen en los proyectos.

DECIMO.- Debe considerarse obligatoria la presencia de los poderes municipales en la toma de medidas protectoras del entorno físico ambiental, como partes implicadas muy directamente en la cuestión, tanto por su responsabilidad como por constituir la base que soporta los efectos perniciosos del deterioro ambiental de manera más inmediata.

UNDECIMO.- La Organización Iberoamericana de Cooperación Intermunicipal, hace un llamamiento a todas las Asociaciones y Organizaciones municipalistas de Iberoamérica para que se suscriban al presente documento y una vez hecho suyo lo hagan llegar a los todos los gobiernos de sus respectivos países para que sea conocido y tenido en cuenta en los cuerpos legales correspondientes.

Caracas, 22 de Noviembre de 1990

ADICCIONES

PRIMERA.- Los Municipios y demás entidades locales, tendrán plena legitimación para actuar en defensa de la autonomía local ante los diversos órganos jurisdiccionales de cada país, incluyendo a los tribunales supremos y a los competentes para resolver las cuestiones de constitucionalidad".

(A propuesta de Dª Rita Barberá Nolla, Presidenta de la FEMP y Alcaldesa de VALENCIA. Aprobada por la Asamblea General de la OICI

del día 10 de julio de 1998 en la Ciudad de Guadalajara, España)

(ENDNOTES)

1   V: ORDUÑA REBOLLO, E. La Unión de Municipios Españoles un antecedente de la FEMP. Madrid. Carta Local. Número 21. Nov. 1991. p. 18. Cuyo papel durante los quince años de su existencia (1924-1939), resultó ciertamente importante, no sólo desde el punto de vista doctrinal, sino por su influencia en los textos legales de la época y en otras decisiones políticas de interés local.

2   V:CONGRESO HISTORICO MUNICIPAL INTERAMERICANO. VI. 1957. Crónica del ...Madrid. Instituto de Estudios de Administración Local. 1959. págs. 46 y 47.

3   V: LEAL SPENGLER, E. La OICI y la ciudad de La Habana. En: III Simposio Iberoamericano sobre Municipio y Turismo. La Habana. 1993. Recogido en Carta Local julio-agosto de 1993. pág. 19.

4   LUGO-VIÑA, Ruy de. La Intermunicipalidad Universal. la Habana. 1938.

5   V: CARRERAS JUSTIZ . . .

6   V: LEAL SPENGLER, E. La OICI . . . op. cit.

7   V: CONGRESO HISTORICO MUNICIPAL INTERAMERICANO. 1957. Madrid. Instituto de Estudios de Administración Local. 1959. pág. 47.

8   MORAN, Carlos M. Homenaje a un municipalista: Herbert Emmerich. Nueva Orleans. Municipalidad (órgano de la OICI). Núm. 5. Invierno 1970. Pág. 4.

9   Además de la mencionada, entre las asociaciones de municipios que existían a principios de los años setenta se cuentan: Asociación Colombiana de Municipios, afiliada a la OICI (Municipalismo n° 5. P. 61). Asociación Nacional de Municipalidades de Guatemala (Municipalismo n° 5. P. 63). Asociación Nacional de Ayuntamientos de México. Editaban una revista: Cabildo (Municipalismo n° 5. P. 69). Asociación Paulista de Municipios. Era significativo que la Asociación Panameña de Cooperación Intermunicipal convocó en 1969 el VII Congreso para promover una Nueva Carta Orgánica Municipal y elaborar un Reglamento Interno para los Concejos Municipales (Municipalismo n° 1. P. 47)

10   En el preámbulo de la Ley de creación de la Liga se dice: Vista la resolución n° 2, votada por el Primer Congreso Panamericano de Municipios en la ciudad de La Habana, República de Cuba, con fecha 18 de noviembre del presente año de mil novecientos treinta y ocho . . ." También en el artículo 213 de la Ley de Organización Municipal de la República Dominicana de 21 de diciembre de 1952, referido a la Cooperación Intermunicipal, reconoce a los Ayuntamientos la posibilidad de sostener relaciones, asociarse o cooperar entre sí o con entidades similares de otros países en todo género de actividades, "tales como conferencias, congresos, asociaciones o agrupaciones regionales, continentales o mundiales, y en particular en la Organización Interamericana de Cooperación Intermunicipal . . ."

11 V: DANA MONTAÑO, Salvador. Planificación de la actividad municipal. En: IV Congreso Hispano-Luso-Americano-Filipino de Municipios. Barcelona. 1967. Madrid. IEAL. 1968. Vol. II, pág. 1403. Por el contrario ALBI, se refirió a este primer Congreso, como un acontecimiento de gran importancia, pero del que se sabía muy poco.

12 V: MORAN, C. Homenaje . . . op. Cit. Pág. 5

13 ORDUÑA REBOLLO, E. Democracia Directa Municipal. Cabildos y Concejos Abiertos. Madrid. Cívitas, 1994. Recientemente en: Pequeños Municipios y Entidades Locales Menores en la organización territorial española. (Inédito)

14 SALAMANCA, L. La democracia directa en la Constitución Venezolana de 1999. En: El Sistema Político en la Constitución Bolivariana de Venezuela. Caracas, Instituto de Estudios Políticos, 2004, pág. 108 y sgts.

15 La ley de los Consejos Locales de Planificación Pública fue promulgada el 12 de junio de 2002, posteriormente la Asamblea Nacional aprobó una nueva ley publicada en la Gaceta oficial nº 38591 de 26 de diciembre de 2006, que según Villegas subordina estos Consejos a los Comunales. VILLEGAS MORENO, J. L. Derecho Administrativo op. cit. pág. 183

16 RODRÍGUEZ GARCÍA, A. La participación ciudadana en el Derecho Administrativo. Venezuela. Caracas Revista de la Facultad de Ciencias Jurídicas y Políticas, nº 129, 2007, pág. 163.

17 Téngase en cuenta que el artículo 157º dice que *"La Asamblea Nacional, por mayoría de sus integrantes, podrá atribuir a los Municipios o a los Estados determinadas materias de la competencia nacional, a fin de promover la descentralización"*

18 BREWER CARIAS, A. R. La crisis de la democracia venezolana. Caracas,. Editorial CECSA, 2002, pág. 145.

19 Lo que no excluye la existencia de una participación efectiva de los ciudadanos en la política, reconocida por la Carta Democrática Interamericana adoptada en Lima el 11 de septiembre de 2001.

20 BREWER CARIAS, Allan R. Democracia municipal, descentralización y desarrollo local. Conferencia Inaugural del XXVI Congreso Iberoamericano de Municipios. Valladolid. 2004. en prensa.

21 VICTORY, Catalina. Gobiernos Municipales y Desarrollo Local en Iberoamerica. Barcelona, Affers Internacionals, nº 47, 2000, págs. 22 y 23.

22 VALLARTA PLATA, Guillermo. El nuevo municipio mexicano; alcances y

perspectivas a mediano plazo. Madrid. *Revista Iberoamericana de Administración Pública,* n° 6, 2001. Idem. La reforma política en el ámbito del Municipio Mexicano. Madrid. *Revista Iberoamericana de Administración Pública. n° 10, 2003.*

23 SOSA WAGNER, Francisco y MIGUEL GARCIA, Pedro. Las competencias de las Corporaciones locales. Madrid. 1985. ORTEGA, Luis. El régimen legal de las competencias locales. Madrid. 1988.

24   PAREJO ALFONSO, L. La Carta europea de Autonomía local en el ordenamiento jurídico español. En: Estudios sobre la Carta Europea de Autonomía Local. Barcelona. 1994. En el mismo tomo: FONT I LLOVET, Tomás. Las competencias municipales en España ante la Carta europea de Autonomía Local.

25 XX CONGRESO IBEROAMERICANO DE MUNICIPIOS. Caracas. 1990. Madrid. OICI. 1991. XXI CONGRESO IBEROAMERICANO DE MUNICIPIOS. Valladolid. 1992. Madrid. OICI. 1994.

26 VILLEGAS MORENO, J.L. Administración... op. cit.

27 XXIV CONGRESO IBEROAMERICANO DE MUNICIPIOS. Guadalajara. 1998. El Municipalismo Iberoamericano del siglo XXI. Madrid. OICI FEMP. 2000.

CIUDAD, FUNCION SOCIAL DE LA PROPIEDAD Y URBANISMO COMO FUNCION PUBLICA: DESAFIOS DEL GOBIERNO LOCAL

Armando Rodríguez Garcia[*]

SUMARIO: Preliminar.- 1.- El escenario actual: la ciudad contemporánea. 1.1.- Perfiles de la ciudad actual: la metropolitanización. 1.2.- El factor jurídico en el medio urbano actual. 2.- El régimen de la propiedad urbana. 2.1.- Aspectos generales del derecho de propiedad. 2.2.- De la función social de la propiedad urbana. 3.- El urbanismo como función pública. 3.1.- La evolución jurídica del urbanismo. 3.2.- Una noción principal: el urbanismo como *función pública*. 4.- Desafíos urbanísticos del Gobierno Local.

PRELIMINAR

Es suficientemente conocido que *ciudad*, *propiedad* y *función pública* son nociones de profundo y amplio calado por lo que cada una de ellas singularmente significa y envuelve. Pero de otra parte, es destacable como al realizar el manejo integrado de sus contenidos, se proyecta su potencia de manera exponencial mediante la aparición de un nutrido espacio de reflexión y análisis que abre la entrada a múltiples perspectivas de enfoque, dentro de las cuales, evidentemente, ocupan una posición predominante las de corte jurídico, por la naturaleza misma de las nociones puestas en juego, sobre lo cual ya hemos advertido en oportunidades anteriores[2].

Así tenemos que, primeramente, la propiedad, en tanto noción jurídica básica, identifica una categoría específica, un derecho subjetivo con características propias, definitorias y diferentes de otros derechos que, compartiendo el contenido conceptual medular, en atención a su pertenencia a la categorización genérica de los derechos reales, se configura, se manifiesta y opera en forma diferente, en cuanto al ángulo que determina su especificidad, esto es, desde la imagen que ofrece su perfil específico.

De este modo, el concepto de la *propiedad* se erige como un punto de referencia común, como un verdadero tópico de obligada aparición en el escenario jurídico privado y público, en atención a su universalidad, a su inevitable presencia, y a su indudable utilidad. Todo ello lo ubica en la escala de noción de necesaria, o de imprescindible referencia, por igual, en el ambiente teórico y en la aplicación práctica, dentro de la cada vez mas compleja red que comportan las relaciones sociales, económicas y políticas, tanto en lo que significa su trayectoria histórica, y sin dudas, con mayor peso específico, en sus manifestaciones contemporáneas.

De su parte, la presencia activa del *poder público* a través de las manifestaciones de la *función pública* - entendida como el cauce formal para el cumplimiento de sus fines mediante el ejercicio de las potestades atribuidas a los entes públicos frente a la posición jurídica que ocupa el ciudadano - aporta un ingrediente igualmente imprescindible en la ecuación actual de las relaciones jurídico administrativas cuyas características singulares ameritan atención en la trayectoria analítica que nos hemos propuesto. En efecto, no debe perderse de vista que el ejercicio de la autoridad no significa arbitrariedad, antes bien, ello comporta como fundamento, el cumplimiento de objetivos mediante el inexcusable respeto a las normas jurídicas, con los efectos de responsabilidad institucional y personal que envuelve el ejercicio de la función pública.

En el entorno que define la presencia del Estado de Derecho, se propugna una situación de equilibrio, una *correlación equilibrada* entre la posición que ocupa la autoridad pública, legitimada en la representación funcional o administrativa del interés general - que no significa titularidad de poderes propios, ni representatividad política -, y la posición singular del administrado, la situación jurídica del ciudadano, que se apoya en la legitimidad de sus derechos subjetivos; pero además, en su condición de miembro de la misma colectividad que genera la noción de interés colectivo cuya tutela corresponde gestiona, institucionalmente, a la Administración, lo que, además, viene a ser el soporte legitimante a sus decisiones.

Todo ello opera mediante una noción clave, cual es el anclaje en

la voluntad general, expresada formalmente en la Ley que, por efecto del
Principio de Legalidad, sirve de antídoto a la arbitrariedad, a la voluntad
caprichosa, y por lo tanto, ilegítima, del agente público, soportada en la
fuerza resultante del ejercicio indebido del poder, sin contrapeso, sin control; en fin, sin las limitaciones y consecuencias previstas como parámetros establecidos para verificar el respeto a la legitimidad de la actuación
y aplicar los correspondientes correctivos cuando se producen excesos
detectables a través del contraste con las pautas determinantes de la conducta debida, expresadas en las normas y principios generales de orden
jurídico.

La eventualidad de situaciones de conflicto entre las posibles posiciones contrapuestas, encuentra fórmulas de resolución civilizadas, a
través de las instituciones jurídicas, a través del Derecho, como camino
adecuado para alcanzar la Justicia. Surgen así, los derechos y las garantías
jurídicas en favor del ciudadano que, en buena medida, operan como técnica compensatoria de las cargas y obligaciones que se le imponen, para
preservar y proteger al interés colectivo, lo que en definitiva es el resultado
de la situación en que se ubica, por el solo hecho de vivir en comunidad.

Los derechos y garantías de los ciudadanos actúan correlativa-
mente como límite al ejercicio del poder público, En definitiva, esta es la
síntesis de toda la concepción del Derecho Público, y más concretamente,
del Derecho Administrativo: la idea de limitar el ejercicio del poder mediante instrumentos jurídicos (normas, técnicas, principios, instituciones
públicas de contrapeso, y junto a todo esto, las facultades de actuación
atribuidas por el ordenamiento a otros agentes, entre los cuales aparecen
con carácter protagónico, los mismos miembros de la colectividad), para
permitir y garantizar el ejercicio de las libertades individuales, para que
el ciudadano no deba obedecer al capricho del gobernante, lo que se traduce, en términos prácticos, en los mecanismos de control jurídico sobre
la Administración que se pueden activar en protección de sus derechos e
intereses singulares, e incluso, como medio de protección de los intereses
de la colectividad de la cual forma parte, con lo cual se pone en práctica la
*libertad básica y fundamental de no obedecer sino a la ley, y no a las ocurren-
cias, caprichos, o arbitrariedades, de los administradores o agentes públicos.*[3]

Pero además, incorporamos a nuestro análisis el escenario de *la ciudad* como entorno en el cual se encuentran el derecho de propiedad y la función pública del *urbanismo*.

Se trata de entender el valor que para la adecuada comprensión de aquella relación tiene la incontestable realidad del *hecho urbano* que es, simplemente, el producto mas trascendente y generalizado de la Civilización, en tanto representa la síntesis de todas las expresiones culturales del ser humano concentradas en el ambiente y cauce vital que reúne lo mas intenso, variado y productivo de la vida en sociedad.

En efecto, la ciudad es, sin dudas, el hecho colectivo mas globalizado, de mayor presencia y trascendencia de la Humanidad, que adquiere dimensiones cualitativas y cuantitativas sin precedentes, en el cuadro de la sociedad contemporánea. Por ello, sus efectos alcanzan de manera clara y definitiva el campo de lo ,jurídico en toda su extensión, pero con peculiaridades de especial significación en el espectro del Derecho Administrativo, al punto de que esta rama del Derecho sirve de nicho para alojar una sistematización metodológica de sus propios contenidos aplicados a la ciudad y derivados simultáneamente de los efectos de la ciudad, de las derivaciones del hecho urbano que adquieren categorización jurídica específica, como lo es el Derecho Urbanístico.

Este es el escenario en el que planteamos la comprensión y tratamiento del tema de la propiedad urbana, desde la perspectiva del cumplimiento de su función social, siendo el vínculo de esta fórmula, la conepción del urbanismo como función pública, lo que deriva de las nuevas concepciones en cuanto a la presencia del Estado en el proceso de urbanización, como efecto de las transformaciones tecnológicas y los postulados ideológicos, superando el esquema limitado de una mera relación de policía administrativa anclada en el control pasivo y mecánico de limitaciones normativas al ejercicio de un derecho, como expresión típica de la administración ordenadora clásica, para dar paso a expresiones avanzadas de corte operativo.

1.- EL ESCENARIO ACTUAL: LA CIUDAD CONTEMPORANEA

Como se ha señalado, la ciudad es el espacio donde ocurre lo mas complejo, intenso, variado y productivo de las relaciones sociales, políticas, culturales - y por ende, económicas - que expresa el elenco de manifestaciones mas destacadas de la sociedad humana desde hace ya mucho tiempo.

Con la intención de subrayar el relieve que tiene el fenómeno de la urbanización en el abultado arsenal de manifestaciones de la civilización, a lo largo del prolongado trayecto histórico, hemos tomado a préstamo significativa y certera expresión que titula la obra de Gleaser[4]; entonces dijimos que "... En los tiempos que corren ya no es racionalmente posible esquivar la contundencia, la profundidad y el amplio espectro de una realidad incontestable que pone de manifiesto, en primera línea de atención, el triunfo de las ciudades. La Ciudad es, a un tiempo, el espacio para vivir y el modo de vida o la manera de vivir que ha adoptado - o tal vez mejor decir, que ha "construido"- la sociedad humana a lo largo de toda su historia, y a escala mundial"[5]. Ahora corresponde reafirmar que la urbanización, la ciudad, es no solamente un fenómeno irreversible, sino además, resulta un hecho absolutamente afortunado por ser el soporte fundamental para, en forma simultánea apuntalar y promover el desarrollo físico, intelectual, tecnológico, económico, espiritual y cultural del ser humano, lo que se sintetiza en la obra de Bronowsky como el ascenso del hombre[6].

Pero en este punto conviene precisar que, cuando hablamos de la ciudad como "espacio" no estamos haciendo referencia solamente a la expresión física, al ambiente construido que integran los edificios, calles, parques, plazas, servicios, instalaciones, infraestructuras, equipamientos, etc., que en su conjunto dibujan ese particular paisaje que comúnmente identificamos con el vocablo. En esta oportunidad estamos aludiendo a una perspectiva que conduce a la construcción de una noción un tanto mas abstracta, pero no por ello carente de contenido, precisión y realidad; todo lo contrario. Puede afirmarse sin temor a equivocación que, sin ser antagónica con la acepción terminológica de ciudad que se agota en lo puramente físico, el significado que ahora manejamos aporta una percepción genuina, absolutamente apegada a la realidad del contenido y alcance que expresa el fenómeno urbano en su evolución. Se trata de la concepción de lo urbano, de la noción de ciudad, como una específica y particular forma de vida, con lo cual, esta acepción excede a los puros límites físico-ambientales que regularmente atribuimos al término, y va mas allá de la connotación de lo urbano como identificación del territorio construido con las particulares características anteriormente apuntadas.

En efecto, la forma de vida urbana comporta las mas amplia e intensa gama de relaciones intersubjetivas, lo que conduce directamente a la construcción del espacio de mayor amplitud, complejidad y dinamismo de interacción entre personas, entre seres humanos, pero también, entre instituciones y organizaciones de la mas diversa naturaleza.

En este sentido, no hay duda en cuanto a que, las mayores y mas variadas oportunidades de empleo, promoción social y económica, educación, desarrollo cultural, ocio y diversión, servicios, atención en salud, etc., se encuentran en el medio urbano, en la forma de vida urbana – insistimos una vez mas, en que la *urbanización, la vida urbana* no solo abarca el espacio edificado como ciudad y lo que allí sucede; también incluye el espectro de las manifestaciones vitales y la dinámica conductual o funcional que se irradia como cultura, en resumen, la manera de vivir en una Sociedad urbanizada-, lo que explica la influencia que esta realidad fenomenológica ha tenido y tiene - cada vez con mayor extensión y profundidad - sobre instituciones y categorías de distinta naturaleza, dentro de las cuales aparecen las de carácter jurídico, tal como sucede, particularmente, con el derecho de propiedad, por lo que el entorno urbano, con toda su expresión y contenido, se erige como *escenario* de necesaria consideración y adecuada comprensión para entender y evaluar con acierto las adaptaciones de las categorías, instituciones y técnicas jurídicas que, en definitiva, son también expresión de desarrollo cultural, de civilización, de *ascenso* de la Humanidad.

1.1. PERFILES DE LA CIUDAD ACTUAL: LA METROPOLITANIZACIÓN.
Comenzamos por reafirmar que, a lo largo de su prolongada evo-

lución, la presencia del fenómeno urbano alcanza a ir mas allá de lo territorial, del entorno físico, pues adquiere una dimensión diferente cuando se configura como un *modo de vida* que impregna el tejido social, cada vez con mayor penetración y extensión al montarse en el apoyo que significan los avances tecnológicos en la comunicación y la difusión del conocimiento por lo que, para la adecuada comprensión y el alcance real que tienen los datos que vamos a ver de seguidas, se debe tomar en consideración el fenómeno paralelo de irradiación o percolación, por el cual, los efectos de la forma de vida urbana alcanzan progresivamente a los habitantes *extraurbanos*, a quienes, sin vivir en espacios urbanos considerados como formalmente urbanos, incorporan sus hábitos y reciben su impacto, llevando a difuminar en forma lenta pero sostenida las líneas definitorias de lo que hemos conocido como *habitante rural.*

Desde la perspectiva que permite visualizar el punto de mira que estamos aplicando al asunto, se comprende el alcance que damos al hecho de ser la Ciudad contemporánea un fenómeno global. Cuando aceptamos que vivimos en un *escenario urbano globalizado*, estamos reconociendo que su alcance funcional lo convierte en un espacio que abarca una geografía prácticamente ilimitada.

Pero la globalidad del fenómeno entra en contacto con otros datos objetivos y dan lugar a la posibilidad de una percepción inicial y en cierta medida generalizada, o al menos difundida, que pudieran conducir al observador superficial a conclusiones equivocadas por sus resultados aparentemente paradójicos.

Así, por una parte tenemos que, desde el punto de vista espacial, o mejor dicho, *territorial* (término técnicamente más preciso, pues hace alusión al *espacio acotado*, al *terreno* o *lugar concreto* que conforman las ciudades), y contrariamente a la percepción usual de grandes espacios ocupados por ciudades, el ámbito urbano global, el terreno que representan u *ocupan* las ciudades, a escala mundial, es proporcionalmente pequeño - puede decirse que es insignificante o despreciable -, como variable cuantitativa, pues eso que podríamos denominar *terreno urbano* alcanza apenas un dos por ciento (2%) del total de la superficie terrestre.

Junto a este curioso punto, otro dato cuantitativo de singular relevancia asociado al tema nos informa sobre lo que, en cuanto a asentamiento poblacional significa hoy en día ese espacio urbano mundial. En efecto, es digno de tomar en consideración que en ese insignificante dos por ciento (2%) de superficie, habita en la actualidad, algo mas del cincuenta por ciento (50%) de la población total del Planeta. En efecto, hacia finales del año 2011 la Organización de las Naciones Unidas informó sobre el nacimiento del habitante numero siete mil millones (7.000.000.000) en la Tierra, estimándose que las proyecciones de crecimiento de la población apuntan a un umbral de aproximadamente 9.000 millones de personas para la década del 40 de este Siglo XXI, en lo que viene a ser, además, la etapa de mayor crecimiento urbano de la historia. Se ha estimado que diariamente se suman a la población urbana unas ciento ochenta mil (180.000) personas, con lo cual, en apenas dos décadas, más del sesenta por ciento (60%) de la población mundial vivirá en ciudades. Hoy, una de cada diez personas (1/10) vive en el área interna de una ciudad, y se estima que dentro de unos cuarenta (40) años la proporción será de dos por cada tres (2/3).[7]

A la par de los datos apuntados, se debe entender que los actuales niveles de concentración de la población mundial en ciudades, así como su previsible proyección en términos exponenciales, son consecuencia del prolongado y sostenido proceso de asentamientos humanos que tiene su punto de arranque remoto en el último período del neolítico, tres milenos antes de Cristo, con la aparición de las primeras muestras de manejo de los metales y de la agricultura, como el primer gran invento del hombre, que lo catapulta hacia una posición de control y dominio sobre el entorno natural, abriendo las compuertas a la aparición del sedentarismo de los grupos humanos con todas las trascendentales consecuencias que ello conlleva, en particular, en cuanto a la configuración de los asentamientos sobre el territorio, de la urbanización, como modo predominante de organización de la vida en sociedad.

El volumen de los datos informativos sobre la ciudad, unido a la calidad de los rastros que dan cuenta de la singular andadura que ha protagonizado el genero humano en esa dirección, conducen a verificar el carácter irreversible y la contundencia del fenómeno de la urbanización, lo que se suma a la globalidad del mismo, tal como venimos de afirmar. Así lo destacaba Babatunde Osotimehin, en suposición de Director Ejecutivo del Fondo de Población de las Naciones Unidas: "... el asunto de la población es crítico para la humanidad y para la Tierra; pero no se trata de una cuestión de espacio, sino de igualdad, oportunidad y justicia social... Veo el hito de los 7 mil millones como un llamado a la acción para asegurar que todos puedan disfrutar de los mismos derechos y dignidad..."[8].

Otros datos que se añaden a la apreciación científica acerca de la expresión global del proceso de asentamientos humanos, permiten incorporar factores dinámicos o elementos funcionales sobre la esencia del fenómeno urbano, lo que pone de relieve su carácter altamente complejo, por la presencia de componentes de diverso orden (social, político, económico, técnico, tecnológico, jurídico, demográfico, cultural, etc.) conjugados en una manifestación unitaria, de donde aparece la necesidad de su abordaje mediante técnicas de atención multidisciplinaria para su adecuada comprensión, y el consecuente diseño y aplicación de las respuestas adecuadas y efectivas.

Es interesante advertir, por ejemplo, que mas de la mitad de la población mundial habita, a menos de una hora de trayecto de una gran ciudad, y - en virtud de las condiciones actuales de las comunicaciones - apenas el diez por ciento (10%) de la superficie terrestre se encuentra a mas de cuarenta y ocho (48) horas de distancia de un centro urbano, de acuerdo a los datos empleados por el Centro Común de Investigación de la Comisión Europea para la elaboración del Informe del Banco Mundial sobre el desarrollo mundial en el año 2009, lo que condujo a proponer una nueva medida de las manifestaciones de los asentamientos humanos que se identifica como "índice de aglomeración".

Queda claro, en suma, que la existencia de un mundo urbanizado es una realidad mas que evidente[9] que percibimos en lo cotidiano como factor integrante de nuestra rutina de vida diaria; y aunque a primera vista no tengamos clara conciencia de su intensidad, extensión y magnitud, es indudable que formamos parte de esa realidad, contribuyendo constantemente a profundizar y potenciar su existencia. En resumen, "...Vivimos en un mundo de ciudades. En muchas regiones, algunas de las mas ricas del mundo, vivimos como ciudadanos incluso fuera de las ciudades. En la histórica oposición campo/ciudad, la ciudad, desde siempre cualitativamente superior, triunfa hoy, en todo el mundo, también en términos cuantitativos. Sede del comercio, del poder político y, a partir de la industrialización, sede también de la producción, actualmente la ciudad es como nunca antes el lugar en el que se crean y regulan la riqueza y la pobreza, se conciben e imponen estilos de vida, se condiciona el estilo de vida de los individuos y del ambiente. Asimismo, la ciudad es, cada vez más, el lugar en el que se manifiestan y se contraponen las desigualdades que caracterizan a la sociedad, esto es, las desigualdades de culturas, de ingresos, de preferencias, de poder, de solidaridad, de sentido cívico..."[10]

Ante la incuestionable contundencia de los datos que arroja la realidad urbanística contemporánea, se concluye sin reservas, coincidiendo con los términos empleados por el Director Ejecutivo del Fondo de Población de las Naciones Unidas, en que *el problema no es de espacio*, visto que la proporción de superficie terrestre no ocupada por ciudades, no urbanizada, o *disponible,* considerada en contraposición con el territorio ocupado por las ciudades, con el espacio urbanizado, con la ciudad existente y su previsible expansión física, arroja un resultado holgadamente superior.

El desafío presente, al igual que lo ha sido antes y lo seguirá siendo para el futuro inmediato, se centra en construir respuestas que permitan brindar condiciones de mayor calidad de vida a la población de manera generalizada, igualitaria y no discriminatoria, lo que nos impone revisar la situación, no solamente desde la óptica cuantitativa, sino también desde el punto de vista de la realidad objetiva que cualitativamente hablando, arroja el fenómeno de la urbanización, en cuanto a su perfil, sus demandas, sus fortalezas, sus debilidades, sus efectos y sus derivaciones.

Pero la cercanía temporal de los datos empleados para poner de manifiesto las características actuales del fenómeno urbano no deben llevar al observador a la equivocada apreciación de que se trata de un descubrimiento novedoso. En realidad, la acertada percepción sobre su magnitud y solidez, así como sobre su tendencia irreversible se puso de manifiesto hace tiempo atrás, cuando aún la contundencia de las cifras no alcanzaba los niveles actuales.

En este sentido vale recordar, como un ejemplo notable de las cualidades perceptivas de Adolfo Posada en torno al complejo potencial fenomenológico de la ciudad que expuso particularmente en su obra *El Régimen municipal de la Ciudad Moderna*[11], publicada en 1936, bajo precarias condiciones de información y comunicaciones; allí advertía que: "... La Ciudad, con su expresión o fisonomía *geográfica* y *social*, es una **forma diferenciada del vivir humano colectivo; un centro o núcleo de fuerzas o energías convergentes; es, a la vez, fenómeno de integración y de desintegración, de concentración y de expansión.** Es la ciudad la concreción determinada y definida de una de las maneras típicas de la vida del hombre sobre la tierra y en el *espacio*. El *espacio*, elemento constitutivo de las agrupaciones humanas mas esenciales, desde la familia - en la casa -, hasta la nación - en el territorio -, caracteriza, sin embargo, a la ciudad por el modo especial - la *proporción* -, según el cual aquel deslinda la unidad propia de la ciudad: la morfología de ésta es, en parte, *función* del espacio (...) La ciudad moderna se ha venido formando y ha respondido a una concepción, en cierto modo, optimista, no obstante la tragedia de su vida íntima; este optimismo se puede explicar considerando que el hombre, a veces, ha logrado en las ciudades combinar con habilidad los esfuerzos encaminados al **mejoramiento de las condiciones de la vida, hasta obtener, en ocasiones, una máxima eficiencia.** Socialmente, **la ciudad se reputa como centro de vida,** el medio mas adecuado para el desarrollo de la actividad personal y para **la expansión del bienestar común...**".

Este significativo aporte - que ostenta la virtud de ser a un tiempo temprano y certero – permite derivar otra cualidad de singular valor para el enfoque que ahora empleamos, cual es la incorporación de las instituciones locales, del municipio y demás entidades locales, como factor de lo urbano, lo que apunta a la consolidación científica de una concepción integral e integradora de la Ciudad. Resulta un hecho inadmisible, por insuficiente, considerar una aproximación satisfactoria al tema urbano sin incorporar la consideración al Gobierno Local como un elemento esencial en su entorno, y como un protagonista insustituible en la dinámica de las ciudades, en cualquier realidad concreta y en cualquier latitud.

Ello es así, por el carácter social o colectivo que impregna el núcleo mismo del fenómeno, lo que conduce a concluir que, por ser la Ciudad una cuestión de todos, no le pertenece a nadie en particular; de donde surge directamente el reclamo por la gestión pública. Tal circunstancia, a su vez, deriva en una clara demanda por la aparición estable del Derecho - y primordialmente del Derecho administrativo - en la escena, a través de una doble fórmula: primeramente, como el formal soporte legitimador de la autoridad pública, y en segundo término, en tanto cauce instrumental de inexcusable presencia, fundamentalmente a partir del surgimiento, consolidación y evolución del Estado de Derecho.[12]

El proceso de urbanización es irreversible, con una clara propensión a aumentar en su intensidad y magnitud, lo que, unido a los imparables avances tecnológicos y las marcadas tendencias a la concentración de las actividades económicas, desemboca en la conformación de las *megalópolis* o *megaciudades*, que hace apenas algunas décadas podrían parecer especulaciones utópicas o de ciencia-ficción. Presenciamos como un paisaje usual los grandes conglomerados urbanos, construidos sobre la proyección y aplicación práctica de las tecnologías. El desarrollo de la capacidad para manipular el átomo, la habilidad para almacenar y controlar la energía y la posibilidad de almacenar y trasmitir información eléctricamente, son factores tecnológicos determinantes para la expansión - prácticamente ilimitada - de los complejos urbanos, pues se conjugan el manejo y aplicación de nuevas técnicas para la construcción (en particular a causa del avance en el dominio del acero y otros materiales), lo que permite satisfacer las condiciones ambientales de alojamiento, transporte y comunicación sin que las distancias sean un impedimento o limitante de importancia, reforzando así el impacto de la revolución informática que transforma radicalmente el campo de las comunicaciones, mediante la instalación de una *lugarización virtual* que termina desplazando, excluyendo o haciendo inútil la referencia a los sitios o lugares topográficos, como puntos de encuentro.[13]

Los nuevos sistemas urbanos se caracterizan por la presencia de extensas redes de comunicación ampliamente desarrolladas y confiables, lo que apunta a la instalación progresiva de *ciudades digitales abiertas*, con el soporte de redes de alta velocidad y amplia capacidad operativa, interconectadas, y lo que tal vez resulta mas novedoso e importante: accesibles a todos los ciudadanos por igual, lo que multiplica las oportunidades de contacto como una expresión de humanización del medio urbano apoyada en el soporte tecnológico.

De su parte, es indudable que la realidad que arroja el *escenario urbano contemporáneo* resulta íntimamente vinculada al proceso de *globalización*, en tal grado de intensidad, que ambas se convierten es manifestaciones estrechamente asociadas, hasta llegar a ser fenómenos *interdependientes*. Así, la globalización se apoya y se nutre del proceso de urbanización, y viceversa, la ciudad se robustece hasta alcanzar la categoría superior de *megalópolis* o *megaciudad* gracias a la globalización; de donde la consolidación de su vigencia descansa en la creciente importancia del sector servicios, desplegado eficientemente en espacios cada vez mas reducidos, lo que viene unido a la consolidación de un entramado económico que se soporta en el conocimiento, producción, difusión y empleo de la información como clave esencial de la competitividad, todo lo cual conduce decisivamente a facilitar la movilidad y el intercambio de componentes culturales, costumbres, información y capitales financieros, con los enormes beneficios que ello trae aparejado, aunque sin menoscabo de los potenciales riesgos aparejados con esa realidad altamente compleja.

Todo ello desemboca en la aparición de interesantes desafíos. En primer lugar, desafíos para el conocimiento, desde la visión de amplio espectro propia del carácter transdisciplianario del fenómeno urbano y la consecuente complementariedad de las técnicas de abordaje que su propia naturaleza demanda; luego aparece - como desafío complementario - la búsqueda de respuestas prácticas para reducir, evitar o compensar los efectos negativos o perturbadores que el fenómeno conlleva, así como para multiplicar sus beneficios, maximizando y ampliando las condiciones para su recepción por los ciudadanos.

En atención a la naturaleza colectiva del fenómeno y el nivel técnico de las respuestas requeridas, la posibilidad de alcanzar efectivamente tales objetivos supone la presencia de la Administración Pública, y particularmente, las instituciones propias del gobierno local, lo que determina el calificativo de *función pública*, pues escapa a los mecanismos de resolución singular y de *autogestión* individual o colectiva, y amerita el tratamiento de unidades claramente identificadas, profesionalizadas y sujetas a responsabilidad ante los ciudadanos, por el servicio para el cual están investidas de autoridad.

En resumen, la ciudad de hoy día es un fenómeno universal compuesto por múltiples y variados factores que llevan a evidenciar la presencia de cualidades de uniformidad en cuanto a sus características generales. No obstante, esas cualidades de uniformidad - que abren la posibilidad de sistematizar formatos estándar en cuanto a manifestaciones, conductas, percepciones, problemas, categorías científicas y respuestas funcionales y organizativas -, coexisten con las particularidades que afloran individualmente en cada Ciudad, en cada espacio urbano singularmente considerado, como consecuencia de su propia dinámica económica, política, cultural, en fin, de su particular metabolismo y su historia.

1.2. EL FACTOR JURÍDICO EN EL MEDIO URBANO.

En el sistema urbano actual - concepto que empleamos para incluir, por igual, la gran ciudad, las áreas metropolitanas y los pequeños centros poblados - el factor o componente jurídico es una constante, un elemento ineludible en cualquiera de sus expresiones. En efecto, hemos afirmado que existe un vínculo indisoluble entre la Ciudad y el Derecho, que muestra antecedentes históricos profundos y lejanos en el tiempo, de modo tal que se acompañan como realidades sociales a lo largo de todo el trayecto de la civilización, con puntos de coincidencia determinantes, "... En consecuencia, hay diferentes lenguajes aplicables a la lectura de la ciudad, cada uno de ellos se inserta en un patrón de códigos específico. Existe la arquitectura de las edificaciones y los espacios urbanos; la ingeniería empleada para su solidez y eficiencia operativa; la historia de sus elementos, sus acontecimientos y sus pobladores; sus potencias y sus debilidades económicas; los productos culturales que aloja o que llevan su denominación de origen; la autonomía que la identifica; su ambiente, su climatología; y junto a todo ello, las instituciones jurídicas que soportan su existencia física y su funcionamiento como compleja realidad colectiva..."[14]; puede decirse que cada ladrillo de la ciudad, al igual que cada actuación de sus habitantes, están ineludiblemente impregnados de Derecho.

En el entorno la ciudad, el derecho real de propiedad, especialmente - aunque no de manera exclusiva - la propiedad predial o inmobiliaria, juega un papel de primer orden, en atención a la significación que tiene el suelo, como asiento de las actividades básicas propias de la vida urbana cotidiana, y desde luego, de las estructuras e instalaciones requeridas para la realización de tales actividades y el cabal cumplimiento de sus respectivos fines objetivos en condiciones de convivencia civilizada.

Desde la residencia o el alojamiento - primordialmente vivienda, pero también el alojamiento temporal en sus diversas posibles modalidades -, hasta los espacios públicos de necesaria existencia y utilización en un ambiente colectivo que alcance un mínimo grado de complejidad (vías, plazas, parques, etc.), pasando por los espacios dispuestos para las actividades económicas mas variadas y diversas (comercio, industria, oficina, servicios), o por espacios, estructuras y edificaciones destinados a la satisfacción de demandas de la mas variada índole, como serían la educación, la salud, la cultura, la recreación, el deporte, el ocio, la práctica religiosa (centros de atención preescolar, escuelas, liceos, universidades, clínicas, hospitales, centros de atención médica, sanatorios, museos, teatros, bibliotecas, complejos deportivos, hoteles, clubes, templos y otros espacios dedicados a los cultos religiosos, etc.), encontramos como denominador común necesario el empleo del suelo mediante la ubicación estable de tales estructuras, edificaciones o instalaciones, en una localización determinada de carácter inmobiliario. Esto pone de relieve, en la primera línea de aparición, el componente predial que, como bien económico y jurídico, se vincula en forma directa e inmediata a la noción de propiedad.

Pero, como hemos indicado ya, el alcance y la significación jurídica del hecho urbano trasciende, en mucho, al tema de la propiedad. La expresión jurídica del urbanismo y sus derivaciones no se agota en la propiedad y sus manifestaciones, llegando a configurarse, por su trascendencia en un asunto que, en su expresión integral llega a tener la categoría de derecho humano con rango universal.

En efecto, en el prolongado proceso de construcción de los Derechos Humanos como categorías tangibles, de aplicación efectiva, aparecen los llamados *derechos humanos de segunda generación*, que no contienen, de manera directa y exclusiva, la salvaguarda y protección de la dignidad de la persona, sino que persiguen asegurar a las comunidades de personas el acceso a los medios económicos, sociales y culturales que les posibiliten el ejercicio de la libertad y propendan al pleno desarrollo social. Dentro de esos *derechos humanos de segunda generación*, aparece el *Derecho a un nivel de vida adecuado*, que se contempla en el artículo 25 de la Declaración Universal de Derechos Humanos, proclamada en diciembre de 1948 por la Asamblea General de las Naciones Unidas.

Esa disposición se encabeza con el siguiente texto: "Toda persona tiene derecho a un nivel de vida adecuado que le asegure, así como a su familia, la salud y el bienestar, y en especial, la alimentación, el vestido, la vivienda, la asistencia médica y los servicios sociales necesarios...". Su contenido realza el carácter de la vida colectiva y sobre todo, expresa la vigencia del avance de la civilización como un valor esencial de la sociedad mundial, de la especie humana, por lo irremplazable que resulta la vida en sociedad para el logro efectivo de condiciones adecuadas que permiten el desenvolvimiento de los individuos y las colectividades. Ciertamente, tal como afirmamos en oportunidad anterior, al analizar la disposición en comento, " ... es el modo de vida colectivo – que va mas allá de la simple agrupación numérica -, lo que permite el progreso cultural en sus múltiples y diversas expresiones, generando niveles incrementales de valores, que desembocan en las mas elevadas y abstractas expresiones de racionalidad como lo son los conceptos de justicia, equidad, democracia e igualdad, los cuales, a su vez, encuentran fórmulas mas precisas de manifestarse en modalidades de avanzada, como lo son los derechos humanos..."[15], con lo cual se entiende que, la idea de garantizar mejores condiciones de vida y desarrollo de la personalidad, se perfila como un paradigma cuyo cumplimiento demanda adecuada y eficiente protección en el ámbito funcional de las instituciones jurídicas, por ser, éste, precisamente, un elemento que forma parte de un patrimonio altamente valorado por la colectividad universal.

Al igual que sucede con el tema de los Derechos Humanos y su evolución, son múltiples y variados los temas de orden jurídico influenciados por el proceso de urbanización y sus efectos, generándose un importante conjunto de supuestos dentro de este supuesto que alcanza directamente a las relaciones jurídico privadas, pero también, y de manera muy significativa, a diferentes aspectos de Derecho público, en cuanto al contexto organizativo (estructuras y competencias) del aparato administrativo, como en sus manifestaciones funcionales.

2.- EL REGIMEN DE LA PROPIEDAD URBANA

Precisamente el modo de vida colectivo - que alcanza su mayor desarrollo expresivo en la forma de vida urbana -, es el factor determinante para la producción de respuestas jurídicas que alcanzan al instituto de la propiedad, mediante la creación de nuevas fórmulas y modalidades de atención a las conductas, situaciones y vínculos que surgen de las relaciones sociales, bien sea mediante la adaptación de instituciones, técnicas y categorías jurídicas, o bien, a través del ajuste o la adaptación de sus contenidos - por vetustos que éstos puedan parecer – para, de ese modo, acoplarlos a las nuevas exigencias, mejorando su eficiencia operativa, actualizando su concepción, y con ello, potenciando su utilidad.

2.1. ASPECTOS GENERALES DEL DERECHO DE PROPIEDAD

Desde el punto de vista estrictamente jurídico, la *propiedad* es una noción unitaria e integral, que identifica un *derecho real* – conjunto de facultades o poderes jurídicos que recaen sobre una cosa o bien -, con características propias, que determinan su perfil específico, su identidad conceptual.

Clásicamente, el derecho de propiedad se ha definido como "el poder de usar una cosa y de aprovechar toda la utilidad que es susceptible de procura, de un modo exclusivo o perpetuo"[16], con lo cual, la acción que pone en práctica las facultades derivadas del derecho, por parte de su titular, pueden ejercerse mediante *actos materiales*, esto es, haciendo un uso físico y directo de la cosa, valiéndose de la misma mediante su utilización práctica (como sería, por ejemplo, emplear su equipo de computación para todas las aplicaciones tecnológicas que ofrece, montar su caballo, o emplearlo como bestia de carga, cultivar su campo, o simplemente ocuparlo, e incluso, abandonar - no hacer el empleo concreto de un bien es, jurídicamente, una manifestación o manera de "usar" - el bien o cosa), y también, mediante *actos jurídicos*, como sería, arrendando su equipo de computación, arrendando su caballo o su finca, o vendiendo la cosecha que como consecuencia de la siembra hecha en la misma, se ha producido o se va a producir a futuro, o en fin, solicitando un crédito garantizado con ese inmueble o sus productos.

Todas estas posibles actuaciones - materiales y jurídicas - son realizadas directamente por el propietario, sin requerir o necesitar de la intervención de ningún otro sujeto. Precisamente, es el propietario, el *único sujeto* dotado de las facultades para actuar en ese sentido y con esa intensidad; pero por otra parte, todos los demás sujetos están obligados a respetar sus decisiones, en cuanto al ejercicio de sus actividades materiales y jurídicas, pues como contrapartida de este particular derecho real, existe una obligación pasiva universal impuesta de manera general y abstracta por la norma legal.

De igual modo se destaca que el derecho de propiedad es un derecho *perpetuo*, en el sentido de que no se extingue como derecho. No significa que el bien o cosa objeto del derecho, sobre la cual recaen las facultades que lo configuran como tal, pertenezca siempre - perpetuamente - al mismo sujeto, sino que el derecho en sí mismo, el haz de facultades sobre el bien, no se extingue, no desaparece, pues se traslada a otros sujetos. El derecho de propiedad no está destinado a extinguirse como sucede con otras categorías de derechos reales, sino a permanecer y perpetuarse como tal, en la oportunidad del transmitirse.

En sentido similar aparecen otras categorizaciones sobre el contenido del dominio que deriva del derecho de propiedad, como la que aporta en Profesor Castán Tobeñas[17], al distinguir entre la facultad de libre disposición, que comprende la posibilidad de transferir el derecho mediante enajenación, pero también, los poderes o facultades de gravar, limitar, transformar o destruir la cosa; la facultad de libre aprovechamiento, que se expresa en la utilización directa de la cosa para satisfacer las necesidades del titular y se realiza en el derecho de usar, disfrutar y abusar o consumir; y finalmente, la facultad de exclusión, que se hace presente a través del poder de individualizar la cosa (por ejemplo cercar un fundo) y el derecho de posesión excluyente y de reivindicación, derecho a poseer (*ius possidendi*), que es distinto al *ius possessionis*, en tanto se trata de un derecho desconectado del dominio.

Encontramos que el artículo 545 del Código Civil venezolano, mediante una disposición de factura similar a las normas que sobre esta materia aparecen de manera generalizada en el derecho comparado, aporta una definición - o tal vez es mejor decir, una *descripción* - del derecho de propiedad, en estos términos: "*La propiedad es el derecho de usar, gozar y disponer de una cosa de manera exclusiva, con las restricciones y obligaciones establecidas por la ley.*"

En la descripción conceptual que establece la norma se incorporan como núcleo fundamental, los distintos atributos de la propiedad, entendiendo por tales, las llamadas *facultades dominicales*, es decir, los *poderes* que ostenta el titular del derecho; esto es, *el uso, el goce o disfrute y la disposición*, que como ya se señaló, pueden ejercitarse tanto desde la perspectiva de orden material, esto es, mediante el empleo directo del bien o cosa, como desde el punto de vista jurídico, lo que sin duda, resulta el aspecto de mayor interés para nuestro enfoque.

Por otra parte, la norma advierte y destaca que esas facultades dominicales, esos poderes jurídicos que configuran el derecho de propiedad, se ejercen de manera *exclusiva* por el titular del derecho.

Resulta interesante advertir que en este aspecto del dispositivo legal, en el texto del Código Civil venezolano se introduce un cambio en relación con la fórmula empleada en el Código Civil francés, en cuyo artículo 544 se utiliza el término *absoluto* para indicar el modo de ejercicio de los poderes dominicales. En otros casos, como sucede con el Código Civil español, no hay ninguna mención similar, dirigida a calificar el modo jurídico para el ejercicio de las facultades dominicales (Artículo 348: *"La propiedad es el derecho de gozar y disponer de una cosa, sin mas limitaciones que las establecidas en las leyes."*).

Ahora bien, el empleo de la expresión *"de manera absoluta"* o de alguna fórmula equivalente, que también ha sido utilizada para integrar la definición del derecho de propiedad - tal como sucede con la mención *de manera exclusiva* que emplea el Código venezolano -, ha dado pie para levantar posiciones críticas acerca de la legitimidad misma del derecho de propiedad, alegando la inexistencia - por definición -, de *derechos absolutos* (ilimitados), al entender que el contexto jurídico normativo es, en sí mismo y en su esencia, un límite, una frontera al ejercicio indeterminado, ilimitado o arbitrario de la voluntad de los sujetos.

Sin embargo, una revisión un tanto mas objetiva y detenida de la cuestión permite concluir que, en realidad, la posición indicada es inexacta y carente de soporte lógico y conceptual. En efecto, pretender darle ese alcance de ausencia de limitación a la expresión empleada en la disposición legal para calificar el derecho de propiedad, bien sea que se utilice el vocablo *absoluto*, y desde luego mucho menos, cuando se emplea el término *exclusivo*, conduciría a concluir que en la misma norma se estaría consagrando un postulado antijurídico, lo que resulta evidentemente absurdo.

En realidad, la calificación del derecho de propiedad como un derecho *absoluto* o *exclusivo* debe entenderse, lógicamente, dentro del alcance real que aportan tales expresiones, lo que significa, simple y llanamente, que la propiedad es el derecho - el haz de facultades - mas completo que puede tener un sujeto sobre una cosa o bien, de modo tal que, cualquiera de los otros derechos reales solo alcanzan a conferir al titular del aquellos una fracción, una expresión parcial de las facultades cuyo conjunto integral constituye el contenido normal, regular definitorio de la propiedad.

En este sentido, es forzoso entender que la mención alude a la distinción entre el derecho de propiedad (derecho real, exclusivo, absoluto y perpetuo), y el resto de los derechos reales, que por ello se califican como derechos *limitados*, en razón de sus contenidos, de la potencialidad que alcanzan sus facultades respecto al objeto sobre el cual recaen y consecuentemente, frente a los posibles sujetos con los cuales pueda relacionarse su titular con ocasión de ese derecho; de allí que tales derechos reales, distintos de la propiedad, se entiendan como verdaderas *desmembraciones* del derecho de propiedad.

A partir de esa cualidad, el propietario, esto es, el titular del derecho de propiedad, está facultado para ejercer por sí mismo, de manera directa, exclusiva, esto es, sin necesidad de recurrir a un tercero, todas las facultades dominicales frente a cualquier persona, de allí deriva la obligación pasiva universal, antes mencionada, que impone por igual a cualquier sujeto público o privado, respetar este derecho. De diferente manera, el titular de cualquier otro derecho real distinto de la propiedad, tendrá una posición de ejercicio de sus facultades y una protección relativa o comparativamente disminuida de su condición jurídica en contraste con lo que significa la posición de propietario, y en muchos casos requerirá el concurso de otro sujeto para el ejercicio del derecho o la protección de su situación jurídica.

De otra parte, y como dato que complementa la argumentación consignada hasta el momento, no debe dejar de incorporarse en la consideración del tema, la parte final de la disposición legal citada, que completa su sentido señalando que las facultades atinentes al derecho de propiedad, se configuran *"con las restricciones y obligaciones establecidas por la ley"*, con lo cual, queda excluida de toda posibilidad de espacio para la consideración de la propiedad como un supuesto de *derecho ilimitado*. En consecuencia, el sentido y procedencia de la mención citada resulta obvio, y habría de entenderse así, aunque no estuviera expresamente incluido en el texto de la norma.

En síntesis, desde el punto de vista conceptual y en absoluta sintonía con la formulación positiva, el derecho de propiedad se identifica por ser el mayor haz de facultades o poderes que el ordenamiento jurídico reconoce a un sujeto sobre una cosa o bien, a partir de lo cual, su titular está facultado para ejercitarlo de manera *absoluta, total, directa, inmediata y exclusiva,* es decir, en la plenitud general de sus manifestaciones, y sin necesidad de participación, cooperación, anuencia ni colaboración de ningún otro sujeto.

Es oportuno destacar que, cuando se habla de propiedad privada y propiedad pública, hacemos referencia a la misma institución, en cuanto a su esencia conceptual, es decir, estamos aludiendo a la misma categoría jurídica, constituida por el conjunto o haz de facultades que un determinado sujeto tiene en relación a una cosa, lo que implica, en cuanto a los derechos reales - género en el que metodológicamente se ubica - el supuesto de mayor magnitud de contenido, de mayor poder de actuación o ejercicio en atención a las facultades que lo integran.

Por esto, la propiedad es el derecho subjetivo que cuenta con el de mayor nivel de protección jurídica en cuanto a los medios dispuestos en favor de su titular por el ordenamiento positivo, llegando a perfilarse usualmente en el Derecho comparado, como un derecho fundamental, constitucionalmente protegido y garantizado. En concreto, así sucede en el caso de nuestro ordenamiento positivo, particularmente en atención a diversas normas constitucionales cuyo contenido y alcance se analiza mas adelante.

Entonces, el calificativo de *propiedad pública* o *propiedad privada* resulta - a los efectos que interesan directa e inmediatamente a este análisis -, en una mera simplificación derivada del titular del derecho, es decir, de la circunstancia específica de que los bienes o cosas objeto del derecho de propiedad, pertenezcan a una persona pública o a un sujeto privado (persona natural o jurídica).

Desde luego, tal circunstancia no agota el asunto. Cuando decimos que se trata de una simplificación se quiere destacar el origen subjetivo de la distinción, en función de la unidad integral que conforma el concepto de derecho de propiedad. En consecuencia, no escapa a esta observación la existencia de un régimen jurídico específico y concreto que resulta aplicable a la relación de propiedad en función de la cualidad del sujeto titular del, lo que llega a incorporar categorías de tal entidad como puede serlo el dominio público y las facultades exorbitantes del régimen común de propiedad que ostenta su titular. El punto que se quiere subrayar es que, en cualquier caso, el núcleo conceptual de la propiedad será siempre la existencia de un derecho real diferente de cualquier otro por el conjunto de facultades que otorga, con lo cual, hablar de propiedad privada, pública, colectiva, individual o social, solo añade la identificación particularizada de un elemento concreto, cual es el titular del derecho, lo que no afecta la naturaleza del derecho en sí mismo, ni su sujeción al cumplimiento de la función social que le corresponde, menos aún, tratándose de una propiedad pública.

2.2. DE LA FUNCIÓN SOCIAL DE LA PROPIEDAD URBANA

Ahora bien, en este punto de la cuestión procede precisar que el contenido del derecho de propiedad no se agota en las facultades que hemos indicado antes (uso, goce y disposición).

En efecto, se aprecian otros factores que integran su contexto, y que ostentan una valoración de igual o superior rango al que ocupan los poderes o facultades dominicales que venimos reseñando, y que nos ponen en contacto con la noción de *función social de la propiedad*.

Tal noción se vincula directamente con la protección jurídica expresa que sobre las facultades dominicales, en particular sobre la facultad de *disposición*, se pauta como una garantía a favor del titular; lo que a nivel legal consagra el Código Civil en el artículo 547: *"Nadie puede ser obligado a ceder su propiedad, ni a permitir que otros hagan uso de ella,* **sino por causa de utilidad pública o social***, mediante juicio contradictorio e indemnización previa..",* lo que, evidentemente, se suma y modera el alcance de las facultades de uso, goce y disposición que sirven para describir el contenido del derecho de propiedad, añadiendo una categoría adicional, que opera, igualmente, como un factor definitorio mas.

Entonces, en el caso del derecho de propiedad convergen dos técnicas de protección jurídica: por una parte, un elemento de orden formal, que aporta la figura de la *reserva legal* para el establecimiento válido de limitaciones, cargas, restricciones y obligaciones sobre este derecho y su ejercicio, con lo cual se activa el principio de la *voluntad general* -soporte técnico e ideológico de la Ley -, como único cauce que opera con nivel o categoría de limitante legítimo de los valores de libertad e igualdad, inherentes al ser humano; y por otro lado, se hacen presentes las nociones de *utilidad pública e interés social* (que conducen a la idea de *función social*) como un elemento adjetivo - de carácter complementario por contingente, pero de inexcusable consideración como referencia para la adecuada conformación de la garantía - en la configuración integral del régimen jurídico aplicable al instituto de la propiedad.

En efecto, dentro del escenario que se analiza, no basta la figura formal de la Ley para establecer el entorno de validez jurídica para el ejercicio de las facultades dominicales del propietario; es menester que, junto a este cauce formal, con efecto determinante en sí mismo, aparezca un elemento causal de carácter esencial, una razón de fondo, que viene dada por *la causa de utilidad publica* o *el interés social*, por el elemento teleológico de naturaleza colectiva que legitime, en términos concretos, la regla limitativa o decisión normativa; esto es, la *función social*, el factor colectivo que permite validar el sacrificio individual.

Aparece de esta manera la ecuación anteriormente aludida, en la cual se vinculan los extremos de la situación derivada del derecho subjetivo de propiedad, plenamente garantizado por el ordenamiento jurídico - incluso con rango constitucional - y la preservación o búsqueda de satisfacción eficiente del interés general o colectivo, frente al cual debe ceder el primero, pero solo mediante el adecuado empleo de los mecanismos jurídicamente pautados, y en el entendido de que tal cesión a favor de lo colectivo no significa un sacrificio sin contrapartida conducente a un resultado de injusticia, pues si bien se neutralizan o disminuyen las facultades dominicales en cuanto a su ejercicio, destacándose lo atinente a la facultad disposición, en tanto expresión del libre juego de la voluntad del titular, no lo es menos que tal sacrificio debe venir compensado con una justa (oportuna y adecuada) indemnización, lo que en definitiva, es también expresión de la garantía.

En tal sentido, en los textos fundamentales de los ordenamientos constitucionales de Occidente, es usual la inclusión de cláusulas relativas al respeto y garantía de la propiedad como derecho subjetivo, aunque atemperando tales consagraciones, en paralelo, mediante modulaciones referidas al cumplimiento de objetivos de función social, a cuyo efecto, normalmente se remite a la legislación ordinaria la determinación precisa de los confines requeridos para darle cumplimiento efectivo al postulado, como aplicación de la *reserva legal*, en tanto técnica de aplicación efectiva de la garantía.

De acuerdo al texto de la constitución venezolana vigente (1.999), la propiedad es un derecho garantizado desde ese rango normativo, es decir, con el mayor nivel de categoría valorativa que puede ostentar una disposición normativa, o cualquier otra categoría de decisión que exprese el ejercicio de facultades jurídicas, incluyendo, desde luego, aquellas correspondientes al ámbito del Poder público. Pero al mismo tiempo advierte el texto que consagra tal garantía que en paralelo, corresponde a la propiedad cumplir una función social, esto es, prestar su potencialidad para alcanzar objetivos de naturaleza colectiva mediante la aplicación de los parámetros y técnicas que determina el ordenamiento jurídico, lo que, en definitiva, actúa también como una expresión de garantía en favor del titular, mediante la estabilidad y seguridad que aporta la presencia de un régimen normativo legítimamente soportado en la voluntad general, que además, desarrolla los mecanismos para el control del ejercicio del poder público.

De esta forma, señala el artículo 115 de la Constitución, que "**Se garantiza el derecho de propiedad**. *Toda persona tiene derecho al* **uso, goce, goce y disposición** *de sus bienes. La propiedad estará sometida a las contribuciones, restricciones y obligaciones* **que establezca la ley con fines de utilidad pública o de interés general. Solo por causa de utilidad pública o interés social,** *mediante sentencia firme y pago oportuno de justa indemnización, podrá ser declarada la expropiación de cualquier clase de bienes.*"

El texto transcrito contiene la formulación de un planteamiento de carácter general, que como tal, sirve como parámetro básico o marco referencial al régimen de la propiedad, por lo que también a modo de postulados generales, aparecen otras regulaciones constitucionales, como la que proscribe la formación de monopolios, la especulación, la usura, o la cartelización, declarándolos ilícitos y remitiendo a la regulación penal (artículo 114 constitucional). Igualmente aparece en el mismo texto y con idéntica fuerza una regla que limita la confiscación de bienes, única y exclusivamente, a los casos contemplados expresamente en la norma constitucional, y por vía de excepción, permite la aplicación de esta fórmula de sanción patrimonial a los responsables de delitos contra el patrimonio público y sobre los bienes provenientes de actividades vinculadas con el tráfico ilícito de drogas (artículo 116).

Junto a esto, la Constitución vigente complementa el sistema de garantía a la propiedad, al fijar como una obligación del Estado la protección para el disfrute y pleno ejercicio del derecho por su titular, en éstos términos: "Artículo 55.- Toda persona tiene derecho a la protección por parte del <estado, a través de los órganos de seguridad ciudadanas regulados por ley, frente a situaciones que constituyan amenaza, vulnerabilidad o riesgo para la integridad física de las personas, sus **propiedades**, el disfrute de sus **derechos** y cumplimiento de sus deberes..." (destacados nuestros).

Partiendo de las consideraciones consignadas podemos precisar que la propiedad se configura, entonces, no como una función social en sí misma, sino como *un derecho subjetivo que debe cumplir una función social*, lo que nos pone en presencia de postulados conceptuales sustancialmente distintos[18], de donde se concluye que el *principio de función social de la propiedad* aparece y funciona, de manera general, como un elemento, como un componente inseparable dentro de régimen integral de este derecho subjetivo fundamental, constitucionalmente garantizado, que actúa moldeando su contenido.

No obstante, tal posibilidad no se presenta solo en una versión abstracta, dispuesta para fijar teóricamente el contenido y alcance de la institución constitucionalmente regulada y garantizada; también se concretiza, en atención a las diferentes categorías de bienes susceptibles de ser objeto jurídico de la propiedad, es decir, sobre las distintas cosas a las que se aplica ese particular tipo de dominio. Por ello, el legislador ordinario deberá establecer diferentes regulaciones atinentes al desarrollo del principio de función social de la propiedad, según sea el caso. Siendo así, la eficiencia o plausibilidad de ese contingente normativo va a depender, en buena medida, de la coherencia interna de las normas que lo componen y de sintonía que esa diversidad de disposiciones legales logre tener en relación con el ámbito fenomenológico generador de las concretas exigencias colectivas que, en definitiva son las que determinan el surgimiento de los parámetros definitorios de una específica área de expresión de la función social que debe y puede cumplir, como carga y como aporte, la propiedad.

Tal es lo que ocurre con la propiedad urbana, particularmente con el objeto de la propiedad predial que sirve de soporte primario al modo de vida urbano y que representa un componente imprescindible y vital para su existencia y desarrollo, en razón de la necesaria localización que - *en el terreno* - requieren todos los componentes físicos de la ciudad. Por tal razón, la propiedad predial urbana reviste singular importancia, no solo desde el punto de vista jurídico, sino de igual manera, en lo económico, político, social, cultural e ideológico.

Esta realidad, fácilmente comprobable, genera profundo interés en el campo científico, y en consecuencia, encontramos abundante literatura que recoge las mas encontradas posiciones sobre el tema, incluyendo - claro está -, lo atinente a la función social de la propiedad urbana, sus fundamentos, su alcance, y sus consecuencias, lo que, en definitiva, ha desembocado en la configuración de un régimen jurídico especial, de un verdadero *estatuto de la propiedad inmobiliaria urbana* que comporta en sí miso, un complejo andamiaje de elementos teóricos combinados con una variedad de dispositivos jurídicos de diferente factura, origen, rango y valor, que dibujan esas peculiaridades.

El profundo y extenso impacto que, de manera específica y directa, ha provocado el hecho urbano y su evolución en muchas instituciones jurídicas - como sucede abiertamente en el caso de la propiedad inmobiliaria - es de tal magnitud, que se ha llegado a consagrar como un régimen o estatuto singular, con particularidades propias y diferentes del perfil y comportamiento que se puede observar, con la misma institución, en otros ámbitos sustantivos de su presencia, empleo y desempeño. Vemos así como, en el caso de la propiedad inmobiliaria urbana, se destacan, entre otros aspectos, asuntos tales como la fiscalidad, la determinación precisa del aprovechamiento edificatorio, a la par del uso o destino de los predios y las edificaciones, sus intensidades y modalidades de utilización e intercambio, las fórmulas específicas de control jurisdiccional sobre las decisiones atinentes a las construcciones urbanas y su utilización, la defensa judicial de los intereses colectivos, etc.

En este orden de ideas resulta oportuno recordar lo que hace ya tiempo precisaba el profesor Eugenio Pérez Botija, al indicar que: "... El urbanismo no debe considerarse solo como un conjunto de ideales arquitectónicos o una suma de servicios públicos, fruto de la llamada ingeniería sanitaria; como tampoco es una mera condensación de tendencias políticas, ni un replanteamiento de determinados fenómenos sociológicos (city versus slum). El urbanismo, en la pluralidad de sus facetas, se ha convertido en uno de los tantos capítulos que han de integrar la cultura general jurídica y política del hombre de nuestro tiempo"; y mas adelante, insistiendo sobre el mismo asunto, pero centrándose ahora en el tema concreto del derecho de propiedad, continúaba señalando que: "... Algunas de las instrumentaciones legales del urbanismo han originado profundas, aunque al parecer, insospechadas, mutaciones ideológicas. Así, por ejemplo, han llegado a percutir en las concepciones tradicionales del derecho de propiedad con mucha mayor eficacia que la acción corrosiva de la doctrina marxista, y sólidos sistemas o estructuras en la pública administración quedan asimismo sujetos a revisión por consecuencia de aquellas leyes ..." y seguidamente concluye con la esta contundente afirmación: "..La legislación urbanística constituye así uno de los mas modernos capítulos del Derecho Administrativo. Durante algún tiempo figuró como simple epígrafe del llamado Derecho municipal; hoy ya desborda los confines de éste. Por su etimología y por su inicial desarrollo, aquella legislación hacía referencia exclusiva al Municipio-ciudad, mas después, tanto por los fines o realizaciones de la política urbanística como por las formas administrativas en que se concreta y los institutos burocráticos que suscita, introduce profundas modificaciones en la teoría general de aquella disciplina... "[19]

En consecuencia encontramos que, el abordaje del asunto relativo a la función social de la propiedad nos ubica, frente a - cuando menos - una doble perspectiva: de un lado, la que ofrece una aproximación eminentemente abstracta, propia del campo de la especulación ideológica o filosófica de ese derecho subjetivo, con toda la carga y valoración que evidentemente aporta al conocimiento de las instituciones, su evolución y desenvolvimiento; y de otra parte, una perspectiva de análisis que, penetrada por ese pensamiento abstracto, transfiere los conceptos a espacios prácticos de aplicación de las instituciones, lo que conduce a detectar algunas connotaciones específicas que las mismas ofrecen, en cada una de sus posibles manifestaciones.

De allí que podamos concluir afirmando que para la comprensión adecuada del sentido y alcance de la función social de la propiedad urbana, es preciso conocer, ponderar e incorporar en el enfoque algunos conceptos propios del Derecho Urbanístico, tal como sucede con la consideración del urbanismo como una función pública.

3.- EL URBANISMO COMO FUNCION PUBLICA.

3.1. LA EVOLUCIÓN JURÍDICA DEL URBANISMO

En el prolongado proceso que comporta la evolución de las regulaciones jurídicas vinculadas con el hecho urbano destaca un momento determinante, dado por la aparición del Estado de Derecho, y fundamentalmente por uno de sus efectos inmediatos: el surgimiento del Derecho Administrativo.

En efecto, es muy elocuente la evolución normativa del urbanismo como manifestación ejemplar de la valoración que significa, en líneas generales, el factor histórico en la construcción del Derecho administrativo, sobre cuya consideración invita el profesor Villar, afirmando que, "...

Por eso resulta particularmente importante atender a la formación del derecho administrativo a través de la historia. Más aún, descubrir en als urdimbres sucesivas de los hechos una conexión explicativa de los mismos, es la única perspectiva auténtica. De paso se elimina la perniciosa actitud del *adanismo (quoties toties sicut novus Adamus)* de que sistemática y altivamente hace alarde la doctrina política y las ciencias que, como la del Derecho administrativo están umbilicalmente vinculadas a la misma (...) Una razón más justifica este método de comprensión. El derecho administrativo no es una creación pacífica de la razón o un producto de usos y costumbres juridizados - como sucede en gran parte del derecho mercantil -, sino el resultado de la incesante y eterna polémica del poder con la sociedad, como un subproducto - ingente pero derivativo – de la política. De ahí sus avatares pendulares, su difícil tecnificación jurídica. No es que la política no influya en el Derecho privado, pero lo hace de un modo mas sutil y cauteloso, pues abandona a la autonomía privada gran parte de su potencia conformadora ...", y seguidamente concreta su reflexión de este modo: " ...En el derecho, como en cualquiera de las manifestaciones culturales o sociales, los procesos no se verifican saltuariamente como creaciones *ex nihilo* de sistemas cerrados con hermética y total plenitud. Antes bien, son el producto de sedimentos progresivos en el transcurso de la historia, de técnicas institucionales y formas de Derecho que, poco a poco, van acumulándose para formar esa total complitud. Lo que si cambia saltuariamente es la concepción política y muchas veces doctrinal de este progreso, lo que en cada momento se entresaca del amasijo intrincado y confuso de lo jurídico como elementos determinantes de la vida comunitaria objetivada en cada momento..."[20].

En total sintonía con la perspectiva que incorpora el factor histórico para la adecuada comprensión y manejo de las instituciones jurídico administrativas, apelamos a su empleo, estudiando el análisis de las regulaciones jurídicas asociadas con los asentamientos humanos, a través de su evolución histórica, lo que permitió concluir en la verificación de " una constante demanda de reglas relacionadas con las formas y el funcionamiento de los centros poblados y por contrapartida, la respuesta, también constante a esa demanda, con las características que corresponden a cada momento histórico, hasta desembocar en el reconocimiento de la ciudad como una unidad integral para la actuación del Estado, que se apoya, indefectiblemente en categorías jurídicas, con sus variadas expresiones..."[21], lo que emboca en la construcción de un *Derecho Urbanístico* en tanto expresión que sistematiza la aplicación del derecho administrativo a una realidad fenomenológica concreta, a partir de la confluencia de un conjunto de factores que operan mediante un proceso continuo de acumulación en el cual se pueden aislar, a los solos efectos metodológicos, determinados momentos marcados por particularidades o eventos que sirven como notas destacables.

Así, el conjunto de eventos que confluyen históricamente como *momento* en el surgimiento del Estado de Derecho tienen una coincidencia temporal - que no debe considerarse simplemente como una casualidad - con la expansión morfológica y funcional de la ciudad, siendo la consolidación y expansión de la urbanización es un efecto directo de la Revolución Industrial. Estos hechos nos ponen frente al surgimiento del *Derecho Urbanístico* que, en su manifestación mas destacada, se expresa a través de la progresiva aparición de las leyes especiales integrales - como *estandarte o buque insignia* - dentro de la prolija, variada y compleja normativa jurídica que tiene al tema urbano como objeto de regulación, y que, en los tiempos mas recientes alcanza un elenco de tal magnitud, que comporta incluso normativas de carácter supranacional, incorporadas progresivamente como derecho interno de los Estados, a lo que se añaden todas las disposiciones constitucionales, nacionales, regionales (estadales, departamentales, provinciales, autonómicas) y locales, así como las reglas técnicas que de ordinario las complementan, todo ello, en absoluta sintonía con la amplia y compleja naturaleza del asunto urbano.

Atendiendo a su evolución dogmática, a partir de entonces se determina la presencia de un verdadero *sistema*, de un amplio, variado y singular complejo de regulaciones, integrado bajo la unidad conceptual que determina su objeto, y además, la coherencia interna que deriva de su integración lógica, anclada en los principios que lo impregnan y le sirven de amalgama y soporte, para que su constante referencia a la totalidad.

3.2.- UNA NOCIÓN PRINCIPAL: EL URBANISMO COMO FUNCIÓN PÚBLICA.

Pues bien, dentro de esos principios, hay uno que se erige como la clave de bóveda por su valor como pieza de integración del *sistema*, al ser, en sí mismo, un fundamento básico de su existencia. Se trata de la concepción del urbanismo como una *función pública,* lo que implica, como de partida, entender, que jurídicamente la actividad urbanística, la ordenación de los asentamientos humanos en el territorio, constituye, en su esencia, una ineludible responsabilidad del Estado, una tarea que solo puede ser racionalmente asignada al sector público, como una verdadera **función administrativa.**

La presencia de esta noción, convertida en Principio en razón de su trascendencia - aún cuando no aparezca literalmente expresado así en el texto de una norma formal - se deduce, en primer término, de la naturaleza misma de las cosas, de la esencia propia de la realidad urbanística que, como hecho colectivo, solo admite un tratamiento público; pero además, la eficiencia del principio deriva de la totalidad del complejo normativo que pone de manifiesto uno de los modos de expresión de la presencia estatal, y muy particularmente, de la función administrativa, como punto de partida primario de su juridicidad, y consecuentemente, como soporte dogmático de todo su andamiaje. Es así, por cuanto la vigencia del Estado de Derecho, como plataforma prácticamente universal en el desenvolvimiento regular de la sociedad contemporánea, solo admite el ejercicio del Poder público, mediante los cauces que determina el Derecho, dando al término, a un tiempo, el significado de ordenamiento normativo, estructura formal de regulaciones positivas, y como Ciencia o disciplina del conocimiento que permite construir, explicar e interpretar ese ordenamiento, bajo cánones lógicos.

En definitiva, la concepción del urbanismo como función pública se erige como un principio jurídico esencial y trascendente, que impregna sustancialmente a todo el ordenamiento y con ello lo conduce, en bloque, hacia su inserción en el Urbanismo contemporáneo, como un componente inevitable de su espacio práctico y de su entorno epistemológico.

El reconocimiento del sentido esencial que comporta esta noción-principio, y su consecuente valoración a través del prisma que aporta la ciencia jurídica, es lo que lleva a los profesores García de Enterría y Parejo Alfonso a tomar como punto de partida la identificación del Derecho Urbanístico como una especial manifestación del Derecho administrativo, y con ello afirmar que: "... En el urbanismo confluyen hoy técnicas y disciplinas de todas clases...Una de estas técnicas inevitables del urbanismo es el Derecho y hemos de decir desde ahora mismo que no precisamente la última entre todas... El urbanismo es un fenómeno colectivo que, por una parte impone ciertos métodos públicos de actuación por parte de las organizaciones políticas y, por otra, incide sobre las situaciones jurídicas de los ciudadanos, en medida, por cierto extraordinariamente relevante ..."²² (destacados nuestros); es así, como el proceso de asentamientos humanos, su conocimiento y el conjunto de actividades vinculadas con su desenvolvimiento racionalizado, esto es, el urbanismo, comporta para su concepción integral, la necesaria inclusión de un ingrediente primordial, que viene dado por el componente jurídico, que se convierte en una pieza inseparable en su realidad intrínseca. De igual modo, dentro de la disciplina jurídica, las manifestaciones derivadas de su inevitable atención sobre el fenómeno urbano y sus derivaciones, en razón de su trascendencia vital para el ser humano, encuentran su ubicación sistemática, en el terreno propio del Derecho administrativo, mas que en cualquier otro espacio del conocimiento y la aplicación práctica del Derecho; ello precisamente, en atención a su cualidad de fenómeno colectivo, porque la ciudad - por ser de todos - no pertenece a nadie en particular.

Y poniendo el foco en el asunto relativo a la propiedad y su tratamiento en el entorno de fenómeno urbano, destaca la transformación operada en la aplicación de las técnicas jurídicas, como respuesta a los cambios en modo e intensidad que el urbanismo va presentando en su evolución. En este sentido, se aprecia como una de las bases en que se asienta el Derecho urbanístico, " la superación de la actividad urbanística como mero sistema de encauzamiento externo de las facultades privadas sustantivas, radicadas en el derecho de propiedad, mediante la disociación o separación de las decisiones básicas sobre el aprovechamiento urbanístico del derecho subjetivo de propiedad y su sustantivación y configuración como contenido de una competencia pública. El urbanismo , pues, pasa a ser una función pública..."[23], y ello ocurre en el medio de la dogmática jurídica, a partir del entendimiento de la ordenación urbanística, *no solo como un conjunto de técnicas de racionalización de los espacios, sino como estatuto mismo del derecho de propiedad*, que contempla no solo los atributos que la componen, sino la concurrencia de otros elementos para delimitar la institución dominical, poniéndola en relación constante con la función social que se le adjudica.[24]

Como consecuencia directa de lo que se viene de afirmar, uno de los impactos primarios que deriva de la concepción del urbanismo como función pública, es que esta concepción medular hace variar el punto de enfoque, el eje de atención de la cuestión de la propiedad, desplazando el centro jurídico de gravitación de la actividad urbanizadora, esto es, el factor legitimante de la facultad de "hacer ciudad", desde la esfera de los poderes dominicales del propietario hacia el ámbito de las potestades públicas, esto es, el espacio jurídico-político propio de la construcción, expresión y aplicación de la voluntad general, con contenido y legitimidad técnicos.

Al considerar la extensión y las magnitudes físicas y cualitativas que alcanza el urbanismo contemporáneo como sistema de vida y el correlativo derecho fundamental de toda persona humana a disfrutar del mismo, se entiende que en el entorno jurídico avanzado, la tensión entre interés público e interés privado no encuentra solución mediante la aplicación civilista tradicional y las técnicas clásicas de la propiedad, controlada a través de las modalidades de policía administrativa que operan como elementales limitaciones al ejercicio del derecho.

Entonces, el tema de la propiedad y su relación con la urbanización y la edificación urbana, si bien mantiene presencia como asunto de interés destacable en el contexto jurídico, y particularmente en el Derecho Urbanístico, pierde la posición protagónica que desde una perspectiva metodológica que gravitaba prácticamente de manera exclusiva sobre el tema - ahora limitado en su alcance y potencialidad resolutiva, como consecuencia de las nuevas dimensiones del fenómeno - de los poderes dominicales, pudo tener como llave de acceso a su sistemática.

Observamos así, como se pasa de una presencia pasiva, de una conducta reactiva de la autoridad - básicamente la autoridad local -, circunscrita al ejercicio rutinario de las facultades de policía administrativa para el control de la iniciativa privada de edificar, a una presencia activa, que incorpora la calificación y clasificación del suelo mediante la determinación de espacios permitidos para la urbanización y la definición de las potencialidades de aprovechamiento urbanístico de la propiedad predial, pero además, una autoridad administrativa pública que asume como tarea gestionar la producción adecuada y oportuna de los espacios urbanos.

De esta manera, la indicada evolución tecnológica, cultural, económica y social que representa la urbanización, inseparablemente asociada a la expresión jurídica, desemboca en la fórmula que aporta una sensible y trascendente diferencia entre los conceptos de "limites" y "limitaciones" al derecho de propiedad, por razones urbanísticas, y en atención a la función social que le corresponde cumplir a ese derecho subjetivo, como parte de su contenido.

Por todo ello, se entiende como "...Las decisiones básicas sobre el urbanismo se han disociado definitivamente del derecho subjetivo de propiedad y se ha atribuido a la Administración"[25] como una función, por lo que no se trata de un simple incremento de facultades de control, de un aumento aritmético del poder de la administración sobre los derechos del ciudadano, sino de una nueva configuración del campo de responsabilidades del Estado frente a la colectividad, pasando a operar necesariamente como promotor y generador de las condiciones de vida urbana, en favor de las comunidades.

Ello se pone claramente de manifiesto con todo el conjunto de técnicas jurídicas que aparecen - o que se adaptan - a partir de la concepción del urbanismo como función pública.

En tal sentido se comienza por la superación que opera de manera general sobre la limitante física que significaba el espacio físico urbano como un factor determinante para el ejercicio de las competencias urbanísticas, con lo que se alcanza al espacio rural mediante la aplicación de las técnicas de planificación regional, abriendo de esta forma, una brecha hacia la posterior concepción de la Ordenación del Territorio[26], con lo cual, el urbanismo deja de ser una tarea única y exclusivamente local para dar cabida en su manejo a la Administración nacional, en atención a la escala de muchos de sus asuntos que, por su irradiación espacial y por su trascendencia, exceden la esfera del interés local, esto es, la capacidad ordenadora y gerencial, así como, la competencia territorial del municipio.

Pero, al lado de estas circunstancias de orden práctico, funcional u operativo, no debe dejar de considerarse el otro elemento de carácter ideológico, representado por la expresión generalizada, por lo que podríamos entender como la democratización y globalización de los valores propios del forma de vida urbana a los cuales se debe permitir acceso, sin distinción, a todos los ciudadanos, por lo que también desde esta perspectiva el urbanismo como categoría jurídico-pública salta de lo local - sin que por ello, el Municipio pierda protagonismo en el asunto, dentro de sus limitaciones y capacidades -, a una consideración en la escala nacional, e incluso en el ámbito supranacional.

Esto es una tendencia que se nos presenta como constante que aparece progresiva y sostenidamente reflejada en el Derecho comparado, tanto en la legislación sobre aspectos sustantivos, como en los temas de organización administrativa que, derivando de la concepción de la función pública urbanística, se orientan hacia una articulación de la organización administrativa nacional o general del Estado con la administración local, mediante el empleo de la diversidad de técnicas aplicables por la forma unitaria o compleja que domina la arquitectura del Estado. En la escala supranacional son ya suficientemente conocidos los supuestos que cobran estabilidad en el caso de la Unión Europea, a través de diversas manifestaciones jurídicas (doctrinarias, normativas, regulatorias y de control) que impactan el ámbito de las legislaciones y la organización y funcionamiento de las Administraciones de los diferentes países que la integran, así como de las relaciones jurídico administrativas con los ciudadanos, dando cada vez mayor presencia a la idea del Derecho administrativo global.

Más la categorización del urbanismo como función pública, en su cualidad de principio general, no solo toca el epicentro de la legitimación para *hacer ciudad*, lo que por lo demás, no debe confundirse con el tema de la función social de la propiedad urbana, aún cuando pasa a ser un factor esencial para su adecuada determinación y comprensión. Esta noción también desencadena efectos muy importantes sobre el papel que juega la Administración pública en general, primordialmente en cuanto a su sentido operativo, por lo que le permite encontrar en la gestión urbanística un pivote adecuado y eficaz para el diseño y la conducción estratégica de buena parte de sus decisiones.

Con la concepción del Estado democrático y social de Derecho se entiende que la responsabilidad pública frente a las demandas colectivas ya no se puede limitar a las formas tradicionales de regulación, limitaciones, policía y fomento, que acotan el campo de actuación del aparato administrativo público dentro de un espacio de presencia pasiva, de reacción a la iniciativa de un agente externo y de ejercicio de potestades y privilegios de cara a las expectativas del administrado.

La nueva concepción conduce a transformarlo en una estructura dispuesta para la conducta proactiva en la misión de proveer satisfacción a las variadas y crecientes necesidades de los administrados, que ya hace algún tiempo, Forsthoff determinaba como objetivo del Estado promotor con la noción de "procura existencial" de los ciudadanos[27]. Es lo que en su propia dinámica evoluciona hacia la textura del Estado manager, en el cual, "... tanto o más importancia que leyes propiamente dichas tiene la formulación y operativización de policies o estrategias, frente a las cuales las normas propiamente dichas tienen carácter ancilar ...."[28]; de allí, la posición protagónica que adquieren en la administración urbanística las técnicas operativas o de gerencia, en función de lograr objetivos de desarrollo urbano, de cualidad o forma de vida urbana, en la orientación, magnitud, escala y oportunidad que demanda la Sociedad, el interés colectivo, provocando y ofreciendo una respuesta eficiente que, por su propia naturaleza, no puede ofrecer la iniciativa privada.

En efecto, las demandas colectivas asociadas a la urbanización, al modo de vida urbano contemporáneo (residencia, empleo, producción, recreación, educación, cultura, seguridad, salud, movilidad, ocio, etc.) se traducen en todo lo que contemporáneamente se identifica bajo la categoría general de *políticas públicas de desarrollo humano*. Su importancia vital exige que sean atendidas por estructuras estatales que son, en definitiva, la expresión mas acabada de la sociedad civil organizada para la satisfacción de sus necesidades colectiva, que no pueden descansar en el ritmo y a oportunidad de actuación que interesa a la iniciativa privada, ni se pueden alcanzar mediante fórmulas de "autogestión popular", por definición cargadas de inestabilidad, en contraste con la institucionalidad, profesionalismo y responsabilidad requeridos.

Se produce de este modo, un salto conceptual y operativo en la presencia de la Administración urbanística. Se modifican así los títulos que justifican su presencia, pasando de la policía urbana - básicamente por motivos sanitarios -, y de la noción obra pública, que en ese orden de aparición sirvieron de soportes iniciales a la intervención pública en el ambiente urbano integralmente entendido. Se desplaza entonces el soporte legitimante de la intervención pública hacia la posición de entender el medio urbano como forma de vida, como manifestación colectiva vital, lo que desemboca en el espectro de la propiedad, en la idea de su vinculación, como expresión práctica de la función social urbana, que le sirve de anclaje ideológico o conceptual.

Tal transformación se expresa en un instrumental jurídico que coloca a la figura del plan, a la técnica de la planificación, en un sitial protagónico, por su operatividad gerencial unida a su juridicidad, por la conjunción de sus elementos técnicos y su categorización jurídica que le confiere seguridad, certeza y legitimidad, a la par que actúa como factor vinculante y de control al ejercicio del poder..

En síntesis, la función social de la propiedad, en el entorno urbano, encuentra su concreción como principio jurídico-político, a través de la concepción del urbanismo como función pública. De esa manera, mediante un conjunto de expresiones colectivas - básicamente, las normas legales y los medios técnicos previstos para su realización - formalizadas por los agentes públicos, sujetos a los cauces jurídicos aplicables, se concretiza tanto el contenido normal de la propiedad, su determinación jurídica en tanto poder legítimo de aprovechamiento - es decir, su *delimitación* -, como la previsión objetiva de los eventuales sacrificios que eventualmente deba soportar en forma singularizada - limitaciones, restricciones, contribuciones y cargas - en beneficio del interés general, teniendo siempre presente la garantía de los mecanismos indemnizatorios que corresponda.

Se entiende, en fin, que se trata de una propiedad *vinculada* a las previsiones del Plan - instrumento delimitador de su contenido concreto, en términos de aprovechamiento y destino - y en general, al Régimen urbanístico en el cual se inserta en virtud de la determinación derivada de dicho Plan[29]. Esto también opera como marco de actuación y referente para una nueva concepción de la Administración, no limitada ahora a controlar el cumplimiento de reglas en forma rutinaria, pasiva y monótona, sino obligada, como factor determinante de su presencia, a actuar para alcanzar el cumplimiento de los objetivos marcados en el Plan, que también son expresión de la función social, y cuyo logro presupone y exige el ejercicio integral, efectivo y eficiente de la función pública urbanística, de la tarea de *hacer ciudad*, mediante la acción directa y el encauzamiento de otras iniciativas públicas y privadas, en un esquema estratégico de gestión.

4.- DESAFIOS URBANISTICOS DEL GOBIERNO LOCAL

He afirmado en otra oportunidad que, "... Urbanización y Municipio son términos que identifican nociones que van de la mano desde hace ya bastante tiempo, en la evolución de la humanidad, y con mayor acento, a partir de los cambios y transformaciones sustanciales que la población mundial ha experimentado a partir de la segunda mitad del siglo XIX, con la Revolución Industrial y mas cercanamente, en las postrimerías del recientemente finalizado siglo XX, con la Revolución Tecnológica que presenciamos hoy día, en su pleno desarrollo, con especial efecto en el campo de las comunicaciones..."[30]. La realidad *medioambiental urbana* es, en definitiva, el factor determinante para la ocurrencia de los retos primarios en las transformaciones de la Administración Pública en general, y con mayor intensidad, para el gobierno local.

No cabe duda que ello acrece con las demandas de adaptación provenientes de los cambios operados en el escenario morfológico y funcional del Estado en el que se integra el Municipio, con el progresivo posicionamiento de las nuevas realidades institucionales tales como *región, articulación territorial, integración, mancomunidad, globalización*, etc., que vienen acompañadas de categorías tales como *participación, democracia, eficacia, transparencia y responsabilidad*, entre otras.

En cuanto al impacto de las transformaciones en el modo de vida de la sociedad urbanizada, ya son bien conocidas las advertencias plasmadas en al doctrina mas calificada, desde el primer tercio del siglo pasado[31]. En particular, tiene espacio predominante, la obra de Fernando Albi, dedicada, precisamente, a poner de relieve la crisis de la institucionalidad local, como consecuencia de las transformaciones tantas veces aludidas, que se sintetizan en la nueva ciudad, en la urbanización post industrial: "...A partir del final de la última guerra se han producido, en la Humanidad, trascendentales transformaciones políticas, económicas y sociales, a cuyas últimas consecuencias no hemos llegado todavía. El enorme desarrollo de la técnica ha alterado, esencialmente, las necesidades, las aspiraciones y las reacciones de los hombres. Estamos en tiempos de crisis mundial, en cuanto ello significa cambio o mutación, y la consiguiente inadaptación de las instituciones de todas clases a las particulares circunstancias de la época actual, y las que se prevén para un futuro próximo; y de esa crisis, que afecta a todos los dominios del pensamiento y de la acción, no podía quedar exenta aquella doctrina relacionada con la administración periférica de los Estados que fue conocida con la denominación de *municipalismo*."[32]

En síntesis, el Municipio como entidad, y la Administración Local, en tanto aparato que le da contenido a través de su función, se organiza y opera regida, íntegra e inexcusalemente por el Derecho administrativo, y se ha desenvuelto históricamente en un complejo escenario que dibujan, por igual y de manera complementaria, el Estado, con toda su compleja armazón que incluye las nuevas instancias supranacionales como realidad político territorial, y la colectividad, la *sociedad civil* con su particular dinámica, a la cual debe servir. Al respecto, Luciano Parejo afirma que "El Municipio, en tanto instancia territorial siempre de un de-terminado Estado, se inscribe necesariamente en el orden constitucional que define a éste. Es así, al igual que el Estado como un todo, necesaria y simultáneamente organización para la toma de decisiones, es decir, poder público, concretamente un poder público más en el conjunto de los inte-grantes de la estructura estatal, y ordenamiento jurídico, lo que vale decir, conjunto de decisiones formalizadas en reglas jurídicas trabadas entre sí en un verdadero sistema."[33]

Por lo tanto, la institución local solo puede entenderse y operar integrada al Estado como parte de un sistema policéntrico público de toma de decisiones, con lo cual, se ve permanentemente influida por los cambios que en dicho sistema puedan producirse; pero al mismo tiempo, está fuertemente marcada en su destino, por los cambios que aporta la di-námica social, política, económica y tecnológica, para lo cual debe abor-dar constantemente las fórmulas de adaptación organizativa y funcional que permitan prorrogar su presencia institucional al servicio de la comu-nidad, con calidades de modernidad y eficiencia, es decir, asumiendo y respondiendo adecuada y cabalmente a los retos de la Sociedad Global.

Las respuestas que corresponde arbitrar a la Administración Pública frente a los requerimientos, exigencias y demandas que provienen desde lo interno de sus propias estructuras, del entorno institucional y de la dinámica realidad urbana, deben plasmarse tanto en su sector or-ganización como en su faceta funcional, por lo que viene a ser un asunto altamente complejo en sus componentes sustanciales y ampliamente di-verso en lo atinente a sus motivaciones y fuentes generadoras. Todo ello conduce a admitir que no es una opción plausible la selección apriorística de respuestas elementales, en formulas simplificadas, o en soluciones sen-cillas; también se amerita un mínimo grado de complejidad en las aproxi-maciones, y se requerirá de respuestas complejas, acordes con la magnitud y calidad del asunto, sin embargo, la complejidad no significa que se im-pongan soluciones complicadas.

En el espectro de una Administración local avanzada y con vo-cación de modernidad, lo deseable es disponer de una actividad de seguimiento permanente sobre sus entornos - la colectividad en la cual se inserta y el Estado, en el cual esta incorporada - que le permita diseñar repuestas tempranas, con anticipación a las demandas o requerimientos; es decir, la gerencia que corresponde a la noción de *Buena Administración* en estos tiempos. Esto comporta una tarea estratégica interna, encargada de la actualización permanente de sus estructuras y funciones, lo que no implica crecimiento burocrático.

De esta posición inicial debe desprenderse el fortalecimiento institucional general del aparato administrativo local, lo que aportará condiciones de ventaja frente a las demandas provenientes de los distintos entornos.

Las ventajas se manifestar en diferentes sentidos y con distintos grados de intensidad. De manera general, se pueden identificar unas de desempeño mas destacadas en el ambiente de la Administración local, que pueden se objeto de atención desde una perspectiva de modernidad, impulsada por la concepción de *buena administración* y particularmente atendiendo a la eficacia, conjuntamente con la aplicación de valores globalizados tales como democracia, transparencia, responsabilidad y ética en la gestión pública, acompañado de una participación ciudadana adecuada, cierta y eficaz.

Desde esta perspectiva, la *profesionalización* de la gestión local opera como una primera expresión del fortalecimiento institucional y, desde luego, redunda en favor de la aplicación del principio de *eficacia*, conjuntamente con el fortalecimiento del principio de responsabilidad, pues permite identificar de manera cierta y confiable los campos de actuación de cada órgano y de cada funcionario.

Además, la profesionalización de la función local lleva consigo otros efectos favorables complementarios como lo es la reducción del espacio para implantar improvisadas estructuras informales, aparentemente configuradoras de expresiones de la sociedad civil organizada, disfrazadas de "participación", que en el fondo se reducen a sutiles mecanismos de control político, a través de la manipulación de los grupos mas débiles de la población, tales como los consejos comunales, comunas, etc.

En el mismo sentido, la incorporación de las *nuevas tecnologías* en las prácticas administrativas, así como el diseño y aplicación regular de mecanismos estables de participación de los ciudadanos y la comunidad, como fórmulas que permiten agilizar y dar seguridad y certeza a los trámites, con la correspondientes ventajas en cuanto a economías y preservación de las garantías ciudadanas, además de transmitir confianza en los interlocutores públicos y privados, sirve como receptor para conocer la percepción de los ciudadanos sobre la calidad de la gestión, y en sentido inverso, funciona como parámetro para montar programas de educación al ciudadano, de formación de mejores y mas activos usuarios del servicio administrativo local.

Luego, la tarea permanente de revisión y adaptación de los mecanismos de actuación, de los procedimientos y métodos de gestión, incluyendo el seguimiento y puesta al día de los ordenamientos normativos para mejorar su sintonía y funcionalidad con respecto a los objetivos, tomando en consideración la condición de parte integrante de un todo mas amplio que será el ordenamiento positivo nacional o supranacional.

En fin, buena parte del la capacidad de respuesta a los desafíos que plantea la Sociedad globalizada contemporánea, derivarán del adecuado manejo de todas esas realidades, como tales categorías científicas, por lo que, el contacto y la relación permanente de las instituciones locales con los centros de actividad científica, con la Academia, con la Universidad, deberá proveer los conocimientos que no generan sus estructuras internas, por no estar diseñada ni dedicadas a tales funciones.

Opera, entonces, en esta simbiosis, una vinculación de complementariedad que aporta ventajas por igual a ambos participantes; para la Academia, el conocimiento de una experiencia de la Administración real, significa un verdadero laboratorio insustituible, frente a cualquier ejercicio teórico o elucubración ideal; de su parte, para la Administración local, implica obtener e su beneficio un soporte intelectual e instrumental que escapa a su propio perfil, y que en ningún caso podría aspirar a instalar con el nivel de calidad que aporta la Universidad.

En síntesis, la respuesta general al reto tantas veces mencionado parece comportar la conveniencia de unir en una misma plataforma de respuestas dos términos que, a primera vista parecerían antitéticos, cuales son *juventud* (reconocimiento y permeabilidad a las demandas actuales, con capacidad para responderlas en términos actuales) y *experiencia* (derivada del peso de la tradición y el conocimiento de los modos de evaluar y actuar), y que están llamados a convivir en armonía, en el campo de la institucionalidad pública local.

Caracas, Diciembre 2014.

(ENDNOTES)

* Profesor de la Universidad Central de Venezuela.- Coordinador del Postgrado en Derecho Administrativo (UCV).- Profesor Invitado del Instituto Nacional de Administración Pública (INAP). España.- Miembro Fundador del Foro Iberoamericano de Derecho Administrativo (FIDA). Miembro del Consejo Directivo de la Organización Iberoamericana de Cooperación Intermunicipal (OICI) y Delegado Regional para Venezuela.

2   En este sentido pueden verse, entre otros: Armando Rodríguez García, Comunidad, Urbanismo y Construcción en Venezuela. Aspectos jurídicos. PH Editorial. Caracas, 1993; Fundamentos de Derecho Urbanístico: una aproximación jurídica a la ciudad. Universidad Central de Venezuela, Caracas, 2010; y Anotaciones sobre la función pública de la propiedad urbana y el urbanismo como función pública. En "Estudios jurídicos en homenaje al Profesor Juan Pablo Cajarville Peluffo. Ed. Fundación de Cultura Universitaria (FCU). Montevideo, 2011.

3   Véase: Eduardo García de Enterría: "Democracia, Jueces y Control de la Administración". Editorial Civitas, 3ª edición. Madrid, 1997.

4   Titulo a un tiempo acertado y expresivo, por lo que deviene emblemático: El Triunfo de las Ciudades. Obra de Edgar Glaeser, experto en Economía Urbana y Profesor de la Universidad de Harvard, publicada por Taurus, Madrid 2011.

5   Armando Rodríguez García, Ciudad y Gobierno Local: riesgos, desafíos y fortalezas. En, "XXX Congreso Iberoamericano de Municipios: Hacia una nueva vida munici-

pal", (Cádiz, mayo 2012). Editado pro Federación Española de Municipios y Provincias (FEMP) / Organización Iberoamericana de Cooperación Intermunicipal (OICI) y Ayuntamiento de Valladolid. Valladolid, 2014. Pág. 243. Publicado también en Revista de Derecho Público # 132 (octubre-diciembre 2012). Editorial Jurídica Venezolana. Caracas, 2013. Caracas. Págs. 29 y stes.

6   Nos referimos a la obra del matemático Jacob Bronowsky: The Acsent of Man, publicada originalmente por la British Broadcasting Corporation (BBC), en 1973 (traducción española titulada El Ascenso del Hombre, Ed. Fondo Educativo Interamericano. México 1979), que recoge para una serie televisiva la evolución científica en el contexto de la cultura humana.

7   Organización de las Naciones Unidas, Departamento de Asuntos Económicos y Sociales, División de Población. State of the World Cities 2010-2011. www.unhabitat.org.

8   Cfr. www.unfpa.org/public/site/global. (los destacados del texto son nuestros).

9   En este punto tengo plena coincidencia con el sentido de lo expresado por Enrique Orduña Rebollo y Enrique Orduña Prada, cuando sostienen que: "... Aunque en ocasiones, lo evidente sea obvio y reiterativo hasta el agotamiento, hemos de reconocer que existe una coincidencia global al considerar la sociedad del siglo XXI eminentemente urbana, en la que la mayor parte de sus habitantes reside en ciudades o en núcleos de población que de ninguna forma pueden considerarse rurales...". (Véase en el Estudio Preliminar a la Edición fascímil de la obra de Adolfo Posada: El Régimen municipal de la Ciudad Moderna , publicado por la Federación Española de Municipios y Provincias (FEMP). Madrid, 2007).

10   Vid. Giorgio Piccinato: Un mundo de ciudades. Fundación Fondo para la Cultura Urbana/ Universidad Central de Venezuela (Facultad de arquitectura y Urbanismo). Traducción de Rosalía Ciencia Biondo. Caracas, 2002. Pág. 3.

11   Op. Cit. pp. 7-89. (Los destacados son nuestros)

12   Sobre el tema, véase, Armando Rodríguez García: Fundamentos de Derecho urbanístico: una aproximación jurídica a la ciudad. Op. Cit.

13   Sobre el tema, ver, James Trefil: A scientist in the city. Anchor Books. New York. 1994.

14   Armando Rodríguez García, Fundamentos de Derecho Urbanístico... Op. cit., pág. 160.

15   Armando Rodríguez García: El derecho a un nivel de vida adecuado en la Declaración Universal de Derechos Humanos. Revista de la Facultad de Ciencias Jurídicas y Políticas. Nº 76. Universidad Central de Venezuela. Caracas 1990. Pág. 165.

16   Empleamos la definición de Ambrosio Colin y H. Capitant: Curso Elemental de Derecho Civil. Instituto Editorial Reus. Madrid, 1952. 3ª edición. Tomo II. Volumen II. Pág. 96.

17   José Castán Tobeñas: Derecho Civil español, común y foral. Instituto Editorial Reus. Vol.II. 9ª edición. Madrid, 1957.

18   Al respecto resulta especialmente recomendable, por ilustrativo, el preciso análisis de Ramón Martín Mateo, en su ensayo: El estatuto de la propiedad inmobiliaria. Revista de Administración Pública. N° 52. Madrid, 1967. Págs. 101 y stes.

19   Eugenio Pérez Botija Introducción al Derecho urbanístico español. En: "Derecho Urbanístico Español. Conceptos y Legislación". Instituto de Estudios de Administración Local. Madrid, 1950. Págs. 13 y 14.

20   José Luís Villar Palasí: Derecho Administrativo. Introducción y Teoría de las Normas. Universidad de Madrid. Facultad de Derecho. Madrid, 1968. Pág. 91 y stes.

21   Armando Rodríguez García: Fundamentos de Derecho Urbanístico...cit, pág71.

22   Eduardo García de Enterría y Luciano Parejo Alfonso: Lecciones de Derecho Urbanístico. Editorial Civitas. Madrid, 1981 Pág. 65.

23   Eduardo García de Enterría y Luciano Parejo Alfonso, Ibídem, pág. 170

24   Ibídem. Además, sbre el punto, véase: Ramón Martín Mateo, El Estatuto de la Propiedad Inmobiliaria. En Revista de Administración Pública. N° 52, Madrid 1967, págs. 101-150; y La penetración pública en a propiedad urbana. En Revista de Administración Pública. N° 67, págs. 13- 40. Madrid,

25   Ibidem, pág. 114.

26   En ese orden de ideas señala el profesor Antonio Moles Caubet: "Los asentamientos humanos distribuidos en diversas formaciones urbanas - a cuyo servicio están los recursos naturales, dominados por la acción de la ciencia y de las técnicas - se encuentran dispuestos coherentemente con una compensación de sus desigualdades, constituyendo así un verdadero sistema de ciudades. En efecto, hay ciudades con un campo de fuerzas susceptible de cohesionar a las demás, incluidas en su radio, convirtiéndose entonces en ciudades metropolitanas o sea, etimológicamente, ciudades-madre, rodeadas de sus sufragáneas... En esta extensión, el urbanismo queda mejor expresado con el nombre de Ordenación del Territorio...". Vid.: "El régimen del urbanismo en Venezuela y su relación con la autonomía municipal". En Derecho Urbanístico. Archivo de Derecho Público y Ciencias de la Administración Vol. V.. Instituto de Derecho Público. Universidad Central de Venezuela. Caracas, 1.983.

27   Ernst Forsthoff: Tratado de Derecho Administrativo. Instituto de Estudios Políticos. Madrid, 1.958.

28   Manuel García Pelayo: Las Transformaciones del Estado Contemporáneo. Alianza Editorial. Madrid, 1.977, pág. 115.

29   Véase al respecto: VVAA: La vinculación de la propiedad privada por los planes y actos ad-

ministrativos. (V Congreso Hispano-Italiano de profesores de Derecho Administrativo). Instituto de Estudios Administrativos. Madrid, 1976.

30   Armando Rodríguez García: Urbanización y Municipio. En XXV Congreso Iberoamericano de Municipios (Guadalajara, México Octubre 2001). Federación Española de Municipios y Provincias / Organización Iberoamericana de Cooperación Intermunicipal. Madrid 2003. Pág. 255.

31   En particular destaca la opinión pionera de Adolfo Posada, cuando expresaba que: "..La idea del Municipio – creación o producto del proceso histórico de los Estados – y de sus pueblos, se debilita, a medida que se disuelve - y apaga – la realidad del interés local propio del núcleo vecinal que forma el Municipio, el cual, como tal y mediante sus representantes, tiene de alguna manera la gestión del interés de que se trate. Sin duda, semejante idea del Municipio se ha realizado – y realiza – según muy diversas formas, aunque la noción histórica y positiva, diferenciada del Municipio, parece excluir: a) la condición de independencia, que lo convierte en Estado supremo . la Ciudad-Estado no es, jurídicamente, como tal, Municipio; b) la sumisión o absorción del núcleo local por parte de un organismo político superior, que convierta al Municipio en mero distrito de gobierno o administrativo, sin propia personalidad, o bien en parte; c) núcleo de formaciones regionales..". Véase: El régimen municipal de la ciudad moderna. OP. cit. Pág. 52.

32   La Crisis del Municipalismo. Instituto de Estudios de Administración Local. Madrid, 1966. Pág7.

33   Vid. Luciano Parejo Alfonso: El Municipio y su Autonomía. En XV Congreso Iberoamericano de Municipios. Op. cit. Pág. 97.

SOSTENIBILIDAD, URBANISMO Y MEDIO URBANO

Luciano Parejo Alfonso
Catedrático de Derecho Administrativo
Universidad Carlos III de Madrid

INTRODUCCIÓN.

Una contribución, por modesta que sea, al merecido homenaje al querido y entrañable amigo y colega F. González Cruz debe referirse preferentemente, según me parece, a cuestión siquiera relacionada con la materia en la que él ha efectuado notables aportaciones. De ahí que en ésta pretenda darse cuenta del giro experimentado por la legislación española definitoria del marco de las políticas de ordenación territorial y urbanística bajo el signo del principio ambiental del desarrollo sostenible. No es casualidad, en efecto, que el preámbulo de la Ley 8/2007, de 28 de mayo, de suelo (hoy texto refundido de 2008), afirme, en su apdo. I, que: i) el texto legal debía fundamentarse en la evolución presidida por el nuevo marco de referencia definido por la Constitución de 1978, en el que el artículo que se refiere a la regulación de los usos del suelo (art. 47) se ubica dentro del "bloque normativo ambiental" (arts. 45 a 47); y ii) el urbanismo, en cuanto referido al suelo, que tiene un valor ambiental digno de ser ponderado, debe responder a los requerimientos de un desarrollo sostenible.

II. ALGUNAS REFLEXIONES GENERALES PREVIAS SOBRE EL CONCEPTO Y PRINCIPIO DE LA SOSTENIBILIDAD.

La sostenibilidad y, en particular, la urbana, es sin duda central en el mundo urbanizado actual por múltiples razones harto conocidas, además de acuciantes y que hacen inaplazable una nueva y más incisiva concepción de la ordenación territorial y urbanística, comprensiva en cualquier caso de las perspectivas económica, social y ambiental. La integración del principio de desarrollo sostenible en la planificación urbanística requiere de ésta en todo caso la persecución –a través de las correspondientes políticas públicas y trascendiendo los requerimientos mínimos legales- de objetivos ambiciosos, establecidos desde una visión integral, además de una estrategia urbana integral (económica, social, ambiental y territorial).

En España existe un buen punto de partida: la cristalización del principio de desarrollo sostenible en el artículo 45 de la Constitución como principio rector de la política económico-social y, en línea de continuación con el mismo, en la citada Ley de suelo de 2007 como criterio teleológico común de todas las políticas públicas relativas a la regulación, ordenación, ocupación, transformación y uso del suelo; lo que vale decir como principio general del Derecho de amplio espectro, al extender su lógica más allá del medio ambiente propiamente dicho para alcanzar la economía y el orden social. De ahí su consideración como especie del que –acudiendo a la categoría acuñada por R. Martín Mateo[1]- se ha calificado de megaprincipio ambiental; ascensión ésta en el grado de abstracción que no impide plantearse de seguido la condición de bien jurídico protegible de la sostenibilidad y, en tal contexto, la existencia del derecho a un desarrollo sostenible. La cuestión debe recibir una respuesta afirmativa, sin perjuicio de dejar reconocer su carácter insatisfactorio dado el estado actual de la cuestión. Pues conduce sin más a la identificación de la función estatal de consecución de la sostenibilidad como objeto de un tal derecho, lo cual –en tanto que reconduce al punto de partida- poco o nada dice sobre la consistencia de dicho derecho. La prueba es la dificultad de la precisión del bien jurídico de cuya protección se trata, que guarda relación con la indeterminación y el carácter evolutivo de las nociones de "desarrollo" y "sostenibilidad" y el carácter inacabado inacabada de la concreción de los perfiles propios del derecho al medio ambiente, que se duda en clasificarlo como de tercera generación, de la emergente cuarta o de los derechos llamados republicanos (si ya los llamados derechos de tercera generación siguen adoleciendo de perfil y precisión jurídicos, la nueva categoría de los derechos cualificados como "republicanos" se encuentra en un estadio aún más embrionario, por más que sin duda tenga la virtud de evocar el valor de *commons* tan importantes como los patrimonios ambiental, cultural y económico-público y su vinculación, en la actual sociedad urbanizada, con el derecho a la ciudad acuñado en su día por H. Lefèbvre[2].

Con independencia de la dificultad que comporta la inexistencia de consenso sobre el significado de la expresión "desarrollo sostenible", el punto a mi juicio más destacable del planteamiento del libro es la apuesta por el reconocimiento a tal principio de un radio de acción más amplio que el de la preservación de la naturaleza, los recursos naturales o, incluso, el medio ambiente para comprender todas las dimensiones relevantes de la vida en común –comenzando por la económica y terminando por la política- en tanto que apunta a la garantía de la mayor calidad de vida posible –ahora y en el futuro- de los ciudadanos (los actuales y los aún no nacidos). Fin éste que, como certeramente destaca la bien traída cita de la intervención del Secretario General de la ONU, Ban Ki-Moon, en el foro de Davos de 2011 demanda un auténtico cambio sistémico, en cuyo contexto a la ciudad y el urbanismo corresponde un protagonismo destacado. Ya D. Satterthwaite expusogPatten[3], que solo son sostenibles los sistemas que sobreviven o persisten. En el campo económico Jeffrey D. Sachs[4] postula, por ello, una *mindful society* promotora de las virtudes personales de autoconciencia y moderación y las virtudes cívicas de solidaridad y cooperación, señalando que la eficiencia no es el único objetivo de la economía, pues también es crucial en ella la *fairness*, entendida como distribución de la riqueza y el bienestar.

En cualquier caso, hasta ahora –como señala H. Acselrad[5]- la cuestión ambiental y los problemas territoriales se han relacionado básicamente en dos planos: i) el de los cambios incrementales en perspectivas ya establecidas (así: la inserción de la referida cuestión –como externalidad negativa- en el análisis económico) y ii) el de la crítica de las limitaciones de las aproximaciones tradicionales (necesidad de la superación de la visión tradicional mediante la incorporación de la cuestión en el tratamiento de los procesos sociales en el espacio, con atribución de nuevas significaciones al territorio). Es posible ciertamente el tratamiento de la sostenibilidad extendiendo simplemente los esquemas de los planteamientos teóricos establecidos, pero semejante proceder no permite –de continuar insistiéndose en la homogeneidad formal de los territorios y la racionalidad predeterminada de los agentes económicos- generar escenarios conceptuales idóneos para asumir los plurales significados sociales de los territorios y la determinación espacio-temporal de las prácticas sociales. Y ello es imperativo, pues si los territorios no son idénticos entre sí, los procedimientos para la sostenibilidad han de ser forzosamente variados. No hay, pues, una única vía hacia la sostenibilidad, siquiera sea una mas rica que la simple economía en la utilización de los recursos naturales.

Es lógico, pues, que para el citado H. Acselrad la integración de la perspectiva ambiental en la política territorial sea más que la incorporación de una perspectiva transversal, debiendo plantearse dos conjuntos de cuestiones: de un lado, el derivado del determinismo ecológico y, de otro lado, el relacionado con los tipos de racionalidad precisos para la articulación adecuada de la reproducción social y la de su soporte natural. En cuanto al primero se inclina, tras el análisis de las líneas de discusión desarrolladas en las ciencias sociales, por la negación del determinismo ecológico (inexistencia de un supuesto punto de equilibrio del mundo natural a respetar) sobre la base de la tesis del relativismo biológico del carácter dinámico del proceso ecológico, permitiendo que posibilita el tratamiento de la cuestión ambiental como articulación de conflictos en la apropiación real y simbólica del territorio en un mundo biofísico caracterizado por la coexistencia compleja de orden y caos. Este planteamiento remite al dinamismo del proceso social y al medio ambiente como dimensión central del mismo, de modo que la sostenibilidad no hace referencia tanto a específicas estructuras o cualidades de las sociedades o el mundo natural, cuanto a pautas estables en el curso del proceso de transformación ecológico-social. De esta forma, la sostenibilidad alude simultáneamente a la capacidad de persistencia de las formas sociales y de su base material, de forma que posibilita discriminar las formas sociales que privilegian aquélla y reconstruir, así, el presente a la luz de requerimientos del futuro. Esta reconstrucción ha de moverse fundamentalmente entre dos racionalidades: i) la que descansa en la sostenibilidad como principio de conservación social y articula aquélla con la razón práctica mediante el discurso de la eficiencia económica; y ii) la que integra la sostenibilidad en la transformación social apelando, para lograr ésta, a valores éticos y políticos tales como equidad, democracia, diversidad cultural, autosuficiencia y otras matrices discursivas que llevan el debate mas allá de la relación entre medios y fines propia del crecimiento económico. Si la primera vía implica el mantenimiento o, en todo caso, la mera corrección de los actuales paradigmas (la razón utilitarista propia del *homo oeconomicus*), la segunda postula un cambio sustancial de éstos, planteando la dificultad de identificar y generar las fuerzas sociales capaces de desarrollar nuevas racionalidades y realizar los cambios imprescindibles, entre ellos –sin duda– la incorporación del derecho a un ambiente saludable a los derechos humanos y, por tanto constitucionales. Ha de tenerse conciencia de que los cambios jurídicos –como el de la consagración del derecho subjetivo a un ambiente adecuado- representan solo la parte más fácil, pues –dada la imbricación de la sostenibilidad ambiental y social- la verdaderamente ardua es la ejecución requirente de la suplementación del contrato social con uno natural (comprensivo de la extensión de la solidaridad sincrónica a la diacrónica) en un juego con –y no contra- la naturaleza. No se trata, empero, de un planteamiento ecologista extremo, pues en él sigue siendo central el desarrollo humano (de modo que la sostenibilidad verdadera solo se cumple en su contexto).

Nos encontramos sin duda, pues, en un estadio de superación de la idea del progreso como crecimiento económico por la del desarrollo integral. El concepto del desarrollo data del período de la segunda posguerra mundial y, según nos ilustra I. Sachs[6], responde a dos preocupaciones: la necesidad de la reconstrucción económica y la asistencia a las antiguas colonias en su lucha por la emancipación. En esta fase el centro de gravedad de la nociógdecir, sostenible), propugnando una tercera vía entre el pesimismo del "ya es demasiado tarde") y el optimismo del crecimiento indefinido gracias al progreso científico-técnico; concretamente una que se articula en dos fases: una primera, en la que -prestando atención a los aspectos ambientales- el esfuerzo debe concentrarse en la erradicación de la pobreza y la reducción de las desigualdades sociales en cada país y a escala internacional; y otra segunda, mas plausible cuanto mas completamente se realice la primera, puede producirse ya el despliegue del crecimiento material. Este es el contexto en el que debe entenderse su planteamiento de desarrollo sostenible parcial y pleno. Siendo el desarrollo un fenómeno con pluralidad de dimensiones, su sostenibilidad depende del acierto en los criterios a aplicar en cada dimensión relevante y la realización simultánea de los mismos, concretamente los de i) sostenibilidad social y su corolario: la sostenibilidad cultural; ii) sostenibilidad ecológica (conservación del capital de la naturaleza) complementado con la sostenibilidad ambiental (resiliencia de los ecosistemas naturales empleados para la eliminación o el almacenamiento) y territorial (evaluación de la distribución espacial de las actividades humanas); iii) sostenibilidad económica en términos de eficiencia de los sistemas económicos (instituciones, políticas y reglas de funcionamiento) para asegurar un progreso socialmente equitativo, cuantitativa y cualitativamente; y iv) sostenibilidad política (marco general satisfactorio de gobernanza nacional e internacional). El encabezamiento de esta lista de criterios por la sostenibilidad social responde a que refiere a la finalidad misma del desarrollo, mientras que las sostenibilidades económica y política tienen carácter instrumental (ocupando la sostenibilidad ambiental una posición intermedia por referida tanto al fin como a los medios).

Resulta obvio que, en la realidad y salvo como imagen de un futuro ideal a conseguir, el atractivo programa de la sostenibilidad plena solo puede ser cumplido aceptando cierta flexibilidad en el curso del cumplimiento de los diferentes criterios. Porque es clara la dificultad de la realización simultánea de los criterios parciales que conjuntamente definen la sostenibilidad en conjunto o plena, por lo que siempre será preciso tolerar –siquiera sea temporalmente- con compensaciones de los déficit en uno o algunos con los logros de otro u otros. Así puede entenderse que sucede en este tiempo de crisis sistémica que nos ha tocado vivir.

III. LA RECUPERACIÓN DE LO URBANO POR EL MARCO ESTATAL DE LA ORDENACIÓN TERRITORIAL Y URBANÍSTICA.

1. La deriva de la política de ordenación territorial y urbanística y su primera e insuficiente corrección por lo que hace al medio urbano y la edificación.

Ha sido la literal insostenibilidad económica, social y ambiental del rumbo del urbanismo y el sector inmobiliario en España, que reclamaban urgente rectificación ya antes de ponerse bruscamente de manifiesto (en forma de "pinchazo" de la "burbuja inmobiliaria") con motivo de la crisis económico-financiera[9], la que hizo posible la refundación del sistema urbanístico (por la Ley 8/2007, de 28 de mayo, de suelo –en adelante LdS07- y su texto refundido, aprobado por Real Decreto Legislativo 2/2008, de 20 de junio; en adelante TRLdS08) y su colocación bajo la órbita del principio del desarrollo sostenible, reconduciéndolo al modelo común europeo de "ciudad compacta", es decir, a las directrices acordadas en materia urbanística en el contexto de la Unión Europea (UE)[10]. La concentración en el esfuerzo de corrección de la deriva del urbanismo y la falta de maduración paralela de una estrategia clara en punto a la lucha contra el cambio climático, así como de una política energética superadora de las perspectivas y acciones sectoriales, determinó, sin embargo, que la renovación del marco de la política de ordenación territorial y urbanística no pudiera completar el giro recuperando la plena atención al mundo urbano. En efecto: además de la inevitable reafirmación de la edificación como ejercicio del ius aedificandi [arts. 6, d); 8.1, b) y 9.1, párr. 2º TRLdS08] -perspectiva ésta de suyo limitadora del campo de visión a la nueva construcción-, dicho marco legal solo tangencialmente –al hilo de la determinación del contenido urbanístico del derecho de propiedad- alude a la ciudad como parque de edificios existentes, reiterando escuetamente como deberes del propietario los de i) conservación en las condiciones legales para servir de soporte al uso correspondiente y, en todo caso, en las de seguridad, salubridad, accesibilidad y ornato legalmente exigibles; y ii) realización de los trabajos de mejora y rehabilitación hasta donde alcance el deber legal de conservación[11] (art. 9.1 TRLdS08).

2. La infusión de sostenibilidad a la economía y el claro giro de la atención hacia el medio urbano.

La ambiciosa pretensión de infundir sostenibilidad al modelo económico permitió, tres años después, dar el urgente paso ulterior: la decidida contemplación de la ciudad hecha. La Ley 2/2011, de 4 de marzo, de economía sostenible (en adelante LES) incluyó, en efecto y bajo el lema de la sostenibilidad ambiental[12], la necesidad de un modelo energético[13] basado en ciertos principios[14] y referido a objetivos nacionales[15], al servicio de cuya ejecución se contemplan –en el contexto de la cooperación entre Administraciones públicas- instrumentos específicos, básicamente de planificación para la organización y precisión de las medidas pertinentes[16] y que aparece dotado de un sistema de evaluación y seguimiento[17] y un fondo genérico para la financiación de todas ellas[18]. En paralelo a este esquema, estableció toda una serie de medidas de diverso contenido, finalidad y alcance[19] y varios paquetes, más articulados, con diversos objetos y, entre ellos[20], el que aquí interesa[21], fruto de la iniciativa del a la sazón aún Ministerio de la Vivienda e inclusivo –bajo el epígrafe "rehabilitación y vivienda"- de los fines comunes de las políticas públicas para un medio urbano sostenible y las actuaciones y acciones de rehabilitación y renovación urbanas, así como de edificios y viviendas.

Aprovechando parcialmente los trabajos de elaboración técnica de un nuevo texto legal centrado ya en la rehabilitación y regeneración urbanas, las prescripciones de la LES fueron inmediatamente complementadas con las establecidas, para el fomento de las actuaciones de rehabilitación[22], por el Real Decreto-Ley 8/2011, de 7 de julio, referidas –en lo esencial- a: 1) la determinación de las actuaciones –discontinuas o integradas- comprendidas en la rehabilitación y de los aspectos esenciales de su régimen, con adaptación del de las comunidades y agrupaciones de comunidades de propietarios y cooperativas de rehabilitación; y 2) la generalización de las inspecciones técnicas de edificios.

Con esta regulación, formulada siguiendo el mismo esquema del TRLdS08, el giro antes aludido logró ciertamente alcanzar el mundo de lo urbano, pero no así completar la necesaria e inaplazable actualización de nuestra política territorial y urbanística. No por ello puede regateársele el mérito de haber: i) indicado la dirección correcta: la ciudad hecha y, con y en ella, el parque de edificios existente como objeto de la ordinaria atención de los poderes públicos; y ii) avanzado, por tanto, en la corrección del desequilibrio históricamente consustancial al modelo de ocupación y uso del suelo en favor del llamado "proceso urbanístico" lineal postulador, en congruencia con la idea del crecimiento continuado, de la colonización "urbanística" asimismo continua de suelo natural para la "producción" de nueva ciudad. Y ello, gracias a: 1) la colocación de todas las políticas públicas (del conjunto de los poderes públicos) al servicio de la sostenibilidad del medio urbano; y 2) la caracterización de la ciudad como un medio físico y un espacio social configurados según los principios de cohesión territorial y social, eficiencia energética y complejidad funcional.

3. La regulación del marco legal del medio urbano sostenible.

El proceso que viene describiéndose ha concluido, por ahora y en la línea de lo que para el mundo rural ha supuesto la Ley 45/2007, de 13 de diciembre, de desarrollo sostenible del medio rural, con la Ley 8/2013, de 26 de junio, de rehabilitación, regeneración y renovación urbanas (en adelante L3R), la cual, se limita, en lo sustancial, a llevar a buen fin la iniciativa legislativa desarrollada por el extinto Ministerio de la Vivienda en la estela de la LES y ello sobre la base de una más decidida actuación de la competencia constitucional relativa a las condiciones básicas que garantizan, en particular, la calidad y sostenibilidad del espacio social urbano para el ejercicio, en igualdad y en todo el territorio estatal, de los derechos y deberes constitucionales relacionados con aquél. La regulación que dedica al mundo urbano sustituye y completa la avanzada por el bloque formado por la LES y el Real Decreto-Ley 8/2011[23], i) introduciendo definiciones legales a tener en cuenta en la interpretación y aplicación del texto legal, ii) pormenorizando los fines comunes de las políticas (añadiendo a la sostenibilidad, en este contexto, la eficiencia y la competitividad); iii) introduciendo la figura del informe de evaluación de los edificios (más amplio que el de la inspección técnica, pero sin sustituir éste); iv) reordenando, en función de su objeto, las actuaciones genéricamente calificadas como de rehabilitación, con el resultado de la conversión de estas últimas en una variedad más (que subsume las anteriores de conservación y mejora) y el desglose de las de regeneración en actuaciones de regeneración y de renovación (integradas o no); y v) regulando la iniciativa y –en sus aspectos básicos- la ordenación, ejecución y efectos de las actuaciones (extremo en el que destaca la introducción de la técnica de la memoria de viabilidad económica. Pero también empeora, en aspectos en modo alguno secundarios, el referido bloque normativo, destacando la supresión de la exención legal a determinadas unidades familiares, en ciertas condiciones socioeconómicas[24], del costeamiento obligatorio de las obras (necesarias) que

a) sirvan para garantizar los derechos reconocidos por Ley a las personas (especialmente las que padezcan alguna discapacidad); b) vengan impuestas por normas legales sobrevenidas por razones de seguridad, adecuación de instalaciones y servicios mínimos, reducción de emisiones e inmisiones contaminantes de cualquier tipo; y c) se requieran para reducir los consumos de agua y energía cuando la unidad familiar así lo precise. Es evidente la consecuencia de esta supresión: o la agravación al límite de las condiciones de vida de las personas pertenecientes a las unidades familiares con muy escasos recursos o la dificultad –en grado práctico de impedimento- de las operaciones de rehabilitación[25].

De otro lado, rompe en todo caso la L3R con la línea evolutiva descrita:
- Primero, al no insertar las condiciones básicas garantes de un idóneo medio urbano en la legislación de la ordenación urbanística, quebrando así el proceso de actualización y la integridad de ésta.

Aunque esta opción pudiera quizás explicarse en la dificultad que para el neto encuadre de su objeto representa la tradicional separación de las políticas urbanística y de vivienda y la comprensión por dicho objeto de regulaciones emplazables tanto en uno como en otro campo, lo cierto es que carece, en realidad, de justificación. Pues aquella dificultad no existe en realidad, al ser meramente teórica, y la legislación urbanística ha incluido desde siempre -claramente desde los años 70 del S. XX- las previsiones sobre vivienda necesarias para su propia integridad, como, por ejemplo, la referida a la reserva de suelo para viviendas sujetas a algún régimen de protección pública. Pero, sobre todo, dicha dificultad no existe porque el mundo urbano constituye el núcleo mismo del urbanismo. El propio preámbulo de la L3R parte (en su apdo. I) de la natural comprensión en la política urbanística de las actuaciones en el tejido urbano existente, al sumarse al juicio de vencimiento tradicional de nuestro urbanismo del lado de la nueva urbanización y afirmar la necesidad de superación de esta deficiencia para justificar la regulación que introduce. No es por ello precisamente muy consecuente que, luego (apdo. III) y al hilo de la exposición de las medidas para conseguir los objetivos persegui-dos, afirme la necesidad "... además de los contenidos propios de la nueva Ley, cuya función estriba básicamente en llenar los vacíos legales existentes, [de] afrontar la modificación...." de, entre otras normas, el TRLdS08 y ello "... tanto para eliminar aquellos obs-táculos que impiden hoy alcanzar los objetivos propuestos, como para adaptar los existentes a los nuevos".

La inconsistencia interna de la técnica legislativa adoptada y las disfunciones que produce se hacen especialmente evidentes: lo primero, en la introducción simultánea en el TRLdS08 de pre-visiones sobre las actuaciones edificatorias; y lo segundo en la dualidad de regulaciones de las actuaciones de transformación (a pesar de la coincidencia, siquiera parcial y en su objeto, de las "ur-banísticas" con las "urbanas") y de las correspondientes formas de gestión y ejecución, determinantes de la necesidad de remisiones normativas.

- Segundo, al proceder, además, a una modificación parcial del TRLdS08 vía disposición no ya adicional, sino final (la 12ª), en congruencia con la precedente opción, pero dando significati-vamente a dicho texto el mismo tratamiento que a un conjunto de normas con objeto de lo más heterogéneo e, incluso, en cierta medida extravagante y, sobre todo, apartado del de la legislación urbanística[26].

Un simple repaso de esta modificación revela que no se justifica tanto en una supuesta, y por demás innecesaria, reordenación sistemática clarificadora de los contenidos normativos del TRLdS08, cuanto en una verdadera rectificación de éstos de signo no precisamente de progresión en la exigencia de compactación, cohesión social y sostenibilidad del mundo urbano, a lo que se añade en mas de un supuesto una más que dudosa cobertura com-petencial y lo que no es menos grave: la puesta en riesgo, si no quiebra directa, de la economía y lógica internas del sistema formalizado por el TRLdS08.

Baste con algunos botones de muestra:

1°. Es claro el sesgo de la rectificación en la disminución de la reserva de suelo para vivienda sujeta a un régimen de protección pública (sobre la base de la diferenciación entre suelo de nueva urbanización y suelo urbanizado objeto de una operación de reforma o renovación); la sorprendente habilitación a las Comunidades Autónomas para, concurriendo determinados requisitos, suspender temporalmente una norma estatal básica: la de la reserva mínima de suelo para la referida vivienda; la "flexibilización" de los deberes legales en zonas degradadas o en que se aumente la densidad o edificación para la sustitución de infravivienda; y la innovación del régimen de los complejos inmobiliarios en términos de una complejidad demandante de una interpretación restrictiva si se quiere evitar el florecimiento de fenómeno cercano a las gated communities.

2°. Es por lo menos dudoso el título competencial para: i) la transformación de las previsiones sobre la iniciativa pública y privada en las actuaciones (hasta ahora integrantes de un mandato básico para la pertinente regulación por la legislación autonómica) en una regulación estatal directa; y ii) la determinación, en los términos en que se lleva a cabo, de las actuaciones edificatorias.

3°. Y afectan a la lógica del sistema legal urbanístico básico: la reinserción –en yuxtaposición que no verdadera combinación armónica con los novedosos adoptados en 2007- de los criterios de clasificación voluntarista o decisional previos (que, con variantes llegan hasta 1998). Y ello, porque –salvo enervación de sus consecuencias perturbadoras mediante una interpretación difícil- afectan a elementos claves del sistema legal como los de las valoraciones y la responsabilidad patrimonial de la Administración[27].

IV. LA NUEVA POLÍTICA PARA EL MEDIO URBANO.

1. EL OBJETO DE LA POLÍTICA DE REHABILITACIÓN, REGENERACIÓN Y RENOVACIÓN URBANAS.

El objeto de la L3R se define, al igual que sucede en el caso del artículo 1 TRLdS08 para el entero territorio o suelo, por relación a determinadas condiciones básicas del medio urbano; expresión ésta empleada con tal amplitud que no puede tenerse como equivalente a la que utiliza el artículo 149.1.1ª CE para precisar el peculiar título competencial que reserva al Estado. Lo impide su conceptuación del entero contenido prescriptivo del texto legal y la invocación como soporte de éste y en correspondencia, de un conjunto diverso de competencias.

La acotación al medio urbano impide igualmente la proyección extensiva de las condiciones básicas fuera de aquél. Lo que significa que la concreción así efectuada del objeto de la ulterior regulación legal imprime a ésta idéntica limitación, haciendo improcedente cualquier extrapolación a supuestos y circunstancias diferentes. De donde la importancia de la precisión del concepto indeterminado "medio urbano" [no nuevo, pues ya lo utilizaba la versión original del artículo 2.2, c) TRLdS08, si bien sólo a propósito de la precisión de los fines comunes de las políticas públicas relativas a la ordenación, ocupación, transformación y uso del suelo], que –en ausencia, sorprendente, de toda definición del mismo en el artículo 2 L3R- ha de hacerse, paradójicamente, a partir de la nueva regulación que se da a la situación básica de suelo urbanizado en el TRLdS08 modificado. Aunque no es posible proceder ahora al análisis de dicha regulación, puede señalarse aquí que –como resulta del preámbulo y, en todo caso, de los artículos 1 y 7.1 L3R- el concepto alude sólo al espacio físico y social determinado, en cada momento, por el suelo ya urbanizado o, en términos del texto legal, al tejido urbano a secas o cualificado como existente.

Las condiciones básicas postuladas para ese medio se precisan mediante la combinación -en relación con determinados fines- de sus características y de los medios a emplear para su generación y mantenimiento:

Las características se agotan en la idoneidad para garantizar un desarrollo sostenible, competitivo y eficiente, fórmula abierta y de gran abstracción en la que luce el empleo de la terminología de los documentos comunitario-europeos, los cuales –de forma acorde con la relevancia económica actual de las ciudades- incorporan efectivamente la perspectiva de la competitividad y la eficiencia (en congruencia con los fines y objetivos de la Unión Europea (art. 3 TUE). Pero lo hace de forma selectiva, pues no incluye, significativamente, el de la cohesión social, económica y territorial, en el que también hacen hincapié los aludidos documentos. Por su carácter, la fórmula poco aporta, por si sola, a la valoración de la corrección de las regulaciones contenidas en el texto, especialmente desde la perspectiva competencial.

La formulación de los medios es compleja, desplegándose en dos planos:

1) En primer lugar, el de la caracterización misma de dichos medios, que se efectúa por relación a la nota de necesidad para asegurar a los ciudadanos: a) una adecuada calidad de vida y b) la efectividad del derecho de éstos al disfrute de una vivienda digna y adecuada.

Constátese, por de pronto, el diferente alcance de las notas caracterizadoras de estos medios y de las condiciones a las que sirven: estricta necesidad (para asegurar) y mera idoneidad (para garantizar), respectivamente, lo que, desde el principio de proporcionalidad (inscrito en los de seguridad jurídica e interdicción de la arbitrariedad del artículo 9.3 CE) y a efectos del enjuiciamiento de la regularidad constitucional de las regulaciones contenidas en el texto legal, tiene evidente importancia en función de si para ellas se ha invocado o no el título del artículo 149.1.1ª CE.

El objeto de la función de aseguramiento no va más allá, en el caso de la adecuada calidad de vida, de su conexión con el fin (protección y mejora de la calidad de vida) del mandato constitucional a los poderes públicos expresado en el artículo 45.2 CE a los efectos del derecho al disfrute de un medio ambiente adecuado para el desarrollo de la persona (art. 45.1 CE), y tampoco implica, propiamente, un mayor desarrollo del derecho al disfrute de una vivienda digna y adecuada a efectos de su invocación como fundamento de una pretensión jurídica (art. 53.3 CE). Pero ni el establecimiento mismo del objeto de la expresada función carece por ello de relevancia (en la medida que entronca la regulación legal con el orden constitucional ambiental y, a su través, con el sustantivo y fundamental presidido por el artículo 10.1 CE y el organizativo vinculado al artículo 9.2 CE), ni debe minusvalorarse la importancia que, para el derecho al disfrute a una vivienda digna y adecuada, implica la implícita puesta a su servicio de los medios correspondientes y, con ellos, de las regulaciones que los configuran en términos justamente de aseguramiento de la efectividad de dicho derecho.

2)En segundo lugar, el plano de la identificación de los medios: el impulso y el fomento de actuaciones dirigidas a: i) la rehabilitación de edificios; y ii) la regeneración y renovación de los tejidos urbanos existentes.

Aunque se alude aquí solo a funciones de impulso y fomento, es claro que la fórmula legal cubre las utilizadas en las regulaciones desarrolladas en el texto legal, por lo que, en cuanto al alcance del mandato de acción de los poderes públicos que deriva de aquél ha de estarse, en todo caso, a lo que resulte de tales regulaciones.

Se establece, en cualquier caso, una clara diferenciación en las actuaciones objeto de regulación de indudable relevancia para la interpretación y aplicación de la definición del objeto de dichas actuaciones que se realiza en el artículo 7 L3R. El criterio principal divisorio no es otro que la combinación o no en una actuación de operaciones en edificaciones y sobre el tejido urbano.

Conforme a la disposición final 19ª L3R, por último, el contenido prescriptivo de la determinación del objeto de la política pública analizada pretende ampararse en la competencia estatal genérica para el establecimiento de las bases y la coordinación de la planificación general de la economía (art. 149.1.13ª CE) con el complemento adicional aportado, concurrentemente, por los atribuidos en las reglas 1ª (condiciones básicas garantes de la igualdad en el ejercicio de los derechos y el cumplimiento de los deberes constitucionales, 16ª (bases y coordinación general de la sanidad), 18ª (bases del régimen jurídico de las Administraciones públicas), 23ª (legislación básica sobre protección del medio ambiente) y 25ª (bases del régimen energético) del apdo. 1 del artículo 149 CE.

Si con el recurso a esta compleja fundamentación competencial el legislador se refiere al entero objeto del texto legal como un todo, queda necesariamente coja su justificación competencial. Dado el carácter de la determinación de dicho objeto, habría sido más congruente o bien prescindir, respecto de ella, de toda referencia competencial, o bien haber formado solo dos grupos de preceptos a estos efectos: los integrantes del cuerpo del texto legal, los que los complementan y los modificatorios del TRLdS08, de un lado, y los referidos a normativa de objeto distinto, de otro lado.

2. LOS FINES DE LA POLÍTICA DE REHABILITACIÓN, REGENERACIÓN Y RENOVACIÓN URBANAS.

Siguiendo el modo de proceder de la LdS07 y el TRLdS08, el art. 3 L3R fija, aunque solo lo diga en su enunciado y no en su parte prescriptiva, los fines comunes de las políticas públicas en el medio urbano (se entiende de todas, cualquiera que sea la instancia territorial a la que correspondan y el título competencial que les otorgue soporte, las que por su objeto incidan en la consecución de los correspondientes fines-objetivos). Su articulación interna es compleja, pues: a) distingue entre principios y fines-objetivos de las políticas; y b) enumera, sin priorización alguna, una pluralidad de los unos y los otros, no siendo precisamente unívoco el sentido y alcance de al menos uno de los primeros e implicando los términos en que se especifican los segundos en buena medida su solapamiento.

2.1. LOS PRINCIPIOS.
La triple calificación de la sostenibilidad como económica, social y ambiental (dimensiones no necesariamente complementarias y ni siquiera compatibles entre sí) no contribuye en modo alguno a la operatividad,

en la práctica, de este principio, que parece exigir que las soluciones cumplan simultáneamente las exigencias implícitas en tales dimensiones. Pues si resulta ya difícil precisar la sostenibilidad ambiental, a pesar de contar ya este principio con alguna tradición en el Derecho medioambiental, esa dificultad se agrava extraordinariamente cuando se trata de la sostenibilidad económica y la social. Mayor precisión puede suponerse a los principios de cohesión territorial y eficiencia energética por relación no solo a la normativa interna, sino también a la comunitaria europea. La complejidad funcional, por último, debe entenderse alusiva a la mezcla suficiente e idónea de usos en el medio urbano para la conceptuación de éste como adecuado.

Se trata, en todo caso, de una tétrada de principios meramente yuxtapuestos (sin priorización o criterio alguno de relación recíproca que facilite su juego combinado), cuya función no es tanto la de formalizar los fines-objetivos de la formulación y el desarrollo de las políticas públicas, como la de inspirar tales acciones de formulación y desarrollo.

2.2. LOS FINES-OBJETIVOS.

Se determinan por relación bien a un efecto a producir (es el caso de la mejora –referida a las dotaciones, infraestructuras y espacios públicos-, la garantía –del acceso universal a dichos elementos y la movilidad-, la integración –de los usos compatibles con el residencial en el tejido urbano- y la priorización –de las energías renovables-), bien a una acción de mero fomento, procura o posibilitación a desarrollar con respecto a: la vivienda; las condiciones económico-sociales; la calidad y funcionalidad de las dotaciones, los equipamientos y los servicios; las infraestructuras, las dotaciones, los equipamientos y los servicios; la protección de la atmósfera y el uso de materiales, productos y tecnologías limpios, reutilizados y reciclados; el uso turístico; la puesta en valor del patrimonio construido; y el uso racional del agua.

Y se reconducen esencialmente a los siguientes bienes: la vivienda constitutiva de residencia habitual; el ambiente urbano; las dotaciones, las infraestructuras, los equipamientos y los servicios propios del tejido urbano; los recursos naturales aire y agua; y la energía.

2.2.1. LA POSIBILITACIÓN, EN DETERMINADAS CONDICIONES, DEL USO RESIDENCIAL EN EL MEDIO URBANO.

El fin-objetivo relativo al uso residencial se concentra en la vivienda constitutiva de domicilio habitual, sea de nueva construcción o resultado de adaptación o rehabilitación, incluyendo el uso hecho efectivo mediante la ocupación de las viviendas vacías o en desuso. Obvio resulta decir que el aspecto más problemático (precisado por ello de un desarrollo reglamentario, calificable, sin embargo, como cuestionable por falta de rango para precisar límites claros al uso y disfrute de la propiedad) es el de la situación de vivienda vacía o en desuso.

Al carácter digno y adecuado, así como accesible y libre de indebida contaminación, que debe tener la vivienda por exigencia constitucional (art. 47.1 CE) y legal [art. 4, a) TRLdS08] se añade –precisando lo dispuesto ya en este último precepto legal, pero sin enervar su requerimiento de paisaje urbano aceptable- el de situación en un contexto urbano que reúna las siguientes notas: a) seguridad, salubridad, accesibilidad universal, calidad adecuada e integración social; y b) provisión del equipamiento, los servicios, los materiales y productos que eliminen o, en todo caso, minimicen, por aplicación de la mejor tecnología disponible en el mercado a precio razonable, las emisiones contaminantes y de gases de efecto invernadero, el consumo de agua, energía y la producción de residuos, y mejoren su gestión. El estándar legal es, pues, alto (debiendo tener repercusiones claras en el gobierno local de la ciudad hecha), pero se contrapesa con la falta de compromiso en la condición de la acción pública que simplemente ha de procurar o posibilitar. Se trata de un estándar legal, pues, que no es exigible en sede judicial por más que pueda ser esgrimido como criterio de control, incluso judicial, de medidas o acciones que no contribuyan a mejorar el contexto y, por tanto, la calidad del medio ambiente y el paisaje urbanos.

2.2.2. LAS CARACTERÍSTICAS DEL CONTEXTO URBANO DEL USO RESIDENCIAL.

El ambiente urbano del uso residencial se caracteriza por el equilibrio derivado de 1) la integración en el tejido urbano de los usos compatibles con el residencial y, por tanto, la diversidad de los usos determinante de la cohesión y la integración sociales, así como la proximidad de los servicios, dotaciones y equipamientos a los lugares de residencia (no así a los de trabajo y ocio); y 2) la mejora del tejido productivo (letra d) y el dinamismo económico-social, con localización de actividades generadoras de empleo estable y, especialmente, las relacionadas con la investigación científica y las nuevas tecnologías, así como consideración del uso turístico (responsable; condición ésta de difícil precisión y puesta en valor del patrimonio urbanizado y edificado de interés histórico o cultural.

2.2.3. LAS DOTACIONES, LAS INFRAESTRUCTURAS Y LOS EQUIPAMIENTOS

El fin-objetivo centrado en las dotaciones, las infraestructuras y los equipamientos demanda de éstos: i) calidad y funcionalidad y, en particular (los servicios), eficiencia económica y ambiental; ii) suficiencia (necesidad o precisión); iii) idoneidad para favorecer la localización de actividades económicas; iv) accesibilidad universal; y v) aseguramiento de la movilidad de la ciudadanía.

Si se dejan aparte los elementos y servicios comunes de los edificios (determinados por la legislación que determina los requisitos de éstos) y se tiene en cuenta que el objeto de las actuaciones capaces de comprender dotaciones, infraestructuras, equipamientos, servicios y espacios, es decir, las de regeneración y renovación urbanas, se determina legalmente por relación a la afección al "tejido urbano", es posible concluir que comprende tanto los públicos como los privados.

En cuanto que la aludida afección hace de las actuaciones de regeneración y renovación urbanas (en la medida de la misma) materialmente actuaciones de transformación urbanística de las previstas en el art. 14

TRLdS08 (sea en la variedad de reforma o renovación, sea en la de dotación, como lo prueba el dato de desencadenar el juego de la equidistribución precisa y del derecho de realojamiento y retorno (art. 10.2 L3R), parece claro que por dotaciones, infraestructuras, equipamientos, servicios y espacios públicos no pueden tenerse otros que los determinados por la legislación de ordenación territorial y urbanística en el marco del art. 16 TRLdS08. Lo corrobora el dato de la exigencia de su colocación al servicio de todos los ciudadanos.

No rige tal limitación para idénticos elementos urbanos que no deban tener carácter público (por más que estén abiertos al público), pues de ellos se requiere solo la mejora del tejido productivo al servicio de la dinamización de la actividad económica.

2.2.4.   EL ESTADO Y EL USO DE LOS RECURSOS NATURALES (AIRE Y AGUA).

El fin-objetivo referido a los recursos naturales requiere:
Calidad de la atmósfera; requerimiento que debe entenderse en el sentido y con el alcance mínimos de la Ley 34/2007, de 15 de noviembre, de calidad del aire y protección de la atmósfera, y comprensivo (para hacer posible el fomento de la calidad) de la acciones de prevención, vigilancia y reducción de la contaminación atmosférica capaz de perjudicar a las personas, el medio ambiente y cualesquiera otros bienes, con la especificación de dedicación de especial atención, a tal efecto, al sector de la construcción (empleo de materiales reutilizados y reciclados que mejoren el uso de los recursos y uso de materiales, productos y tecnologías limpias capaces de reducir las emisiones de gases contaminantes y de efecto invernadero).
Uso racional del agua, entendido como eficiente y basado en el ahorro y la reutilización.

2.1.5. EL USO DE LA ENERGÍA.
El fin-objetivo alusivo, finalmente, a la energía postula, de un lado y con carácter general, la eficiencia y el ahorro energéticos (entendido, además, como medio para combatir la pobreza energética), y, de otro lado, la priorización de las energías renovables frente a las derivadas de las pri-

marias de carácter fósil (priorización que debería ser capaz de determinar la política sectorial energética, especialmente la de producción y consumo de electricidad, pero que es difícil que pueda hacerlo).

3. LAS ACTUACIONES SOBRE EL MEDIO URBANO.

3.1. LA "DEFINICIÓN" DE LAS ACTUACIONES.

Con una técnica defectuosa o, cuando menos, imprecisa, el art. 7 L3R:

Califica como mera definición de las conceptuadas genéricamente como "actuaciones sobre el medio urbano" lo que no es sino establecimiento de tales actuaciones. Téngase en cuenta que la disposición derogatoria L3R deroga la regulación que de tal tipo de actuaciones contenía la LES y el Real Decreto-Ley 8/2011, de 1 de julio.

Señala que tal "definición" se hace "de conformidad con", además del propio texto legal, i) el TRLdS08 y la Ley 38/1999, de 5 de noviembre, de ordenación de la edificación (en adelante LOE), por lo que hace a la normativa general o estatal; y ii) la legislación de ordenación territorial y urbanística, por lo que hace a la normativa autonómica.

La inclusión de la L3R en la fórmula así empleada carece, en realidad, de sentido, en tanto que integrada aquélla de suyo en dicho texto legal. Su única explicación puede residir en el intento de solucionar el problema generado por la opción de independización de la L3R rompiendo la ya denunciada unidad del ordenamiento estatal relativo a la ordenación territorial y urbanística. La imprecisión del alcance de la expresión "de conformidad con" frustra, sin embargo, el intento, al no producir la clarificación completa de la naturaleza y el régimen jurídico de las actuaciones sobre el medio urbano, es decir, la relación de éstas con las actuaciones de transformación urbanística y las edificatorias predeterminadas ahora, en lo básico y por efecto de la propia L3R, en el TRLdS08. Con todo, la expresión legal y la inclusión en la legislación a que alude de la LOE, unidas a la ausencia en la regulación de las actuaciones sobre el medio urbano de todo propósito de compleción, permiten interpretar que dicha regulación tiene carácter especial respecto del conjunto formado, de un lado, por el TRLdS08 y la LOE, y, de otro lado, la legislación autonómica de ordenación territorial y urbanística; conjunto, que no tanto se sustituye, desplaza o excepciona, cuanto solo se completa con las reglas específicas adecuadas por razón del medio urbano sobre el que deben operar las actuaciones de que aquí se trata y, por ello, de aplicación preferente en todo caso. De modo que aquel conjunto opera a modo de trasfondo normativo aplicable para integrar el régimen de estas últimas actuaciones.

La definición de las actuaciones sobre el medio urbano es, en todo caso, deficiente. Aunque se lleva a cabo por relación al objeto, éste solo se determina para las de rehabilitación edificatoria, de modo que el de las de regeneración o renovación urbana ha de inferirse por referencia y en contraste con el de las anteriores. La acotación de los respectivos objetos así resultante es, con todo, excesivamente genérica. La prueba –ciertamente limitada por razón de la perspectiva que es propia a la norma: la del fomento por la Administración General del Estado- la aporta el Real Decreto 233/2013, de 5 de abril, por el que se regula el plan estatal de fomento del alquiler de viviendas, la rehabilitación edificatoria y la regeneración y renovación urbanas 2013-2016. Pues, aprovechando el título competencial de fomento y a los efectos de los correspondientes programas de ayudas, precisa el alcance de la rehabilitación edificatoria y las actuaciones de regeneración y renovación urbanas. En la primera se incluyen acciones en edificios dirigidas a: i) la mera conservación; ii) la mejora de la calidad y sostenibilidad; y iii) los ajustes razonables en materia de accesibilidad (arts. 19.2 y 20). Y en las segundas aquéllas que reúnan dos requisitos:

1º.   Implicar la ejecución conjunta, en ámbitos previamente delimitados al efecto, de obras de: i) rehabilitación en edificios y viviendas; ii) urbanización o reurbanización de espacios públicos; y, en su caso, iii) edificación en sustitución de edificios demolidos.

2º.   Tener la finalidad de mejorar los tejidos residenciales y recuperar funcionalmente conjuntos históricos, centros urbanos, barrios degradados y núcleos rurales.

Es evidente que una norma reglamentaria –y menos una con simple finalidad de fomento por parte de una instancia territorial sin competencia en las materias de urbanismo y vivienda- no puede precisar el objeto legal de actuaciones del que depende la determinación por los correspondientes instrumentos del contenido en deberes y cargas del derecho de propiedad del suelo natural y construido. Pero no lo es menos que la citada norma proporciona datos valiosos para la interpretación correcta del precepto legal analizado.

Como ya se ha adelantado, dos son los tipos legales de actuaciones sobre el medio urbano que determina el precepto legal: las de rehabilitación edificatoria y las de regeneración y renovación urbanas. Los dos se cualifican por una misma finalidad: la superación de ciertas (distintas en uno y otro caso) situaciones de la realidad urbana.

3.2. LAS ACTUACIONES DE REHABILITACIÓN

Las actuaciones de rehabilitación edificatoria se caracterizan legalmente por referirse exclusivamente a edificios concretos en los que concurra una situación de insuficiencia o degradación de los requisitos básicos de funcionalidad, seguridad o habitabilidad.

En la medida en que no se cualifican en modo alguno (ni por razón de la tipología ni por la de uso), las edificaciones objeto de estas actuaciones son todas las que ocupen suelo en la situación básica de suelo urbanizado conforme al art. 12.3 y 4 TRLdS08 (pues, aunque así no se precise, ello deriva de operar la actuación rehabilitadora necesariamente sobre el medio urbano). Cuestión distinta es que la Administración General del Estado pueda limitar el programa de fomento que establezca (cual sucede con el incluido en el plan aprobado por el Real Decreto 233/2013) a los edificios con tipología de vivienda colectiva sujetos a informe de evaluación de edificios.

Coinciden estas actuaciones con las reguladas hoy (por efecto de la L3R) en el art. 14.2,b) TRLdS08, por lo que:

Pueden comprender obras y trabajos de mantenimiento o intervención en edificios existentes, sus instalaciones y espacios comunes, en los términos dispuestos por la LOE; si bien para las que se lleven a cabo en núcleos tradicionales asentados en el medio rural, su objeto puede modularse en función de las peculiaridades de dichos núcleos y en los términos que determine la legislación urbanística autonómica (art. 14.3 TRLdS08).

Se diferencian de las actuaciones de nueva edificación y de sustitución de la edificación existente, reguladas exclusivamente por el TRLdS08.

Su régimen específico (el contenido en la L3R) se complementa con el general de las previstas en el TRLdS08.

Es claro que la rehabilitación actualiza el deber, ínsito legalmente en el derecho de propiedad (art. 9.1 TRLdS08), de conservación de las construcciones y edificaciones en las condiciones precisas para servir de soporte a los usos a que esté legalmente destinado; deber, cuyo cumplimiento –en términos de realización de las obras precisas- puede ser impuesto por la Administración competente en cualquier momento (art. 9.2 TRLdS08). Pero lo hace por relación solo a una parte del contenido legal del deber, concretamente el referido a los requisitos básicos de funcionalidad, seguridad y habitabilidad, es decir, a los del art. 3.1 LOE a que alude el párr. 3º del apdo. 1 del art. 9 TRLdS08.

Para que la actualización del deber pueda producirse, es precisa la concurrencia en el edificio (incluidos sus instalaciones y espacios comunes) de una situación bien de insuficiencia, bien de degradación de alguno o de todos los elementos a que se refieren los aludidos requisitos básicos de la edificación. Ni la insuficiencia ni la degradación equivalen a ausencia, por lo que esta última y extrema situación (al menos cuando alcanza a la totalidad de los requisitos básicos de referencia) queda fuera de la rehabilitación (como resulta ya de esta última calificación). Se explica así que la sustitución de edificios (previa demolición del existente) quede dentro ya del objeto de las actuaciones de regeneración y renovación urbanas.

3.3. LAS ACTUACIONES DE REGENERACIÓN Y RENOVACIÓN URBANAS.

El precepto no aborda directamente el objeto de estas actuaciones, pero éste puede inferirse de la expresión "cuando afecten a edificios y tejidos urbanos"; expresión de la que se deduce su consistencia igualmente en la superación de una situación de insuficiencia y degradación, pero cualificada por afectar tanto a los edificios como a su entorno urbano, es decir, a los elementos de la urbanización. Así resulta del art. 9.2 L3R que, al establecer el mandato a las Administraciones públicas que le es propio, habla –además de las que afecten a los requisitos básicos de la edificación- de situaciones de obsolescencia de barrios, ámbitos o conjuntos urbanos homogéneos. La identidad del tipo de actuaciones de que ahora se trata viene dada, pues, por su referencia simultánea a edificios y elementos de la urbanización. Así lo corrobora el contenido del programa de fomento a él referido en el plan aprobado por el Real Decreto 233/2013.

Dos cuestiones de principio plantea este tipo de actuaciones: en primer lugar, la de si constituye o no un género comprensivo de dos especies diferenciadas: la regeneración y la renovación; y, a renglón seguido, la de su relación con las previstas en el TRLdS08 y, concretamente (pues es claro que en ningún caso pueden ser equiparadas a las de nueva urbanización), las de i) reforma o renovación (es decir: de la urbanización ya existente para la actualización, en un ámbito determinado y junto con las infraestructuras y dotaciones públicas, una o más parcelas aptas para la edificación o uso independiente y conectadas funcionalmente con la red de servicios exigidos por la ordenación territorial y urbanística) y ii) las de dotación (es decir: el incremento, sin reforma o renovación de la urbanización del ámbito acotado al efecto, de las dotaciones públicas para reajustar su proporción con la mayor edificabilidad o densidad o con los nuevos usos asignados en la ordenación urbanística a una o más parcelas del ámbito) contempladas en los puntos 2 y 3 de la letra a) del art. 14.1 TRLdS08.

La denominación como de regeneración y renovación expresa la complejidad del objeto de estas actuaciones en cuanto comprensivo de la rehabilitación que sea precisa del parque edificado y la renovación, asimismo pertinente, del tejido urbano que le otorga soporte (es decir: la correspondiente urbanización), en modo alguno, la diferenciación de dos tipos en función de sus posibles y diferenciados objetos: el de actuaciones de regeneración, de un lado, y el de las de renovación, de otro. Si así fuera, se estaría, en el primer caso, ante el absurdo de una actuación formalmente denominada de regeneración pero materialmente de rehabilitación. La denominación alude, pues, a un único tipo de actuación.

Ocurre, sin embargo, que la intervención en el tejido urbano (la urbanización existente) puede tener diferente alcance e intensidad en función de la realidad del barrio o conjunto urbano homogéneo de que se trate, es decir, el grado de insuficiencia, degradación, obsolescencia o vulnerabilidad de las situaciones que en él concurran. De este modo, la superación de éstas puede requerir, por lo que hace a la urbanización física, desde tan sólo obras complementarias o de compleción de la existente, pasando por la reforma de ésta, hasta la completa renovación de la misma; y, por lo que respecta a la calidad del medio urbano, el reequilibrio en diferente medida de la relación entre la densidad poblacional y la intensidad de los usos, de un lado, y las correspondientes dotaciones públicas, de otro lado. Quiere decirse, así, que, según su concreto objeto en cada caso, las actuaciones de regeneración y renovación urbana pueden coincidir, sin perjuicio de sus peculiaridades, con las actuaciones bien sea de reforma o renovación, bien sea de dotación del TRLdS08. Así resulta, desde luego, no solo de su regulación también de conformidad con el TRLdS08 y la legislación autonómica de ordenación territorial y urbanística, sino de i) la remisión al procedimiento de aprobación de los instrumentos de ordenación urbanística cuando requieran la alteración de ésta (art. 10 L3R); ii) la exigencia de formulación de una memoria de viabilidad económica en paralelo a la requerida (aunque no en términos idénticos) para las actuaciones de nueva urbanización en el art. 15.4 TRLdS08 (art. 11 L3R); iii) la sustancial identidad de los efectos de la delimitación de los ámbitos de gestión y ejecución y los derivados de la aprobación de los aludidos instrumentos urbanísticos (art. 12 L3R); y iv) la posibilidad del empleo, en la ejecución, de las formas previstas en la legislación de ordenación territorial y urbanística (art. 13 L3R).

Sin perjuicio de tratarse de un tipo único de actuación, en él se distinguen dos especies según el carácter y alcance de las medidas incluidas y el enmarque o no de éstas en una estrategia administrativa global y unitaria. Sólo si i) articulan –además de las previsiones relativas a la edificación y la urbanización- medidas sociales, ambientales y económicas; y ii) enmarcan dichas medidas en una estrategia administrativa global y única las actuaciones se cualifican, en efecto, como integradas; condición que no reúnen todas las restantes.

En consecuencia, estas actuaciones:

Son únicas, comprendiendo, en función de las características del ámbito urbano considerado, i) obras y trabajos de mantenimiento o intervención en edificios existentes, sus instalaciones y espacios comunes, en los términos dispuestos por la LOE, así como de demolición y sustitución de edificios; ii) obras de reforma o renovación de la urbanización; y iii) acciones de dotación pública.

Pueden ser ordinarias o integradas.

En ningún caso pueden incluir obras de nueva urbanización propias de las actuaciones de nueva urbanización.

Están materialmente relacionadas, según su contenido y alcance concretos, con las actuaciones tanto de reforma o renovación, como de dotación, por lo que el régimen de éstas (establecido en el TRLdS08) complementa, en lo que proceda, su régimen específico propio.

(ENDNOTES)

1   R. Martin Mateo, *Tratado de Derecho Ambiental*, Ed. Trivium, 1992.

2   H. Lefèbvre, *El derecho a la ciudad*, Ed. Península, 1978.

3   R. Costanza y B.C. Patten ("Defining and predicting sustainability", *Ecological Economics* 15, 1991.

4   Jeffrey D. Sachs (*The price of civilization. Reawakening american virtue and prospe-*

rity, Random House, New York 2011.

5   H. Acselrad, "Sustainability and territory: meaningful practices and material transformations", en E. Becker y Th. Jahn (eds.), *Sustainability and the social sciences*, Zed Books, Londres 1999.

6   I. Sachs, *Social sustainability and whole development: exploring the dimesnions of sustainable development*, en la obra colectiva editada por E. Becker y Th. Jahn ya citada.

7   K. W. Kapp, *The social costs of private Enterprise*, Schocken Books, New York 1971.

8   H. E. Daly, "Toward some operational principles of sustanaible development", *Ecological Economics* 2, 1990.

9   La combinación de la impropiamente denominada "liberalización" del suelo (haciendo regla general de la clase de suelo "urbanizable" destinado a la producción de ciudad y entregando su promoción a la iniciativa privada) y, en su caso, pero no necesariamente, las nuevas formas autonómicas de gestión de las actuaciones (básicamente la figura del "urbanizador" en su versión más impropia y desregulada) con el ciclo de crecimiento económico a escala internacional, determinaron, en efecto, un crecimiento económico basado en la desproporcionada transformación del suelo (la urbanización) y la excesiva edificación con destino fundamentalmente residencial que, lejos de producir la esperada disminución del precio del suelo natural y construido, disparó el de ambos a cotas insoportables para la gran mayoría de la población (agravando paradójicamente el problema social del acceso a la primera vivienda) y proporcionó el caldo de cultivo no sólo para el deterioro de la cultura de gestión pública del urbanismo, sino incluso para el desarrollo de la corrupción.

Ya antes de la "explosión" de la burbuja inmobiliaria, con ocasión de la crisis económica internacional en que aún estamos instalados, la conmoción pública por los casos de corrupción desvelados puso de manifiesto la severidad del deterioro del urbanismo por exceso de "mercadismo" abstracto. Aunque sus causas fueran múltiples, la más eficiente fue sin duda la mutación inducida –sobre defectos congénitos del sistema desde 1956- por el reconocimiento del derecho de la iniciativa privada (básicamente la propiedad del suelo) a la transformación urbanística (con paralela debilitación de la función pública de planificación). Esta mutación fue capaz de generar en la práctica un fenómeno de nueva, generalizada y extemporánea accesión invertida, en la que la riqueza basada en el aprovechamiento urbanístico otorgado por el plan sigue, ya desde el momento inicial de su previsión, la suerte del derecho sobre el suelo, privatizándose así sin más título que aquella previsión, pero como virtualidad generadora de claros efectos sobre el precio del suelo simplemente clasificado. El resultado ha sido la pérdida por la ordenación de su función estructurante y equilibradora de los valores/bienes constitucionales a favor de su mera función sectorial económica, centrada en el ciclo urbanización-edificación y al servicio de la explotación de esa riqueza bajo criterios mercantil-financieros para fabricar-comercializar ciudad (entendida como mera suma/combinación de productos/ofertas inmobiliarias). Y ello según la lógica general del mercado que encuentra sólo límites externos y de menor entidad valorativa que producen insensibilización para las exigentes características del fenómeno urbano. La consecuencia última ha sido la progresiva "separación" del modelo español de ocupación y utilización del territorio (en una senda de clara "insostenibilidad" en un país con recursos hídricos limitados y desigualmente repartidos y nulos recursos energéticos primarios, salvo los renovables) del modelo común continental europeo, tal como éste ha quedado plasmado en los documentos de las reuniones de ministros del ramo en Potsdam y Leipzig.

10 La influencia entre nosotros del proceso comunitario de decantación de una estrategia territorial (ETE) y urbana se ha manifestado tanto a escala autonómica como estatal. En la primera, son varias las Comunidades Autónomas (CCAA) cuya legislación o planificación toma como marco de referencia la ETE u otros documentos europeos: así, la Ley 2/2001, de 25 de junio, de ordenación territorial y régimen urbanístico del suelo y la Ley 2/2004, de 27 de septiembre, del Plan de Ordenación del Litoral, ambas de Cantabria; la Ley 14/2000, de 21 de diciembre, de ordenación territorial de las Islas Baleares, la Ley 4/1992, de 30 de julio, de ordenación y protección del territorio de Murcia; la Ley 3/2008, de 17 de junio, de aprobación de las Directrices Esenciales de Ordenación del Territorio de Castilla y León; y la Estrategia Territorial Navarra, instrumento de planificación territorial inscrito en la Ley Foral 35/2002, de 20 de diciembre, de Ordenación del Territorio y Urbanismo. Y a escala estatal, pueden citarse: además de la legislación de suelo y de rehabilitación, regeneración y renovación urbanas

a) Normas legales: Además de la legislación de suelo y de rehabilitación, regeneración y renovación urbanas, la Ley 45/2007, de 13 de diciembre, para el desarrollo sostenible del medio rural.

b) Documentos: La Estrategia Española de Desarrollo Sostenible (elaborada por el Grupo Interministerial para la Revisión de la Estrategia de Desarrollo Sostenible de la Unión Europea y la preparación de la Estrategia Española de Desarrollo Sostenible y aprobada por el Consejo de Ministros de 23 de noviembre de 2007) y la Estrategia Española de Sostenibilidad Urbana y Local (EESUL), elaborada por el Ministerio de Medio Ambiente y Medio Rural y Marino (aún no aprobada).

11 Precisando que este deber constituye el límite de las obras que deban ejecutarse a costa de los propietarios, cuando la Administración las ordene por motivos turísticos o culturales, corriendo a cargo de los fondos de ésta las obras que lo rebasen para obtener mejoras de interés general.

12 Título III de la Ley.

13 Así se denomina el capítulo I del título III de la Ley, en el que se advierte que el modelo de consumo y generación de energía debe ser compatible con la normativa y objetivos comunitarios y con los esfuerzos internacionales en la lucha contra el cambio climático (art. 77.1).

14 Seguridad del suministro, eficiencia económica y sostenibilidad medioambiental (art. 77.1).

15 Mínimo de participación de las energías renovables en el consumo de energía final bruto; y reducción de la demanda de energía primaria coherente con el objetivo establecido para la Unión Europea del 20 por ciento en 2020 y con los objetivos de reducción de emisiones de gases de efecto invernadero asumidos por España (art. 78).

16 Los planes nacionales de ahorro y eficiencia energética, los planes de energías renovables, la planificación de carácter indicativo del modelo de generación de energía y la planificación energética vinculante prevista, entonces, en la Ley 54/1997, de 27 de noviembre, del sector eléctrico y, hoy, en la Ley 24/2013, de 26 de diciembre, también del sector eléctrico, así como en la Ley 34/1998, de 7 de octubre, del sector de hidrocarburos.

17 Informes periódicos de seguimiento de los diferentes planes y programas; evaluación cuatrienal de los distintos instrumentos de la planificación indicativa del modelo de generación de energía; la vinculante de las infraestructuras y redes de energía; los planes de energías renovables; y los planes nacionales y programas de ahorro y eficiencia energética (art. 86).

18 El Fondo de Economía Sostenible fue creado por acuerdo del Consejo de Ministros de 4 de diciembre de 2009, pasando a ser el instrumento financiero

del Estado para el apoyo a los particulares en el desarrollo de los principios y objetivos contenidos en la Ley comentada.

19 El fomento de la investigación, el desarrollo y la innovación en el ámbito de energías renovables y el ahorro y la eficiencia energética; la transparencia e información a los consumidores; la simplificación de procedimientos administrativos; y el ahorro energético de las Administraciones públicas.

20 La reducción de emisiones; la renovación del régimen de los transportes; la promoción de políticas de movilidad sostenible y del sector del transporte público por carretera limpio; y la adquisición por aquél de vehículos de transporte por carretera limpios y energéticamente eficientes.

21 Desarrollado en el capítulo IV del título III del proyecto de Ley.

22 Capítulo IV, artículos 17 a 22.

23 La disposición derogatoria única de la L3R deroga formalmente los artículos 107 a 11 de la LES y los artículos 17 a 25 y las disposiciones adicional 3ª, transitorias 1ª y 2ª y final 2ª del Real Decreto-Ley 8/2011.

24 Las unidades familiares a las que pertenezca alguno de los propietarios que forman parte de la correspondiente comunidad tengan ingresos anuales inferiores a 2,5 veces el Indicador Público de Renta de Efectos Múltiples (IPREM), excepto en el caso de que las subvenciones o ayudas públicas a las que esa unidad familiar pueda tener acceso impidan que el coste anual repercutido de las obras que le afecten, privativas o en los elementos comunes, supere el 33 por ciento de sus ingresos anuales. Previsión efectuada con modificación de la Ley de propiedad horizontal por el artículo 111 LES.

25 El único paliativo, por demás de todo punto insuficiente, que a la comentada supresión ofrece el texto legal es la previsión, a la hora de la ponderación de la procedencia de la realización de medidas de adecuación a la accesibilidad universal) de los edificios de vivienda constituidos en régimen de propiedad horizontal es la determinación como coste desproporcionado aquél que, repercutido anualmente y descontadas, en su caso, las ayudas públicas, supere el importe de doce mensualidades de gastos comunes (véase la definición contenida en el artículo 2 L3R).

26 Las disposiciones finales modifican también, además de la legislación de propiedad horizontal, ordenación de la edificación y del código técnico de ésta, que guardan cierta relación con la urbanística, la de mercados de tabaco y normativa tributaria; enjuiciamiento civil; seguridad aérea; patrimonio de las

Administraciones públicas; general de subvenciones; general presupuestaria; general tributaria; de las Haciendas locales; contratos del sector público; medidas urgentes de protección de deudores hipotecarios sin recursos y para reforzar la protección de dichos deudores, reestructuración de deuda y alquiler social; reestructuración y resolución de entidades de crédito; y presupuestos generales del Estado para 2013.

27　En la nota que sobre las modificaciones del TRLdS han elaborado J.M. Palau Navarro y B. Lozano Cutanda, Análisis Gómez-Acebo & Pombo, julio de 2013, pág. 1, accesible en internet, se llega a afirmar, quizás con exageración, que las "... modificaciones son de tanto calado que puede afirmarse que nos encontramos ante una "nueva Ley de Suelo estatal"".

EL RÉGIMEN DE JURÍDICO DE LA ACTIVIDAD MINERA Y LOS MUNICIPIOS EN VENEZUELA: CON REFERENCIA A LA FIGURA DE LAS VENTAJAS ESPECIALES

Mauricio Rafael Pernía-Reyes*

Sumario
Introducción
El régimen jurídico de la minas en Venezuela
Normas de rango constitucional
Normativa sectorial
Las ventajas especiales como potencial instrumento a favor de los municipios
Conclusiones

INTRODUCCIÓN

Quiero expresar mi agradecimiento por la amable invitación para rendir homenaje a la reconocida trayectoria del Dr. Fortunato GONZÁLEZ CRUZ, primer Alcalde de la Ciudad de Mérida, fiel exponente y defensor de la descentralización y el fortalecimiento de los poderes locales. Este documento en su homenaje, como siempre decimos, se hace, desde la Provincia venezolana.

En este sentido, y desde la provincia venezolana, se pretende hacer un estudio introductorio del impacto de las actividades relacionadas con la industria extractiva, la competencia para su organización y sus consecuencias en los ámbitos locales, esto es, en los municipios, que es un "(...) un espacio territorial íntimo y cercano donde se desenvuelven la mayor parte de las actividades del ser humano (...)"[2], y en razón de lo cual es allí de donde deben partir las acciones, las políticas públicas a ser aplicadas a los vecinos de una comunidad, aldea o ciudad.

Así las cosas, el constituyente venezolano de 1999 consagró que los yacimientos mineros y de hidrocarburos, pertenecen a la República, haciendo mención de los atributos de inalienabilidad e imprescriptibilidad como características de su categoría como propiedad administrativa[3]. Así mismo, en el numeral 16 del artículo 156 de la Constitución de la República Bolivariana de Venezuela (CRBV)[4], se señala que es competencia del Poder Público Nacional el régimen y administración de las minas y de los hidrocarburos, que el Ejecutivo Nacional no podrá otorgar concesiones mineras por tiempo indefinido y que la ley establecerá un sistema de asignaciones económicas especiales en beneficio de los Estados en cuyo territorio se encuentren situados estos bienes.

Sin embargo, los yacimientos mineros económicamente aprovechables en Venezuela se hallan distribuidos en municipios aislados, principalmente cerca de la frontera nacional, alejados de los centros de producción y de poder político, correspondiendo a las autoridades locales la toma de decisiones en materia social, escolar, seguridad ciudadana y de vivienda y hábitat de las poblaciones cuya actividad principal es la minería, sin que tengan los municipios las competencias respecto de la industria extractiva, ni en la administración ni en el establecimiento del régimen jurídico que regule tal actividad, percibiendo los beneficios que directamente pacten el concesionario con la República en el marco de la figura denominada ventajas especiales, e indirectamente solo en el porcentaje que los Estados puedan distribuir por los ingresos extraordinarios que a estos le corresponda, según la ley.

En este sentido, el presente documento tiene como propósito exponer cómo es la participación de los municipios mineros en Venezuela y para su mejor comprensión, se dividirá en tres capítulos: el régimen jurídico de las minas en Venezuela (i); las ventajas especiales como instrumento a favor de los municipios (ii), y; conclusiones (iii).

EL RÉGIMEN JURÍDICO DE LAS MINAS EN VENEZUELA

La declaratoria de bienes del dominio público de las minas afecta todo el régimen jurídico aplicable y ello se evidencia desde la declaración del constituyente venezolano de 1999, hasta las normas de rango sublegal que dicta el Ejecutivo Nacional, y las normas estadales que dictan los entes político-territoriales en los que se divide a República.

En efecto, la constitución como demanio en las minas le provee a la República así como a los Estados de la federación venezolana, ingresos fiscales, además de actualizar el ejercicio de la potestad organizativa al crear órganos o entes para que se constituyan en la Administración Minera, según el nivel territorial que estudiemos. Finalmente, los órganos legislativos sancionarán las leyes respectivas para el régimen y administración de las minas.

Si bien en Venezuela no se presenta la problemática propia de los Estados con un mayor nivel de descentralización o dicho de otro modo, con un clásico nivel de federación[5], como lo serían los casos de Argentina[6] o los Estados Unidos de América[7], en los que el promotor de las actividades mineras se enfrenta a un cúmulo de leyes de distinto nivel territorial, que puede incluir a los municipios, que regulan desde la exploración y la explotación, así como las actividades conexas que pueden retrasar el inicio de las actividades mineras, por el contrario, las pocas regulaciones por parte de las autoridades municipales respecto de la actividad minera en nuestro país revela el alto grado de concentración del Poder Nacional respecto de las industrias extractivas.

Ahora bien, que el constituyente, el legislador nacional y estadal no incorporen al municipio como un actor natural de la industria minera, ello no significa que las autoridades locales no deban atender y desarrollar acciones o políticas públicas sobre la problemática social y económica que ella comporta[8], incluyendo la relativa a la reinserción laboral, una vez se agoten los recursos mineros o sea antieconómico su aprovechamiento.[9]

Por ello, resulta de interés conocer las normas constitucionales, así como la legislación sectorial[10] que regulan esta actividad de manera que en capítulo aparte se aborde lo relativo a las denominadas ventajas especiales como medio para que los municipios incrementen su participación en esta actividad.

NORMAS DE RANGO CONSTITUCIONAL

El constituyente venezolano de 1999 dedica diversos artículos para regular desde el rango de norma suprema los siguientes aspectos: a) la determinación del sujeto titular de los yacimientos mineros; b) su relación con el medio ambiente, y; c) el régimen fiscal de las minas. Se tratará a continuación el contenido de esta regulación.

La titularidad del recurso

Como se señaló en la introducción de este trabajo, el artículo 12 de la CRBV determinó a los yacimientos de hidrocarburos, mineros y las costas marinas como del dominio público, detallando el catalogo de características que tal denominación comporta, al señalar que son inalienables e imprescriptibles[11]. Respecto del dominio público, Bocanegra y otros comentan que el mismo *"(...) está constituido por aquellas propiedades administrativas afectadas a la utilidad pública y que como consecuencia de esta afectación resultan sometidas a un régimen especial de utilización y protección"*[12].

Los bienes del dominio público como propiedades administrativas, constituyen así una categoría sustantiva distinta de la propiedad de derecho común, toda vez que lo que persigue tal figura es que se consolide un régimen legal especial sobre determinadas cosas afectas a un fin de interés general y, por regla general, de utilidad pública, de manera que la explotación y uso de bienes del dominio público son regidas por el Derecho Público.[13]

La protección al medio ambiente

La protección y promoción de la defensa del medio ambiente la categoriza como una actividad transversal de diversos procesos industriales o de las actividades extractivas, por su inevitable impacto sobre el ambiente que estos representan. Esta tarea está encomendada a los poderes públicos en el artículo 127 de la CRBV, cuando indica que tienen la función de *"proteger el ambiente"*. En este sentido, VILLEGAS MORENO, José Luis, comenta que:

El cumplimiento de este mandato constitucional se lleva a cabo fundamentalmente mediante normas de Derecho público y el papel central lo desempeña la Administración, lo que es consecuencia del carácter de interés o bien jurídico colectivo que tiene el medio ambiente y de la necesidad de que su protección se realice, como dice la Constitución, de acuerdo con las premisas del desarrollo sustentable (Art. 128 constitucional), esto es, interviniendo en la utilización y disfrute de los recursos para evitar su pérdida o deterioro.[14]

En efecto, es la naturaleza vicaria de la Administración Pública venezolana, la que le confiere, mediante el cumplimiento de la CRBV y normas de rango legal y sublegal, el realizar tareas preventivas mediante la implementación de técnicas jurídicas que pueden ir desde la aplicación legal de procedimientos administrativos, licencias, o permisos, hasta la presentación de Estudios de Impacto Ambiental y Socio Cultural (EIASC) que, desde 1999 tienen rango constitucional.

Así, el artículo 129 de la CRBV señala que:

*Todas las actividades susceptibles de generar daños a los ecosistemas deben ser previamente acompañadas de **estudios de impacto ambiental y socio cultural.** El Estado impedirá la entrada al país de desechos tóxicos y peligrosos, así como la fabricación y uso de armas nucleares, químicas y biológicas. Una ley especial regulará el uso, manejo, transporte y almacenamiento de las sustancias tóxicas y peligrosas.*

En los contratos que la República celebre con personas naturales o jurídicas, nacionales o extranjeras, o en los permisos que se otorguen, que afecten los recursos naturales, se considerará incluida aun cuando no estuviera expresa, la obligación de conservar el equilibrio ecológico, de permitir el acceso a la tecnología y la transferencia de la misma en condiciones mutuamente convenidas y de restablecer el ambiente a su estado natural si éste resultara alterado, en los términos que fije la ley.(Resaltado nuestro)

En definitiva, la actividad minera, como especie del género de las actividades extractivas, requiere cumplir con una serie de actividades antes, durante y después de la actividad minera, que por lo menos, incluye el período de vigencia del derecho otorgado para el aprovechamiento del recurso correspondiente.

Sin ánimos exhaustivos, los promotores de desarrollo mineros o concesionarios, deberán contar con: estudio de factibilidad técnico, financiero y ambiental al final de la fase exploratoria (i); constituir fianzas ambientales sobre el Estudio de Impacto Ambiental y Socio Cultural (en adelante EIASC) que debe presentar a la Administración Ambiental del Ejecutivo Nacional (ii); para la aprobación de lo anterior deberá transitar por la obtención inicial del derecho minero particularmente del denominado Certificado de Explotación, que junto al EIASC, dará como consecuencia la emisión de la Acreditación Técnica del mismo por la autoridad ambiental competente, siendo esta acreditación requisito para la obtención de la ocupación del territorio, la cual puede variar de autoridad competente en razón de que el área a explotar puede estar bajo un área bajo régimen de administración especial (ABRAE) como sea zona de seguridad fronteriza, turística, industrial, urbana, entre otras, para finalmente, obtener la Afectación de Recursos (iii), instrumento que permitirá a la Administración Ambiental la realización de prácticas fiscalizadoras como la auditoría ambiental, para medir el impacto de la actividad concesionada.

Así mismo, el concesionario debe asegurarse de materializar el cierre de minas, como proceso que permita restituir el ambiente al estado más próximo al original, esto es, antes de la intervención para el aprovechamiento minero.

c) reserva legal nacional de la materia tributaria

Por último, de las regulaciones de carácter constitucional que conforman la actividad minera venezolana, se señala lo correspondiente al criterio de fiscalidad sobre los yacimientos mineros. Así, el artículo 156 de la CRBV indica:

Es de la competencia del Poder Público Nacional:
(...)
16. El régimen y administración de las minas e hidrocarburos, el régimen de las tierras baldías, y la conservación, fomento y aprovechamiento de los bosques, suelos, aguas y otras riquezas naturales del país.

Esta previsión del constituyente procura establecer una reserva legal a la ley formal y material para el establecimiento del régimen y administración de las minas, y con ello, regular lo referente a las modalidades de explotación y aprovechamiento del recurso, la aplicación del poder tributario de la República, en materia de fiscalización y recaudación de los tributos correspondientes, excluyendo que mediante normas de distinto rango, así como otras personas de derecho público territorial, regulen estas actividades.

Los tributos mineros están constituidos por el impuesto superficial y el impuesto de explotación. El primero de ellos tiene como hecho imponible la carencia de explotación a partir de la fecha del otorgamiento del derecho minero, o de un acto posterior, como lo es el Certificado de Explotación. Se liquida por trimestres vencidos y su fijación está establecida de manera gradual que comprende las hectáreas otorgadas y el tiempo de vigencia del derecho minero. Por su parte, el impuesto de explotación se verifica y liquida mensualmente y toma como base la producción mensual del mineral y el precio de referencia fijado por el Ejecutivo Nacional para su venta, variando la alícuota dependiendo del mineral de que se trate.

Estas modalidades impositivas no han transitado sin oposición por parte de cierto sector de la doctrina que no les otorga la categoría de tributo, concretamente del impuesto de explotación, en razón de que por su naturaleza, se asemeja más a un pago al Estado, como la regalía, fundamentado en el aprovechamiento de un demanio, teniendo en cuenta que si bien su previsión está en la ley, no obstante su alícuota o forma de pago deviene de la emisión del título minero correspondiente que otorga el derecho real inmueble de la concesión. Así, a la clásica distinción de los tributos en impuestos, tasa y contribuciones, pareciera no subsumirse el impuesto de explotación pues su existencia no es por imposición de la ley, sino del pacto de concesión, luego, su origen es convencional[15].

NORMATIVA SECTORIAL

La legislación está compuesta por el Decreto N° 295 del 5 de septiembre de 1999 con rango y fuerza de Ley de Minas y su reglamento general de 2001 (en adelante Ley de Minas) que sustituye a la Ley de

Minas de 1945 normativa bajo la cual se otorgaron la mayoría de los títulos mineros y demás derechos vigentes en la actualidad y el Decreto 1.395 del 13 de noviembre de 2014 con Rango Valor y Fuerza de Ley Orgánica que Reserva al Estado las actividades de exploración y explotación del oro, así como las actividades conexas y auxiliares de éstas[16], en adelante el Decreto-Ley, que forma parte del conjunto de leyes producidas por el Ejecutivo Nacional producto de la ley habilitante, y que viene a sustituir la legislación anterior, también producto de habilitación legislativa, del año 2011[17].

En ambas legislaciones la participación de los municipios es nula, aun cuando estos textos legales contemplen todas las posibilidades de aprovechamiento minero en cuando a volumen de inversión de capital y de extracción se refiere, desde la llamada megaminería hasta la minería artesanal, siendo que principalmente en este último, el ámbito espacial o territorial está reducido a áreas de entre 25 a 10 hectáreas[18] pertenecientes a un solo municipio.

Así las cosas, a los limitados fines de este documento, interesa comentar lo relacionado con las denominadas ventajas especiales que configuran un instrumento mediante el cual el legislador ha previsto un conjunto de actividades prestacionales y dinerarias que el proyectista, concesionario o socio del Estado venezolano debe ofrecer para poder constituirse como agente minero en Venezuela. Esto se comentará en el capítulo siguiente.

LAS VENTAJAS ESPECIALES COMO POTENCIAL INSTRUMENTO A FAVOR DE LOS MUNICIPIOS

Siendo la República el propietario de los yacimientos mineros, se comporta sobre éstos *como un verdadero propietario y no como un simple administrador[19]*, característica propia del sistema dominial[20], de manera que el Estado puede aprovechar el recurso natural directamente, o por medio de entes de su propiedad o que formen parte de la Administración Pública, u otorgarlos a terceros discrecionalmente, mediante concesiones o autorizaciones para su exploración y explotación.

En este orden de ideas, se presenta la figura de las ventajas especiales que constituyen el conjunto de ofrecimientos que realiza el solicitante de derechos mineros al Ejecutivo Nacional que comporten mejores prestaciones o prestaciones adicionales a las establecidas en la ley. En la legislación del siglo XX así como en la actual centuria, está presente la figura, aun cuando con variaciones que nos interesan resaltar en este trabajo.

En efecto, la Ley de Minas de 1945 y la Ley de Minas de 1999 establecieron que el solicitante de concesiones mineras debía presentar ventajas especiales en materia de impuestos, incrementando la alícuota de los tributos mineros, según la magnitud del programa y proyecto minero. Así, el artículo 91 de la Ley de Minas de 1945 facultaba al Ejecutivo Federal a estipular con los postulantes ventajas especiales para la Nación en materia de impuestos o por cualquier otro aspecto, en las concesiones cuyo otorgamiento le era potestativo. Por su parte, la Ley de Minas de 1999, establece en el artículo 35, una modificación al objeto de la ventaja especial, excluyendo cualquier mención de naturaleza económica, o tributaria al decir las ventajas especiales podría estar constituida por el suministro de tecnología, abastecimiento interno, provisión de infraestructura, dotación social, obligaciones de entrenamiento, capacitación geológico-minera entre otras.

Finalmente, el Decreto-Ley de 2014 establece que el Ministerio con competencia minera podrá estipular al momento de transferir derechos mineros a las empresas para realizar actividades primarias, la alícuota correspondiente a las ventajas especiales.

Esta caracterización de las ventajas especiales en Venezuela tiene como propósito establecer de qué manera pueden los municipios mineros del país obtener beneficios, prestaciones o recursos económicos como consecuencia del desarrollo de la actividad minera en su circunscripción.

En primer lugar y como se tuvo oportunidad de comentar en un trabajo anterior[21], con la Ley de Minas el legislador venezolano había abandonado la idea de incluir en la configuración de las ventajas especiales lo correspondiente a la tributación minera, toda vez que, desde mediados del siglo XX, la doctrina había cuestionado el hecho de alterar uno de los componentes del tributo, como lo es la alícuota, mediante un pacto entre un particular y el Ejecutivo Nacional, vulnerando el principio de reserva legal que establece que la fijación de tributos corresponde al parlamento y no a una de las partes del contrato administrativo de concesión o si el Estado se asocia para la explotación con el privado[22].

Esta variación legislativa constituye en verdadero estímulo para que los postulantes o solicitantes de derechos mineros consideren a los municipios como destinatarios de sus aportes de dotación social o capacitación de personal para las labores mineras.

En efecto, como se dijo anteriormente, el constituyente señaló en el artículo 129 de la CRBV, que para las actividades que intervengan el ambiente, se debe contar con un EIASC, lo que exige del estudio social de la localidad o poblaciones entorno a la mina a explotar, permitiendo al postulante conocer de forma directa, las necesidades de dotación social, provisión de infraestructura o capacitación que requiera el municipio y que el proyectista minero pueda satisfacer de modo directo.

No obstante en segundo lugar, el Decreto-Ley de 2014 cual movimiento pendular, regresa a la modalidad de la Ley de Minas de 1945 al incluir, de manera exclusiva, que las ventajas especiales son montos de dinero que tendrán como criterio de captación, la naturaleza, magnitud y demás características del proyecto minero a desarrollar. Debe decirse que estos recursos serán provenientes de una compañía de la cual el Estado es parte y que si bien no están previstos los impuestos de la Ley de Minas, si paga a la República una regalía del trece (13) % sobre el producto final del mineral.[23]

Se considera que esto es una seria limitante para los municipios cuya actividad minera tiene por objeto la explotación del oro, por cuanto el resultado de las debilidades, vulnerabilidades y amenazas de las localidades que han sido sujetas del EIASC, no se traducirá en un formal acuerdo de la empresa para que esta, de manera directa, realice actividades o dotaciones específicas a los municipios, como ocurre con los minerales distintos al oro y que son de competencia nacional.[24]

De manera que, la cuestionable constitucionalidad de la ventaja especial en la actividad minera del oro, la errada política pública de sustraer a los entes locales de los beneficios directos de las empresas mineras, cuya distancia de las poblaciones puede generar resistencias sociales que impiden el desarrollo de tal aprovechamiento[25], constituye un retroceso pues deja en un fondo social minero[26], de carácter nacional, la atención de las problemáticas sociales que bien pudieran ser atendidas desde la misma explotación.

Por lo anterior es que se considera superior, no solo en técnica legislativa, sino en la verificación de la constitucionalidad y como política pública el régimen de las ventajas especiales dispuesto en la Ley de Minas respecto de los minerales Hierro, Bauxita, Carbón, Roca Fosfática, Feldespato, Níquel y otros que son de competencia nacional y permiten que el concesionario pueda atender de manera directa las debilidades de las localidades mineras de Venezuela.

CONCLUSIONES

Los municipios mineros en Venezuela se ven excluidos de diversas maneras, de participar en el negocio minero, particularmente en materia tributaria[27], no obstante ser los mayores receptores de las consecuencias sociales, ambientales y de infraestructura[28] de los emprendimientos mineros, y sus órganos de gobierno los primeros en atender las problemáticas que surjan con ocasión de las actividades extractivas surjan en su localidad. Esta exclusión se acentúa con el reciente Decreto 1.395 del 13 de noviembre de 2014 con Rango Valor y Fuerza de Ley Orgánica que Reserva al Estado las actividades de exploración y explotación del oro, así como las actividades conexas y auxiliares de éstas pues se desvincula totalmente del ente político territorial local y centraliza en un fondo social minero del que aún se desconoce su regulación, pues corresponderá al Ejecutivo Nacional regularme mediante reglamento, y no permite que las ventajas especiales sean cumplidas mediante actividades prestacionales de beneficio directo a los Municipios, de manera de no duplicar las actividades que éstos deben cumplir según sus propias competencias y presupuestos.

En definitiva, los municipios en los cuales la minería es la actividad económica, industrial y social deben estructurar opciones que dentro de la ley, puedan comprometer políticas públicas eficaces para la atención de las problemáticas que surgen precisamente con la actividad minera o asociada a ella, siendo así muy útil que se mantenga el régimen de las ventajas especiales para el aprovechamiento de los minerales de competencia nacional distintos al oro, pues permite la inclusión de programas y acciones para atender las necesidades de dotación social, provisión de infraestructura o capacitación que requiera el municipio.

En definitiva, Venezuela tiene fijado su desarrollo sobre la base de sus recursos naturales y ello se evidencia en los últimos 50 años. No obstante, la arquitectura del Estado, con un modelo federativo altamente centralizado, puede privar a sus entes locales, aquellos que están más cerca del ciudadano, que demandan "soluciones rápidas y localizadas"[29] de recursos económicos y, por ello, materiales y humanos, que pudieran fortalecer su diseño, formulación, aplicación y seguimiento de políticas públicas adecuadas a sus necesidades.

Lomas Blancas, Municipio Cárdenas, enero de 2015

(ENDNOTES)

[*] Abogado y Especialista en Derecho Administrativo por la Universidad Católica del Táchira. Especialista en Gerencia Pública por la Universidad Nacional Experimental del Táchira. Especialización en Derecho Procesal por la Universidad Católica Andrés Bello. Doctorando en Derecho Administrativo Iberoamericano por la Universidad de La Coruña (España). Diplomado en Formación Específica de la Legislación Colombiana por la Universidad Simón Bolívar (Colombia). Profesor de pre y postgrado UCAT. Profesor de postgrado UNET. Profesor invitado de la Universidad Simón Bolívar (Colombia). Coordinador-Fundador del Grupo de Estudios de Derecho Público e Instituciones Políticas UCAT. Tutor Académico del Semillero de Investigación Dr. Allan Brewer-Carías UCAT. Colaborador-Investigador del Centro de Estudios de Regulación Económica de la Universidad Monteávila. Consultor Jurídico en materia de minería y vivienda.

2   GONZÁLEZ CRUZ, Fortunato, El Derecho a la Ciudad. En *II Jornadas de*

Derecho Administrativo, en homenaje a Don Enrique Orduña Rebollo. Derecho Administrativo y Municipio. Universidad Católica del Táchira, San Cristóbal, 2005, pp.53-63.

3 Entendiendo que el dominio público minero supone una relación de propiedad administrativa, que la separa de la propiedad común, cuyo titular es la República, formalmente afectado al fomento de la industria nacional y sometido a un régimen jurídico especial. Se sugiere consultar a BOCANEGRA SIERRA, Raúl, Alonso María del Rosario y Fernández Francisco, *"Lecciones de Dominio Público"* Madrid, Editorial Colex, 1999.

4 Gaceta Oficial de la República de Venezuela N° 36.860, de 30 de diciembre de 1999; reimpresa por error material en la Gaceta Oficial de la República Bolivariana de Venezuela N° 5.453 Extraordinario, del 24 de marzo de 2000 y enmendada según Gaceta Oficial de la República Bolivariana de Venezuela N°5.908, del 19 de febrero de 2009.

5 En el presente trabajo entendemos por tal aquel en el que el federalismo se presenta *"(...) como una yuxtaposición armónica y dual de soberanías, cada una libre en su respectiva esfera."*. Véase Aguilera de Prat y Martínez, *Sistemas de gobierno, partidos y territorio.* Editorial Tecnos. Madrid, 2002. p. 258

6 *Cfr.* Gordillo A. *Tratado de Derecho Administrativo.* Parte General, Tomo I, Fundación de Derecho Administrativo. 8ª edición. Buenos Aires, pp. VIII-10 y ss.

7 Así, en cuando a los distintos niveles normativos relacionados con la minería en este país, Jan G. Laitos y Elizabeth H. Getches indican que: *"El futuro explotador de recursos naturales confronta una esquizofrénica regulación que incluye regulaciones estatales y locales armados de tantas reglas y regulaciones como personas existen. Como resultado, el productor de minerales debe hacer frente a un marco regulatorio cuyas operaciones y aplicaciones no pueden ser previstas".* Véase Laitos y Getches en "Las secuenciales y estratificadas barreras locales y estatales a la explotación de recursos extractivos." En *Revista Advocatus* N° 25 Universidad de Lima. Lima, 2011. p. 24

8 Puede verse en la prensa regional del Estado Táchira como los conflictos de la actividad minera se desarrollan y atienden las autoridades locales, lejos de la capital del país, sede de los órganos y entes de la Administración Minera Nacional. Al respecto véase: *http://www.lanacion.com.ve/regional/mineros-bloquearon-la-panamericana-y-se-enfrentaron-a-la-guardia-nacional/* [Consultado enero 8, de 2015].

9 Sobre este punto se sugiere consultar: Montero Peña Juan Manuel y Salazar Pérez

Yaniel: La reinserción laboral tras el cierre de minas: una vía para lograr el desarrollo sustentable en la minería, *Minería & Geología*, Holguín, 2011, pp. 64-87.

10 Ley de Minas y el Decreto-Ley que reserva al Estado las Actividades de Exploración y Explotación del Oro, así como las conexas y auxiliares a éstas.

11 Al respecto TURUHPIAL, Héctor, señala: *"Por primera vez en el ordenamiento jurídico venezolano se incluyen expresamente las minas dentro de los bienes del dominio público, conjuntamente con los hidrocarburos, salinas y tierras baldías, bienes todos estos que tradicionalmente formaban parte del dominio privado del Estado, siguiendo la doctrina y legislación proveniente de las Ordenanzas de la Nueva España que le atribuían el dominio a la Corona, asumiendo la tesis rega-lista cuyo fundamento histórico (...) nos devuelve a Roma, donde con el adveni-miento del Imperio, los emperadores comenzaron a apropiarse de las minas y a incorporarlas a su patrimonio personal, hasta la época de JUSTINIANO, en las que las califica como cosas públicas, propiedad del pueblo en colectivo, suscep-tibles de ser dadas en arrendamiento con el objeto de percibir una renta que se denominaba vectigal."* Caracas, FUNEDA, 2008, p. 134.

12 Vid. BOCANEGRA SIERRA, Raúl, y otros… *Ob. Cit.* p. 18.

13 De esto, GONZÁLEZ GARCÍA, Julio, comenta: *"El resultado de ello es concluir que el bien y los fines que se pretenden conseguir están especialmente conectados con el ámbito de los intereses generales representados por ese ente público y no por otro."* Madrid, Marcial Pons, Ediciones Jurídicas y Sociales, S. A., 1998, p. 139

14 Villegas Moreno, José Luis. San Cristóbal, *"Derecho Administrativo Ambiental"*, Colección Textos, Librería y Galería Sin Límite, 2009, p. 107.

15 Así opina BADELL, Rafael, al señalar: "*El pago del "impuesto de explotación" es esencialmente convencional, encuentra su casusa en un contrato o convenio en el cual el cocesionario ha aceptado voluntariamente pagar una determinada can-tidad como contraprestación al derecho otorgado por el Estado a la explotación de un recurso del dominio público; la circunstancia de que dicho pago este pre-visto en una ley (como ocurre con el impuesto de explotación previsto en la LM), en nada contradice su carácter convencional, pues la obligación de pago nace únicamente con la firma del contrato de concesión o, en su defecto, del convenio respectivo. Los tributos por el contrario, encuentran su causa en la voluntad uni-lateral del Estado -manifestada a través de la ley- de imponer de forma general,*

abstracta y coactiva una prestación obligatoria; el poder tributario no puede ser objeto de contratación. En *Régimen Jurídico de las Concesiones en Venezuela.* Caracas, 2002, p.399

16　Publicado en la Gaceta Oficial de la República Bolivariana de Venezuela N° 6.150 Extraordinario, de fecha 18 de noviembre de 2014.

17　Decreto N° 8.413 publicado en la Gaceta Oficial de la República Bolivariana de Venezuela N° 39.759 del 16 de agosto de 2011, con Reforma Parcial realizada mediante Decreto N° 8.683 del 8 de diciembre de 2011 y publicado en la Gaceta Oficial de la República Bolivariana de Venezuela N° 6.063 Extraordinario, de fecha 15 de diciembre de 2011.

18　Véanse los artículos 64 de la Ley de Minas y 25 del Decreto-Ley.

19　Exposición de Motivos de la Ley de Minas.

20　Sobre los sistemas legales para acceder a los recursos mineros, se sugiere revisar. González-Berti, Luís *"Compendio de Derecho Minero Venezolano"*. Mérida, Publicaciones de la Facultad de Derecho de la Universidad de Los Andes, 1969. *Vid.* RONDÓN DE SANSÓ, Hildegard, en *"Régimen jurídico de los hidrocarburos. El impacto del Petróleo en Venezuela."*, Caracas, Epsilón Libros, 2008, p. 19. CATALANO, Edmundo Fernando, *"Curso de Derecho Minero"*, Buenos Aires, Zavalia Editor, 1999, p. 13.

21　Véase PERNÍA-REYES Mauricio Rafael, La minería en Venezuela y el nuevo régimen jurídico del aprovechamiento del oro, en Revista Tachirense de Derecho N° 23 enero-diciembre 2012, Universidad Católica del Táchira, San Cristóbal, pp.103.129.

22　Señala FRAGA PITTLUGA que: *"Igualmente concierne a la ley establecer cuál es la alícuota del tributo, esto es, la tarifa que aplicada a la base imponible dará como resultado el quantum o monto de la obligación tributaria que debe satisfacer el contribuyente o, según el caso, el responsable".* Resaltado nuestro. Y agrega: *La alícuota es uno de los elementos estructurales del tributo que ha sufrido mayores intentos de deslegalización, al confiarse en ciertos casos, su fijación al poder administrador, a través de Reglamentos o incluso de resoluciones ministeriales.* En *Principios Constitucionales de la tributación*, Editorial Jurídica Venezolana, Caracas, 2012, p. 54.

23　Artículo 29 del Decreto-Ley. Además, puede el Ministerio con competencia rebajar dicha regalía hasta un mínimo de un tres (3) %.

24　Así por ejemplo, el Municipio Mara del Estado Zulia, mediante una participación conjunta de la minera Carbones del Guasare, S. A., recibió una dotación de equipos de computación para un centro comunitario, administrado por la alcaldía del mencionado municipio. La nota puede verse en: http://alcaldiademara. gob.ve/index.php?option=com_content&view=article&id=95%3Aalfabetizac ion-tecnologica-para-los-marenses&catid=1%3Aultimas-noticias&Itemid=37 [Consultada en enero 8 de 2014].

25 Se sugiere para ampliar este dato Maristella Avampa y Mirta Antonelli (Eds), Minería transnacional, narrativas del desarrollo y resistencias sociales, Editorial Biblos, Buenos Aires, 2009.

26 Artículo 33 del Decreto-Ley.

27 En efecto, en materia extractiva, que incluye a la industria petrolera, la Sala Constitucional del Tribunal Supremo de Justicia, en sentencia N° 1.892 del 18 de octubre de 2007, caso *Shell de Venezuela*, según el cual ésta sala consideró que el gravamen de la actividad de hidrocarburos está reservada al Poder Nacional por el artículo 156.12 Constitucional. También puede verse el Memorándum N° CSO/CJ/044 del 19 de agosto de 2009 de la Consultoría Jurídica de Carbones del Suroeste, C. A. Filial de Corpoandes,

28 Sobre este tema se sugiere consultar PERNÍA-REYES, Mauricio Rafael, El desarrollo de Infraestructuras para el aprovechamiento de bienes del dominio público: una visión desde el Derecho minero venezolano, Direito das Infraestruturas. Un estudio dos distintos mercados regulados, (Dir. A. Saddy y Aurilivi Linares Martínez), Editora Lumen Juris, Río de Janeiro, 2011, pp. 331-356.

29 GONZALEZ CRUZ, Fortunato, *Ob. Cit.* p.56

UN BUEN GOBIERNO MUNICIPAL EN EL MARCO DEL FEDERALISMO POLITICO MEXICANO

Dr. José Guillermo Vallarta Plata

En forma inédita, el movimiento constitucionalista mundial ha venido experimentando, desde las últimas décadas del siglo XX y con mayor vigor en lo que va del siglo XXI, un proceso múltiple y heterogéneo de reformas paradigmáticas en el campo de los derechos humanos y en el fortalecimiento de la democracia, que han implementado aquellos países con una mayor cultura y mejor desarrollo político y social, lo que ha propiciado que nuestros países en desarrollo ejecuten reformas que se ajusten a los nuevos dictados del constitucionalismo mundial.

Un grupo de esas reformas se relaciona con el sistema político y jurídico del país y ha dado lugar a profundos y en algunos casos controvertidos debates, los cuales se centran en lo que se ha denominado la reforma del Estado.

Asignatura pendiente, el Estado mexicano aún está sujeto al viejo *corset* que data de 1917, el cual ha sido objeto de múltiples ajustes, pero que en opinión del suscrito, requiere una modificación de fondo que permita recrear al Estado mexicano.

México ha venido transformando su estructura constitucional, con la adopción de instituciones de avanzada y con la observancia de la normativa internacional de la Democracia, de los Derechos Humanos, de la modernización de la administración, la alternancia del Gobierno, el fortalecimiento de las instituciones electorales y el reconocimiento de nuevas herramientas en favor de una reforma política integral.

De esta manera se reconoció el Derecho a la Información; la obligación por parte del Estado de transparentar sus decisiones; la rendición de cuentas; se creó la Comisión Nacional de los Derechos Humanos, organismo no jurisdiccional, cuya función en defensa expedita y directa de la protección de los derechos humanos, la ha consolidado como un organismo fundamental ante las demandas de una mejor justicia que reclama el pueblo. El reconocimiento Constitucional de la Comisión, su reconocimiento como un organismo público, le da la categoría de un órgano de la sociedad y defensor de esta[1].

1.1.- EL FEDERALISMO POLÍTICO Y SU RECONOCIMIENTO EN EL NUEVO CONCEPTO DE DEMOCRACIA.

En el amplio abanico de concepciones acerca de lo que significa la democracia, podemos significar el ideal de los pueblos por encontrar la forma de convivencia que nos permita el disfrute de los bienes naturales y culturales, en términos de equidad, libertad y dignidad; asimismo conciliar la diversidad como una fuente de creatividad y armonizar mayorías y minorías.

Este amplio espectro nos hace reflexionar sobre la importancia del desarrollo del ideal democrático, que tiene que ver con el ideal *Rusoniano* en los estados nacionales contemporáneos.

En efecto, para Juan Jacobo Rousseau, la única forma democrática válida era la directa, en la que los ciudadanos son titulares, en términos de igualdad, de la soberanía y en forma conjunta el pueblo manifiesta su *voluntad general* en torno a lo que ahora llamamos las decisiones políticas trascendentales y el bienestar nacional.

Los conceptos de orden social, libertad y justicia, también han servido de referente para identificar a la democracia. Aquel Estado que garantice la libertad y la justicia es democrático.

La democracia, cada vez se asocia más con el constitucionalismo; es decir, con una organización viva, basada en la colaboración compartida de los diferentes componentes de la sociedad. De ahí el concepto de que las personas no son superiores y subordinadas, sino coordinadas[2]

Dentro de este proceso de coordinación, el estado moderno, *id est*, las democracias más avanzadas, significan a la democracia participativa como un proceso de ejercicio coordinado, creador y responsable, de la *voluntad general*, parafraseando a *Rousseau*, que posibilita a los ciudadanos, titulares de la democracia, a ser coadyuvantes en el ejercicio del poder y la toma de las decisiones, posibilitando con ese ejercicio colectivo, la elaboración de Políticas Públicas coherentes y necesarias; a esto se le ha denominado la corresponsabilidad de la gobernabilidad.

La democracia política y social, debe ser un factor de integración, en estos tiempos de consolidación de las estructuras sociales.

Por ello, la democracia participativa, entendida en el ejercicio de la acción comunitaria; en la organización de colectivos cada día más responsables y comprometidos, en la ampliación y consolidación de la cultura de la democracia y en el ejercicio social de nuestras responsabilidades ciudadanas, será quien potencie el verdadero cambio que requiere nuestra nación.

Se corre el riesgo, en sistemas como el nuestro, en el que cada día la sociedad se sienten menos representada y desconfía de los representantes elegidos, de propiciar un desmoronamiento del sistema; en consecuencia se debe liberalizar y democratizar a nuestra sociedad, adaptando nuevos modelos y propuestas que nos permitan incidir en la toma de decisiones y en la gobernabilidad, permitiendo que la sociedad sea más activa en la cotidianidad de gobernar.

Debemos ser audaces y crear instituciones novedosas y viables para el futuro.

Ello se podrá lograr suscitando el más amplio debate público sobre la necesidad de un nuevo Federalismo político, en sintonía con las necesidades de una población heterogénea y diversa.

Es vital robustecer nuestro federalismo político; debemos diseñar instituciones basadas en fortalecer a las minorías, ampliar la democracia participativa creando más organismos ciudadanos y fortaleciendo los actuales, reintegrándoles su esencia y despolitizándolos para hacerlos viables; así, la Comisión Nacional de los Derechos Humanos; el Instituto Federal Electoral; el Instituto Nacional de Acceso a la Información; la Auditoría Superior de la Federación, por mencionar a los más relevantes, deberán de ser organismos auténticamente ciudadanos, en cuya integración no debe de participar ningún órgano político ni jurisdiccional y por lo tanto, no deberán existir intereses mezquinos.

Los cauces de la participación ciudadana en los procesos de la distribución de decisiones fundamentales, de consulta, de creación de políticas públicas, de la corresponsabilidad en materia legislativa, en la adopción de instituciones de avanzada en democracia participativa, serán fundamentales para consolidar una transición pacífica y superar la reacción al cambio que se ha anquilosado en grupúsculos de poder; en los partidos políticos con camarillas locales, los cuales se comportan y se inspiran en el ciego afán de defender la obsolescencia.

1.2.- LA TRANSPARENCIA Y LA RENDICIÓN DE CUENTAS.

Dentro del esquema de la Rendición de cuentas, quiero referirme a dos aspectos sustanciales, que se refieren a la ausencia de la responsabilidad en el manejo de los recursos públicos, aplicado a los ámbitos Federal, Estatal o Municipal. Para ello me permitiré analizar lo relativo a la Institución encargada por disposición constitucional de evaluar los resultados de la gestión financiera del gobierno Federal.

La transformación institucional que ha tenido nuestro país en las últimas tres décadas, ha posibilitado adoptar nuevos esquemas de participación ciudadana, mejorando las condiciones democráticas del sistema político mexicano.

Indudablemente que el reconocimiento a nivel constitucional del acceso a la información y de la obligación del gobierno a transparentar la forma en que se ejercen los recursos públicos y la toma de decisiones, ha sido un paso fundamental para evolucionar a un verdadero sistema democrático; lamentablemente, la transparencia ha sufrido un retroceso en su aplicación, por la forma en que se ha configurado, ya que su implementación depende en gran medida de órganos políticos y no jurisdiccionales, en los cuales los ciudadanos no tienen ninguna intervención.

En los países con un alto grado de democracia, la transparencia, la rendición de cuentas y la participación ciudadana, se han convertido en elementos inherentes a su régimen político.

En ellos existe una conciencia generalizada, de que en la medida en que exista una mayor apertura para conocer la forma en como funcionarios políticos toman decisiones y ejercen los recursos públicos, mejora la calidad de la democracia.

Dentro del marco referencial de la transparencia habremos de evaluar al concepto *"Rendición de Cuentas",* que en el derecho anglosajón se conoce como *accountability*[3].

La rendición de cuentas no es considerada una reforma administrativa de revisión de los modelos burocráticos, sino que se concibe como una dimensión, un componente de la forma de reorganización de un Estado democrático.

Es un componente porque no implica un cambio integral del rumbo de las estructuras y organizaciones estatales sino incrementa la transparencia y vigilancia de las organizaciones, de las decisiones de los políticos y los resultados de políticas públicas y con ello el uso del dinero público.

La rendición de cuentas y la transparencia son elementos necesarios en los procesos de cambio democrático y desarrollo local porque, siempre que funcionen adecuadamente, permiten la participación y monitoreo de los ciudadanos con la gestión pública y en consecuencia, la actuación de los políticos.

Para que funcione es necesario establecer mecanismos institucionales que hagan viable:

El acceso a la información
La rendición de cuentas
La transparencia
El monitoreo
La acción política o jurisdiccional por impulso de un órgano ciudadano

En el caso del monitoreo, es importante que se cuente con la capacidad sancionadora ó vinculante; id. est., el *enforcement*. Para lograr lo anterior es necesario regular los mecanismos u órganos que posibiliten esa rendición de cuentas y en su caso se llegue al ejercicio de acciones políticas, como puede ser el caso de la inhabilitación temporal o definitiva del cargo y el ejercicio de acciones civiles, como la reparación del daño la responsabilidad patrimonial; o las de carácter penal.

Las actuales *"instancias"*, que existen en nuestro país, piden cuentas de programas y cumplimiento de objetivos; son parte de la administración pública y por lo tanto no representan un verdadero equilibrio y contrapeso. En este supuesto, el Poder Ejecutivo es "Juez y parte" de lo que controla tal es el caso de la Secretaria de Contraloría.

En esa virtud, estas instancias no pueden ser consideradas como instituciones de rendición de cuentas, por lo tanto es lógico suponer la resistencia institucional para evitar las acciones del *monitoreo ciudadano*.

En consecuencia, debemos considerar a la *rendición de cuentas* como una acción mas amplia que el control administrativo, ya que contempla no solo el *monitoreo,* sino el *"enforcement",* es decir, la acción que ejerza una institución de carácter ciudadano, para enjuiciar a la administración pública.

Precisamente, es en la *rendición de cuentas,* en donde existen fallas estructurales que hacen nugatoria la aplicación del principio de transparencia, ya que la rendición de cuentas no existe sin la transparencia y en consecuencia, si no hay un medio idóneo para hacer efectivo el concepto rendición de cuentas, no existe la transparencia.

Me explico:

En nuestro País hay una ausencia de la responsabilidad en el manejo de los recursos públicos, aplicado en los tres ámbitos de la administración.

Para los fines de este ensayo, haré énfasis en la Institución encargada, por disposición constitucional, de evaluar los resultados de la gestión financiera del gobierno federal.

Es decir, solamente analizaré lo relativo a la Rendición de Cuentas y a la necesidad de reformar la Constitución General de la República para transformar la institución, ciudadanizándola y mejorando su funcionamiento, con criterios de independencia.

Es vital crear una institución de carácter ciudadano desde el diseño mismo de los mecanismos de rendición de cuentas, monitoreo y el ejercicio de las acciones políticas, civiles y penales de plena jurisdicción, que posibilite una verdadera participación ciudadana en las tareas de gobierno. Algunos autores anglosajones, como Ackerman, llaman a este ejercicio *co-gobernancia por rendición,* la cual, aunque representa el mecanismo más complejo de implementar, finalmente es el que asegura una efectiva rendición de cuentas.

Se trata por lo tanto, no de inventar un mecanismo y luego involucrar a la sociedad, sino hacerlo desde el diseño mismo del mecanismo.

En los modelos burocráticos clásicos, el control de los ciudadanos sobre los procesos de rendición de cuentas se realiza de forma indirecta a través de los órganos políticos. Con ello la sociedad pierde el control sobre las acciones públicas. Es el caso del sistema mexicano, que encarga al órgano legislativo la *rendición de cuentas, lo que finalmente desvirtúa la esencia de la institución.*

Lo ideal es la creación de organismos independientes, integrados por ciudadanos que actúen de manera imparcial, a fin de eliminar en lo posible que las autoridades hagan mal uso del poder para promover intereses partidarios o lo que es peor, personales; y si estos funcionan en base a mecanismos plenos de control, monitoreo y sanción, se puede lograr la moderación de la actuación de la autoridad.

Es decir, para que la rendición de cuentas sea efectiva, debe existir la obligación de los actores públicos de informar y justificar acciones y decisiones; y por parte del órgano controlador, debe existir la fuerza (*empowerment o enforcement*), *id. est.*, la capacidad para imponer sanciones. Los elementos de información, justificación y sanción, nutren el contenido de estos principios *(contestabilidad y empoderamiento)*.

Para que la rendición de cuentas no se aísle o nulifique, es necesario involucrar a los ciudadanos y establecer con claridad los principios que posibiliten su actuación.

En nuestro país existen dos instituciones que pueden incidir en el principio de *Rendición de Cuentas*, a las cuales me referiré para una mayor claridad.

A.- AUDITORÍA SUPERIOR DE LA FEDERACIÓN

La Constitución Política de los Estados Unidos Mexicanos, la Ley de Fiscalización y Rendición de Cuentas de la Federación y el Reglamento Interior de la Auditoría Superior de la Federación, jurídicamente enmarcan a la entidad de Fiscalización Superior de la Federación, indistintamente conocida con la denominación de Auditoría Superior de la Federación.

La entidad de fiscalización superior de la Federación, de la Cámara de Diputados, tiene como finalidad, evaluar los resultados de la gestión financiera de las entidades fiscalizadas; comprobación con las disposiciones legales aplicables en los sistemas de registro y contabilidad gubernamental, contratación de servicios, obra pública y demás normatividad aplicable al ejercicio del gasto público; determinación de responsabilidades e imposición de multas y sanciones resarcitorias correspondientes, la práctica de auditorías con motivo de verificar el cumplimiento de los objetivos y las metas de los programas federales, conforme a las normas y principios legales aplicables.

Al frente de la Auditoría Superior de la Federación habrá un Auditor Superior de la Federación, designado por el voto de los dos terceras partes de los miembros presentes en la Cámara de Diputados cuyos requisitos de elegibilidad son igualmente comunes para los otros titulares de los poderes de la Federación.

La entidad de fiscalización superior de la federación, prevista en el artículo 79 constitucional, es la actual Auditoria Superior de la Federación; se trata de una oficina de apoyo de la Cámara de Diputados, su tarea principal es el análisis de la "Cuenta de la Hacienda Pública Federal", que es la reunión de las contabilidades de todos los entes involucrados en el presupuesto federal de egresos.

B. JUICIO POLÍTICO

El marco jurídico correspondiente a la responsabilidad de los servidores públicos que origina en última instancia la procedencia del *juicio político*, está conformado por cuatro ordenamientos fundamentales de carácter federal: la Constitución Política de los Estados Unidos Mexicanos, la Ley Orgánica de la Administración Pública Federal, la Ley Federal de Responsabilidad de los Servidores Públicos y el Código Penal para el Distrito Federal en Materia del Fuero Común y para toda la República en Materia del Fuero Federal.

La fracción I del artículo 109 constitucional establece la procedencia del juicio político para aquellos servidores públicos de "alta jerarquía" (si bien se cuida de no utilizar esta expresión) señalados en el artículo 110, "cuando en el ejercicio de sus funciones incurran en actos u omisiones que redunden en perjuicio de los intereses públicos fundamentales o de su buen despacho"

El nuevo artículo 110 constitucional, por su parte, regula los sujetos, sanciones y substanciación del juicio político. El párrafo tercero establece precisamente las sanciones, las cuales continúan consistiendo en la destitución y en la prohibición de volver a desempeñar cualquier otra función, empleo, cargo o comisión en el servicio público (desde uno hasta veinte años, según lo dispuesto por el artículo 8o. de la ley reglamentaria. Los párrafos siguientes del propio artículo 110 regulan el procedimiento que también sigue siendo, básicamente, el mismo: Acusación de la Cámara de Diputados -previa substanciación del procedimiento, con audiencia del inculpado, y declaración de la mayoría absoluta de sus miembros presentes- ante la Cámara de Senadores que, erigida en jurado de sentencia, resolvería a través de las dos terceras partes de los miembros presentes.

El juicio político se presenta como un instrumento para remover a los servidores públicos (ya sea por incompetencia, negligencia, arbitrariedad, deshonestidad, etc.), pero sin entregar a un órgano político, como necesariamente es el Congreso, la potestad para privarlo del patrimonio o de la libertad, función esta última que exige la imparcialidad de un juez en sentido estricto.

Las declaraciones y resoluciones de las Cámaras de Diputados y Senadores son inatacables.

La determinación del juicio político se sujetará al siguiente procedimiento.
Es procedente el juicio político cuando los actos u omisiones de los servidores públicos a que se refiere el artículo anterior, redunden en perjuicio de los intereses públicos fundamentales o de su buen despacho.

I.- El ataque a las instituciones democráticas;
II.- El ataque a la forma de gobierno republicano, representativo federal;

III.- Las violaciones graves y sistemáticas a las garantías individuales o sociales;

IV.- El ataque a la libertad de sufragio;

V.- La usurpación de atribuciones;

VI.- Cualquier infracción a la Constitución o a las leyes federales cuando cause perjuicios graves a la Federación, a uno o varios Estados de la misma o de la sociedad, o motive algún trastorno en el funcionamiento normal de las instituciones;

VII.- Las omisiones de carácter grave, en los términos de la fracción anterior, y

VIII.- Las violaciones sistemáticas o graves a los planes, programas y presupuestos de la Administración Pública Federal o del Estado y a las leyes que determinan el manejo de los recursos económicos federales y del Estado.

Cualquier ciudadano, bajo su más estricta responsabilidad podrá formular por escrito, denuncia contra un servidor público ante la Cámara de Diputados por las conductas a las que se refiere el artículo de esta propia Ley y por las conductas que determina el párrafo segundo de artículo de esta misma Ley, por lo que toca al Gobernador del Estado, Diputados a las Legislatura Local y Magistrados de los Tribunales de Justicia Locales.

Mayor dificultad ha encontrado la institución de la "Rendición de Cuentas", que implica el cumplimiento cabal y honrado del ejercicio de la función pública principalmente de carácter electivo, o el ejercicio de una actividad administrativa que implique la responsabilidad de la aplicación y ejercicio de los recursos públicos.

En este caso, es común que el conocimiento de las anormalidades en el ejercicio de esta función, corresponde a los órganos políticos, principalmente el Legislativo[4], quien conoce en única instancia de las denuncias de los órganos ó instituciones encargados de evaluar y denunciar.

Cuando se acciona ésta facultad de los órganos competentes, en la mayoría de los casos, éstos no tienen facultades vinculantes, ni pueden accionar de manera directa, sino que tienen que solicitar la intervención del Ministerio Público para que denuncie el hecho ante la autoridad correspondiente, quien decide si existe ó no responsabilidad.

Lo anterior refuerza la afirmación que el principio de rendición de cuentas queda sujeto a un procedimiento político, en donde los partidos políticos de acuerdo a componendas y manejos internos, al margen de un *debido proceso,* establecen si hay o no responsabilidad. La práctica nos ha confirmado, que es excepcional que el órgano Legislativo proceda por malos manejos de funcionarios o políticos, lo cual implica una burla a la institución y una regresión a los postulados constitucionales de *la rendición de cuentas.*

Entratándose de la rendición de cuentas se hace evidente el rechazo sistemático de las autoridades y de la clase política a someterse al control de órganos fiscalizadores, quienes deben cumplir a cabalidad los postulados constitucionales de disciplina, orden y apego a la ley en el ejercicio de la función pública.

Es necesario transformar radicalmente las instituciones encargadas por disposición constitucional de hacer efectiva la rendición de cuentas a la administración, en este caso la Autoridad Superior de la Federación. A manera de propuesta, deberán propiciarse reformas a la Constitución, para modificar el *Status* y la misión de la Auditoria Superior de la Federación.

En forma genérica propongo las siguientes REFORMAS:

Primera.- Elevar a categoría de organismo público autónomo a la Auditoría Superior de la Federación, con la misión que le concede el artículo 79 constitucional, a fin de quitarle la dependencia al órgano legislativo federal.

Segunda.- La Auditoria deberá conformarse con un Auditor Superior y con dos órganos; uno de carácter técnico y otro colegiado, integrado exclusivamente por ciudadanos.

Tercera.- Deberá otorgarse al órgano colegiado de la auditoría, la facultad de accionar una vez que conozca de los informes del órgano técnico de la propia auditoría, en razón de la evaluación de resultados de la gestión financiera de alguna entidad fiscalizada y determinar, *motu proprio*, si procede el ejercicio de la acción penal, la reparación del daño o la implementación del juicio político, lo cual deberá plantearse ante el órgano jurisdiccional correspondiente, que por razón de competencia es un juez federal.

Cuarta.- Entratándose de la violación a la fracción VIII del artículo 110 constitucional. El órgano colegiado de la Auditoría Superior de la Federación, a través de su representante, deberá ejercitar acción de juicio político, el cual conocerá, en este único caso, el órgano jurisdiccional federal, quien tendrá facultades para remover a los servidores públicos; inhabilitarlos parcial o definitivamente y privarlos de su libertad y de sus bienes, cuando así proceda en el juicio que se implemente.

La facultad sancionadora de la auditoría superior de la Federación, debe ser de carácter vinculante y se constriñe a la determinación de responsabilidades, imposición de multas y sanciones resarcitorias correspondientes, en lo que corresponde a la comprobación de la contabilidad gubernamental, contratación de servicios, obra pública y demás normatividad aplicable al ejercicio del gasto público. Cuando la autoridad incumpla alguna de estas sanciones, el órgano colegiado de la auditoria procederá al ejercicio de la acción civil o penal que corresponda y al juicio político.

Quinta.- El órgano colegiado de la Auditoria Superior de la Federación, estará conformado por ocho ciudadanos, seleccionados por la Cámara de Diputados del Congreso de la Unión, mediante el sistema de insaculación, de un número de propuestas remitidas a la Cámara de Diputados por las estructuras ciudadanas reconocidas y registradas ante la propia Cámara; la propuesta debe de ser de un ciudadano por organización pudiendo haber varias propuestas a favor de una sola persona. El cargo de miembro del cuerpo colegiado no debe ser mayor a 10 años.

1.3.- VALOR POLÍTICO EN LA ACCIÓN DE GOBERNAR

El otro aspecto al que me referí en el punto 1.2, relativo a la ausencia de la responsabilidad en el manejo de los recursos públicos, se refiere a la evaluación de políticas públicas tendientes a calificar el quehacer público, a efecto de hacer eficiente la administración y de añadir a la eficiencia un valor político que permita desactivar las tendencias de la administración a erogar cifras multimillonarias para convencer a los gobernados de las bondades de las decisiones de la propia administración, lo que finalmente redunda en un gasto innecesario e infructuoso que se etiqueta como *promocional político*, privando al país de cuantiosos recursos que actualmente se dedican a difundir la imagen del gobernante en turno y sus acciones de gobierno; esta acción se repite en las entidades locales y los municipios importantes del país, en consecuencia los recursos erogados son cuantiosísimos, lo más grave de la situación es la promoción política a favor del partido político en el gobierno ya sea en el nivel Federal, Estatal o Municipal.

La administración pública moderna, en el ejercicio pleno de lograr una administración eficiente, productiva y transparente, ha implementado indicadores que le permiten evaluar el valor público de la administración; coincidentemente los analistas han determinado cuatro grandes criterios para llegar a esta evaluación.

Valor político

Valor social.

Beneficios financieros.

Valor directo.

Valor político.- Es la acción de la administración que reditúa a favor o en contra los gobernantes; es la suma de políticas públicas tendientes a mejorar las condiciones socioeconómicas de la población. De ahí que el ciudadano común y corriente podrá evaluar en forma sencilla, si la administración pública ha cumplido con las expectativas sociales.

Valor social.- Este se constriñe a los temas de la competitividad y transparencia, por lo que su evaluación es institucional y social y de fácil. ¿Qué tan transparente o competitivo es el Estado mexicano; o la Paraestatal Petróleos Mexicanos? Es decir; existen parámetros estadísticos de medición que coadyuvan a despejar lo relativo al valor social del Estado mexicano

Beneficios Financieros.- Este principio se refiere a la calidad en el manejo de los recursos públicos, tema que deberá contar con una adecuada política de transparencia y rendición de cuentas.

Valor directo.- Se refiere a la medición o evaluación de la administración por la calidad de los trámites y servicios que ésta presta.

Esta acción de la administración está sujeta al escrutinio público y directo de los ciudadanos en general y en particular de quien solicita algún tramite o recibe algún servicio de la administración.

Es un criterio compartido, que la satisfacción o insatisfacción ciudadana es la madre de todos los procesos valorativos con que se mide el valor público que producen los gobiernos.

En los países democráticos, los gobiernos tienen implementados dispositivos que propician la evaluación de su actividad de manera objetiva; algunos lo hacen a través de encuestas, consultas, opiniones, etc., y los más avanzados han creado los gobiernos electrónicos para tal fin.

Contrario censu a la evaluación del valor privado, que se mide en la creación de utilidad, medida en dinero; el valor público sigue otros criterios, por lo que, en última instancia no debe interesarnos las finanzas públicas, sino el modo en que fueron empleadas; su beneficio social; la pulcritud de su manejo, la transparencia y la rendición de cuentas.

Valor privado y valor público son en consecuencia cuestiones muy diferentes.

Aunque el análisis del gobierno electrónico es importante, para los efectos de este ensayo me referiré exclusivamente al valor político, haciendo énfasis en una practica incorrecta de la administración federal y de muchos estados y municipios, de querer contrarrestar el valor político de sus administraciones, pretendiendo maquillarlo con acciones de mercadotecnia que cuestan mucho a la administración y que son de carácter político, por lo que desvirtúan su esencia.

Lo ideal sería constreñir al máximo la facultad del Ejecutivo Federal, de Gobernadores y Presidentes Municipales, de sustraer una parte importante de recursos para campañas mercadológicas o mediáticas, que tienen como objetivo sublimar la imagen del gobernante y resaltar sus obras.

Este tipo de acciones se puede observar de manera más intensa en los años de elecciones federales, locales y municipales; para muestra, analicemos el gasto del gobierno Federal mexicano en materia de publicidad (lo autorizado en el presupuesto de egresos de la Federación para el 2012). La cifra autorizada por el Congreso es grotesca; sobre todo porque es infructuosa, desproporcionada y electoralmente hablando es inequitativa, por lo que nuestra propuesta es reformar la Constitución General de la República Mexicana para constreñir estos gastos innecesarios y limitar la facultad de los Ejecutivos Federal, Estatal y Municipales, a su mínima expresión, en lo que se refiere al gasto en este tipo de partidas.

A mayor abundamiento, debemos analizar los países más avanzados democráticamente, ya que en ninguno de ellos existen gastos multimillonarios aplicados arbitrariamente por el titular del Ejecutivo, para dar a conocer a la población las obras realizadas o los programas implementados, como una acción de difusión y de conocimiento a la población, del estado que guarda la administración.

En países en vías de desarrollo, es criminal que se distraigan recursos del erario para estos fines; el presupuesto de egresos de la Federación, Estados y Municipios, debe de constreñirse a la esencia del desarrollo social y del mantenimiento de los servicios públicos, por lo que, propongo se reforme en primera instancia la Constitución General de la Republica, a efecto de establecer esta prohibición en los tres niveles de la administración publica mexicana.

1.4 EL MUNICIPIO EJE DEL DESARROLLO SOCIAL:

La prospectiva económica que se plantea sobre América Latina, nos permite reflexionar acerca de los graves problemas a que habrá que someterse esta región, requisito sine qua non, para consolidar un prometido desarrollo.

El fortalecimiento de la democr acia es la necesidad de una apremiante en este proceso de cambio, proceso que debe tender a la integración.

El municipio, institución centenaria y tradicionalmente marginada, deberá ser el eje del desarrollo de nuestros países, por lo que la estrategia de crecimiento y consolidación de nuestras instituciones democráticas, deberá darse a partir de la transformación de la estructura municipal.

Pretender que el fortalecimiento de la democracia para avanzar en la integración se puede dar en forma aislada, es ignorar la realidad latinoamericana, que en forma mayoritaria ha relegado al municipio a su mínima expresión y ha impedido propiciar el desarrollo regional.

El principal problema que enfrenta el municipio latinoamericano es su falta de consolidación, ya que con excepción de Brasil y Colombia, el resto de nuestros países no le han reivindicado sus reales posibilidades de consolidación política y económica, impidiendo con ello la transformación regional, base del desarrollo.

Graves flagelos azotan a la región, los cuales deben combatirse con un proyecto integrador y con instituciones fuertes que permitan atacar desde su origen estos problemas constitucionales a nuestro estatus.

Es una realidad; sugerimos dar fortaleza a instituciones fuertes e independientes; se debe fortalecer las políticas de reedición de cuentas,; de transparencia y acceso a la información, ciudadana dando los procesos y las instituciones que se conformen para estos propósitos.

Colateralmente se debe construir un Estado capaz, participativo, que privilegie políticas publicas que tiendan a superar las enormes diferencias sociales y económicas; que de preferencia a temas de salud y educación.

Que propicie temas de seguridad nacional regional.

En este abanico de posibilidades en la prospectiva de crecimiento en Latinoamérica, en menester detenernos en la realidad de la institución básica que permitirá y obstaculizará, según sea el caso el desarrollo regional.

Ante este panorama, se vuelve imprescindible la transformación de la institución municipal, la cual se encuentra, al menos en la realidad mexicana, en una de sus más sensibles crisis existenciales.

1.4.1 EL DESORDEN ADMINISTRATIVO

Durante el periodo de la alternancia, la disciplina política y administrativa que caracterizó a las administraciones emanadas del PRI, por razones de una hegemonía suelta al régimen presidencialista, se vio trastocada por un desorden en la administración y por la necesidad de emplear y controlar a través de la nomina a clientes de miles de militantes de partidos políticos que finalmente accedieron al poder, quienes les aseguraban la continuidad ; así pues, se sacrifico el orden en la administración y la eficiencia y control de la nomina, en aras del clientelismo la ausencia de profesionalización en la administración, el engrosamiento de la burocracia y la imposibilidad de afrontar los problemas de obras de obras y servicios por falta de recursos, dio inicio a la practica de endeudar al municipio, agravando el problema de su desarrollo.

Aunado a lo anterior la poca experiencia en los cuadros de la administración municipal, ausencia de profesionalismo y desconocimiento en la tarea de gobernar, sin ignorar la costumbre de considerar al poder como propio, dando lugar a practicas patrimonialistas y muchas de ellas francamente delictivas, han ayudado a ubicar en estado de crisis a la administración municipal.

1.4.2 EL ESTADO DE LA HACIENDA MUNICIPAL.

Es evidente que la salud financiera, del municipio iberoamericano está en crisis; pocos países han logrado superar una situación desastrosa en la vida municipal, logrando una armonía en las finanzas publicas que ha fortalecido a la institución desgraciadamente estos ejemplos son la excepción a la regla general

*Cuadro comparativo (ver ponencia INDETEC y ver J. G. V. P.

Además de la crisis económica, financieras, administrativas y de valores que aquejan al municipio, debe resaltar la falta de cohesión de la institución, que carece de parámetros y de organización estructural profesional, ya que el municipio es descubierto cada tres años por las respectivas autoridades electas, que olvidan lo hecho anteriormente; no existe memoria municipal; planes y proyectos son ignorados; no hay censos de necesidades y el gasto público, al carecer de planes de desarrollo, se ajusta al capricho del Presidente o de la camarilla que gobierna.

El País cuenta con una verdadera dispersión de ordenamientos municipales y por lo general las administraciones ignoran los lineamientos municipales constitucionales sobre la materia.

A mayor abundamiento el articulo 115 constitucional que debe ser el eje del desarrollo municipal, el es obsoleto y no cuenta con una Ley orgánica integradora, referencial y que de los lineamientos para la vida municipal Es fundamental que se uniforma en una sola Ley orgánica nacional la realidad municipal, estableciendo para los diversos municipios de México, según sus características, población y actividad.

Propician este de acuerdo a la democracia participativa, privilegiando los principales de transparencia y eficacia.

Crea la administración civil de carrera en los municipios mexicanos y fortalecer la rendición de cuentas.

La nueva ley deberá contemplar una nueva realidad como son los municipios conurbados y los metropolitanos, quienes deben de contactar con nuevas estructuras, agiles y eficientes que les permitan efectuar nuevas responsabilidades.

Se deberá de replantear el esquema inpositivo nacional, para permitir al municipio grabar ciertas actividades que tengan como objetivo cubrir sus enormes requerimientos.

Baste en observar el estado que guardan calles y avenidas de todas las poblaciones y cuidades de mexico, para evidenciar que el municipio, tal como se encuentra, no puede hacerse cargo de este servicio publico, sin que se fortalezca su hacienda y su capacidad impositiva.

Lo mismo diríamos del alumbrado público, agua potable y drenajes, por mencionar solo unos cuantos de los servicios municipales.

Ante esta realidad, el municipio mexicano no tuvo otra opción que acudir al endeudamiento para obtener un poco de oxigeno, medicina que no cura sus males; a la larga los agrava.

Es pues el momento de poner orden en el nivel municipal; se requiere una cirugía mayor y una voluntad a toda prueba para lograr una de las reformas mas necesarias del Sistema Mexica no

(ENDNOTES)

*Es abogado egresado de la Universidad de Guadalajara, México.

Notario Público de la ciudad de Guadalajara.

Maestro en el postgrado de la División de Estudios Jurídicos del Centro Universitario de Ciencias Sociales y Humanidades de la Universidad de Guadalajara y en la Maestría de Administración Publica del Instituto de Administración Publica del Estado de Jalisco.

Doctor en Derecho (Suma Cum Laude) por la Universidad San Pablo CEU, Madrid, España.

Presidente del Consejo Directivo del Instituto de Administración Pública de Jalisco y sus Municipios A.C., Mimbro no Residente de la Asociación Argentina de Derecho Constitucional. Es Nuestro Huésped de las Siguientes Universidades : Universidad Simón Bolívar en Caracas, Venezuela, Universidad de la Plata en Argentina, Universidad de San Pablo CEU en Madrid, España; Universidad Nacional Autónoma de México (UNAM), Universidad de Colima, Universidad de Nayarit todas ellas de México. Vicepresidente de la Academia Nacional de Derecho Constitucional de la Confederación de Colegios y Asociaciones de Abogados de México (2008-2010),es Presidente del Comité Científico de la Organización Internacional de Cooperación Intermunicipal (OICI). A partir del mes de Noviembre de 2010 Presidente del Instituto Iberoamericano de Derecho Local y Municipal. Es Autor de numerosas monografías artículos y ponencias. Entre sus libros se encuentra

Autor de numerosas monografías, artículos y ponencias.

Miembro no residente de la Asociación Argentina de Derecho Constitucional.

Entre sus libros publicados se encuentran

"Introducción al Estudio del Derecho Constitucional Comparado", La Novela Histórica Sobre Fidel Castro "Al Final de Una Vida", La Consolidación de la Unión Europea a través del Tribunal de Justicia" La Protección de los Derechos Humanos, Régimen Internacional" El Régimen Latinoamericano de los Derechos Humanos"
Coordinador en elaboración de los libros "Homenaje post Mortem a Don Manuel Gutiérrez de Velazco" Y "Homenaje post Mortem a Don Enrique Álvarez del Castillo".

1   Carpizo, Jorge, "Reglamento Interno de la Comisión Nacional de Derechos Humanos", Caleidoscopio Jurídico – Político. Presencia de los Maestros de la Facultad de Derecho en la prensa nacional. MEXICO, UNAM. 1991, P.105
2   José Guillermo Vallarta Plata. Democracia 2009, Razón y Acción. Primera Revista Virtual del Occidente de México. Guadalajara, Mex. Abril 2009
3   Emplearemos en este trabajo algunos vocablos derivados del inglés, producto de un Derecho administrativo anglosajón, que posee un mayor desarrollo que el nuestro.
4   Cámara de Diputados o Asambleístas

LOS BIENES VIARIOS DE LAS MUNICIPALIDADES PERUANAS COMO SOPORTE DEL TRANSPORTE URBANO

Orlando Vignolo

I

LA ESTIMACIÓN DE LAS VÍAS URBANAS COMO ELEMENTO CLAVE PARA EL DESARROLLO DEL SERVICIO DE TRANSPORTE EN LAS CIUDADES

Es menester señalar que cuando inicie la ampliación de esta investigación iniciada a mediados del año 2013, muchas imágenes y voces de cotidianidad venían a mi cabeza, todas ellas provenientes de una experiencia de vida que me ha permitido observar algunas cuantas realidades locales (desde las congestionadas ciudades del norte peruano, pasando por la situación harto compleja de Lima Metropolitana, hasta el relativo e innovador orden viario y vehicular que siempre ha mostrado la maña Zaragoza). En todos los ejemplos presentados entiendo existe un mínimo común denominador que permite realizar un balance jurídico de sus respectivos transportes urbanos, esto es, el *equilibrio* o *desequilibrio* que puedan mantener los operadores prestadores de este servicio frente a la infraestructura vial pública siempre limitada (pero expandible) que les sirve de soporte. Si se quiere, siguiendo lo planteado por CARBONELL PORRAS, el éxito o fracaso de estas actividades de cara a los ciudadanos, por más sistema de libre mercado que las defina positivamente en su naturaleza (como sucede en nuestro Derecho), obliga y no impide "que puedan establecerse restricciones si existen desajustes entre la oferta y la demanda, un mercado equilibrado que se desajustaría si se aumenta la oferta, sea necesario para reestructurar la capacidad de las empresas o existan razones de política económica general ligadas a la mejor utilización de los *recursos disponibles*"[2].

Así, el necesario traslado en clave jurídica de estos mosaicos y recuerdos me plantean abordar una tema de total actualidad, lleno de polémica que no presenta una atención debida desde nuestra literatura jurídica[3] y que bien podría resumirse en una serie de retos a ser *parcialmente* consolidados por parte del Derecho Administrativo, los mismos que jamás deberán perder de vista el valor preponderante que tienen las infraestructuras y las redes de éstas para definir el éxito de este sector en los tiempos actuales. Y digo todo esto, porque será finalmente una mezcla prudente de tecnología (ingeniería vial), con economía de recursos (principalmente aplicados sobre bienes demaniales municipales) y aplicación de la mejor y más dotada política, las que terminen definiendo lo que la ciencia jurídica-administrativa pueda plantearse como objetivos a acometer frente a una actividad que está puesta en el centro de la *objeción* pública peruana.

Sobre el particular, debe entenderse lo que muy bien afirmaba hace casi quince años T. R. FERNÁNDEZ-RODRÍGUEZ al referirse al papel secundario y supeditado del Derecho de cara al servicio público y, que puede ser perfectamente trasladable a nuestro objeto de estudio (particularmente a la idea de convergencia de muchos factores extra-jurídicos que juntos permiten entregar soluciones reales a la sociedad). Decía el profesor español que el famoso servicio público "ha sido y es una técnica más, una técnica que pretende dar respuesta a una idea política que también denominamos, por cierto, con esa misma expresión (...) Eso es lo que acabamos de «descubrir», lo que el Derecho Comunitario y el proceso de liberalización que en este escenario se ha puesto en marcha a favor de una nueva convergencia de los factores ideológicos, económicos y tecnológicos antes aludidos han puesto delante de nuestros ojos. El resto, muestra sorpresa, resulta sólo de una percepción incompleta y deformada de nuestra realidad. Estaba ahí, pero no lo veíamos porque mirábamos a través de un modelo teórico, el servicio público, que era sólo eso y que no daba cuenta de la compleja realidad, sino sólo de una parte, de una pequeña parte de ella (...)"[4].

Ahora bien, como primer punto de crítica de nuestro liberalizado transporte urbano quisiera mostrar una rápida revisión del descrito *componente de equilibrio* dentro de nuestro ordenamiento, y la verdad es que

-al menos- en la legislación nacional se puede encontrar algún interés y regulación por las infraestructuras de transporte terrestre de "uso público", nomenclatura ambigua y poco clara que deberá servir para referirse -esencialmente- a una serie de bienes de dominio público, particularmente para contener, entre otras modalidades, a las vías urbanas destinadas "a la circulación de vehículos y peatones" según la demanialización decretada por la parte final del artículo 56 de la LOM y la correspondiente definición contenida en el artículo 2 del RLGTTT. Sin embargo, tal atención no se puede apreciar ni predicar en la inicial norma liberalizadora publicada en *julio 1991* (el Decreto Legislativo 651), por la cual se decretó que "la prestación del servicio público de transporte urbano de pasajeros es de *libre acceso*" (ver su artículo 2), sin tomar en cuenta ningún elemento o, al menos, una mención mínima a la infraestructura vial existente, iniciándose el derrotero que hemos continuado hasta ahora, esto es, el de colocar a las "operaciones" (y los prestadores privados) por encima de los bienes demaniales que son aprovechados por las primeras para desplegarse efectivamente en las distintas urbes peruanas. Incluso, en esta primacía poco importa la formalidad o informalidad de la referida operación, pues como veremos luego hay un serie de potestades municipales y estatales que se han quedado sólo incrustadas en el texto normativo.

Es más, podría ser más incisivo y decir que nuestra *legislación nacional sectorial* ha sido bastante profusa respecto a la conducción, circulación, siniestralidad, seguros, la ordenación de los distintos agentes que intervienen en el transporte terrestre, entre otras cuestiones esencialmente ligadas a la problemática del *tráfico*, pero es casi inexistente respecto del soporte material o físico de las anteriores actividades (basta sólo ver que la "gran" norma de sistematización del patrimonio viario estatal -esencialmente- carretero es el RJV, sumada a un CR de reciente aprobación y quizás ciertas nociones referenciales preceptuadas por el REMA). Al respecto, cabe bien decir que estamos ante un ordenamiento esencialmente *operacional*, y, por ende, falto de unos medianos estándares de completitud, teniendo el gran déficit de no haber entregado la debida *juridicidad* a los esenciales bienes públicos que intervienen en las prestaciones del transporte por vía terrestre, particularmente a aquellos que son necesarios en el ámbito local. Dicho de otra manera, debemos asumir que tenemos una normatividad *incompleta* incapaz de afrontar el reto de enorme envergadura que tenemos frente a las actividades y cosas presentadas en este trabajo, el mismo que finalmente no podrá ser resuelto -exclusivamente- por la iniciativa privada o mediante un inexistente mercado organizador de objetivos de interés público sectoriales, según lo justificaremos luego (por eso, la respuesta involucra a muchos Poderes Públicos, pero en primer lugar al Legislador que deberá llenar un vacío normativo real).

Y lo dicho en la última parte no puede ser atemperado alrededor de la idea de que las citadas normas reglamentarias, al igual que el resto de este régimen estatal, han previsto un amplio trasladado competencial y de responsabilidades sobre el *demanio vial local* a favor de las Municipalidades, tal como puede revisarse -por citar una muestra- en la Quinta Disposición Complementaria Final del RJV, en cuanto a "los criterios de jerarquización" de las vías urbanas. Más bien, y eso debe ser una muestra de aprendizaje permanente acerca de nuestra descentralización administrativa en marcha, es necesario asumir que la Ley del Congreso de la República (y sus normas infra-legales de desarrollo) en materias de interés general, si se pretende que estas últimas sean trasladadas a las organizaciones administrativas descentralizadas, siempre deberán contener *conceptos fundamentales* y sus respectivas *bases normativas* aplicables a todo el territorio nacional, sin posibilidad alguna de que ambas nociones puedan ser eliminadas o desconocidas por cualquier otro Poder Público, salvo que exista un pronunciamiento expreso del Tribunal Constitucional o la obligación de no aplicar la disposición inter partes emitida por un Juez común. Más todavía, cabe reconocer, en razón del status constitucional brindado al Parlamento Nacional, que sólo este Poder del Estado *monopoliza* el deber de uniformización normativa anteriormente indicado.

Sin embargo, a pesar de lo expuesto y desde la señalada perspectiva restringida desconectada de la teoría de los bienes públicos, es menester señalar que nuestro Legislador ha intentado abordar temas cruciales en esta importantísima actividad. En ese sentido, no cabe duda que el aludido tráfico (en concreto el aparecido en zonas urbanas), que es recogido como objeto estelar en el CT y otros dispositivos como la propia LGTTT, es una clara muestra de los intentos por crear un orden normativo con alguna densidad. Sobre el particular, basta recordar que sólo la regulación de esta materia, sin perjuicio de otras cuestiones aparejadas que las trataremos en este trabajo, fue presentada por el Tribunal Supremo Español como un asunto que "adquiere en nuestros días una nueva y relevante dimensión pública. Puede afirmarse sin exageración que su correcta regulación influye no sólo en la libre circulación de vehículos y personas sino incluso también en el efectivo ejercicio de otros derechos como el de acceso al puesto de trabajo, el disfrute de servicios imprescindibles como los sanitarios, educativos, culturales, etc., sin excluir desde luego su conexión con la protección del medio ambiente y al defensa del patrimonio artístico amenazados uno y otro por agresiones con origen en el tráfico"[5].

Ahora bien, siguiendo una ruta de solución podemos indicar que una de las claves está en estudiar (y buscar a futuro una regulación) de los bienes públicos viario urbanos, no sólo desde los usos de corte municipal preceptuados por el régimen estatal del transporte terrestre, sino asumiendo que los primeros son un componente indispensable para la "calidad de la vida en la ciudad" y que tienen un alcance superior referido al "acertado ejercicio y la adecuada aplicación de cuantas técnicas jurídicas -normativas, de organización de los servicios públicos, de gestión (...) estén a disposición de las Administraciones Públicas competentes en la materia"[6].

Pero regresemos a la realidad normativa actual. A desmedro de lo que se viene fundamentando, existe una fuerte distorsión conceptual en el ordenamiento de transporte terrestre que no se condice con la naturaleza demanial de la mayoría de los bienes usados en las operaciones. Así, el Legislador -al barrido- ha señalado el protagonismo de la iniciativa privada en este tipo de "infraestructura (...) en cualesquiera de las formas empresariales y contractuales permitidas por la Constitución y las leyes" (ver numeral 5.1 de la LGTTT), señalando a continuación la posibilidad de concesión de "infraestructura vial nueva y existente" (ver literal f del numeral 17.1 de la LGTTT). Sin embargo, este papel principal en infraestructura vial es contradictorio con las realidades actuales de nuestras ciudades[7], y más aún su inclusión no ha llevado aparejada a la prudente posibilidad de equilibrarla con una exigente iniciativa constructiva pública, ejercicio que se insertaría en el arsenal de técnicas puestas a disposición de las Municipalidades, según los términos explicados en el anterior párrafo. En ese sentido, nuestro ordenamiento ha abandonado la necesidad de colocar en el centro de gravitación de estos emprendimientos -dirigidos sobre las vías urbanas y otras infraestructuras accesorias necesarias para las prestaciones del transporte- a las Municipalidades Provinciales y Distritales, tal como se puede notar en el orden competencial decretado por los numerales 17.1 y 18.1 de l LGTTT (en las llamadas potestades municipales "de gestión" que las habilita vaga y escuetamente con la función de "construir, rehabilitar, mantener o mejorar la infraestructura vial que se encuentre bajo su jurisdicción", sin señalarse ningún parámetro extra o grado de conexión con la mentada iniciativa privada), o, en segundo término, en el vacío artículo 81 de la LOM (que nada preceptúa sobre lo que se viene planteando en este párrafo).

Sin perjuicio que en las anteriores potestades no se reconoce la fundamental y específica capacidad de planificación de vías urbanas que deberían practicar principalmente las Municipalidades Provinciales, con lo cual seguimos en la ruta de exploración de un ordenamiento con muchas carestías[8]; es pertinente indicar que el rol protagónico frente a estos bienes, cuya titularidad es indiscutiblemente local y pública según el artículo 56 de la LOM, siempre ha sido municipal. Pero, sin que este compromiso prioritario implique que el Legislador y la Administración del Estado puedan desentenderse tan abiertamente como está sucediendo hasta ahora.

A mayor ahondamiento, siguiendo lo planteado por DESDENTADO para los Ayuntamientos españoles (que se asemejan mucho a nuestras Municipalidades en protagonismo y habilitación de muchas competencias frente a estas infraestructuras), cabe indicar que esta autora reconocía que estas Administraciones públicas toman "las decisiones relativas a la creación, anchura y trazado mediante su previsión y ordenación urbanística a través de los correspondientes planes. Son también los Ayuntamientos los competentes para la pavimentación de las vías urbanas y los que deben realizar las tareas de mantenimiento y conservación que sean precisas (...) Corresponde, asimismo (...) la ordenación del tráfico de personas y vehículos (...) que incluye la prohibición de paso de vehículos por ciertas calles, la ordenación de la circulación en el casco urbano, la prohibición y autorización de estacionamientos, la competencia para sancionar por infracciones en vías urbanas, y la competencia para declarar una calle o plaza pública de uso peatonal (...) y finalmente son competentes para establecer el régimen de utilización de los bienes que integran el dominio viario local"[9]. Todo lo indicado en la sistematización de potestades y materias relevantes planteadas en esta cita, resultan perfectamente trasladables a nuestra realidad municipal actual.

Adicionalmente, y ya no sólo a partir de la revisión normativa realizada y de las grandilocuentes declaraciones del Legislador acerca de la racionalidad y práctica de "técnicas modernas de gestión de tránsito con el fin de optimizar el uso de la infraestructura existente" (ver numeral 7.1 de la LGTTT); debo decir que los efectos comprobados por diversos y sucesivos instrumentos propios del control de la cláusula del Estado Democrático demuestran la abierta inercia de nuestras organizaciones administrativas municipales en -siquiera- lograr el mantenimiento de aspectos básicos acerca de los bienes viarios, rompiendo con su rol estelar decretado por el ordenamiento. Sobre el particular, puede examinarse la recomendación puntual que señaló la Defensoría del Pueblo a la Municipalidad Metropolitana de Lima en razón de la no activación de sus servicios de construcción y mantenimiento de infraestructura vial esencial y complementaria tal como la "señalización, semaforización, ubicación de paraderos y construcción de puentes peatonales, en las vías expresas, colectoras y arteriales de la ciudad, conforme a la Ordenanza 341 emitida en el 2001"[10].

Peor todavía, pareciera que la Municipalidad señalada en el Informe Defensorial no asume hasta ahora la necesidad de tener un sistema único de transporte de pasajeros frente a un *solo* conjunto de infraestructuras viarias existente en la capital peruana, que le permita descender en la intensidad y cantidad de omisiones que se mencionaron en el año 2008. Finalmente, una sola red vial integrada y multimodal que soporte los diferentes servicios de transporte urbano, siempre será más sencilla de ordenar y controlar para la organización administrativa, antes que muchas paralelas y disgregadas que encasillen a su respectivo grupo de prestadores (y a los propios usuarios). Ahora bien, presento el anterior argumento siguiendo a la reciente Ordenanza 1599, norma que comete el implícito error de minusvalorar a los bienes viarios metropolitanos, y separar -a continuación- de su ámbito objetivo a los servicios de transporte público regular de personas, frente a otras prestaciones que se ordenan -en exclusiva- sólo con el contenido de sus tipos títulos habilitantes o, de ser el caso, por el clausulado de sus contratos administrativos (sistemas de autobuses de tránsito rápido, o usados sobre corredores complementarios u otros servicios de transporte masivos). Claro, lo descrito se contrapone de manera antagónica con la unificación "física" y "operacional" decretada luego -y sólo en papel- por la Ordenanza 1613 que regula el denominado Sistema Integrado de Transporte Público de Lima Metropolitana, norma que en su artículo 6 otorga la prioridad que merece la infraestructura vial capitalina (en planificación, intangibilidad y racionalización aplicable sobre estos escasos recursos). Frente a esto, cabría preguntarse ¿cómo interpretar dos dispositivos municipales de la misma jerarquía que tienen similar especialidad, aparentan ser complementarios, pero construidos sobre *ratios* diametralmente opuestos?

En adición de lo formulado, considero que la descontextualización de la infraestructura de transporte terrestre de "uso público" fuera de la teoría de los bienes de dominio público, o al menos, sin los correlatos conceptuales y competenciales más o menos exactos y claros (aplicados sobre una especie típica como las vías urbanas) y la no positivización en el ordenamiento sectorial de una expresa responsabilidad municipal extrema y medible para proteger y acrecentarla en todas las ciudades peruanas, han sido tres de los factores generadores de un verdadero fenómeno de "crisis generalizada del dominio público viario", el cual puede ser verificado no sólo en el deterioro y casi abandono de este instituto jurídico en nuestro ordenamiento vigente[11], sino también en los efectos nocivos que esta anomalía produce sobre el bien común.

Así respecto al anterior fenómeno anómalo, basta sólo dar una mirada a los antijurídicos, permitidos de facto e invasivos usos privativos especiales recaídos sobre las vías urbanas que son hechos a diario no sólo por operadores del transporte urbano sino por peatones y otros particulares que intentan ejercitar derechos disímiles, sin ninguna racionalidad, o mínima disciplina social; o la mucho peor apropiación material[12] de parte o todos estos bienes públicos por parte de puntuales privados[13] (agentes del comercio ambulatorio, operadores informales del transporte urbano, constructoras, entre otros). En el mismo sentido, a desmedro de lo anterior y el exponencial aumento poblacional, se ha reducido a la mínima expresión la cantidad de vías urbanas existente en muchas ciudades peruanas y, más todavía, no podemos desarrollar otros sistemas de infraestructuras multimodales, tal como lo habían planteado hace algunos años los autores peruanos ESPEJO y PEÑA[14].

Por eso, ahora ya va siendo tiempo de establecer las bases de un régimen nacional de verdadera protección, defensa y reacción punitiva que cubran la integridad y despliegue de estos bienes públicos; funciones que luego se deberán atar de manera sistémica con el resto de potestades municipales de planificación, construcción, gestión y tratamiento que fueron antes resumidas (sobre las mismas volveremos con cierto detalle en la siguiente parte de este trabajo), a fin de acometer en contra de los posibles infractores y los no pocos usurpadores cotidianos de las infraestructuras propias del demanio viario[15]. Mejor aún, se hace necesario retomar un nuevo aire más cercano a la posición preponderante que deberán tener las Administraciones Públicas (particularmente las municipales) frente a los bienes públicos urbanos involucrados e indispensables para desplegar estas actividades de transporte ligadas a la idea de un servicio esencial[16], a partir de no sólo de proteger y conservar lo existente, sino como dije, teniendo un afán voraz por el incremento de estas infraestructuras públicas (no importando si provienen de obras públicas o son sufragadas mediante las opciones concesionales que permite nuestro régimen jurídico-administrativo), asumiendo que estas tareas deberán buscar paliar las limitaciones congénitas de una iniciativa privada silente y poco activa[17].

Para lograr el anterior propósito, estimo que no es necesario un cambio radical del vigente ordenamiento positivo (las piezas aunque desordenadas están dispuestas, siempre que se tengan reconocidas las potestades municipales exactas y ciertas nociones uniformes). Pero, por el contrario, si será necesario un fuerte trabajo de interiorización en todos de los interesados y los propios usuarios de lo que son las prestaciones del transporte urbano, las mismas que no se desenvuelven -por la gracia y valor empresarial de un segmento de operadores particulares con títulos habilitantes- sino a partir de la cantidad y calidad de unos determinados bienes de dominio público (principalmente vías urbanas). Por eso, es indispensable reconducir cualquier intento reformista hacia la ratio de este servicio, siguiendo y haciendo hincapié en lo planteado por FONT I LLOVET: "el incremento de la actividad económica y el desarrollo de la sociedad (...) requieren cada vez con mayor intensidad la predisposición de las infraestructuras públicas adecuadas para satisfacer sus necesidades, bienes públicos que deben hallarse protegidos en su integridad con el fin de mantener su utilidad económica por medio del uso de que son objeto por parte de los agentes económicos. Ello es claro, por de pronto, en relación a las vías de comunicación de todo tipo —carreteras, ferrocarriles, canales de navegación, puertos, etc.—, ámbito éste, por cierto, en el que se desarrollará paralelamente otra importante institución, las obras públicas, en estrecha interconexión con la institución demanial"[18].

Ahora bien, recuperar las vías urbanas como el eje de estas prestaciones esenciales implicará un entendimiento correcto acerca de su mentada racionalidad y limitación (carencias muy tangibles en nuestras ciudades), asumiendo que sobre ellas concurren actividades necesitadas del ejercicio de potestades regulatorias y complementarias a las enunciadas en líneas anteriores[19]. Así, uno de los objetos claves de estos nuevos poderes que deberá expresamente entregados a las Municipalidades, debe ser el de implantar y defender ante los propios operadores habilitados y el resto de ciudadanos, la idea esencial de que la utilización de este tipo de vía terrestre se encuentra abierta a todos bajo el principio de libre de acceso[20] pero no para satisfacer las necesidades empresariales de algunos, sino para lograr los siguientes tres objetivos de interés general:

a) El cometido público máximo "del transporte de vehículos, ferrocarriles y personas".

b) En segundo lugar, la salvaguarda del propio contenido del *derecho constitucional de locomoción o libertad de tránsito* de cada ciudadano reconocido en el numeral 11 del artículo 2 de nuestra Constitución.

c) Por último, y sólo a partir del cubrimiento de las dos anteriores finalidades, para tutelar facultades subjetivas ligadas "a otros ámbitos de la autodeterminación o el ejercicio de una diversidad de derechos constitucionales (trabajo, salud, alimentación, descanso, etc.)"[21].

En ese orden de ideas, no debe olvidarse que el *uso común general* es la forma de utilización prioritaria que debe recaer sobre las vías urbanas, asumiendo que el primero permite el paso de los peatones en las veredas (circulación a pie), el tránsito de vehículos con o sin motor y de ciertos *usos especiales* en favor de puntuales privados que necesitarían de autorizaciones administrativas (como las puntuales actividades de comercio ambulatorio legal, otras actividades de corte lucrativo o de nulo interés patrimonial, o la colocación temporal de escombros de las construcciones, la puesta permanente o temporal de instrumentos estáticos de publicidad, etc.), u otros títulos habilitantes (como la *concesión* bajo el régimen de inversión descentralizada aprobado mediante la Ley No. 28059), si es que en este último caso se utiliza o aprovecha la propia acera o el subsuelo de la vía (en estos casos, por ejemplo, me estoy refiriendo a los estacionamientos a nivel o de carácter subterráneo).

Frente a este último punto, es en el que vale la pena citar a DESDENTADO, pues reconoce esta autora que el descrito uso principalísimo de la vía urbana implica colocar al ciudadano en el centro del alcance de estos bienes municipales, permitiéndole el acceso y desarrollo de actividades diversas en "condiciones de libertad, igualdad y gratuidad"[22]. Por eso, cualquier agresión ante esta consideración definitoria y funcional de la vía urbana no puede ser tolerada ni pasada por alto por la Municipalidad competente, constituyéndose así (junto con los otros tres objetivos de interés públicos antes mencionados), en un verdadero límite que modela el contenido de los derechos constitucionales que posiblemente puedan verse involucrados o se despliegan mediante la directa incidencia sobre el *corpus* de estas infraestructuras municipales (el trabajo en zonas públicas urbanas, el ius aedificandi, la libertad de empresa, etc.)

También, por lo fundamentado en el preliminar párrafo, ante el acceso abierto (con parámetros), la concurrencia y la libertad de empresa, entre otros derechos aplicables a los prestadores intervinientes en un verdadero *mercado* operacional del transporte urbano, resulta indispensable comprender que estas facultades y principios terminan siendo piezas ensambladas en un servicio esencial, las cuales no dejan de tener el mismo carácter *utilitario* que los propios bienes viales utilizados para el despliegue efectivo del conjunto de la operación. Todos ellos, a su vez, en su alcance, se constituyen en elementos *instrumentales* sumamente importantes del que depende la satisfacción plena o la realización de una multiplicidad de finalidades de nuestros ciudadanos[23]. Por eso, tras estas ideas quiero dejar sentada mi posición de desterrar la defensa de la libre competencia o del mercado de transportistas por sí mismos, por el contrario ambos son *medios*, que al ser protegidos en su justa medida, deberán servir para satisfacer directamente el bienestar general.

II
¿QUÉ POTESTADES Y NOCIONES NOS HACEN FALTAN EN EL ORDENAMIENTO NACIONAL EN REFERENCIA A LAS VÍAS URBANAS?

Hasta esta parte del trabajo resulta claro que nuestro Legislador no ha positivizado ni sistematizado un orden competencial municipal adecuado a la actual trascendencia social y económica de los bienes viarios urbanos (situación que sería posible de ser extendida al resto de bienes municipales). En ese contexto, más allá de un listado amplio de cosas públicas que conforman el patrimonio de estas organizaciones administrativas (ver los artículos 55 y 56 de la LOM y el errático artículo 46 de la LBD), que incluiría la extraña alusión a "rentas", "tributos", "contribuciones, tasas, arbitrios, licencias y derechos", recursos presupuestarios de diferente origen y los "caudales, acciones, bonos, participaciones sociales, derechos o cualquier otro bien que represente valores cuantificables económicamente"[24], además de algunas potestades de las que daremos cuenta a continuación; podemos indicar que tenemos Municipalidades desprovistas del poder necesario para afrontar el reto que la actual realidad local les impone, esto es, la de ser unas dinámicas administradoras de vías urbanas capaces de rentabilizar, acrecentar y mantener el número y calidades de éstas (no importando si lo hacen por mano propia, asumiendo el tratamiento correspondiente de las iniciativas privadas o mediante asociaciones público-privadas), sin descuidar a continuación una postura regulatoria de amplios márgenes que sea capaz de acometer el despliegue efectivo del servicio esencial del transporte urbano de carácter multimodal.

Sobre las últimas potestades regulatorias más relacionadas con el tráfico y el otorgamiento de títulos habilitantes, supervisión, fiscalización y sanción recaídas sobre el contenido específico de un cabal mercado prestacional[25], debo indicar que las mismas no son objeto directo de este trabajo (aunque alguna alusión han merecido anteriormente), razón por la cual sólo la explicación de los poderes que tienen directa incidencia sobre los bienes viarios y, como no, los conceptos fundamentales salidos de estas cosas municipales apropiables que podrían ser pasibles de aparecer en unas hipotéticas bases legislativas, serán las dos grandes cuestiones que ocuparán mi atención en las siguientes líneas de este parágrafo.

II.1   UN ORDEN COMPETENCIAL CON LAS POTESTADES EXACTAS PARA TRATAR A LAS VÍAS URBANAS

Si se hace un rápido recuento de las potestades con las que actualmente se manejan nuestras Municipalidades de cara a la gestión de sus bienes públicos, encontraremos algunas importantes que no pueden ser dejadas de mencionar; sin embargo, es claro que la tendencia del Legislador peruano materializada en la LOM e incluso en la inicial LBD es al desorden competencial, a una marcada deflación en la entrega de poder frente a los objetivos impuestos al ejecutor, una permanente duplicidad de potestades o funciones y, finalmente, a la indiscriminada aparición de muchas materias y competencias compartidas entre las organizaciones administrativas territoriales[26] (varias de las cuales no se sustentan en una cobertura técnica o jurídica medianamente seria). Como bien señalaba el desaparecido profesor A. CÉSPEDES, todo este paquete de normas de organización aparecido al hilo de un renovado proceso de descentralización administrativa de la década pasada, se originó con muchas confusiones que llevaron por ejemplo a compartir potestades que ya estaban transferidas a favor de un titular, o simplemente no contempló otras materias y funciones surgidas durante la liberalización de los años noventas relacionadas principalmente con la regulación de mercados[27].

Así, sólo en el tema de los bienes municipales, nos encontramos de saque con potestades o funciones que los asumirían desde un plano general. Por ende, estos poderes tendrían como objeto evidente y recaerían sobre las vías urbanas, en tanto se tratan de infraestructuras de uso público y titularidad municipal; sin embargo, recalcó que los primeros son sólo respuestas parciales para el urgente proceso de explotación económica y social al que deben servir en tiempos actuales[28]. Estas potestades genéricas sobre bienes municipales serían las siguientes:

a) Las *potestades normativas* de naturaleza legislativa y reglamentaria repartidas entre el Concejo Municipal y el Alcalde que permiten las aprobaciones de Ordenanzas y Decretos de Alcaldía (que contendrían reglamentos ejecutivos) destinados a reglar asuntos diversos desde una versión estricta y ya defendida del *patrimonio municipal* (todo esto a partir de asumir la macro materia de creación del régimen de la auto-organización y funcionamiento municipal habilitada por varios fragmentos de la LOM). Dentro de este ámbito tan extenso, se pueden aprobar normas municipales dispersas o únicas que permitan ordenar los siguientes rubros:

(i) Las condiciones y clasificación de *demanialidad* de ciertos bienes (las definiciones del uso público recaído sobre bienes o infraestructura ya predeterminados o afectados directamente al aprovechamiento o utilización general por el Legislador nacional tales como las propias las "vías y áreas públicas, con subsuelo y aires", las playas, ríos, manantiales, corrientes de agua, lagos y otros que pudieran ser asumidos casuísticamente en la condición de bienes de dominio público municipal por especiales razones justificantes).

(ii) Los posibles bienes de dominio privado de esta organización administrativa.

(iii) El régimen local de intervención de privados sobre estos bienes para permitir su enajenación, disfrute, aprovechamiento, uso gratuito, entre otras modalidades de utilización o disposición definitiva mediante el otorgamiento de diferentes títulos habilitantes o contratos como las concesiones, cesión en uso, donación, venta mediante subasta pública, etc. Estas normas también incluirán como objeto el relacionamiento aún limitado y poco desarrollado con otras entidades administrativas u "organismos del sector público" para "donar, o permutar, bienes de su propiedad".

(iv) Dependiendo de sus competencias territoriales, las normas de planificación contenidas en varios instrumentos tipificados en la LOM, como el fundamental Plan de Acondicionamiento Territorial de nivel Provincial y los que más impactan sobre bienes públicos locales tales como el Plan de Desarrollo Urbano, el Esquema de Zonificación de áreas urbanas y el Plan de Desarrollo de Asentamientos Humanos. En este punto considero, siguiendo a ABRUÑA y BACA que un mecanismo de planificación es producto de una potestad normativa y en sí mismo es un norma que innova el ordenamiento positivo, fijando en muchos casos el margen de discrecionalidad de la organización municipal y permitiendo "llevar a cabo de forma óptima los fines administrativos, a través de las técnicas administrativas ordinarias"[29].

(v) La aprobación del régimen jurídico de administración de bienes a cargo del Concejo Municipal, el cual engarzaría con las materias previstas en los numerales i, ii y iii de este orden competencial (ver numeral 19 del artículo 9 de la LOM).

(vi) Finalmente, pueden encontrarse un conjunto de disposiciones municipales que pueden estar pensadas para regular el régimen concreto de algunas de las potestades ejecutivas que trataremos a continuación.

b) Las *potestades ejecutivas* constituyen un variopinto grupo de funciones ligadas a los siguientes rubros puntuales de los bienes municipales:

(i) Las potestades de administración y gestión general de bienes municipales que pueden ser ejercitadas por cada Municipalidad "en forma autónoma, con las garantías y responsabilidades de ley", a partir de su propio régimen normativo (ver artículo 55 de la LOM). Al respecto, debe entenderse que estas funciones tienen un carácter extenso incluyendo la capacidad jurídica de una organización municipal -en cuanto titular y sin distinción alguna- para adquirir, poseer, aprovechar, conservar, defender y rentabilizar sus bienes municipales a favor de los intereses públicos locales[30]. Puntualmente, la adquisición de bienes municipales ha sido prevista como una de las pocas funciones típicas de este macro competencia, incluyéndose de manera expresa en el inciso 8 del artículo 56 de la LOM, además de la potestad de lograr el incremento gratuito y correcta gestión patrimonial mediante "la petición de adjudicación de tierras estatales" (el acrecentamiento sin costes de suelo urbano destinado a la expansión de las ciudades preceptuada por los artículos 60 y 61 de la LOM) y el control sobre el destino de los posibles bienes que done, ceda o concesione hacia una finalidad pública pre-determinada (tales como los objetivos no lucrativos o "la realización de obras o servicios de interés o necesidad social" preceptuados en los artículos 65 y 68 de la LOM).

(ii) Las potestades de tutela registral recaídas sobre los "bienes inmuebles municipales", que puede ser ejercitada de manera discrecional si es que el Alcalde lo pide y luego lo aprueba de manera expresa el respectivo Concejo Municipal (ver artículo 58 de la LOM). Al respecto, debe entenderse que esta función también incluiría la preparación, consolidación y reajuste efectivo de los datos contenidos en el denominado "margesí de bienes municipales" (ver artículo 57 de la LOM), verdadero registro administrativo que es considerado por el Legislador como un deber básico de toda Municipalidad, llegando incluso a presentar -en caso de afectaciones- una difusa y poco clara "responsabilidad solidaria del alcalde, el gerente municipal y el funcionario que la municipalidad designe en forma expresa". Ahora bien, el margesí permitiría a una organización municipal "inventariar cuantos bienes y derechos integran su patrimonio"[31]

(iii) Un grupo de potestades de disposición, adjudicación para el aprovechamiento y de otorgamiento de diferentes relaciones recaídas sobre terceros privados u organizaciones del sector público ajenos al propietario municipal, que incluirían la organización, culminación y ejecución de los *contratos públicos* otorgados mediante las diferentes modalidades de procedimientos de transferencia, cesión en uso, concesión, arrendamiento, la modificación del estado de posesión o propiedad, previo Acuerdo de Concejo Municipal o incluso la realización antelada de una consulta popular que lo autorice o apruebe (ver artículos 59, 65, 66 y 67 de la LOM). Los anteriores procedimientos incluirían la realización de *subastas públicas* bajo normas municipales (esencialmente enajenaciones), la utilización de los procedimientos y contratos propios instaurados por la *LMPID*, la extraña y poco regulada adjudicación de contratos sometidos al *derecho privado* que son autorizados previamente por actos administrativos (aparecidos principalmente en varios organismos públicos adscritos a las Municipalidades como las Sociedades de Beneficencia Pública o sus empresas de forma jurídica-publica) y el otorgamiento de contratos de donación o permuta de sus bienes con otras *organizaciones administrativas o Poderes Públicos*.

De todo lo presentado en líneas anteriores, resulta claro que al menos la *gestión* de los bienes municipales podría tener reales posibilidades de ser desplegada, siempre que los órganos administrativos competentes cuenten con un régimen propio previamente establecido por el correspondiente Concejo Municipal, el mismo que deberá desarrollar y adaptar el *orden competencial* habilitado por el Legislador nacional a la realidad local. Sin embargo, las potestades tipificadas en la LOM por si mismas no bastan. Así, como bien indica PIMIENTO, existe un trinomio de procesos que son necesarios en tiempos actuales, pues viene ocurriendo "una evolución del derecho de los bienes públicos que de una manera esquemática, puede ser dividida en tres etapas sucesivas: Conservación/Gestión/ Valorización. Cada etapa engloba a la anterior"[32].

Entonces es evidente que la LOM ha sido diseñada para que las Municipalidades puedan administrar y hasta incluso acrecentar los bienes municipales existentes implicando algunos visos de resguardo registral (sólo para inmuebles), pero sin asumir verdaderamente la necesidad de tener reconocido un previo sistema de *conservación* que les permita afrontar las agresiones o distorsiones producidas por privados u otros Poderes Públicos que, aunque planteadas específicamente en este trabajo para las vías urbanas, pueden hacerse extensivas para todos los bienes municipales. Por tanto, hace falta construir, sin perjuicio de un largo listado de potestades[33], un completo régimen nacional de protección y defensa de bienes públicos que le de forma a la ineludible obligación de tutela del patrimonio municipal (la cual aparece *implícita* tras la titularidad y las labores de administración); sobre todo y con mucho énfasis, cuando el objeto de resguardo sea un bien de dominio público.

Particularmente en el caso de las vías urbanas, clarísimos bienes demaniales y de uso común[34], según la declaración expresa del artículo 56 de la LOM, se hace necesario construir un régimen exacto referido a la "protección de la legalidad urbanística"[35] capaz de acometer las disfuncionalidad de los derechos de propiedad urbana o de posibles poseedores precarios que ya han sido reseñados, además de permitir la determinación física y el permanente destino de aprovechamiento general de este bien (mediante ejercicios libres con arreglo siempre a su naturaleza viaria y con propósitos *principalísimos* de conectividad y de permitir los desplazamientos de las personas y vehículos)[36]. En otras palabras, este sistema de ordenación debe ser un medio que permita materializar las características de inembargable, inalienable e imprescriptible de las vías mediante su introducción en los planes municipales, permitiendo a continuación que estas normas vinculen a todo proceso constructivo, económico o de aprovechamiento singular privado, o, incluso lleguen a limitar válidamente los derechos pertinentes de los administrados. En ese sentido, considero que este probable sistema normativo debería tener un doble origen, en primer término, mediante una modificación por ampliación de la LOM y, en segundo lugar, a través del desarrollo de Ordenanzas propias por parte de cada organización municipal (esto no sería otra cosa que una cláusula general de resguardo patrimonial emitida por el Legislador y las concretizaciones específicas por cada bien municipal según los territorios provinciales o distritales a cargo de cada Legislador local).

En concordancia con este *ordenamiento* de salvaguarda de las vías urbanas, hace falta dotar a las Municipalidades con potestades exactas que permitan el despliegue y eventual eficacia de este sistema ante supuestos concretos, Estas funciones de naturaleza *reactiva* deberán complementar las normas planificadoras y de ordenación urbanística y deberán referirse principalmente a la protección de la titularidad, la posesión y el destino de estos bienes municipales, asumiendo incluso la necesidad ineludible de contar con un sistema sancionador cuya única finalidad sea la de garantizar la preservación y correcta utilización de estos bienes viarios[37].

Sobre lo último, debe señalarse que la *potestad sancionadora* ha sido expresamente entregada a las Municipalidades mediante la competencia amplia referida a la imposición de sanciones por el incumplimiento de las "normas municipales" (ver la primera parte del artículo 46 de la LOM); sin embargo, no ha existido un avance positivo mediante Ordenanzas que recojan de manera antelada los tipos infractores por el incumplimiento de especiales prohibiciones, deberes o limitaciones contenidas en normas municipales, el respectivo procedimiento para procesar al imputado y un catálogo de sanciones[38] aplicables a las agresiones practicadas en contra del *demanio* viario. Por eso, sería claro afirmar que nuestro régimen municipal adolece del señalamiento de conductas antijurídicas que atenten contra el contenido físico o corpus, alcance, propósito, incluso el deber de colaboración privado en defensa de estos bienes municipales, más allá de algunos dispositivos destinados a frenar el uso privativo y disfuncional aparecido a la sombra del nocivo comercio ambulatorio no autorizado[39]. Para mayor profundización, nos hace falta -exactamente- ordenamientos punitivos locales destinados a mantener los fines públicos de "ordenación, vigilancia y disciplina de las vías públicas"[40].

Por otro lado, para ir cerrando esta parte del trabajo, debo indicar que un rápido listado de concretas potestades que serían indispensables para ensamblar respuestas adecuadas ante la *conservación* de las vías urbanas y del propio conjunto de los bienes municipales, podría resumirse en la siguiente lista de faltantes que podríamos indicar como las *potestades* diferenciadas, pero todavía inexistentes en nuestro Derecho. En primer término, nuestro Legislador nacional debería reconocer a favor de las Municipales un arsenal de poderes, sin necesidad de agregar las competencias sancionadora y de tutela registral que ya se encuentran establecidas en la LOM, que sea capaz de conformar un régimen *exorbitante* de protección de sus bienes públicos, a partir de materializar en el caso concreto el privilegio administrativo de la autotutela. Así, hace falta plantear el ejercicio obligatorio de catalogación e inventario pormenorizado de los bienes municipales y, particularmente, de las vías urbanas[41]; a continuación es necesario habilitar a estas organizaciones administrativas con las funciones de investigación cuyo objeto sea "averiguar la situación de aquellos bienes cuya titularidad no consta pero existen indicios de que pudieran corresponder a la entidad local, lo que supone la inexistencia de datos o documentos que justifiquen la propiedad o posesión y la existencia de indicios de que la propiedad pudiera corresponder a la Corporación"[42]. En adición hace falta incorporar la muy útil potestad de deslinde, que permitiría a las Municipalidades fijar unilateralmente las fronteras o límites de un bien propio a fin de definirlo e incluso de declarar provisionalmente su posesión o cualquier otro estado posesorio[43]. Finalmente, sin entrar a mucho detalle porque será materia de una próxima investigación, nuestra LOM adolece del señalamiento de las competencias defensivas referidas a la recuperación posesoria y al potente desahucio administrativo destinadas a "preservar la integridad material"[44] de los bienes municipales.

II.2   LOS CONCEPTOS FUNDAMENTALES QUE NOS HACEN FALTAN EN NUESTRO RÉGIMEN DE VÍAS URBANAS

En concordancia con la revalorización del demanio viario que ha conducido la primera parte de este trabajo, resulta indispensable incluir en la LGTTT, RLGTTT y los ordenamientos municipales pertinentes, el concepto de red de vías urbanas, asumiéndolo como elemento de avanzada que permitiría consolidar la idea de infraestructura continúa de caminos terrestres en una ciudad, organizada de una manera determinada y conectada físicamente en varios puntos mediante túneles, puentes, avenidas, pasos a desnivel; capaz de unirse a otras infraestructuras del transporte como aeropuertos, vías y estaciones férreas, puertos, etc.; cuya finalidad es la locomoción y desplazamiento de personas y bienes[45]. Evidentemente este nuevo concepto, permitiría instaurar la idea de prestaciones multimodales y, con ella la no tan novedosa fórmula del servicio combinado, entendido este último como una específica "integración de los sistemas de carretera y ferroviario para lograr la máxima eficiencia económica. El transporte combinado nace de la necesidad de superar los modelos económicos y técnicos del modelo de transporte puerta a puerta en el interior de un solo modo de transporte, así como de la constatación de que la integración modal de los sistemas de transporte reduce los efectos negativos competenciales de los transportes por carretera y ferroviarios (...) promoviendo, por el contrario, la complementariedad de los sistemas"[46].

Sin embargo, a desmedro de la anterior explicación y tal como ya se habrá notado, ni la noción de *infraestructura*, ni tampoco el concepto de *demanio o dominio público viario urbano* (que integraría a las primeras bajo un régimen único y también especial) han sido introducidos y tratados en nuestras normas positivas. Así, en primer término debe entenderse que salvo la escueta definición del REMA referido a la infraestructura de transporte de uso público de alcance nacional, entendida como "el sistema compuesto por las obras civiles e instalaciones mecánicas, electrónicas u otras, mediante las cuales se brinda un servicio de transporte o se permite el intercambio modal" (ver literal i del artículo 3); no existe mayores avances por parte del Legislador que consoliden la idea de que las vías urbanas deben ser adaptadas y se instrumentalizan bajo el contenido más actual de la infraestructura. Es más, el correcto planteamiento hecho por el REMA, genera una disgregación entre una noción más avanzada aplicable sólo a la red vial nacional[47] frente a un hueco conceptual que termina llevando a las vías urbanas sólo hacia al aspecto de la instalación física, tanto en la *ratio legis* de su ordenamiento como en su tratamiento ejecutivo por parte de las Municipalidades, sin asumirse a continuación que sobre cualquier calzada pueden integrarse elementos no tangibles y otro tipo de servicios (medios inmateriales referidos a de tecnología visual, prestaciones de video-vigilancia ciudadana, elementos de escucha sonora para desastres naturales, etc.). Más todavía, la falta de reconocimiento de este instituto no permite desplegar a su concepto indivisible: la mencionada *red*, pues como bien indica ARIÑO, la "idea de red deviene en (...) algo consustancial a (...) la infraestructura de la misma forma en que lo era el de construcción al de obra pública"[48].

Por otro lado, acerca del demanio o dominio público viario urbano o local, sin perjuicio que no existe un concepto expreso, resulta evidentemente que parte de esta omisión se debe a que nuestras disposiciones nacionales han puesto un notorio énfasis sobre la carretera, a partir de caracterizarla de manera algo clara[49], frente a una abierta indefinición de las vías urbanas[50]; desequilibrio que luego se expande a la ordenaciones municipales e impide llevar el carácter demanial de estas infraestructuras a una sistematización mínima (ver el mencionado artículo 56 de LOM). Por tanto, si no sabe de qué se compone el demanio viario (cuál es su alcance), no se le puede definir con exactitud y menos entender de qué se trata. Frente a esta situación nada favorable, hace falta no sólo plantear un concepto de vías urbanas (tal como se ha hecho al inicio de este acápite), sino también entender que éstas son la médula y quedan ensambladas o integran el instituto superior repetidamente formulado, a fin de servir utilitariamente de "soporte, por su afectación, al servicio a los ciudadanos, a los territorios y a la economía en general"[51]. Siendo así, y siguiendo a DESDENTADO, el demanio viario urbano o local es un conjunto de infraestructuras municipales "cuya importancia social y económica es manifiesta, pues son el soporte imprescindible para la circulación de bienes y personas, para la prestación del servicio (...) de transporte, para el acceso del hombre al medio natural y al disfrute de su entorno, e incluso, para la realización de actividades de ocio o deportivas (...) a lo que suma también, en algunos casos, el desempeño de una importante función ecológica"[52]

Regresando al punto de inicio de este acápite, un factor adicional a tener en cuenta en la introducción del concepto de red de vías urbanas es que éste permitiría poner en valía y sacar a la luz el principio de responsabilidad pública recaído sobre los hombros de nuestras Municipalidades Provinciales y Distritales, de cara al sostenimiento y expansión de esta infraestructura viaria que deberá conformarse en cada localidad. No debe olvidarse que este papel municipal prioritario -actualmente dejado a su suerte- deberá aparecer en cualquier intento reformista, siendo su implantación indispensable para preservar el interés público, pues como bien lo fundamentó ESTEVE PARDO el "denso tejido de servicios, prestaciones e infraestructuras, que se ha configurado en el último siglo no es sólo ya que políticamente resulte irrenunciable en sus contenidos esenciales, sino que no puede prescindirse materialmente de él ya que tiene sus dependencias estructurales y tecnológicas que requieren una dirección o intervención continua con una visión de conjunto, pública; no sólo para atender a los intereses de los ciudadanos y destinatarios de prestaciones, sino para proveer también de servicios a los propios agentes económicos y prestadores a su vez de otros servicios añadidos. En los llamados servicios en red, aunque no sólo en ellos se hace bien perceptible esa configuración estructural y tecnológica que impone una tutela y regulación pública"[53].

Dicho lo anterior, cabría reconocer que algunas de las anteriores fórmulas conceptuales han aparecido en la reciente y ya mencionada Ordenanza 1613 de Lima Metropolitana, al menos en cuanto a la integración de los modos de transporte de la capital (llamada por la norma como "integración física y operacional, de medios de pago y tarifaria") y la implantación de un red única de corredores unidas a las vías ferroviarias

del Metro Lima (sistema masivo que tiene su propio régimen separado y
dependiente del Poder Ejecutivo); sin embargo, basta recordar que esta
disposición aunque perfectible deberá ir acompañada de una enorme tarea de construcción, expansión y posterior mantenimiento de las correspondientes infraestructuras viales[54]; caso contrario, el Sistema Integrado
de Transporte Público de Lima Metropolitana será una fantasía acompañada de la cobertura de un papel mojado[55].

III
FRENTE A LA PRIVATIZACIÓN DE LAS OPERACIONES DEL TRANSPORTE URBANO, ES VÁLIDO PREGUNTARSE SI ¿EXISTE LIBERALIZACIÓN DE LA INFRAESTRUCTURA VIAL EN LAS CIUDADES PERUANAS?

En este punto, quisiera iniciar por presentar un pequeño balance
sobre el ámbito de la liberalización del servicio de transporte urbano iniciada en el país en el año 1991 con la puesta en vigor del señalado Decreto
Legislativo 651, frente a las vías urbanas. Y como conclusión adelantada
debo decir que este concepto multisignificante a pesar de haberse introducido y permanecer vigente en la LGTTT y su RLGTTT bajo una de
sus modalidades (como despublificación o despublicatio que conlleva la
devolución del sector de parte del Poder Público al mercado), sólo ha sido
aplicable en puridad a las operaciones del transporte gestionadas por particulares habilitados previamente por las Municipalidades, debiendo estas
concretas prestaciones ser consideradas como "originariamente (...) privadas sometidas a los controles que el mantenimiento del orden público
aconseje"[56].

A desmedro de las anteriores cuestiones, de ninguna manera puede
decirse que las vías urbanas y otros bienes municipales complementarios
aplicables al servicio indicado en el presente acápite han pasado a la administración, responsabilidad gestora y consecuente explotación de privados
interesados. Es más, tal como habíamos adelantado en líneas anteriores, la
gestión indirecta de estos bienes de dominio público que se montaría instrumentalmente en los contratos de concesión de obra pública, algunos
muy específicos de concesión de prestaciones fundamentales para el inte-

rés público vial[57] o de asociación público-privada; sólo quedó confinada a puntuales proyectos capitalinos, los mismos que actualmente se encuentran desenvolviéndose en fases iniciales o medias de ejecución.

Toda esta visión más modesta ante la iniciativa privada plenamente sustentada en los datos fácticos de más de dos décadas, se contrapone frente al impulso inicial del Legislador por promoverla "en cualesquiera de las formas empresariales y contractuales permitidas por la Constitución y las leyes" (ver numeral 5.1 en la LGTTT), a fin de lograr un conjunto de infraestructuras terrestres concesionadas, incluso con específicos correlatos físicos como "la construcción y operación de terminales de transporte terrestre de pasajeros o mercancías" (artículo 8 de la LGTTT); con lo cual, cabe comprender que el mercado no sólo no se ha sentido atraído hacia el aprovechamiento de esta porción importante del dominio público urbano, si no que adicionalmente el primero siempre tendrá restricciones originales frente a determinados empeños que impiden su plena operatividad, no sólo por la falta de retornos monetarios o imposibilidad de desplegar eficazmente las facultades de la libertad de empresa y otros derechos de contenido económico y social, sino y principalmente por "la presencia de infraestructuras y condicionantes materiales que tienden a imponer monopolios naturales al menos en ciertos sectores de la actividad económica (...)"[58].

Con esto, no quisiera que el lector asuma una tendencia del autor hacía el cuasi-acaparamiento equilibrador de la operación en las esferas de unos cuantos prestadores, ante la evidente falta de vías urbanas que padecen nuestras ciudades (con una realidad que busque asemejarse a la intervención prestadora que realizaba nuestra administración pública durante y antes de los años ochentas del siglo pasado); por el contrario, lo que pretendo mostrar es que la liberalización del transporte urbano es sólo parcial y este fenómeno no presenta posibilidad alguna de enraizarse sobre su soporte material o físico, pues aunque se intente incentivarla (incluso con normas expresas), estos bienes de dominio público, indispensables y afectados al interés general, siempre corresponderán al ámbito de lo que los alemanes llamaron como "funciones no privatizables"[59].

Al respecto, la profesora MOREU CARBONELL mostraba algunos antecedentes que bien podrían ser explicativos de estas aparentes contradicciones o eclosiones entre subsidiariedad social, bienes públicos, prestaciones de mercado y cubrimiento satisfactorio del interés público, que se encontrarían tras este repetido desapego de los privados por la gestión rentada practicada sobre las vías urbanas y la falta de un mínimo impulso público de tutela sobre estas cosas. Indicaba la autora española que las causas de este proceso tan contradictorio estaría por un lado, en la perspectiva de que "el régimen del dominio público se considera un obstáculo —por su rigidez— para el desarrollo de las grandes infraestructuras públicas, en un camino que evoluciona hacia la desvinculación de los clásicos conceptos de obra pública/dominio público. La finalidad de conseguir mayor rentabilidad económica con estas redes de infraestructuras, financiadas y gestionadas ahora por entidades privadas, parece ser incompatible con el dominio público. Por otro lado, la liberalización de los servicios públicos afecta necesariamente al sustrato material de dichos servicios, rompiéndose también el binomio servicio público/dominio público. Binomio que, además, ha dejado de identificarse con el dominio público, puesto que también los bienes patrimoniales se encuentran materialmente afectados a servicios y finalidades públicos"[60].

Sin embargo, ninguno de los dos extremos de adelgazamiento o ensanchamiento del contenido del demanio público viario o local pueden servir para entregar lo mejor y más necesario en las actuales circunstancias de las infraestructuras del transporte urbano, en el sentido que ni su liberalización es una respuesta correcta, ésta no se ha dado y por tanto debe ser despojada de atributos de sobreestimación; ni tampoco el dominio público puede ser calificado -abiertamente- como un problema que impide y plantea vallas al financiamiento privado de diversas vías urbanas previamente atractivas al mercado[61].

En todo caso, la clave -a mi modo de ver- está en entender lo que el profesor LÓPEZ-RAMÓN denominó como la "escala de publicidad de las cosas públicas", presentada como un medio de equilibrio para delimitar el ámbito de éstas, tratando de mostrarlas como un grupo bien heterogéneo que deben presentar sub-tratamientos jurídicos desde una base común. Decía de manera expresiva el autor aragonés que la "mencionada escala (...) nos facilita no sólo una guía para comprender la intensidad de las potestades públicas de regulación y apropiación de las cosas, sino también un instrumento para calibrar el ajuste de tales potestades al ámbito del necesario desenvolvimiento de la propiedad privada en función de las utilidades públicas que prestan las cosas. Bajo la óptica del Derecho, los límites de la escala funcionan como conceptos jurídicos indeterminados, cuya concreción puede generar situaciones de incertidumbre y requiere siempre examinar las circunstancias del caso concreto"[62].

Por eso, es urgente ante los intentos privatizadores o de achaques de males al instituto jurídico-administrativo, la implantación de un entendimiento abierto, equilibrado y más funcional de éste, no como un elemento tradicional de acaparamiento y, a veces, abandono y destrucción de un sinnúmero de cosas necesarias para la salvaguarda intereses públicos, sino bajo una faceta nueva que permita "el desarrollo de unas «obligaciones de dominio público» para los bienes de quienes realizan funciones públicas, cualquiera que sea su naturaleza pública o privada, orientadas a garantizar su integridad física y su afectación al fin público de que se trate. Ello permitiría compatibilizar los criterios de rentabilidad de ciertos servicios desregularizados con las necesidades del servicio universal, sin incurrir en las graves rigideces que ahora plantea la vieja institución del dominio público"[63].

Creo, esta configuración práctica de imposición de obligaciones de dominio público es una respuesta valedera ante los retos que plantea la imposibilidad de despublificar parte del demanio urbano, pero sin que esta dureza mediatice o haga desfallecer las iniciativas privadas en infraestructuras viales que sean rentables, y sobre las cuales deberá recaer el anterior concepto mediante la introducción de cláusulas exactas en el respectivo contrato administrativo, las mismas que deberán definir principalmente las condiciones de permanencia, igualdad y regularidad del uso público[64] imputables a las vías urbanas, otros bienes secundarios previamente concesionados, o incluso sobre bienes de propiedad del gestor considerados necesarios para proteger intereses viarios o derechos de los ciudadanos involucrados. Todo esto, sin perjuicio de la protección y garantía de la integridad física de estas cosas y otras prerrogativas clásicas de los bienes públicos conformantes del nivel de apoderamiento que quiera dársele al concedente[65] (como la reducción de inalienabilidad de un bien del concesionario afectado directa e inmediatamente al interés público).

Pero, estas introducciones contractuales y casuísticas de las *obligaciones de dominio público* son sólo la primera parte de un largo camino que debe llevarnos al cambio de nuestra vigente legislación de bienes estatales, la reducción del maremágnum de normas municipales y regionales que regulan las respectivas agrupaciones bienes y cosas públicas de estas organizaciones administrativas descentralizadas y -como no- de la propia jurisprudencia constitucional, siendo necesario abandonar la limitada *dicotomía* entre bienes de dominio público y bienes de dominio privado que se mantiene en nuestro Derecho, subsistiendo a partir de una incorrecta y cerrada alusión extraída del artículo 73 de la Constitución y los posteriores desarrollos normativos inferiores (ver por ejemplo los literales a y b del numeral 2.2 del Decreto Supremo 007-2008-VIVIENDA).

Ahora bien, el punto final de esta ruta nos permitirá entender que el protagonismo sobre las vías urbanas deberá ser reconducido hacia la participación municipal activa y obligatoria, más allá de voces y datos que intenten relativizarla, pues así lo manda la demanialización preceptuada expresamente en el vigente artículo 56 de la LOM, pero sin nunca olvidar que sus intervenciones se ligan a fondos públicos limitados, con lo cual el *afán voraz* por ser un administrador y gestor de infraestructuras viales que aludimos antes, deberá ir acompañado siempre de los privados, tal como manda el contenido pertinente de nuestra subsidiariedad social (sector público y privado conformando juntos el bienestar común, a veces con el papel principal de un lado de la balanza, según la densidad, principios diferenciadores o signos peculiares planteados por el Legislador o incluso la propia Constitución en la concreta actividad o sector).

ABREVIATURAS

CR: Clasificador de Rutas del Sistema Nacional de Carreteras, Decreto Supremo 012-2013-MTC.

CT: TUO del Reglamento Nacional de Tránsito, Decreto Supremo 016-2009-MTC.

LGTTT: Ley General del Transporte y Tránsito Terrestre, Ley 27181.

LMPID: Ley Marco para la Promoción de la Inversión Descentralizada, Ley 28509.

LBD: Ley de Bases de la Descentralización, Ley 27783.

LOM: Ley Orgánica de Municipalidades, Ley 27972.

REMA: Reglamento marco para el acceso de infraestructura de transporte de uso público, aprobado por Resolución de Presidencia del Consejo Directivo 014-2003-CD-OSITRAN

RLGTTT: Reglamento de la Ley General del Transporte y Tránsito Terrestre, Decreto Supremo 033-2001-MTC.

RJV Reglamento de Jerarquización Vial, Decreto Supremo 017-2007-MTC

(ENDNOTES)

1 Doctorando por la Universidad de Zaragoza (España). Abogado por la Universidad de Piura. Abogado Asociado del Estudio Echecopar (Perú). Profesor de Contratos del Estado de la Universidad de Piura (Perú). Miembro de la Unión Iberoamericana Municipalista, de la Red Iberoamericana de Contratación Pública y de la Red Iberoamerican de Bienes Públicos.

2
Carbonell Porras, Eloísa; "Transportes" en Vol. Col. *Tratado de Derecho Público Aragonés*, Thomson-Reuters, Navarra, 2010, p. 1634.

3
Más allá de algún solitario trabajo que se citará en este artículo, en otras ciencias como la economía se pueden encontrar varios documentos recomendables. Por ejemplo, es interesante revisar uno ligado a la evaluación de esta actividad frente a aspectos de salud ambiental (centrado en la gigantesca contaminación urbana que a diario se genera en Lima Metropolitana y que puede ser perfectamente trasladable -con sus correspondientes valores proporcionales- a las siguientes cinco grandes ciudades peruanas tales como: Arequipa, Trujillo, Chiclayo, Iquitos y Piura). *Vid.* Centro de Investigación de la Universidad del Pacífico, "El transporte urbano y la contaminación del aire en Lima" en Boletín de Economía y Ambiente, número 68, año XII, pp. 1-4. También, resulta interesante de revisarse, entre otros documentos afines, el Informe Defensorial 137 de noviem-

bre del año 2008 denominado "El transporte urbano en Lima Metropolitana: un desafío en defensa de la vida".

4   Fernández Rodríguez, Tomás-Ramón, "Del servicio público a la liberalización desde 1950 hasta hoy" en Revista de Administración Pública, número 150, 1999, p. 62.

5   Sentencia del Tribunal Supremo Español, del 18 de junio del 2009, f.j. 5.

6

Sentencia del Tribunal Supremo Español, del 29 de mayo del 2000, f.j. 4.

7   Digo esto, sin que sea una crítica al sector empresarial, pues finalmente los privados buscan rentabilizar y ampliar beneficios económicos, y definitivamente con una realidad municipal tan débil resulta complicado sentirse atraído e invertir mediante los diferentes regímenes que promoverían las concesiones "del dominio vial urbano" (principalmente instrumentalizados en la LMPID y los contratos de asociación público-privados regulados por el Decreto Legislativo 1012). Adicionalmente, y en concordancia con lo señalado en el párrafo principal, actualmente son poquísimos los proyectos de este tipo de infraestructura en los que la iniciativa privada haya tenido algún papel, así pueden contarse con una sola mano a los dos megaproyectos capitalinos de Vía Parque Rímac y Vías Nuevas de Lima (ambos en plena ejecución). El resto de grandes ciudades peruanas (que superan o se acercan al medio millón de habitantes) no presentan mayor desarrollo en la captación recursos de privados para estos propósitos (a desmedro que alguna de ellas -como Chiclayo- no tendría otra forma viable de acrecentar el dominio vial, pues no cuentan con canon de ningún tipo, con lo cual debe llamarse fuertemente la atención de esta omisión a sus autoridades locales). Todo esto se ve reflejado en la contabilidad final de los fondos privados invertidos en la infraestructura del transporte, el que fundamentalmente se centra en aeropuertos, puertos, algunas operaciones ferrocarrileras y carreteras de la red vial nacional. Al respecto, ver el rápido recuento que hace Zevallos, Juan Carlos, "Algunas reflexiones sobre el futuro de la regulación de la infraestructura del transporte en el Perú" en Revista de regulación en la infraestructura del transporte, número 7, año 2011, p. 13 y ss.

8   Considero, que la aludida función que recaería sobre las vías urbanas puede extraerse de la planificación general e integral del "desarrollo local y el ordenamiento territorial", la aprobación de los denominados "Plan de Acondicionamiento Territorial de nivel provincial", "Plan de Desarrollo Urbano" y la organización de la "infraestructura urbana" preceptuadas de manera correspondiente para las

-*Municipalidades Provinciales*- en el numeral 4 del artículo 9, el artículo 73 y el numeral 1.2 del artículo 79 de la LOM. Mientras, para el caso de las Municipalidades Distritales, esta competencia se encontraría incluida en la realización del "plan urbano distrital" propugnado por el numeral 3.1 del artículo 79 de la LOM, el cual deberá encontrarse sujeto "al plan y a las normas municipales provinciales sobre la materia". Sin embargo, esta falta de especificidad es sólo una muestra más del poco valor que nuestro Derecho ha dado a las vías urbanas y, en general, al dominio público viario, dejándolos librados al azar y a una planificación urbanística que presenta gigantescas deficiencias a lo largo del país.

9   Desdentado Daroca, Eva, "Las vías urbanas" en Vol. Col. *Tratado de Derecho Municipal*, Iustel, 2011, Volumen III, p. 3189.

10   Ver la tercera recomendación del citado Informe Defensorial 137 de noviembre del año 2008 denominado "El transporte urbano en Lima Metropolitana: un desafío en defensa de la vida", p. 185.

11   Es pertinente señalar que no existe rastro positivo de éste en nuestra legislación sectorial, ni en la propia LOM, salvo en ciertas Ordenanzas de algunas Municipalidades (tal como la señalada Ordenanza 1613 de la Municipalidad Metropolitana de Lima).

12   Sólo así, bajo la antijurídica idea de pertenencia "artificial" sobre parte del demanio viario (sobre las vías urbanas), es que puede explicarse que los operadores privados del transporte urbano, que se manejan empresarialmente a su cuenta y riesgo a partir de un título habilitante, hacen huelgas y paralizaciones en varias oportunidades, rompiendo con los niveles de continuidad y permanencia que surgen de estas prestaciones esenciales para el desenvolvimiento de derechos diversos y el "correcto desarrollo de la economía". *Vid*. Gimeno Feliú, Jose María, "Los transportes" en Vol. Col. *Derecho Administrativo. Parte Especial*, Cívitas, Madrid, 1999, p. 1058. Evidentemente, estas paralizaciones no traen a continuación las respuestas de las Administraciones Públicas competentes adecuadas al *principio de responsabilidad pública* aplicado a la presente materia, el cual aparece reconocido de manera implícita en los artículos 3 y 4 de la LGTTT, en el sentido que éstas deben salvaguardar "el establecimiento y mantenimiento de un sistema común de transporte, mediante la coordinación e interconexión de las redes, servicios o actividades que lo integran, y de las actuaciones de los distintos órganos y Administraciones (…) *junto a la obligación de satisfacer las necesidades de la comunidad con un máximo grado de eficiencia y con el mínimo de coste social* (…)". *Vid*. Garcés Sanagustín, Ángel, "Estado social y ordenación de los transportes terrestres" en Vol. Col. *Estudios so-*

bre el ordenamiento jurídico del transporte, Universidad de Zaragoza-Diputación
General de Aragón, Zaragoza, 1990, p. 27.

13 Cfr. Sánchez Blanco, Ángel, "Sobre la delimitación de las vías urbanas" en Revista
de Administración Pública, número 86, 1978, pp. 449-459.

14 Señalaban estos autores que "aunque la cantidad de vías para el transporte colectivo es un concepto relativo el cual depende de que tan eficiente sea la movilidad
urbana y con cuál calidad se ofrece el servicio, en general, es posible afirmar que
todas las ciudades latinoamericanas (…) disponen de una cantidad reducida (medida en kilómetros) de vías brindadas para el transporte colectivo. En particular
hacia finales del año 2007, Lima, la quinta ciudad más poblada (…) poseía tan sólo
34 kilómetros de vías dedicadas al uso de transporte colectivo, lo que representó el
0.3% de la oferta total de vías de transporte". *Vid*. Espejo Rubén y Peña Ernesto,
"Las infraestructuras del transporte masivo urbano sobre vías férreas: el sistema
eléctrico de transporte para Lima Metropolitana" en Revista de regulación en la
infraestructura del transporte, número 6, año 2011, p. 168.

15 Sobre los usurpadores de bienes públicos, el profesor L. Martin-Retortillo decía
-en épocas finales del franquismo español- que existía un fenómeno radical y difícil de explicar por el cual las personas que se apropiaban de bienes municipales
podían "defenderse mucho más fácilmente que los entes públicos (…) en un momento de concentración de poderes en los entes públicos (…) no deja de sorpren-
derme, al menos a simple vista, que al Estado y, sobre todo, a los Municipios,
se escatimen sus poderes a la hora de defender su patrimonio. O, dicho de otra
manera, que se escatimen sus poderes a la hora de tratar de evidenciar y reducir a los usurpadores de bienes públicos". *Vid*. Martin-Retortillo Baquer, Lorenzo,
"Recuperación municipal de camino. La imprescriptibilidad: ¿mito o posibilidad?
Deslinde y recuperación posesoria. Las nuevas desamortizaciones" en Revista de
Administración Pública, número 61, 1970, p. 161. Que duda cabe que estas reflexiones tan lejanas en el tiempo pueden usarse para los momentos actuales en
las que muchas de nuestras Municipalidades Provinciales (principalmente las del
norte del país como Piura y Chiclayo) y la Metropolitana de Lima deben afrontar
realidades complejas y harto explosivas; sin tener todas ellas las potestades entregadas por el Legislador y con un déficit sensible de normas propias referidas a sus
respectivos patrimonios públicos. Ahora, estas entidades administrativas deberán
plantar cara ante una clase particular de ciudadanos que se siente titular de unos
artificiales derechos de pertenencia, posesión y disfrute sobre las vías urbanas, in-

cluso considerándolas como cosas sujetas a prescripción adquisitiva y que pueden ser objeto de defensa mediante procesos constitucionales maleables o diseñados a su antojo; esto último por la inercia, poca elaboración dogmática y el desprecio por los bienes públicos que ha tenido -en general- nuestra Judicatura. Al respecto, sólo hace falta mirar las *absurdas* alusiones planteadas por el ex-Juez Urbina La Torre en el marco de un proceso de Habeas Corpus recaído en el Exp. 27631-2012 (proceso exclusivamente aprobado para tutelar el derecho a la libertad personal y otras facultades conexas), por el que ordenaba a la Municipalidad de Lima el no ejercicio de su potestad de restricción del tránsito de vehículos de carga pesada en zonas aledañas al todavía litigioso ex-mercado mayorista de "La Parada" (a través de la colocación de bloques de cemento). Quizás, este ex-magistrado, sin perjuicio que no tuvo en cuenta en su resolución ningún fundamento de la teoría de los bienes públicos, olvidó abiertamente que las organizaciones municipales se encuentran premunidas de un amplio margen discrecional para "normar, regular y planificar el transporte terrestre" preceptuada por el numeral 1.1 del artículo 81 de la LOM, incluyendo dentro de este orden competencial del tráfico a las potestades de contenido restrictivo y las actuaciones materiales que impedirían el paso de vehículos no autorizados a circular en ciertas arterias no diseñadas para soportar técnicamente su peso (como sucedía en este caso con los camiones de carga de alimentos y víveres que discurrían muy cerca al casco histórico y central de la capital peruana).

16 Esta categorización se puede deducir de la declaratoria y exigencia de intervención protectora del Estado referida a "la satisfacción de las necesidades de los usuarios y al resguardo de sus condiciones de seguridad y salud, así como a la protección del ambiente y la comunidad", que viene señalada en el artículo 3 de la LGTT, sin que a continuación se pierda el protagonismo principalísimo de la iniciativa prestadora privada en esquemas de mercado y libre competencia (ver artículo 3 de la LGTTT) . Sobre la definición de esta técnica prestacional se puede revisar a Martínez López Muñiz, José-Luis, "En torno a la nueva regulación de los servicios esenciales económicos en red (a propósito de la nueva Ley General de Telecomunicaciones y su sistema conceptual" en Vol. Col. *El derecho administrativo en el umbral del siglo XXI. Homenaje al profesor Dr. D. Ramón Martín Mateo*, Tirant lo Blanch, Valencia, Tomo III, 2000, p. 2800. En el derecho peruano puede examinarse las nociones brindadas por Baca Oneto, Víctor, "Servicio público, servicio esencial y servicio universal en el Derecho peruano" en Vol. Col. Teoría de los servicios públicos, Lima, Grijley, 2009, p. 366. También, incluye al transporte terrestre en la

categoría de *servicio esencia*l el autor Vinces Arbulú, César Martín, "Aplicación del principio de subsidiariedad estatal en el servicio de transporte terrestre: la situación peruana" en Revista de Regulación Económica de la Universidad ESAN, Año 3, p. 94.

17 En concordancia con lo expuesto en el párrafo principal, debo indicar que la iniciativa municipal sobre las infraestructuras viarias urbanas se deberá enmarcar en la nueva posición que desempeña -en general- cualquier Administración Pública, la misma que "paso en corto tiempo de ser un mero guardián interesado en la integridad física del dominio público (…) a ser un activo administrador, que asienta en él sus servicios y decide sobre la modalidades de su utilización por los particulares". *Vid.* García Pérez, Marta, "La naturaleza jurídica de la autorización y concesión, a propósito de la utilización del dominio público" en Anuario da Facultade de Dereito da Universidade da Coruña, número 1, 1997, p. 339.

18 Font I Llovet, Tomás, "La protección del dominio público en la formación del derecho administrativo español: potestad sancionadora y resarcimiento de daños" en Revista de Administración Pública, número 123, 1990, p. 25.

19 En esta materia me estoy refiriendo a los *dos* contenidos regulatorios que muy bien definidos el profesor argentino Aguilar: "la regulación no deja de ser, en sustancia, una suerte de mecanismo de resolución de controversias entre intereses contrapuestos. Mas esa intervención no se manifiesta como una forma de «decir el derecho» respecto a una situación pasada .al estilo de un tribunal jurisdiccional., sino de resolver un conflicto de intereses con la finalidad de que, gracias a dicha resolución, puedan realizarse transacciones en el mercado. Dicho de otra forma, la regulación al resolver tales conflictos lo que hace es mirar al futuro, conformando a un determinado mercado". Por otro lado, estas potestades también implicarían una intervención "de naturaleza «perpendicular» al no limitarse, como ya se ha dicho, a delinear un marco general de actuación, sino al obligar a los agentes a actuar de manera distinta a como actuarían si tal regulación no existiera. De esta peculiar circunstancia se deriva que no se trata de una mera conformación unilateral de relaciones bilaterales anudadas entre un particular y el Estado (...) sino que ésta aparece configurando una relación que se establece entre dos extremos particulares .entre oferta y demanda, entre proveedores y consumidores, prestadores y usuarios, competidores entre sí". *Vid.* Aguilar Valdez, Oscar, "El acto administrativo regulatorio" en Documentación Administrativa, números 267-268, septiembre del año 2003-abril del año 2004, pp. 291-292.

20 Cfr. López Garrido, Diego, "La liberalización del transporte ferroviario" en Revista de Administración Pública, número 132, 1993, p. 429.

21   Sentencia del Tribunal Constitucional recaída en el Exp. N.º 3482-2005-PHC/TC, de 27 de junio del 2005, f.j. 17.

22   Desdentado Daroca, Eva, "Las vías urbanas"…Ob. cit. p. 3203.

23   Sentencia del Tribunal Constitucional recaída en el Exp. N.º 3482-2005-PHC/TC, de 27 de junio del 2005, f.j. 17

24   Sobre las relaciones y diferencias entre cosa, bien y patrimonio, y mostrando un sentido que ha sido *parcialmente* recogido por el artículo 56 de la LOM, se ha indicado que el patrimonio de titularidad administrativa se conforma de bienes y derechos *apropiables* que "no incluyen ni se confunden ya con los elementos que nutren las haciendas públicas, esto es, el dinero, los valores, los créditos y los demás recursos financieros o de tesorería de las Administraciones, (…) o, con una expresión más sintética (…) los derechos y obligaciones de contenido económico". *Vid*. López-Ramón, Fernando, "Teoría jurídica de las cosas públicas" en Revista de Administración Pública, número 186, 2011, p. 12. Por eso, es que los derechos y rentas de corte económico que se aluden en el artículo 55 y el numeral 4 del artículo 56 de la LOM, además de los literales b, c, d, e, f y g del artículo 46 de la LBD, no formarían parte -en estricto- del patrimonio municipal y deberán ser incluidos en los aspectos propios de lo que podría llamarse como *régimen de la Administración Financiera del Estado* relacionada con la gestión general de los fondos públicos, regulado, entre otras normas, por la Ley 28112 y el ordenamiento de descentralización fiscal aplicable a las entidades administrativas como los Gobiernos Regionales y las Municipalidades (acudir al Decreto Legislativo 955 y su Reglamento aprobado por Decreto Supremo 114-2005-EF). Buena parte de estos derechos y rentas forman parte de los ingresos municipales provenientes y clasificables por un doble origen: por un lado presupuestario, y en segundo término por el criterio de la tesorería y contabilidad gubernamental. Así, pueden identificarse los siguientes tipos de ingresos municipales: (i) **ingresos propios**, entre los cuales se puede asumir a los impuestos, tasas, rentas de propiedad y saldos de balance; y, (ii) **transferencias intergubernamentales** trasladadas desde el Gobierno Nacional hacia las Municipalidades, entre las que destacan por su importancia principalmente el canon y sobrecanon de distinta índole, Foncomún, renta de aduanas, vaso de leche, regalías mineras y el Fondo de Desarrollo de Camisea. Sobre estas difíciles y todavía inexploradas diferencias entre patrimonio público y la hacienda pública (concepto último cercano a nuestro sistema de Administración Financiera del Estado) puede revisarse a Castillo Blanco, Federico y Quesada Lumbreras, Javier, "El patrimonio de las entidades locales tras la aprobación de la Ley de Patrimonio de las Administraciones Públicas" en el Vol. Col. *El régimen jurídico general del Patrimonio de las Administraciones Públicas. Comentarios a la Ley 33/2003, de 3 de noviembre*, El Consultor, Madrid, 2004, p. 25 y ss.

25 Un buen trabajo sobre las competencias municipales del tráfico y circulación en la realidad local española, que incluirían a las normativas y las de corte ejecutivo (ordenación y control del tráfico, las órdenes, la potestad sancionadora, de coacción administrativa directa, o la de emisión de títulos habilitantes para actividades particulares) puede ser vista en Cano Campos, Tomás, "Las competencias de los municipios en materia del tráfico" en Vol. Col. *Tratado de Derecho Municipal*, Iustel, 2011, Volumen III, p. 2573 y ss.

26 Las Administraciones Públicas territoriales o generales son mal denominados por ciertas normas (como la propia LBD) y operadores como "niveles de gobierno", en directa alusión a nociones surgidas de la gestión pública. En realidad, estas entidades administrativas que serían la Administración del Estado (Poder Ejecutivo), los Gobiernos Regionales y las Municipalidades se refieren a lo que se conoce como Administraciones Generales pues "tienen asignadas sobre el territorio en el que se asientan todas las funciones necesarias para cumplir o atender el bien común o el interés general de la correspondiente colectividad territorial. Son territoriales o pertenecen a un ente territorial. El ejercicio de sus funciones alcanza a todas aquellas personas que, con independencia de sus posibles condiciones especiales, se asientan sobre el territorio". *Vid.* Abruña Puyol, Antonio, *Delimitación jurídica de la Administración Pública*, Palestra, Lima, 2010, p. 158.

27 Cfr. Céspedes Zavaleta, Adolfo, *Derecho Regional*, Jaime Campodónico Editor, Lima, 2005, p. 199.

28 Cfr. Pimiento Echeverri, Julián Andrés, *Derecho Administrativo de Bienes. Los bienes públicos: historia, clasificación y régimen jurídico*, pro manuscrito, p. 26.

29 Abruña Puyol Antonio y Baca Oneto, Víctor, *Notas al curso de derecho administrativo*, pro manuscrito, p. 234.

30 Cfr. Corral García, Esteban, López Pellicer, José Antonio y El Consultor de los Ayuntamientos, *Reglamento de bienes de las entidades locales*, La Ley, Madrid, 2006, p. 66.

31 López-Ramón, Fernando, *Sistema jurídico de los bienes públicos*, Cívitas-Thomson Reuters, Madrid, 2012, p. 77.

32 Pimiento Echeverri, Julián Andrés, *Derecho Administrativo de Bienes*...Ob. cit. p. 26.

33 Sobre el particular, la LOM adolece, además de potestades propias de la conservación, de una *cláusula* exacta que determine la salvaguarda obligatoria y permanente de sus bienes y derechos mediante funciones administrativas pre-determinadas. Esta misma norma debería también cumplir el papel de enlace frente

a las probables responsabilidades disciplinarias y penales de los funcionarios o empleados públicos competentes que la omitan o agredan abiertamente. Por citar un ejemplo, en el ordenamiento español, el numeral 2 del artículo 9 del Real Decreto 1372/1986, de 13 de junio o también llamado "Reglamento de Bienes de las Entidades Locales", preceptúa expresamente que las "entidades locales tiene la obligación de ejercer las acciones necesarias para la defensa de sus bienes y derechos". *Vid.* Corral García, Esteban, López Pellicer, José Antonio y El Consultor de los Ayuntamientos, *Reglamento de bienes de las entidades locales*...Ob. cir. pp. 66-67.

34 El uso público de la vía urbana que propugna el artículo 56 de la LOM (también entendido como uso común o general) puede ser entendido como la utilización por parte de cualquier particular que "corresponde por igual a todos los ciudadanos indistintamente, de modo que el uso de unos no impida el de los demás (…) el uso general del demanio se considera un derecho de uso cívico de carácter gratuito derivado del estatuto general del administrado". *Vid.* López-Ramón, Fernando, *Sistema jurídico de los bienes públicos*...Ob. cit. p. 152.

35 Cfr. Desdentado Daroca, Eva, "Las vías urbanas"...Ob. cit. p. 3202.

36 Cfr. López-Ramón, Fernando, *Sistema jurídico de los bienes públicos*...Ob. cit. p. 152.

37 Cfr. Desdentado Daroca, Eva, "Las vías urbanas"...Ob. cit. p. 3202.

38 El Legislador peruano tipifica las siguientes formas exactas de imposición de sanciones municipales: "multa, suspensión de autorizaciones o licencias, clausura, decomiso, retención de productos y mobiliario, retiro de elementos antirreglamentarios, paralización de obras, demolición, internamiento de vehículos, inmovilización de productos". Sin embargo, permite que las municipalidades, mediante sus Concejos Provinciales o Distritales, puedan crear otras formas de punición adaptadas a sus necesidades institucionales o al sostenimiento de los intereses públicos locales (ver tercer párrafo del artículo 46 de la LOM).

39 Como había indicado en el anterior acápite del trabajo, el comercio ambulatorio no autorizado en vías urbanas es una ola incontenible para muchas de nuestras grandes ciudades. Sin embargo, a desmedro de la falta de potestades administrativas y acciones judiciales especializadas que permitan proteger adecuadamente estos bienes demaniales, los Legisladores locales siempre han tenido especial predilección por emitir normas referidas a la mencionada temática, sin que a continuación, se obtengan resultados muy halagüeños. Así, salvo una reciente recuperación de

vías urbanas en la ciudad de Piura (calles ubicadas en los alrededores del mercado modelo de esa urbe), luego de más de treinta de años de ocupación precaria de comerciantes informales, se puede decir que es bastante poco lo que se puede mostrar en general. Para mayor detalle, en el ordenamiento de la Municipalidad Provincial del Callao se puede revisar la Ordenanza 000055, norma que extrañamente aprueba el *reglamento* del comercio ambulatorio dentro de esta jurisdicción (mediante una Ley de ámbito local).

40   Corral García, Esteban, López Pellicer, José Antonio y El Consultor de los Ayuntamientos, *Reglamento de bienes de las entidades locales*...Ob. cit. pp. 164-168.

41   Algún desarrollo de esta potestad para las vías metropolitanas de la capital peruana se puede notar tras las catalogaciones y categorías generales de infraestructura incluidas en el Plano del Sistema Vial Metropolitano que define la estructura vial del área de Lima - Callao (ver la antes mencionada Ordenanza 341).

42   Corral García, Esteban, López Pellicer, José Antonio y El Consultor de los Ayuntamientos, *Reglamento de bienes de las entidades locales*...Ob. cit. p. 171.

43   Cfr. Olivan del Cacho, Javier, "Montes" en Vol. Col. *Tratado de Derecho Público Aragonés*, Cívitas-Thomson Reuters, Navarra, 2010, p. 1469.

44   Ruiz López, Miguel Ángel, *La potestad de desahucio administrativo*, INAP, Madrid, 2012, p. 227.

45   Cfr. Ariño Ortiz Gaspar y otros, *Principios de derecho público económico*, Ara, Lima, 2004, pp. 689-690.

46   López Garrido, Diego, "La liberalización del transporte...Ob. cit. p. 441.

47   La red vial nacional es el conjunto más importante de las vías existentes en el país, según la jerarquización planteada por el RJV. Es definida por el artículo 4 de esta norma reglamentaria como la agrupación de "las carreteras de interés nacional conformada por los principales ejes longitudinales y transversales que constituyen la base del Sistema Nacional de Carreteras".

48   Ariño Ortiz Gaspar y otros, *Principios de derecho público*...Ob. cit. p. 689.

49   El literal d) del artículo 2 del RJV indica que la carretera es un "camino para el tránsito de vehículos motorizados, de por lo menos dos ejes, con características geométricas definidas de acuerdo a las normas técnicas vigentes".

50   De manera errada, el literal u) del artículo 2 del RJV no define a las vías urbanas, pues indica, siguiendo un criterio negativo o de expurgación, que éstas serán "las arterias o calles conformantes de un centro poblado, que *no* integran el Sistema

Nacional de Carreteras SINAC)". Ante esto, cabría preguntarse si se puede conceptualizar a un objeto mediante elementos que no lo caracterizan o por su no pertenencia a una agrupación de vías completamente alejadas de su funcionalidad y naturaleza intrínsecas (como sucedería con las carreteras).

51 Morillo-Velarde Pérez, José Ignacio, "La Ley 8/2001, de 12 de julio, de carreteras de Andalucía: servicio público viario y dominio público viario" en Revista Andaluza de Administración Pública, número 43, año 2001, p. 399.

52 Desdentado Daroca, Eva, "Las vías urbanas"...Ob. cit. p. 3180.

53 Esteve Pardo, José, " "La regulación de la economía desde el Estado" en Vol. Col. *La autonomía municipal, administración y regulación económica, títulos académicos y profesionales*, Asociación Española de Profesores de Derecho Administrativa-Aranzadi, Santander, Volumen II, pp. 90-91.

54 Sólo para mostrar algunas de las tareas urgentes que deberán realizar la Municipalidad de Lima y de otras grandes ciudades que exceden el medio millón de habitantes, como bien indica el autor López Garrido la constatación y existencia efectiva de la integración modal de transporte implica la necesidad imperiosa de "infraestructuras idóneas (terminales intermodales) que hagan posible la racionalización de los transbordos desde un sector del transporte hacia otro". *Vid.* López Garrido, Diego, "La liberalización del transporte...Ob. cit. p. 441.

55 Otras grandes ciudades peruanas como Trujillo y Arequipa también han planteado la necesidad de contar con Sistemas Integrados de Transportes Urbanos; además vale también rescatar el inicio de la construcción del primer servicio de transporte masivo por rieles fuera de Lima Metropolitana llamado *Metro Wanka*, ubicado en Huancayo y concesionado en su operación a favor de la empresa Ferrovías Central Andina. En el mismo orden ideas, sobre la ciudad de Trujillo mencionada en este comentario, he tenido acceso a sus normas legales y reglamentarias emitidas por su Municipalidad Provincial destinadas a crear y sostener su Organismo Público Descentralizado denominado "Transportes Metropolitanos de Trujillo" cuyo ámbito funcional se refiere a los proyectos "vinculados al nuevo sistema de transporte público urbano e Interurbano de la Provincia". Al respecto, puede revisarse las Ordenanzas Municipales 020-2011-MPT, 021-2012-MPT y el Acuerdo de Concejo 112-2013-MPT.

56 Abruña Puyol, Antonio y Baca Oneto, Víctor, *Notas al curso de derecho...*Ob. cit. p. 436.

57 Con relación a lo indicado en el párrafo principal, me estoy refiriendo a las sub-

modalidades contractuales de gerencia o de gestión delegada interesada cuyos probables objetos serían la entrega a manos privados de la regulación del tránsito
en rutas troncalizadas mediante dispositivos de control. Acerca de estas formas
de contratos administrativos prestacionales cercanas a la concesión de servicio
público puede revisarse a Araujo-Juaréz, José, *Derecho Administrativo General-
Servicio Público*, Paredes, Caracas, Tomo II, 2010, pp. 246-249.

58 Esteve Pardo, José, "La regulación de la economía desde el Estado...Ob. cit, p. 86.

59 Cfr. Muñoz Machado, Santiago, *Tratado de Derecho Administrativo y Derecho
Público en general*, Thomson-Cívitas, Madrid, 2004, pp. 1061 y ss.

60 Moreu, Carbonell, Elisa, "Desmitificación, globalización de los bienes públicos: del dominio público a las "obligaciones de dominio público"" en Revista de
Administración Pública, número 161, 2003 p. 446.

61 Cfr. Ruiz Ojeda, Alberto, "La financiación privada de obras públicas" en Vol. Col.
*La financiación privada de obras públicas: marco institucional y técnicas aplica-
tivas*, Cívitas, Madrid, 1997, p. 126.

62 López-Ramón, Fernando, "Teoría jurídica de las cosas públicas" en Revista de
Administración Pública, número 186, 2011, p. 40.

63 Moreu, Carbonell, Elisa, "Desmitificación, globalización de los bienes públicos...
Ob. cit. p. 476.

64 Cfr. Embid Irujo, Antonio, " Las sociedades estatales para la construcción: ex-
plotación, adquisición y... de obras hidráulicas: nuevas reflexiones" en Vol. Col.
*Estudios de derecho público económico: libro homenaje al prof. Dr. D. Sebastián
Martín-Retortillo*, Cívitas, Madrid, Tomo I, 2003, p. 466.

65 Cfr. Moreu, Carbonell, Elisa, "Desmitificación, globalización de los bienes públicos...Ob. cit. p. 466.

ESPACIOS URBANOS SOSTENIBLES.
UNA REFLEXIÓN [1]

José Luis Villegas Moreno*

> " Confieso que en mi pensamiento municipal ha influído
> el haber nacido en un pueblecito pequeñito de los Andes
> venezolanos, La Quebrada del Estado Trujillo, amenazado
> constantemente por la legislación como capital municipal,
> por no reunir los requisitos mínimos de población ni generar
> recursos propios suficientes, pero que siempre ha ganado su
> pleito." *(Fortunato González Cruz, El Gobierno de la Ciudad, Ula,*
> *Mérida 2014)*

CONTEXTUALIZACION

La humanización de las ciudades constituye un reto importantísimo para un futuro mejor. Una política de rehumanización se impone en las ciudades, según el pensador francés Edgar Morin[2].

El conjunto del planeta está inmerso actualmente en un proceso de urbanización acelerada. [3]La población urbana del mundo aumenta, actualmente, en un millón de personas por semana, y ese ritmo debería acelerarse según Naciones Unidas, que prevé una población mundial de ocho mil millones de personas en 2030. El crecimiento urbano está marcado esencialmente por una afluencia de poblaciones pobres procedentes de las migraciones rurales hacia la ciudad, que ejerce una atracción que no debemos subestimar. Una población cada vez más numerosa busca en ella la solución a su miseria.

En la historia de la humanidad, todas las instancias decisivas y decisionales siempre han estado en la ciudad (el poder político, religioso y económico, el desarrollo científico y técnico), al igual que los lugares de creación artística, de ocio y de espectáculos. Por ello la ciudad no puede dejarse al libre arbitrio de los promotores, de los constructores, los tecnócratas y los políticos desculturizados, en el contexto de un mercado abocado al máximo beneficio. La ciudad no es una simple proyección sobre el suelo de relaciones socioeconómicas. El reconocimiento de que existe una espacialidad anterior a la del espacio urbano permite tener en cuenta, explícitamente, en el debate sobre la ciudad, los mitos fundadores. Pensar en la ciudad es pensar en el habitante o, más bien, en la pluralidad de los habitantes. Pensar en la ciudad es pensar en su crecimiento y en su futuro[4].

En este escenario vale preguntarse con Analía Antik[5] ¿planeamiento urbano sin calidad de vida?. Compartimos la idea que no existe planeamiento urbano si el mismo no tiende a la consecución y mejoramiento de la calidad de vida de la población. Y siguiendo con esta idea defendemos una correspondencia entre urbanismo y medio ambiente , donde los ciudadanos tengan un derecho a un urbanismo sostenible[6]. Y también a un derecho a la ciudad[7], y aún más, a una ciudad sostenible[8].

Nos asomamos a este interesante tema desde el balcón del fenómeno de la globalización pero actuando desde lo local[9] y referido al escenario normativo venezolano en lo posible.

Y para secuenciar el título de este trabajo también tomamos en cuenta la planificación estratégica como instrumento adecuado para gobernar las ciudades en la era info-global[10].

Hay que militar a favor de un desarrollo urbano participativo real que entienda la ciudad en toda su complejidad. Es primordial pensar la ciudad en relación con su espacio regional, con la red urbana en la que se inscribe y, más ampliamente, con la red de ciudades en las que puede participar. Es un enfoque global que tiene en cuenta la complejidad de la ciudad, las especificidades de sus componentes y las dinámicas de los diferentes espacios en los cuales se inscribe[11].

Armando Rodríguez[12] con especial claridad y maestría al referirse a la ciudad y al Derecho Urbanístico , Giuseppe Rosito al referirse a la planificación y al Poder Público Municipal, Héctor Turuhpial[13] en su reflexión sobre Derecho Urbanístico, Nelson Geigel Lope-Bello[14] al tratar el tema de Urbanismo, Estado y Derecho, como muestra de la doctrina nacional, nos permiten insistir en la trascendencia de la planificación urbana en un escenario de sostenibilidad.

Ante la ausencia de normas modernas que orienten la planificación urbana en Venezuela, y la carencia de planes estratégicos de desarrollo en el ámbito local, en esta reflexión presentamos algunos elementos nucleares del derecho comparado que conecten la planificación, el urbanismo, el ámbito local y el desarrollo sustentable con el ordenamiento venezolano.

HACIA LA CIUDAD SOSTENIBLE[15]

El concepto de desarrollo sostenible ayuda a basar el nivel de vida de las ciudades en la capacidad de carga de la naturaleza. Se pretende conseguir la justicia social, las economías sostenibles y la sostenibilidad ambiental. La justicia social requiere necesariamente la sostenibilidad económica y la equidad, las cuales necesitan a la vez de la sostenibilidad ambiental.

La sostenibilidad ambiental significa, además, el mantenimiento y la preservación del capital natural. Necesita que nuestro ritmo de consumo de recursos materiales, hídricos y energéticos renovables no supere la capacidad de los sistemas naturales para reponerlos, y que el ritmo al que consumimos recursos no renovables no supere el ritmo de sustitución por recursos renovables perdurables. La sostenibilidad ambiental conlleva también que el ritmo de emisión de contaminantes no supere la capacidad del aire, del agua y del suelo para absorverlos y procesarlos.

La sostenibilidad ambiental implica además el mantenimiento de la diversidad biológica, la salud humana, la calidad del aire, del agua y del suelo a unos niveles que sean suficientes para preservar para siempre la vida y el bienestar de la humanidad, así como también de la flora y de la fauna.

La ciudad es, a la vez, la entidad más importante capaz de afrontar inicialmente los numerosos desequilibrios arquitectónicos, sociales, económicos, políticos, ambientales y de recursos naturales que afectan al mundo moderno, y la unidad más pequeña donde los problemas pueden ser resueltos adecuadamente, de manera integrada, holística y sostenible. Teniendo en cuenta que todas las ciudades son diferentes, hemos de encontrar las vías propias hacia la sostenibilidad. Por ello es necesario integrar los principios de sostenibilidad en todas las políticas, y hacer de las fuerzas respectivas la base de las estrategias adecuadas en el ámbito local.

Las ciudades deben reconocer que la sostenibilidad no es ni un sueño ni una situación inmutable, sino un proceso creativo local en busca del equilibrio que se extiende a todos los ámbitos de toma de decisiones a este nivel. Permite una realimentación de la información permanente sobre las actividades que impulsan al ecosistema urbano hacia el equilibrio, y sobre las que lo alejan de él. Cuando se basa la gestión urbana en la información recogida a través de un proceso de este tipo, la ciudad aparece como un todo orgánico, en el que se hacen patentes los efectos de todas las actividades importantes. Mediante un proceso así, la ciudad y sus habitantes pueden elegir entre opciones, con conocimiento de causa. Un proceso de gestión basado en la sostenibilidad permite tomar decisiones que no repercuten únicamente en los intereses de las personas afectadas, sino también en los de las generaciones futuras.

Podemos decir que una ciudad sostenible en un contexto de lugarización, tiene los siguientes retos[16]:

– Una ciudad capaz de mantener en el tiempo una identidad, una imagen coherente, respetuosa e integrada en el entorno y con proyecto de desarrollo a largo plazo.
– Una ciudad capaz de ofrecer calidad de vida en todos sus sectores.
– Una ciudad capaz de elaborar un proyecto colectivo, coherente con los grandes principios de la Agenda 21.
La Carta de Leipzig sobre Ciudades Europeas Sostenibles[17] hizo las siguientes recomendaciones:

1. HACER UN MAYOR USO DE LOS ENFOQUES RELACIONADOS CON LA POLÍTICA INTEGRADA DE DESARROLLO URBANO.

– Creación y consolidación de espacios públicos de alta calidad
– Modernización de las redes de infraestructuras y mejora de la eficiencia energética
– Innovación proactiva y políticas educativas

2. PRESTAR ESPECIAL ATENCIÓN A LOS BARRIOS MENOS FAVORECIDOS DENTRO DEL CONTEXTO GLOBAL DE LA CIUDAD.

– Búsqueda de estrategias para la mejora del medio ambiente físico
– Fortalecimiento a nivel local de la economía y la política del mercado laboral
– Educación proactiva y políticas de formación para niños y jóvenes
– Fomento de un transporte urbano eficiente y asequible

Es oportuno este espacio para invocar el Libro Blanco de la Sostenibilidad en el Planeamiento Urbanístico español[18] que destaca las claves para lograr un urbanismo más sostenible. Así establece un interesante listado de criterios de sostenibilidad: sobre el entorno de la ciudad, en el ámbito urbano, sobre temas de transporte, recursos, residuos, cohesión social, y gobernanza.

Edgar Morin al referirse con ilusión a ejemplos reformadores urbanos , nos plantea el caso de las ecópolis que deberían construirse, especialmente en los países del primer mundo, como ciudades de al menos cincuenta mil habitantes, que integrarán una alta calidad medioambiental y las más modernas tecnologías de la comunicación. Servirán, sobre todo, para hacer progresar masivamente el urbanismo al servicio de objetivos tales como infraestructuras de gran envergadura, transportes tecnológicamente punteros y construcciones sostenibles. Así, dice el gran pensador francés, estos espacios urbanos sostenibles deberán integrar empleo, vivienda, espacio de vida y mezcla social, y emplear recursos energéticos renovables: eólicos, paneles solares, etc. Desempeñarán, así, el papel de laboratorios para la reducción del consumo de agua, la selección de residuos, el desarrollo de la biodiversidad, la reducción del consumo de aire acondicionado, la creación de estanques y espacios verdes, el acceso amplio y gratuito a las nuevas tecnologías de la información[19].

LA CIUDAD EN RÍO + 20

La Conferencia de Naciones Unidas sobre medio ambiente, reunida en Rìo de Janeiro en 2012 dedica un capítulo de su declaración final denominada "El futuro que queremos" a las ciudades y asentamientos humanos sostenibles. De esta importante declaración destacamos los siguientes aspectos:

– Las ciudades que hayan sido bien planeadas y desarrolladas, incluso aplicando enfoques integrados de la planificación y la gestión, pueden fomentar sociedades sostenibles desde los puntos de vista económico, social y ambiental.

– Es necesario aplicar un enfoque holístico del desarrollo urbano y los asentamientos humanos que prevea viviendas e infraestructuras asequibles y priorice la mejora de los barrios marginales y la renovación urbana.

– Establece el compromiso a trabajar para mejorar la calidad de los asentamientos humanos, incluidas las condiciones de vida y trabajo de los habitantes de las zonas tanto urbanas como rurales en el contexto de la erradicación de la pobreza, de manera que todas las personas tengan acceso a servicios básicos y a la vivienda, así como la posibilidad de desplazarse.

– Es necesario conservar, según corresponda, el patrimonio natural y cultural de los asentamientos humanos, revitalizar los distritos históricos y rehabilitar los centros de las ciudades.

– Establece el compromiso de promover un enfoque integrado de la planificación y construcción de ciudades y asentamientos urbanos sostenibles, incluso apoyando a las autoridades locales, concienciando a la población y aumentando la participación de los residentes de las zonas urbanas, incluidos los pobres, en la adopción de decisiones.

– Destaca la promoción de políticas de desarrollo sostenible que apoyen la prestación de servicios sociales y de vivienda inclusivos; condiciones de vida seguras y saludables para todos, especialmente los niños, los jóvenes, las mujeres y los ancianos y las personas con discapacidad; transporte y energía asequibles y sostenibles; el fomento, la protección y el restablecimiento de espacios urbanos verdes y seguros; agua potable y saneamiento; una buena calidad del aire; la generación de empleos decentes; y la mejora de la planificación urbana y de los barrios marginales. Apoyamos además la gestión sostenible de los desechos mediante la aplicación del principio de las "3 erres" (reducción, reutilización y reciclado).

– Destaca que en la planificación urbana es importante que se tengan en cuenta la reducción de los riesgos de desastre, la resiliencia y los riesgos derivados del cambio climático.

– Reconoce los esfuerzos que despliegan las ciudades para lograr un equilibrio en materia de desarrollo con las regiones rurales.

– Pone de relieve la importancia de aumentar el número de regiones metropolitanas, ciudades y poblados que aplican políticas de planificación y diseño urbanos sostenibles para responder con eficacia al crecimiento previsto de la población urbana en los próximos decenios.

– Declara que el proceso de planificación urbana sostenible se enriquece con la participación de múltiples interesados y la utilización plena de información y datos desglosados por sexo, en particular sobre tendencias demográficas, distribución de ingresos y asentamientos improvisados.

– Reconoce que a los gobiernos municipales les corresponde desempeñar una importante función al conformar una visión de las ciudades sostenibles, desde el inicio del proceso de planificación de las ciudades hasta la revitalización de ciudades y barrios más antiguos, incluso mediante la adopción de programas de eficiencia energética en la administración de edificios y el desarrollo de sistemas de transporte sostenibles adaptados a las condiciones locales.

– Destaca que es importante aplicar la planificación con uso mixto del suelo y alentar la movilidad con medios de transporte no motorizados, lo que incluye el fomento de infraestructuras para transeúntes y ciclistas.

– Reconocemos que las asociaciones entre ciudades y comunidades tienen una función importante en la promoción del desarrollo sostenible. En este sentido, destaca la necesidad de fortalecer los mecanismos o las plataformas de cooperación, los acuerdos de asociación y otros instrumentos de aplicación existentes para llevar adelante la ejecución coordinada del Programa de Hábitat delas Naciones Unidas, con la participación activa de todas las entidades competentes de las Naciones Unidas y con el objetivo general de alcanzar el desarrollo urbano sostenible.

– Es necesario que se hagan contribuciones financieras suficientes y previsibles a la Fundación de las Naciones Unidas para el Hábitat y los Asentamientos Humanos a fin de asegurar la aplicación oportuna, eficaz y concreta en todo el mundo del Programa de Hábitat.

RECIENTE REFERENCIA A LA CIUDAD SOSTENIBLE POR EL TSJ

Hemos considerado pertinente incluir en este trabajo una referencia jurisprudencial sobre la sostenibilidad urbana contenida en el fallo del Tribunal Supremo de Justicia en Sala Político Administrativa, PARQUE RECREACIONAL LEONARDO RUIZ PINEDA-Caso Calvo(Tsj, Spa de 07 de mayo de 2014, N°653). Este caso se refiere a la demanda de nulidad ante la Sala Político Administrativa del Tribunal Supremo de Justicia, de dos decretos de expropiación de terrenos privados para la afectación y creación de un parque natural o recreacional, pero que nunca se construyó desde que fueron expropiadas las tierras en 1992. Pero lo que es destacable de este caso se refiere a la importancia que el Tribunal Supremo da a esta variable ambiental y a la necesidad de mejora socioambiental de las ciudades, y en particular de Caracas. Alli se destaca el derecho al ambiente como de tercera generación , y reconoce la necesidad de un desarrollo urbano sustentable, con fundamento en el artículo 127 constitucional.

Esta sentencia dice cosas como las que siguen: "...constituye una máxima de experiencia de esta Sala que la expansión urbana de la ciudad capital para la época en la cual se dictaron los actos administrativos impugnados, basada en parte en premisas de gestión neoliberal y sin control urbanístico, debe aún reencauzarse hacia los parámetros del desarrollo sostenible, en especial en la zona del suroeste del Area Metropolitana de Caracas donde tanta falta hacen áreas verdes y de recreación...". Y en este sentido sigue: "...las decisiones administrativas y judiciales deben variar los antiguos enfoques, preocupándose por conectar las políticas públicas referidas a ordenación del territorio, urbanismo, vivienda y recreación y aún estas con otras políticas públicas y otros derechos constitucionales, como es el derecho al ambiente, el derecho a la recreación, el derecho al deporte, entre otros...".

Y en lo referente al papel fundamental de los parques recreativos en la ciudad, y en especial de Caracas, dice lo siguiente: "...brindan a los ciudadanos espacios e infraestructuras apropiados para una sana distracción, particularmente en las grandes ciudades; razón por la cual la protección de dichos espacios se percibe como una herramienta de desarrollo orientada a convertirse en un modelo de inclusión social, que permita a las grandes mayorías asentadas en nuestras principales urbes el uso de espacios naturales para el esparcimiento en su tiempo libre, materializando la expresión justicia social en áreas que brinden además de esparcimiento, la posibilidad de fortalecer la salud, mantener la pureza del ambiente a través de espacios verdes que generen oxígeno y así contrarrestar las emisiones de gases de efecto invernadero que aceleran el calentamiento global....". Y en este contexto de los parques determina el fallo, que el mandato contenido en el artículo 127 constitucional tiene relevancia especial en el caso tratado por resultar un hecho notorio que la ciudad de Caracas posee la más alta densidad de población de todo el territorio nacional y es una ciudad con pocos espacios verdes. Por ello el fallo dice expresamente: "....los parques constituyen espacios destinados a garantizar el desarrollo bio-psico-social del ser humano, de ahí la importancia de la obligación que tienen los órganos del Estado de protegerlos y el interés para el colectivo que representa la defensa de estas áreas para el disfrute de las generaciones presentes y futuras...". En esta sintonía destaca también el fallo comentado que el deber de proteger las áreas de importancia ecológica obedece al carácter social que adopta el Estado en los términos establecidos en el artículo 2 de la constitución, siendo a través de los órganos que conforman los poderes públicos que debe orientarse el desarrollo del colectivo " hacia un modelo sustentable, en el sentido de satisfacer las necesidades de las generaciones presentes sin comprometer los derechos de las generaciones futuras, lo que exige un equilibrio que debe impulsarse mediante proyectos endógenos basados en el respeto y preservación del ambiente".

Y, por supuesto, no podía faltar una motivación vinculada al lenguaje de la revolución como paradigma del Estado y del gobierno, al decir que : "...en el marco de un Estado democrático y social de derecho y de justicia los órganos del Estado venezolano se encuentran en el deber de adecuar su actividad a una progresista y revolucionaria gestión ambiental de contenido social...". Es así como también en la parte motiva del fallo que comentamos se dedica un párrafo importante a destacar que en el denominado Plan de la Patria (técnicamente Plan Socialista de Desarrollo Económico y social de la Patria. Proyecto Nacional Simón Bolívar. Segundo Plan Socialista de Desarrollo Económico y Social de La Nación 2013-2019, aprobado por la Asamblea Nacional en fecha 03-12-2013), en el aparte relativo al GRAN OBJETIVO HISTÓRICO N° 5: la preservación de la vida en el planeta y la salvación de la especie humana, se encuentra como postulado "el mejoramiento sustancial de las condiciones socioambientales de las ciudades a través del aumento de la densidad de áreas verdes por habitante, mediante la construcción de parques y espacios de socialización naturales".

Destaca la sentencia que nos ocupa que en materia de desarrollo urbano existe un interés social que gravita sobre las actividades emprendidas tanto por el Estado como por los particulares, para que estas se realicen eficientemente y, que se concreta en lograr estándares de calidad, seguridad y sustentabilidad, de forma que no atente contra el orden público, la dignidad humana y la justicia social. Y dice que el derecho urbanístico "... debe reflejar la relación y mutación de los derechos individuales en intereses generales ya que esta especialidad del derecho se encuentra íntimamente vinculada a la satisfacción y mejoramiento del bien común, en aras de regular cualquier conducta desproporcionada de la visión individualista del ser humano. Ello con el objeto de evitar el desorden de una sociedad, así como la destrucción del medio ambiente, atendiendo a las consecuencias posteriores de la demolición o construcción de grandes urbes que aseguren la necesidad mínima de servicios e infraestructura concebidas para mejorar o en algunos casos garantizar el estándar mínimo requerido para preservar la calidad de vida de los habitantes."

LA CIUDAD DE FORTUNATO GONZALEZ

Nuestro homenajeado en este libro colectivo, es un obsesionado y apasionado por la ciudad y el municipio. Como el mismo ha reconocido[20] su pensamiento municipal está influído por ser nacido en un pequeño pueblo de los Andes venezolanos: La Quebrada, del Estado Trujillo. Esta pasión por el municipalismo es compartida y recuerdo cuando fue conmigo a mi querido pueblo natal, Belmonte de Cuenca, en Castilla La Mancha, también pequeño pero lleno de historia ; ese municipio al que vuela mi nostalgia, según escribiera Fortunato en el prólogo a mi libro Doscientos Años de Municipalismo (Funeda-Ucat, 2010). Pero además tiene la convicción de que las cosas importantes para la vida cotidiana, la tranquilidad y la calidad de vida se atienden en el ámbito local.

Sus vivencias con la ciudad y la vida local comienzan desde que fue Síndico Procurador en la Junta Comunal de la Punta, dependiente del Distrito Libertador del Estado Mérida. Y màs tarde como cobrador de catastro y fiscal de espectáculos públicos, mientras estudiaba en su querida Universidad de los Andes. Después sería, bajo el régimen de la Ley Orgánica de Régimen Municipal de 1979, Administrador municipal de su adorada ciudad de Mérida. Con la nueva ley de 1989 donde se creó la figura del Alcalde, es elegido como primer Alcalde democrático de Mérida por tres años, poniéndose en práctica una genuina democracia directa municipal, al decir de Don Enrique Orduña.

Vinculado a diversas organizaciones municipales como la extinta AVECI, y principalmente a la OICI de la que sigue siendo miembro de su Comité Científico. Y habiendo asistido a los diferentes congresos convocados por dicha organización. Experiencias que desde el año 2001 en el Congreso OICI en Guadalajara, México, he compartido con nuestro homenajeado, con dimensión académica y fraternidad. Me honra haber conocido a través de él a los municipalistas iberoamericanos más destacados y poder compartir con ellos.

Otra faceta que ha abordado con pasión es la taurina, materia de competencia municipal. Puedo decir que he compartido con él momentos inolvidables en esta faceta. Fue el creador y es director de la Cátedra Taurina de la Universidad de Los Andes. Es un enamorado de la fiesta de los toros y todo lo que ello significa. Como miembro de la comisión Taurina de su querida ciudad de Mérida ha, no sólo dirigido y regulado los espectáculos taurinos, sino que que ha participado en la discusión de los diferentes instrumentos jurídicos vinculados a la regulación de los espectáculos taurinos en Venezuela y otros países del planeta taurino. Reciente está para este 2015 el nuevo Reglamento Taurino de Mérida. Y antes de cerrar esta nota me llega la noticia por las redes sociales que durante el curso de la Feria 2015 de Mérida ha sido designado Presidente Nacional del "Círculo Taurino Amigos de la Dinastía Bienvenida".

Destaco su magnífica obra académica y científica desplegada a través del CIEPROL, esa importante unidad académica que vive en el seno de la Universidad de Los Andes y al que me unen lazos académicos y de amistad con sus investigadores. Allí se edita la prestigiosa Revista Provincia, de la cual soy miembro de su comité editorial.

En su vocación intermunicipal, y siendo Alcalde de Mérida, promovió la conformación de las Unión de las Méridas del Mundo, una alianza entre las cuatro ciudades homónimas de Filipinas, España, México y Venezuela. Y desde el Cieprol aún está empeñado en formar una red con las ciudades que están buscando su declaración como Reserva de la Biósfera Urbana.

Por su conocimiento de la vida local ha sido honrado por la Academia de Mérida, que le ha convocado a participar en una obra colectiva que trata de comprender el complejo sistema urbano que se ha construido en el claustro natural donde se asienta la ciudad: Mérida, lugar de ciudadanos.

Siendo Alcalde de Mérida no vaciló en acudir a la justicia ante el grave conflicto que se le planteo con el Alcalde de Lagunillas respecto al relleno sanitario donde se depositaba la basura de Mérida. En efecto por vía de amparo constitucional solicitó la protección de los derechos ambientales y a la vida y salud de los habitantes de Mérida. Esta es el resumen del caso: *Alcalde de Mérida Vs. Alcalde de Lagunillas* (Juzgado Superior Contencioso-Administrativo de la Región Los Andes, 16-03-92): Recordamos con nostalgia este caso ocurrido en los Andes, en 1992, cuando todavía no se hablaba mucho de derechos difusos y colectivos, y los jueces eran recelosos de dar cabida a los amparos constitucionales. En efecto, El Juzgado Superior con competencia Contencioso-Administrativa de la Región Los Andes declaró con lugar un Amparo al Derecho a la Salud y al Ambiente de los habitantes de la ciudad de Mérida interpuesto por el Síndico del Municipio Libertador, contra la Alcaldía del Municipio Sucre (Lagunillas). El acto lesivo lo constituía un Decreto del Alcalde del Municipio Sucre que impedía que se siguieran depositando en el relleno sanitario ubicado en su Municipio, los residuos sólidos provenientes de la ciudad de Mérida. En este caso, el Juzgador, estando en juego un derecho primario como el de la salud y el ambiente no hizo problema de la representación o exposición de intereses difusos y colectivos. Decretó el amparo, sin vacilación, a favor de los habitantes de la ciudad de Mérida.

En su última publicación denominada *El Gobierno de la Ciudad*, encontramos condensado todo su pensamiento sobre la ciudad y el municipio de forma auténtica con su estilo claro, ameno y lleno de vivencias y experiencias sobre la vida local. En esta obra proyecta su perfil de profesor universitario , y de forma pedagógica nos conduce por el mundo de la vida local según su cosmovisión.

PENSAR LA CIUDAD

El pensador francés Edgar Morin en su magnífica obra La Vía para el futuro de la humanidad (Paidós, Madrid 2011), dedica un capítulo a reflexionar sobre la ciudad bajo el lema "pensar la ciudad". En este trabajo queremos referirnos a lo que este pensador dice, presentándolo de forma sucinta.

Así el autor referido señala que pensar en la ciudad hoy implica los siguientes escenarios y desafíos:

1.- La movilidad: fenómeno propio de las ciudades. Afirma que la ciudad no puede dejarse al arbitrio de los promotores, los constructores, los tecnócratas, y los políticos desculturizados, en el contexto de un mercado abocado al máximo beneficio. La ciudad no es una simple proyección sobre el suelo de relaciones socioeconómicas. El reconocimiento de que existe una espacialidad anterior a la del espacio urbano permite tener en cuenta, explícitamente, en el debate sobre la ciudad, los mitos fundadores.

2.- Pluralidad de habitantes: Pensar en ellos implica que el hábitat es sagrado, debe ser el espacio de la intimidad, de la libertad personal y familiar. Debe ser también el espacio de la buena vida, que engloba el bienestar material, pero que debe comportar una dimensión psicológica y moral, es decir, para las personas solitarias y abandonadas, un dispositivo de ayuda mutua y de solidaridad en el marco del edificio o del barrio.

3.- Crecimiento y futuro: pensar en el crecimiento urbano exige considerar un freno para el gigantismo y que se inviertan los flujos migratorios. El crecimiento urbano se efectúa según dos modalidades que están asociadas: el modo compacto, donde la concentración de las actividades y del hábitat conduce a levantar torres y rascacielos; y el modo de la extensión anárquica de los suburbios . Refiriéndose a ciudades europeas dice que es concebible que el aumento del estrés urbano, el incremento del número de jubilados y la fuerza de atracción por una nueva vida rural o pastoril desarrollen esa tendencia. Pero no podrá afianzarse realmente si no es a través de una política de revitalización del mundo rural, que fomente el establecimiento de neocampesinos, neorrurales y neoteletrabajadores.

4.- Competencia entre las ciudades: siguiendo a Ascher refiere que este es un gran desafío, que deben ser capaces de atraer capitales, mercancías y profesionales de alto nivel cuya presencia es indispensable para seducir a los inversores en sectores clave.

5.- Diferenciación social: con la metropolización y el desarrollo en la velocidad de desplazamiento, los procesos de segregación social cambian también de escala. Observamos que cada vez hay más creación de barrios de ricos cerrados y ultraseguros, y a la edificación de muros de la vergüenza que esconden los espacios de pobreza y miseria creciente.

Morin no se conforma con hacer el análisis sino que también plantea vías reformadoras para la ciudad, destacando que se inscribe en un proyecto global de humanización de las ciudades, que comporta:

– La instauración de una buena gobernanza.
– Prioridades para una ciudad más inclusiva.
– Capacidad para desarrollar vínculos sociales, para tratar de hacer de nuestras diferencias una riqueza, no un empobrecimiento.

Hay un capítulo en esta reflexión de Morin donde nos presenta algunos ejemplos reformadores urbanos realizados o en curso. Nos permitimos brevemente referirlos:

– Estocolmo, como modelo de ciudad verde. Usa energías renovables para calefacción urbana, amplios espacios verdes, transportes colectivos no contaminantes, y mantiene un sistema innovador de gestión integrada de los residuos, con una tasa de reciclaje elevada especialmente para los residuos orgánicos.
– Barrio de Bonne, en Grenoble. Es un ecobarrio donde se ha decidido que la población fuera heterogénea; se han instalado viviendas sociales de propiedad, residencias de estudiantes, comercios, oficinas y un cine.
– El Conjunto Palmeiras, cerca de Fortaleza en Brasil. Antiguo barrio de ranchos y chabolas, ahora es un barrio popular con casas de ladrillo en su mismo emplazamiento original. Tienen banco propio popular que concede microcréditos y todo tipo de operaciones bancarias a sus habitantes. Tiene 30 mil habitantes.
– Auroville, en el Sur de la India. Dos mil habitantes, comunitaria por fundación, que práctica la economía social y solidaria.
– En Hamburgo. Un barrio que se calentará por cogeneración, utilizará energía solar y fotovoltaica, y gestionará la recuperación de las aguas pluviales.
– Masdar, cerca de Abu Dabi. Funcionaría con energías renovables especialmente la solar. Está pensada para funcionar con un nivel cero de emisión de gas carbónico, y sin generar residuos. Sin automóviles.

– Dongtan, en China. Proyecto de ciudad ecológica, que permitiría emplazar todas las innovaciones técnicas y urbanísticas más recientes: producción energía verde, aislamiento y circulación, eólicas, vehículos eléctricos, paneles solares, etc.

– La ecotown Bedzed, en Gran Bretaña. Produce más energía de la que consume y presenta un balance de carbono positivo.

– New Songdo, cerca de Seúl. Modelo de ciudad del futuro, proyecto inmobiliario privado más importante del mundo. Prevee acoger a 65 mil residentes y 300 mil trabajadores. Será ciudad laboratorio.

Nuestro querido homenajeado ha pensado la ciudad constantemente, y fruto de sus cavilaciones nos ha parido El Gobierno de la Ciudad, su última y genuina obra intelectual.

CIUDADES DEL MAÑANA

La Unión Europea a través del Comisariato Europeo de Política Regional realizó un estudio, con los más acreditados especialistas, bajo el título "Ciudades del mañana: retos, visiones y caminos a seguir "(Luxemburgo, 2011).

Hemos considerado pertinente en esta reflexión incluir el resumen de este estudio que refleja la preocupación de Europa por los espacios urbanos sostenibles.

Las ciudades son fundamentales para el desarrollo sostenible de la Union Europea

1.- Europa es uno de los continentes mas urbanizados del mundo. Hoy en día, más de dos tercios de la población europea vive en zonas urbanas y esta cifra continúa creciendo. El desarrollo de nuestras ciudades determinará el futuro desarrollo económico, social y territorial de la Unión Europea.

2. **Las ciudades desempeñan un papel fundamental como motores de la economía, como lugares de conectividad, creatividad e innovación y como centros de servicios** para sus alrededores. Debido a su

densidad de población, las ciudades ofrecen un potencial enorme para el ahorro de energía y para avanzar hacia una economía neutra en cuanto a las emisiones de carbono. Sin embargo, también son lugares donde se concentran problemas como el desempleo, la segregación y la pobreza. Las ciudades son, por lo tanto, fundamentales para el éxito de la Estrategia Europa 2020.

3.- Los limites administrativos de las ciudades ya no reflejan la realidad física, social, económica, cultural o medioambiental del desarrollo urbano, y se necesitan nuevas formas de gobernanza más flexibles. En cuanto a los propósitos, objetivos y valores, existe una visión común de la ciudad europea del mañana como:
– lugar de progreso social avanzado con un alto grado de cohesión social, con alojamientos socialmente equilibrados, y con servicios sociales, de salud y de «educación para todos»;
– plataforma para la democracia, el diálogo cultural y la diversidad;
– lugar de regeneración verde, ecológica o medioambiental;
– lugar de atracción y motor de crecimiento económico.

4.- Las ciudades son un factor clave para el desarrollo territorial de Europa. Hay consenso sobre los principios clave del futuro desarrollo urbano y territorial de Europa, que debería:
– basarse en un crecimiento económico equilibrado y en la organización territorial de las actividades, con una estructura urbana policéntrica;
– centrarse en regiones metropolitanas fuertes y en otras zonas urbanas que puedan aportar una buena accesibilidad a los servicios de interés económico general;
– caracterizarse por una estructura de asentamiento compacta con un expansión urbana limitada;
– alcanzar un alto nivel de protección y calidad medioambiental dentro y alrededor de las ciudades.

EL MODELO EUROPEO DE DESARROLLO URBANO SOS-TENIBLE ESTÁ AMENAZADO

1.- **El cambio demográfico** da lugar a una serie de retos que difieren de una ciudad a otra, como el envejecimiento de la población, la despoblación de las ciudades o los intensos procesos de suburbanización.

2.- **Europa ya no se encuentra en una situación de crecimiento económico continuo** y muchas ciudades se enfrentan a una seria amenaza de estancamiento o retroceso económico, especialmente las de Europa Central y Oriental que no son capitales y también las antiguas ciudades industriales de Europa Occidental.

3.- Nuestras economías en su forma actual no son capaces de ofrecer trabajo para todos. **Unos lazos cada vez más débiles entre el crecimiento económico, el empleo y el progreso social** han arrastrado a un número elevado de la población fuera del mercado laboral o hacia trabajos poco cualificados y con remuneraciones bajas.

4.- **Aumento en las disparidades de ingresos y el empobrecimiento de los pobres.** En algunos barrios, las poblaciones locales sufren desigualdades en términos de viviendas precarias, educación de mala calidad, desempleo y dificultad o incapacidad para acceder a ciertos servicios (salud, transporte, TIC).

5. Aumento de la polarización y segregación sociales: La reciente crisis económica ha ampliado aún más los efectos de la evolución del mercado y el paulatino declive del estado del bienestar en la mayoría de los países europeos. La segregación social y temporal son problemas cada vez mayores, incluso nuestras ciudades más ricas.

6. Los procesos de **segregación espacial** (como consecuencia de la polarización social) dificultan cada vez más que los grupos con pocos ingresos o marginados encuentren una vivienda digna a precios asequibles.

7. Un numero creciente de <<marginados sociales>> puede conducir en muchas ciudades al desarrollo de subculturas cerradas con actitudes fundamentalmente hostiles hacia la sociedad mayoritaria.

8. **La expansión urbana** y la propagación de asentamientos con baja densidad de población son unas de las mayores amenazas para el desarrollo territorial sostenible, ya que los servicios públicos son más caros y más

difíciles de ofrecer, los recursos naturales están sobreexplotados, las redes de transporte público son insuficientes y la dependencia de los coches y la congestión de las carreteras dentro y fuera de las ciudades son muy fuertes.

9 **Los ecosistemas urbanos están bajo presión.** La expansión urbana y el sellado de suelo amenazan la biodiversidad e incrementan el riesgo de inundaciones y de escasez de agua.

ES POSIBLE CONVERTIR ESTAS AMENAZAS EN DESAFÍOS POSITIVOS

– Las ciudades europeas siguen distintas trayectorias de desarrollo y se debe explotar su diversidad. La competitividad en la economía global se debe combinar con **economías locales sostenibles,** anclando las competencias y recursos clave en el tejido económico local y apoyando la participación y la innovación sociales.

– **Creación de una economía fuerte e integradora.** El modelo de desarrollo económico actual, en el que el crecimiento económico no se corresponde con más empleo, entraña ciertos desafíos: asegurar una vida decente para quienes se encuentran fuera del mercado laboral y conseguir que se comprometan con la sociedad.

– El **potencial que proporciona la diversidad socioeconómica, cultural, generacional y étnica** se debe explotar más como fuente de innovación. Las ciudades del mañana tendrán que ser adecuadas para las personas mayores y para las familias, y también lugares de tolerancia y respeto.

– **La lucha contra la exclusión espacial y la pobreza energética mediante mejores viviendas** es clave no solo para hacer que una ciudad y su aglomeración sean más atractivas y habitables, sino también para hacerlas más respetuosas con el medio ambiente y más competitivas.

– La conversión de las ciudades en «ecológicas y saludables» va más allá de la simple reducción de las emisiones de CO_2. Hay que adoptar un **enfoque holístico de los temas medioambientales y energéticos,** ya que los múltiples componentes del ecosistema natural están estrechamente interrelacionados con los del sistema social, económico, cultural y político.

– **Unas ciudades de pequeño y mediano tamaño florecientes y dinámicas** pueden desempeñar un papel importante no solo en el bienestar de sus propios habitantes, sino también en el de las poblaciones rurales vecinas. Son fundamentales para **evitar la despoblación rural y el éxodo hacia las grandes ciudades** y para promover un desarrollo territorial equilibrado.

– Una ciudad sostenible debe tener **espacios públicos abiertos y atractivos,** y fomentar una movilidad sostenible, integradora y saludable. La movilidad sin coches tiene que ser más atractiva y se deben favorecer los sistemas de transporte público multimodal.

– **Para responder a estos desafíos urbanos son imprescindibles nuevas formas de gobernanza**

– Las Ciudades del Mañana deben adoptar un modelo holístico de desarrollo urbano sostenible y:

– Resolver los desafíos de una manera holística e integrada;

– Hacer coincidir los planteamientos basados en el territorio con los basados en las personas;

– Combinar las estructuras de gobernanza formales con otras informales y flexibles que resulten adecuadas a los tipos de desafíos;

– Desarrollar sistemas de gobernanza capaces de construir perspectivas compartidas que concilien objetivos y modelos de desarrollo contradictorios;

– Cooperar para asegurar un desarrollo espacial coherente y un uso eficaz de los recursos.

– Los **sistemas de gobernanza necesitan adaptarse a unas circunstancias cambiantes** y tener en cuenta varias escalas territoriales (p. ej. supraurbanas e infraurbanas) y temporales.

– **Las ciudades deben adoptar un enfoque transectorial** y no dejar que las perspectivas «monosectoriales» decidan lo que deber ser la vida urbana.

– Hace falta una **coordinación horizontal y vertical,** ya que las ciudades deben trabajar con otros niveles de gobernanza y reforzar su cooperación y su trabajo en red con otras ciudades para compartir las inversiones y los servicios necesarios a una escala territorial mayor.

– Se necesitan **nuevas formas de gobernanza** basados en la responsabilización de los ciudadanos, la participación de todas las partes interesadas y un uso innovador del capital social.

– En el contexto de unos lazos cada vez más débiles entre el crecimiento económico y el progreso social, **la innovación social** ofrece la oportunidad de ampliar el espacio público para el compromiso cívico, la creatividad, la innovación y la cohesión.

– **La prospectiva es una herramienta especialmente relevante para gestionar transiciones,** resolver conflictos y contradicciones entre objetivos y desarrollar una mejor comprensión de las realidades, las capacidades y los objetivos.

(ENDNOTES)

-Abogado. Profesor Titular de Derecho Administrativo y Derecho Ambiental en la Universidad Católica del Táchira. Doctor en Derecho y Especialista en Derecho Administrativo. Director de la Revista Tachirense de Derecho. Miembro de la Asociación Española e Iberoamericana de Profesores e Investigadores en Derecho Administrativo. Miembro del Comité Científico de la Organizaciòn Iberoamericana de Cooperación Intermunicipal. Miembro de la Unión Iberoamericana de Municipalistas. Miembro fundador del Instituto Iberoamericano de Derecho Local y Municipal. E-mail: jlvmdbel@gmail.com

1   Trabajo preparado para el homenaje a mi querido amigo Fortunato González Cruz con quien comparto la pasión municipalista, que tanto pensó la ciudad en su devenir intelectual, y con quien tantos momentos municipalistas he compartido.
2   MORIN, Edgar : La vía para el futuro de la humanidad, Paidós 2011.
3   Naciones Unidas, Informe sobre la demografía del los PED (países en vías de desarrollo), en Info Project.
4   MORIN, ob.cit.
5   ANTIK, Analía: ¿Planeamiento urbano sin calidad de vida?, Revista de Derecho Público: Derecho Ambiental, Rubinzal-Culzoni Editores, 2010-1, Argentina.
6   TALLER, Adriana: Urbanismo y medio ambiente, su correspondencia, Revista de Derecho Público: Derecho Ambiental, Rubinzal-Culzoni Editores, 2010-1, Argentina.

7   GONZALEZ CRUZ, Fortunato: El derecho a la ciudad, en Derecho Administrativo y Municipio, Ucat, San Cristóbal, 2005.

8   VILLEGAS MORENO , José Luis: La ciudad sostenible. Aproximación a su configuración en el contexto global, en Derecho Administrativo y Municipio, Ucat, San Cristóbal, 2005.

9   GONZALEZ CRUZ, Francisco: Lugarización y Globalización, Uvm-Cieprol, La Quebrada 2001.

10   PIZARRO GARCIA, María: La planificación estratégica y el arte del buen gobierno, UIM, Granada 2007.

11   MORIN, ob.cit.

12   RODRIGUEZ GARCIA, Armando: Fundamentos de Derecho Urbanístico: una aproximación jurídica a la ciudad, Ucv, Caracas 2010.

13   TURUHPIAL CARIELLO, Héctor: Temas de Derecho Urbanístico, Funeda 2011.

14   LOPE-BELLO , Nelson G.:, La ejecución y control del urbanismo, Usb-Fundación Polar, Caracas 1994.

15   Carta de Aalborg, aprobada en la Conferencia Europea sobre ciudades sostenibles, Dinamarca, 27 de mayo de 1994.

16   Carta de Aalborg citada.

17   Aprobada el 25 de mayo de 2007 en Leipzig, Alemania, en la Reunión de Ministros sobre Desarrollo urbano y Cohesión Territorial de la Unión Europea.

18   www.stvalora.com

19   MORIN, ob.cit.

20   EL Gobierno de la ciudad, Ula-Merida, junio 2014.

EL DERECHO DE AMPARO Y EL RECURSO DE HABEAS CORPUS

Marcos Avilio Trejo †

Minuta de la conferencia dictada en el Colegio de Abogados de Mérida el día 30 de noviembre de 2001 y revisada en febrero de 2007

INTRODUCCION

La Declaración de los Derechos del Hombre y del Ciudadano adoptada en Francia en 1789, marca el inicio de una nueva etapa en la historia de la humanidad.

Hasta ese momento los regímenes de orden absolutista, preferiblemente monárquicos habían concebido al estado como una entidad política con tres grandes funciones: Administrar, legislar y administrar justicia, pero estas tres funciones se concentraban en un solo órgano y en una sola persona. Es justamente el Barón de Montesquieu que estas grandes funciones deben estar atribuidas a órganos diferentes, surgiendo así la Teoría de la División Tripartita del Poder. Por otra parte, el reconocimiento de la soberanía como el poder mayor dentro del Estado al cual ningún otro poder podría oponérsele, por ser justamente soberana dejó de estar concebida la titularidad de la misma, no en manos de Dios como en la concepción teocrática del poder, ni en manos del Rey o del grupo gobernante al estilo aristocrático, sino en manos del pueblo, entendido éste como la parte de la población sujeta de derechos políticos. Ambas concepciones modificaron el criterio histórico en los que se fundamentó el absolutismo y dio origen a los sistemas republicanos de gobierno y a la democracia como sistema político de expresión y de participación popular.

Junto a estas concepciones de orden político y con consecuencias jurídicas para la organización de los estados modernos, la revolución francesa, en una visión universal, consagra la vigencia de los derechos fundamentales del hombre y del ciudadano como derechos propios e inherentes a la persona humana. Sobre este tema, los filósofos cristianos, especialmente Santo Tomás de Aquino, siguiendo la escuela de Aristóteles con el criterio de la existencia de la ley humana, la ley natural y la ley de Dios, junto al concepto del derecho a la vida como derecho primario y fundamental del hombre, sobre el cual convergen todos los demás derechos en orden secundario, manteniendo que los mismos no eran dados por el Rey sino que eran inherentes a la persona humana, llegando incluso a sostener el derecho a la rebelión contra la autoridad cuando se desconocían tales derechos y a prever a la violencia como el último instrumento de lucha.

Al lado de los derechos concretados por la revolución francesa de la libertad, la igualdad y la fraternidad, la humanidad ha ido evolucionando en su concepción y cada día se consagran nuevos derechos en convenios o tratados internacionales que han sido acogidos posteriormente por las legislaciones nacionales. Así se han consagrado los derechos individuales relativos al derecho a la vida y a la libertad. Los de orden político, no limitados al sufragio o a la existencia de partidos políticos, sino como un sistema de expresión del pueblo que le permite también la consagración de las sociedades intermedias, el asilo internacional, la manifestación y expresión pública o la representación de las minorías en los órganos colegiados. En el orden social, resultan abundantes los derechos consagrados para la defensa de la familia como institución sobre la cual descansa la organización de la sociedad; los referidos a la educación como instrumentos para acceder a la ciencia y la cultura, como medio de liberación del dominio impuesto por los países más desarrollados y para lograr un mayor estado de bienestar; los derechos referidos a la salud preventiva y curativa; los derivados de las relaciones obrero patronales, referidos al salario, a la duración de la jornada de trabajo, a las prestaciones sociales, a la prevención social por causa de muerte o accidente o el derecho de sindicalización, de huelga o contratos colectivos. Hay derechos económicos relativos a la propiedad y a la libre asociación, libertad de comercio y producción, protección a los derechos de autor, prohibición de monopolios o derechos reservados al Estado por razones de seguridad, necesidad o conveniencia. Junto a ellos, se consagra el derecho a la libertad y se establecen las garantías que permiten la vigencia del mismo o nuevos derechos como los relativos a la nacionalidad, al ambiente y el equilibrio ecológico, los de las comunidades indígenas o a la veracidad de la información.

Aun cuando no es de nuestro interés analizar en esta conferencia el tema de los derechos, sí debemos puntualizar que modernamente se entiende que el principal derecho del hombre es lograr desarrollar plenamente su personalidad y ante este derecho, que se convierte en fin del estado y de la propia sociedad, todos los demás derechos le están supeditados.

Frente al tema jurídico de los derechos surgieron dos escuelas: La naturalista que entiende a los derechos como facultades inherentes a la persona humana, y la positivista que si bien reconoce a los derechos como facultades propias del hombre, exige que los mismos estén consagrados en la norma jurídica para que puedan ser aplicados por el Juez. Aceptar la segunda, impediría la consagración del principio de la progresividad y nos impediría igualmente entender al hombre como un ser perfectible, nunca perfecto, fundamento social de su evolución permanente, pues cada vez que el hombre evoluciona, también la sociedad evoluciona y es en ese proceso que el hombre siente mayores necesidades y nuevos derechos que le permitan el pleno desarrollo de su personalidad. Las normas jurídicas no mantienen el mismo grado de evolución y normalmente la consagración de nuevos derechos se hace a través de los organismos internacionales, comprometiéndose los Estados miembros a incorporarlos posteriormente a su ordenamiento jurídico, lo que vale decir que con la concepción positivista hasta que no se consagren en la legislación de un país, esos derechos no existen. Ello contrariaría las enseñanzas de Platón quien sostenía que las normas deben adaptarse a las sinuosidades de la propia sociedad, pues de lo contrario, serían inútiles.

Modernamente las Constituciones de los diversos países has adoptado el sistema de consagrar en sus textos el mayor número de derechos y garantías e incorporan una norma en la que se señala que además de los enunciados, también se consagran los derechos inherentes a la persona humana o a los acordados en convenios, resoluciones o tratados internacionales suscritos por el país, sin requerir una norma reglamentaria para su ejercicio. Venezuela así lo adoptó desde 1961.

Siendo entonces inherentes a la persona humana todos los derechos, el Estado se limitaría a reconocerlos y ello genera como consecuencia que los Estados de orden democrático deben generar los elementos fundamentales que permitan hacer efectivos los derechos: 1- Su consagración en la norma jurídica. 2- La determinación de los órganos de la administración de justicia que tengan competencia en materia de derechos. 3- Los recursos breves y sumarios que permitan su vigencia en forma gratuita, regular y oportuna. 4- El poder coactivo de la autoridad judicial que garantice el cumplimiento de la norma y la ejecución de sus decisiones.

El reconocimiento o no de la existencia y vigencia de los derechos del hombre por parte del Estado, nos va a permitir clasificarlos en Estados Personalistas o Transpersonalistas. En los primeros, el Estado y la sociedad estará al servicio del hombre y su fin será el bien común o el bienestar colectivo, entendido como el conjunto de condiciones concretas que se imponen a la sociedad, para que el individuo logre el pleno desarrollo de su personalidad. En los segundos, el hombre estará al servicio del Estado y por ello sus derechos estarán limitados a la conveniencia, a la necesidad o a la oportunidad que el propio Estado señale para permitir o no el ejercicio de tales derechos.

EVOLUCION

Muy poco se lograría entonces si se consagraban en la norma constitucional o en una ley con rango constitucional un largo enunciado de derechos, pero sin establecer los mecanismos o procedimientos apropiados que permitan su efectiva vigencia.

Uno de los principales derechos que el hombre tiene, es el derecho a defender su propio derecho. No es el derecho genérico de acceder libremente a los órganos de la administración de justicia y a un debido proceso. Es como antes lo señalamos, a la posibilidad real y oportuna de que además de la consagración del derecho en la norma y a la aceptación de la existencia de los derechos naturales no consagrados en ella, posea normas específicas de su tutela, procedimientos expeditos y apropiados, órganos jurisdiccionales especiales y con poder coactivo que permitan su efectiva vigencia.

La tutela de los derechos además no puede limitarse al hecho de la violación de los mismos, es decir a la violación consumada, también debe abarcar a la amenaza de violación del derecho cuando es seria y posible y el ordenamiento jurídico debe ser cautelar y le permite a la persona actuar antes que se cometa la violación. Igualmente consideramos necesario destacar que la tutela de los derechos no deben limitarse a las actuaciones de las autoridades u órganos del Poder Público, dado que la violación o amenaza de violación podría provenir de personas naturales o jurídicas de orden privado y ello obliga a que la acción tutelar de los derechos sea pública, popular, gratuita, breve y esencialmente extraordinaria, es decir, cuando no existen procedimientos ordinarios que permitan la tutela oportuna del derecho.

Diversos e importantes han sido los aportes de los Estados Unidos de América al Derecho Constitucional. En primer término, la Constitución en forma escrita que le confiere mayor seguridad y acceso del ciudadano a su conocimiento. La división tripartita del poder público, la estructura federal del Estado con autonomía en sus provincias y consolidación del Municipio como entidad político territorial y gobierno local. La Soberanía en manos del pueblo. La responsabilidad del gobernante. La adopción del sistema liberal en su economía, con facultades de intervención en circunstancias especiales. La adopción del sistema democrático. La consagración de los derechos y garantías fundamentales. El sistema de revisión constitucional a través de las enmiendas o el respeto institucional al derecho de la libertad. Uno de los principales aportes fue sin duda el de la Supremacía constitucional, mediante la cual se acepta que ninguna norma jurídica ni acto del poder público podría estar al lado o sobre la Constitución, no puede violentar en el fondo el contenido de la Constitución y las formas para su elaboración, interpretación y ejecución no pueden contrariar el orden constitucional.

Alexander Hamilton opinaba en 1788, comenta el extraordinario jurista venezolano Allan Brewer Carías en su obra El amparo a los derechos y garantías constitucionales (Editorial Jurídica venezolana y Universidad del Táchira, Caracas, 1993, Páginas 12 y 13) que "Una Constitución es, de hecho, y así debe ser vista por los jueces, como una ley fundamental y por lo tanto, corresponde a ellos establecer su significado así como el de cualquier acto proveniente del cuerpo legislativo. Si se produce una situación irreconciliable entre los dos, por supuesto, aquél que tiene una superior validez, es el que debe prevalecer, en otras palabras, la Constitución debe prevalecer sobre las leyes, así como la intención del pueblo debe prevalecer sobre la intención de sus agentes.". "El poder del pueblo es superior a ambos; y que en los casos en que la voluntad del legislador declarada en las leyes, esté en oposición con la del pueblo declarada en la Constitución, los Jueces deben estar condicionados por la última, antes que por las primeras.". "Ningún acto legislativo contrario a la Constitución puede ser válido. Negar esto, significaría afirmar que el subalterno es más importante que el principal, que el sirviente está por encima de los patrones; que los representantes del pueblo son superiores al pueblo mismo."

Este, que fue el fundamento del principio de la supremacía constitucional, fue acogido por todas las cartas políticas del mundo moderno, substituyendo a las Constituciones políticas, consagradoras de principios o programas, por verdaderas constituciones jurídicas de estricto cumplimiento.

El mismo Brewer Carías en la obra citada expresa: "... siendo la Constitución manifestación de la voluntad del pueblo, el principal derecho constitucional que los ciudadanos pueden tener, es el derecho a dicha supremacía, es decir, al respeto de la propia voluntad expresada en la Constitución. Nada se ganaría con señalar que la Constitución, como manifestación de la voluntad del pueblo, debe prevalecer sobre la de los órganos del Estado y sobre la actuación de los individuos, si no existiere el derecho de los integrantes del pueblo de exigir el respeto de esta Constitución."

La tutela de los derechos tiene su inicio en Inglaterra, especialmente con el Habeas Corpus, creado para preservar la integridad de las personas y la defensa de la libertad física del individuo; los mandamientos para obligar a las autoridades a realizar un acto determinado; las prohibiciones para las correcciones judiciales; también los Jueces conocen de acciones populares de interés colectivo contra abuso de funcionarios, para revisar actuaciones judiciales o para impedir que se ejecute o practique un acto determinado que pudiera producir un daño irreparable.

En Francia, la protección de los derechos está prevista en la jurisdicción ordinaria, muy similar resulta la protección en Italia con procedimientos especiales de urgencia y la existencia de una Corte Constitucional. En España, a partir de su Constitución de 1978, se estableció el recurso de amparo constitucional a los llamados derechos fundamentales, consagrados en el texto constitucional, en los Tratados o Convenios internacionales, en los Estatutos de las Comunidades autónomas o derivados de la Jurisprudencia del Tribunal de la Unión Europea. Sin embargo, el amparo español no es una acción popular por estar constreñida a los jueces de causa que asuman de oficio o a petición de parte, el control constitucional ante el Tribunal Constitucional, el que también conoce de las demandas de nulidad de actos legislativos o ejecutivos de efectos generales o particulares, previo el agotamiento del proceso ordinario.

La institución del Amparo en América Latina tiene su origen la Constitución de los Estados Unidos Mexicanos de 1847, en la que se estableció que todos los Tribunales deberían amparar a los mexicanos en la protección de los derechos y libertades constitucionales, generando así el llamado Juicio de Amparo con variedades que permiten el amparo a la libertad, amparo contra sentencias judiciales, el amparo administrativo, el amparo social agrario y el amparo legislativo para demandar la nulidad o la desaplicación de leyes en casos concretos.

Actualmente, la gran mayoría de las Constituciones de los países de América Latina contienen normas expresas relativas a la supremacía constitucional, al amparo de los derechos y garantías por ella consagrados, ya sea a través de recursos específicos, acciones concretas o consagración del amparo como derecho constitucional autónomo.

El artículo 25.1 de la Convención Americana sobre Derechos Humanos, adoptada en 1977, expresa: "Toda persona tiene derecho a un recurso sencillo y rápido o a cualquier otro recurso efectivo ante los Jueces o Tribunales competentes, que la ampare contra actos que violen sus derechos fundamentales reconocidos por la Constitución, la Ley o la presente Convención, aun cuando tal violación sea cometida por personas que actúan en ejercicio de sus funciones." La amplitud e los términos utilizados consagra el amparo como un recurso, establece la característica de sencillo y rápido, la competencia de los Tribunales para conocerlo y amplía el amparo a las personas públicas y a las privadas. En nuestra opinión, le faltó señalar como causa del recurso a la amenaza de violación y la gratuidad del mismo.

EL AMPARO CONSTITUCIONAL EN VENEZUELA

Las constituciones venezolanas han consagrado tradicionalmente una serie de derechos de orden individual, social, político o económico, observado muchas restricciones cuando el gobierno de turno era dictatorial, preferentemente militar o autoritario. Igualmente se ha previsto la responsabilidad de los funcionarios públicos en el ejercicio de sus funciones y el derecho del ciudadano a demandar su sanción en caso de violación de la norma jurídica, reservando al más alto Tribunal de la República, ya sea Corte federal, Corte Suprema de Justicia o Tribunal Supremo de Justicia, la atribución de declarar la nulidad de leyes, reglamentos, decretos o de los actos legislativos o administrativos, ya sea de efecto general o particular y fijando la temporalidad de los efectos de las sentencias por razones de inconstitucionalidad.

En la Constitución de 1947 se consagró el Habeas Corpus como norma programática que debería ser desarrollada por una ley especial. Sin embargo, con el golpe de Estado del 24 de noviembre de 1948, el derrocamiento del gobierno del Presidente Gallegos y la derogatoria de esta Constitución no fue posible que el Poder Legislativo legislare sobre la materia. Por el contrario, fue substituida por la Constitución espúrea de 1953, bajo la Presidencia dictatorial del General Marcos Pérez Jiménez en la que se minimizaron los derechos y en la que incluso la declaración de los estados de excepción no requería aprobación del Poder Legislativo.

Es en la Constitución del 23 de enero de 1961 cuando se consagra el amparo en forma autónoma y con rango constitucional en su Artículo 49 que expresaba:

"Artículo 49º Los Tribunales ampararán a todo habitante de la República en el goce y ejercicio de los Derechos y las garantías que la Constitución establece, en conformidad con la ley.

El procedimiento será breve y sumario u el juez competente tendrá potestad para restablecer inmediatamente la situación jurídica infringida."

Por su parte, el Artículo 50º de la misma Constitución previó la vigencia de los derechos naturales del hombre y manifestando que la falta de una ley reglamentaria de los mismos, no impedía su ejercicio:

"Artículo 50º La enunciación de los derechos y garantías contenidas en esta Constitución no debe entenderse como negación de otros que, siendo inherentes a la persona humana, no figuren expresamente en ella.

La falta de ley reglamentaria de estos derechos, no menoscaba el ejercicio de los mismos."

El Constituyente de 1961 comprendió que el amparo era una protección genérica y que el Recurso de Habeas Corpus, para proteger el derecho a la libertad era una especie del amparo. Por esta razón, el Recurso de Habeas Corpus y su procedimiento no estuvo contenido en el cuerpo principal de la Constitución sino en la Disposición Transitoria Quinta, bajo la condición suspensiva que se mantendría en vigencia hasta tanto se dictara la Ley de Amparo prevista en el Artículo 49 ya citado.

El legislador venezolano, a pesar de existir diversos proyectos de ley y de similar contenido, incurrió en grave mora para dictar la ley prevista y fue así como por muchos años en Venezuela no tuvimos un amparo efectivo a la vigencia de los derechos constitucionales. Las causas de su inexistencia estaban en que los Jueces se negaban a conocer las acciones de amparo alegando: 1- No tener esa determinada competencia en la Ley Orgánica del Poder Judicial que les fijaba expresamente las atribuciones por la cuantía, la materia y la jurisdicción. 2- Se excusaban de conocer el amparo porque no tenían un procedimiento específico para tales procesos. 3- Señalaban que la disposición constitucional consagraba el amparo "conforme a la ley" y que al no haber ley, tampoco había amparo. 4- Ante el requerimiento de los abogados para que se aplicara un procedimiento similar al de Habeas Corpus que sí estaba contenido en el texto constitucional aunque en forma transitoria, los Jueces se negaba a aplicarlo dado que aquél solo estaba consagrado para la protección del derecho a la libertad.

Dos sentencias permitieron modificar el criterio jurídico en materia de amparo en Venezuela. Por la importancia y trascendencia de las mismas nos permitimos comentarlas: La primera, dictada por la sala Político Administrativa de la extinguida Corte Suprema de Justicia el 20 de octubre de 1983 con ocasión de una acción de amparo constitucional interpuesta por el Ciudadano ANDRES VELASQUEZ, en su condición de candidato a la Presidencia de la república por el Partido Causa R, en contra de una Resolución del entonces Consejo Supremo Electoral en la que se fijó espacios gratuitos en la televisora del Estado para todos los candidatos presidenciales que tenían representación en el Consejo Supremo Electoral. En dicha Resolución se omitió a Andrés Velásquez y alegó entonces que se le estaba violando el derecho a la igualdad frente a los demás candidatos y por lo tanto violatoria del orden constitucional. El accionante solicitó la nulidad de dicha Resolución y como medida cautelar, la suspensión temporal de los efectos de la misma.

La segunda sentencia surge con ocasión de una acción de amparo constitucional intentada por el entonces Br. ALFONSO ISAAC LEÓN AVENDAÑO, conocido como Caracciolo León, en la que nos correspondió ejercer su representación como abogado del mismo, dictada por la Corte Primera de lo Contencioso Administrativo el 4 de diciembre de 1983, ejercida la acción para proteger el derecho al estudio, pues una decisión del Consejo de Apelaciones de la Universidad de Los Andes le impedía cursar como alumno regular de la misma, a pesar de haber cumplido el lapso o duración de la pena de expulsión temporal.

En ambas sentencias fue negado el amparo constitucional propuesto por razones diferentes en cada caso y destacando que la Ley de Amparo aun no se había promulgado. Sin embargo, destacamos que en ambos procedimientos los ponentes para su admisión fueron dos grandes juristas venezolanos: El Dr. René De Sola en la primera y el Dr. Román José Duque Corredor en la segunda. De ambos autos y del análisis del contenido de las dos sentencias se generan los principios generales del amparo en Venezuela y que posteriormente serán acogidas por la Ley Orgánica de Amparo de los Derechos y de las Garantías Constitucionales que tratamos de resumir de la siguiente forma:

1- Se definen a los derechos como las facultades de hacer, de no hacer o de exigir una conducta determinada. Las garantías serán las disposiciones o normas concretas en las que se consagra el derecho. Los Recursos son procesos jurisdiccionales que permiten la vigencia, gozar y hacer efectivo el derecho.

2- No se requiere que la Ley Orgánica del Poder Judicial le atribuya a un Juez determinado la competencia para conocer en materia de amparo constitucional, dado que la atribución no es de orden legal sino constitucional al establecerse que "Los Tribunales ampararán..." con lo cual, todos los Jueces de la República son competentes para conocer en materia de Amparo.

3- El Tribunal competente será aquél que por razón de la materia y de la jurisdicción sea afín al derecho violado.

4- El procedimiento en materia de amparo será el más breve y sumario que el Tribunal conozca por razón de su competencia. Llama la atención que la Corte Primera de lo Contencioso Administrativo, en el caso del Br. León Avendaño, ante una acción ejercida para proteger el derecho a la educación, adoptó el procedimiento previsto en los Artículo 208 y 210 del recientemente promulgado Código Orgánico Tributario.

5- Nos permitimos destacar que uno de los principales impedimentos existentes para la vigencia del Amparo en Venezuela como era el argumento de la inexistencia de una Ley especial que lo regulara, la Sala Político Administrativa en la sentencia comentada hizo uso de la disposición contenida en el Artículo 50º que consagraba los derechos inherentes a la persona humana aun cuando no estuviesen consagrados en el texto constitucional y muy especialmente a la disposición que establecía que "La falta de una ley reglamentaria de estos derechos no menoscaba el ejercicio de los mismos." Pues si la norma fundamental no exigía reglamentación para el ejercicio de derechos no consagrados en el texto constitucional, menos podría exigirse entonces para el ejercicio de derechos que sí estaban consagrados en la Constitución de la República.

Las sentencias comentadas fueron negatorias de las acciones propuestas por los accionantes. En la primera se argumentó que la suspensión de los efectos de la Resolución dictada por el Consejo Supremo Electoral debía intentarse por una acción de nulidad y no por un recurso de amparo que persigue el restablecimiento de la condición subjetiva lesionada, opinión que difiere a la Ley posteriormente promulgada que permite el ejercicio simultáneo de ambas acciones. En la segunda, la Corte Contencioso Administrativa entendió que la acción de amparo era subsidiaria cuando existía un medio específico para controlar la constitucionalidad de la actuación administrativa y admitirla en forma ilimitada "sacudiría los cimientos del sistema jurídico." El voto salvado de la Magistrado Hildegard Rondón de Sanso difiriendo de esta opinión, después fue acogido en la formulación del contenido de la ley.

Ambas sentencias fueron fundamentales para revisar los proyectos de ley existentes en el Congreso Nacional y la misma Magistrado Rondón de Sanso en su extraordinaria obra titulada "Amparo Constitucional", cuando señala los diversos períodos en la evolución de la institución del Amparo en Venezuela señala igualmente a ambas sentencias y considera que este período si ley expresa culminó el 22 de enero de 1988, fecha en que fue promulgada la Ley Orgánica de Amparo a los Derechos y Garantías Constitucionales por el entonces Presidente de la República, Dr. Jaime Lusinchi.

ESTADO ACTUAL DEL AMPARO CONSTITUCIONAL VENEZOLANO

No nos parece ni prudente ni oportuno analizar en esta Conferencia el contenido de la Ley en particular, dado que el 30 de diciembre de 1999 fue publicada en la Gaceta Oficial la nueva Constitución de la República Bolivariana de Venezuela, ampliamente corregida en publicación del 24 de marzo de 2000.

En la Constitución de 1999 se contienen diversos preceptos referidos al amparo y que modifican los contenidos en la Ley.

La recientemente creada Sala Constitucional, acogiéndose a la atribución del Tribunal Supremo de ser el máximo interprete de la Constitución y a que sus decisiones son vinculantes para el resto de las Salas y demás Tribunales de la República, ha dictado varias sentencias que modifican o suspenden el contenido de la Ley, tratando así de adaptar la institución de Amparo a las disposiciones constitucionales en plena aplicación del principio de la supremacía constitucional, dictando sentencias que algunos autores denominan como la "legislación judicial", criticada por algunos autores por entender que habría usurpación del Poder Judicial a las funciones propias del Poder Legislativo, pero ampliamente reconocido por otros, entre los cuales me encuentro, por entender que es la única vía para hacer efectiva la supremacía de la Constitución sobre el resto del ordenamiento jurídico. (Ver artículos 334° y 335°).

Bajo esta premisa, nos permitimos analizar el actual estado del Amparo en Venezuela, dado que después de 8 años de vigencia constitucional, aun no ha sido modificada la Ley de Amparo.

1-NATURALEZA JURIDICA: Conforme al contenido de la norma Constitucional (Artículo 27°), el amparo no está consagrado como un simple recurso ni como una acción autónoma e independiente. El amparo en Venezuela está consagrado como un Derecho Constitucional, el que para su efectiva vigencia permite múltiples acciones, recursos y hasta procedimientos que tienden a la protección de los derechos y las garantías constitucionales.

Efectivamente, el Artículo 27° de la Constitución expresa:

"Artículo 27°,- Toda persona tiene derecho a ser amparada por los Tribunales en el goce y ejercicio de los derechos y garantías constitucionales, aun de aquellos inherentes a la persona que no figuren expresamente en esta Constitución o en los instrumentos internacionales sobre derechos humanos.

El procedimiento de la acción de amparo constitucional será oral, público, breve y no sujeto a formalidad, y la autoridad judicial competente tendrá potestad para restablecer inmediatamente la situación jurídica infringida o la situación que más se asemeje a ella. Todo tiempo será hábil y el Tribunal lo tramitará con preferencia a cualquier otro asunto..

La acción de amparo a la libertad o seguridad podrá ser interpuesta por cualquier persona y el detenido o detenida será puesto bajo la custodia del Tribunal de manera inmediata, sin dilación alguna.

El ejercicio de este derecho no puede ser afectado, en modo alguno, por la declaración del estado de excepción o de la restricción de garantías constitucionales."

2- EL OBJETO: El amparo constitucional procede: a) Contra cualquier hecho, acto u omisión proveniente de los órganos del poder público. b) Contra actos, hechos u omisiones originados por ciudadanos, personas jurídicas, grupos u organizaciones que hayan violado, violen o amenacen violar los derechos y las garantías constitucionales. c) Puede intentarse conjuntamente con el de nulidad de leyes y demás actos estatales normativos, pudiendo solicitarse la suspensión de los efectos hasta sentencia definitiva. d) Contra sentencias cuando fueren dictadas por un Tribunal actuando fuera de su competencia o lesionando un derecho constitucional. e) Contra todo acto administrativo, actuación material, vías de hecho, abstenciones u omisiones que violen o amenacen violar un derecho o una garantía constitucional y cuando no exista un medio procesal eficaz, breve y sumario, acorde con la protección constitucional.

La Sala Constitucional en Sentencia 848 del 28 de julio del 2000, con ponencia del Magistrado Jesús Eduardo Cabrera, en relación con la finalidad del amparo, expresa: "... tiene por fin impedir que una situación jurídica sea lesionada en forma irreparable, por la violación de derechos o garantías constitucionales de aquél que se encuentre en dicha situación, impidiendo que el daño a ella se cause (amenaza de infracción) o que no continúe, caso en que el amparo persigue se restablezca la misma situación existente antes de la lesión, o una semejante a ella, si no pudiera lograrse un restablecimiento idéntico." . "Es en esta condición de reparabilidad inmediata de la situación en que se funda la acción de amparo, hasta el punto que la acción es inadmisible cuando la amenaza no sea inmediata o cuando la lesión sea irreparable, por no ser posible el restablecimiento de la situación jurídica infringida."

Conforme entonces con la norma constitucional y la interpretación de la Sala Constitucional, el objeto del amparo es la protección al goce y al ejercicio de los derechos y garantías constitucionales y su finalidad es el restablecimiento de la situación jurídica infringida o la que más se asemeje a ella.

3-DE LAS LIMITACIONES Y RESTRICCIONES AL EJERCICIO DE LA ACCION: De la propia naturaleza y objeto del amparo constitucional, la ley señala una serie de limitaciones y restricciones, en cuyas circunstancias no será admisible la acción: a) Cuando haya cesado la violación o la amenaza de violación del derecho o garantía constitucional. b) Cuando la amenaza no sea inmediata, posible o realizable. c) Cuando constituya un daño irreparable que no le permita al Juez de amparo el restablecimiento de la situación jurídica infringida. d) Cuando haya sido aceptada expresa o tácitamente por el agraviado, estableciéndose un lapso de caducidad de seis meses, contados a partir de la violación. e) A los fines de evitar la continencia de la causa no se admitirá el amparo cuando se haya optado por recurrir a otras instancias judiciales por la misma causa. f) No se admite el amparo contra decisiones del Tribunal Supremo de Justicia, por ser el más alto Tribunal de la República y porque sus decisiones no tienen apelación. g) Cuando esté pendiente otra acción de amparo por los mismos hechos en que se hubiere fundado la acción. No lo señala la ley y dentro de esta revisión actualizada, consideramos que debe analizarse con mayor cuidado en la nueva revisión constitucional propuesta recientemente por el Presidente de la República, la posibilidad del ejercicio de la acción de amparo contra sentencias definitivamente firmes, pues ello atentaría contra el efecto de la cosa juzgada.

Hemos observado sentencias de la Sala Constitucional contra sentencias firmes declaradas por los Juzgados de Primera Instancia o de Juzgados Superiores, pero sólo en aquellos casos de evidente violación de derechos y garantías constitucionales, especialmente cuando se ha cometido el llamado fraude procesal para lograr la violación de los derechos. La constitución venezolana de 1999 en el numeral 10. del Artículo 336º establece como atribución de la Sala Constitucional la revisión de sentencias definitivamente firmes de amparo constitucional y de control de constitucionalidad de leyes o normas jurídicas dictadas por los Tribunales de la República, en los términos establecidos por la ley orgánica respectiva. Igualmente sería conveniente la revisión de la acción de amparo contra amparo, pues si bien es cierto conforme al régimen de inadmisibilidades no sería posible, observamos que en algunas oportunidades las medidas cautelares adoptadas en los procesos de amparo constitucional, podrían violar derechos y garantías consagrados en la norma constitucional.

4- COMPETENCIA JURISDICCIONAL DEL AMPARO:

En principio, conforme al contenido de nuestra Constitución, son competentes para conocer la acción de amparo constitucional todos los Tribunales de la República. Lógicamente, pero no todos los Tribunales son competentes para conocer de todas las acciones de amparo. La competencia estará atribuida en abstracto ateniéndose a varias circunstancias, tales como la jurisdicción territorial, la jerarquía y la materia afín con el derecho lesionado. Por la forma en que fue redactado el Artículo 9º de la Ley de amparo, al señalar que en caso de producirse actos, hechos u omisiones violatorias de los derechos y garantías constitucionales en lugares donde no funcionen Juzgados de Primera Instancia, se podrá interponer la acción ante cualquier Juez de la localidad, el que entonces podrá admitirlo y sustanciarlo, incluso dictar medidas cautelares, pero para la sentencia, deberá remitirlo al Juez competente, con lo cual observaríamos que la actuación de dos tribunales conforman la primera instancia del proceso y la audiencia oral deberá ser realizada por ante el Juez competente que deba sentenciar. Resulta obvio entonces entender que los Jueces de amparo son los Jueces de Primera Instancia y los inferiores a ellos serán jueces de amparo por razones de su competencia (por ejemplo, los Juzgados de Municipio en materia inquilinaria) o servirán de instructores en las causas que se les presenten cuando en la localidad no exista un Tribunal de primera instancia competente. También resultarían competentes los Juzgados Superiores Contencioso – administrativos contra actos, hechos u omisiones de estados y municipios, por no haber en esta materia Juzgados de Primera Instancia, pero los Tribunales de Instancia en las localidades no hayan estos Juzgados Superiores, están obligados a sustanciar el proceso y remitirles el expediente para sentenciar, conforme a jurisprudencia reiterada de la Corte Primera de lo Contencioso Administrativo y de la sentencia N° 959 del 09 de agosto de 2000, dictada por la Sala Constitucional, con ponencia del Magistrado Jesús Eduardo Cabrera.

En fecha 02 de enero del año 2000, la Sala Constitucional, recién instalada, dictó la sentencia N° 00-02 con ponencia del mismo Magistrado Jesús Eduardo Cabrera, en la que se advierte sobre el carácter vinculante con todos los Tribunales de la República, en relación con los Tribunales competentes para conocer las acciones de amparo constitucional, mientras se apruebe la nueva Ley de amparo y que discrimina de la siguiente forma:

A) Corresponde conocer a la SALA CONSTITUCIONAL del Tribunal Supremo de Justicia: 1- Las acciones de amparo contra actos, hechos u omisiones de los altos funcionarios nacionales (Presidente de la República, Ministros, Fiscal General, Procurador General, Contralor General, o de aquellos en que se hubiere delegado tal función. Consideramos que debería de agregarse a los demás altos órganos y funcionarios nacionales, tales como el Consejo Nacional Electoral, el Banco Central de Venezuela, el Defensor del Pueblo, el Contralor General o los de la Asamblea Nacional. 2- Las acciones contra decisiones de última instancia emanadas de los Juzgados Superiores, de las Cortes Contencioso Administrativas, de las Cortes de Apelaciones en materia penal que infrinjan normas constitucionales. 3- Las apelaciones y consultas sobre las sentencias de los Juzgados Superiores, las Cortes Contencioso Administrativas y las Cortes de Apelaciones.

B) Corresponde a los Juzgados de Primera Instancia, por la materia, las acciones o recursos que se interpongan distintos a los anteriores, siendo obligatoria la consulta con los correspondientes Juzgados Superiores de cuyas decisiones no habrá consulta ni apelación. (Esta jurisprudencia ha sido recientemente modificada y las sentencias en primera instancia una vez que haya vencido el lapso de apelación y hayan quedado firmes, no requieren de consulta).

C) Cuando la acción de amparo está dirigida a la protección de la libertad o de la seguridad (Habeas Corpus) será conocida por el Juez de Control de la jurisdicción, mientras que los Tribunales de Juicio Unipersonales serán los competentes para conocer de otros amparos de acuerdo a la naturaleza del derecho violado. Las Cortes de Apelaciones conocerán de las apelaciones y consultas.

D) La sala Constitucional se atribuyó la facultad de revisar por vía de selección, es decir, sin impulso procesal ni requerimiento expreso, aquellas sentencias que no siendo de su competencia, por estar atribuidas a Juzgados Superiores, desacaten la doctrina vinculante de la misma Sala.

E) En relación con el amparo sobrevenido que venía siendo interpuesto por ante el mismo Tribunal de la causa, la Sala analiza que ello es contrario al Derecho, dado que el poder revisor de la decisión de un Juez está limitado a la aclaratoria que se le formule el mismo día o al siguiente conforme a lo así previsto en el Código de Procedimiento Civil, limitado a la aclaratoria de términos obscuros, imprecisiones o materia de cálculos. En este sentido el competente será el Juzgado que conocería en apelación, a menos que sea urgente restablecer la situación jurídica infringida y podrá conocer otro Juez Superior al que cometió la falta. Diferente sería en la circunstancia en que la violación se produzca en un proceso judicial por causa de la intervención de las partes, de terceros o de auxiliares de justicia, pero no del Juez. El amparo sobrevenido entonces podrá ser interpuesto en este caso por ante el mismo Juez de la causa para mantener y preservar la unidad del proceso.

F) La sala mantiene en vigencia el Artículo 5° de la Ley de amparo, mediante el cual pueden interponerse conjuntamente las acciones de amparo constitucional y la de nulidad de los actos por el procedimiento Contencioso Administrativo, contra actos de efectos particulares, siempre que la acción de nulidad o de abstención de la administración no se funde en una violación directa e inmediata de la Constitución y que la acción de amparo no haya caducado.

Nos permitimos destacar que en esta Sentencia se abstuvo de votar favorablemente el Magistrado Héctor Peña Torres, fundamentándose que con la derogación de la Constitución anterior de 1961, se mantuvo vigente el resto del ordenamiento jurídico y reitera el criterio que el Tribunal Supremo es supremo y no un Juzgado de revisión o apelación. Este criterio no tiene razón de ser dado que la vigente Constitución establece que todo fallo es recurrible y que por razones de la jurisdicción algunos procesos de amparo deben ser interpuestos por ante los Juzgados Superiores, las Cortes Contencioso Administrativas o las de Apelaciones, cuyo único Tribunal de apelación es el propio Tribunal Supremo de Justicia.

5-DEL PROCEDIMIENTO DE AMPARO: La entrada en vigencia de la nueva Constitución de la República Bolivariana de Venezuela el 30 de diciembre de 1999, modificó substancialmente los principios que se deben preservar en la administración de justicia.

Por una parte, el Artículo 2º de nuestra Constitución define a Venezuela como un Estado democrático y social, de derecho y de justicia, propugnando así la vigencia de valores fundamentales que habrán de caracterizarlo. La incorporación del término "y de justicia" mejora la moderna concepción de Estado consagrado ya en la Constitución española de 1978, conforme a la proposición que desde hace tiempo venía formulando el jurista venezolano Román José Duque Corredor (Doctor Honoris Causa de nuestra Universidad de Los Andes).

Por otra parte, observamos en la Constitución de 1999 la existencia de dos sistemas de protección jurídica: Un primer sistema, contenido en el Artículo 26º referido al sistema genérico del derecho a la justicia y el libre acceso a los órganos de la administración judicial para hacer valer derechos e intereses, inclusive los derechos colectivos y los difusos y obtener protección efectiva sobre los mismos. Un segundo sistema de orden específico, consagrado en el Artículo 27º referido al derecho de Amparo para la protección de los derechos y garantías constitucionales.

El Artículo 44º va a contener un amplio dispositivo referido a las garantías constitucionales referidas a la libertad física de la persona, con grandes innovaciones y modificaciones que más adelante habremos de señalar.

El Artículo 49º habrá de consagrar las garantías al debido proceso, las que fueron desarrolladas por la Jurisprudencia de la Corte Suprema de Justicia con vigencia de la anterior Constitución de 1961, dentro de la concepción genérica del derecho a la defensa y que ahora se incorporan específicamente al texto y obtienen así rango constitucional, pues muchas de ellas tenían solamente rango legal al estar consagradas en otras leyes más recientes que la anterior Constitución, como la Ley Orgánica de Procedimientos Administrativos, el Código Orgánico de Procedimiento Penal o la Ley Orgánica de Protección al Niño y al Adolescente.

Dentro de esta moderna concepción de la administración de justicia en Venezuela, vale la pena destacar cuales son las innovaciones contenidas en la Constitución de 1999:

a)Se tiende a uniformar los procesos judiciales hacia el juicio breve, oral y público.

b) La Justicia es un servicio gratuito, accesible, imparcial, idóneo, transparente, autónomo, independiente, responsable, equitativo y expedito. "No se sacrificará a la justicia por la omisión de formalidades no esenciales."

c)La Justicia será administrada sin dilaciones indebidas y sin reposiciones inútiles.

d)Las acciones para sancionar los delitos de lesa humanidad, violaciones graves a los derechos humanos y los crímenes de guerra son imprescriptibles, serán juzgados por los Tribunales ordinarios y excluidos los reos de estos delitos de los beneficios de impunidad, el indulto o la amnistía.

e)Se acepta la plena vigencia de los derechos y garantías contenidos en tratados o convenios internacionales, la juridicidad de los órganos y tribunales internacionales, así como la indemnización a la víctima o sus causahabientes.

f)Se crea el servicio autónomo de la Defensoría Pública.

g)Son imprescriptibles las acciones judiciales dirigidas a la sanción de delitos contra el patrimonio público y el tráfico de estupefacientes-

h)Se prohíbe la actuación política, sindical, gremial o actividades privadas lucrativas incompatibles con la función de administrar justicia, ni ninguna otra función pública, salvo la educativa.

i)Se establece la carrera judicial para el ejercicio de la administración de justicia y el sistema de concursos para su ingreso, así como la responsabilidad personal de los jueces por errores, omisiones, injustificadas, retardos indebidos, inobservancia fundamental a las normas procesales, denegación de justicia, parcialidad, cohecho o prevaricación en el ejercicio del cargo.

j)Se crea la figura del Defensor de los Derechos, quien junto al Fiscal General y al Contralor General de la República, conforman el llamado Poder Ciudadano, con expresas facultades de solicitar la destitución de altos funcionarios públicos, preservando el derecho a la defensa y al debido proceso.

k)Se ampliaron las Salas de Casación Civil, Penal y Político Administrativa de la antigua Corte Suprema, con la Sala de Casación Social, la Sala Electoral y la Sala Constitucional del tribunal Supremo de Justicia.

l)Se permite al Juez la desaplicación de la norma en caso de contradicción entre la norma aplicable y la Constitución.

m)Por primera vez en Venezuela se adopta el sistema penal acusatorio en sustitución del viejo y anacrónico sistema inquisitivo, por lo que la norma previó que la persona se presume inocente y será juzgada en libertad. Este cambio, solamente éste, merecía la revisión del orden constitucional para evitar tantas injusticias cometidas en 400 años.

n)Se ampliaron las garantías constitucionales que analizaremos más adelante cuando analicemos el recurso de Habeas Corpus.

Son todas estas innovaciones las que obligaron a la Sala Constitucional, desde su instalación, a adoptar decisiones que modifican sustancialmente algunas normas jurídicas para adaptarlas al espíritu y contenido de la nueva Constitución, cuyo máximo interprete es el Tribunal Supremo de Justicia, pero advirtiendo que dentro de ese propósito, la Sala Constitucional ha utilizado la norma constitucional que establece el carácter vinculante de sus decisiones para los demás Tribunales y para el resto de las Salas, para cambiar, modificar o suspender la vigencia de muchas normas legislativas, adaptándolas a los criterios constitucionales mientras se dictan las leyes definitivas que las sustituyan.

Es posible que con la habilitación legislativa recientemente acordada por la Asamblea Nacional a favor del Presidente, por 18 meses, sin control y con un área muy amplia de facultades, al tiempo que estamos en un proceso de una nueva revisión constitucional sin conocer el proyecto de la reforma planteada y sin participación política de grupos diferentes al del gobierno del Presidente Hugo Chávez en el Parlamento, la administración de justicia podría ser adaptada a un sistema socialista de Estado y podríamos tener en breve un nuevo texto que pudiera modificar todo lo aquí señalado y con nuevas o diferentes orientaciones.

Sin embargo, conforme con la idea de publicar esta tesis para enseñar a nuestros alumnos universitarios lo referente al Amparo Constitucional, tratamos de ordenar las decisiones de la Sala Constitucional referentes al procedimiento de amparo en la forma siguiente:

1- En relación al Actor de la acción de amparo constitucional, la propia Constitución señala que puede ejercerla cualquier persona, es decir, cualquier persona natural o jurídica, nacional o extranjero residente en Venezuela, inclusive a los incapacitados civil o penalmente. Esta acción se puede ejercer personalmente o por representación.

2-En relación a la acción propiamente dicha, el recurso podrá ser interpuesto en forma escrita, en forma oral o por vía telegráfica. En el caso de la oralidad el Juez y el Secretario deberán recogerla en un acta y en caso de vía telegráfica, la acción deberá ser ratificada por ante el Tribunal dentro de los tres (3) días hábiles siguientes.

3-El Artículo 22° de la actual Ley Orgánica de Amparo que le permitía al Juez el restablecimiento inmediato de la condición subjetiva lesionada, había sido derogado por la Corte Suprema de Justicia, alegando que no se podían dictar medidas cautelares inaudita parte, es decir, sin haber sido citada la parte agraviante para que se trabara la litis. Con la nueva Constitución, el Artículo 27° consagra nuevamente tal facultad al Juez de restablecer inmediatamente la situación jurídica infringida

4-En el escrito contentivo del Recurso se deberán indicar todos los elementos señalados en el Artículo 18° de la Ley: Tribunal a quien va dirigido, identificación del solicitante, identificación del agraviante indicando sus residencias, señalar el derecho o la garantía constitucional violada o amenazada de violación, narración de los hechos, actos, omisiones o abstenciones y cualquier otro elemento que considere necesario para el mejor esclarecimiento de la situación planteada.

5-Otros elementos: A raíz de la sentencia 00-0010 dictada por la Sala Constitucional con ponencia del Magistrado Cabrera Romero en fecha 1° de febrero de 2000, se va a distinguir cuando la acción de amparo es contra sentencias o contra los demás actos, hechos u omisiones que violen o amenacen violar los derechos constitucionales. En ese sentido se estableció lo siguiente: A) Cuando se interponga contra Sentencias, se notificará a las partes del proceso por un medio de comunicación escrito en el lugar donde se dictó el fallo y se agregará al expediente, se notificará al Juez que dictó la sentencia o al encargado de ese Tribunal para que comparezca a la Audiencia constitucional, igualmente se notificará al Ministerio Público y las partes originales del proceso para que una vez que comparezcan a la Audiencia, expongan sus razones de hecho o de derecho y sus argumentos frente a la acción propuesta. Es importante resaltar que siempre se deberá acompañar una copia certificada de la sentencia o del fallo impugnado y de no ser posible por razones de urgencia, se acompañará copia simple pero deberá consignarse la copia certificada antes del inicio de la audiencia oral. Las partes del juicio original podrán hacerse parte, así como los terceros intervinientes, por sí o por medio de apoderados, antes de la audiencia y quienes deberán demostrar su interés. La inasistencia del Juez a la Audiencia no implica reconocimiento o aceptación de los hechos como se establecía en la ley de amparo como sanción. B) Cuando se interponga la acción de amparo contra los demás actos, hechos, omisiones o abstenciones, además de los elementos ya referidos y exigidos en el Artículo 18° de la Ley, el actor deberá promover junto con el escrito contentivo del recurso, las pruebas en que se funda la acción, pues no tendrá otra oportunidad para promoverlas y siendo de su carga su omisión acarrea la sanción de preclusión de la acción. En todo caso, el Tribuna podrá admitir o no la acción propuesta, pudiendo ordenar igualmente que se devuelva el escrito, que se corrijan los defectos u omisiones o que se amplíen las pruebas, para lo cual deberá conceder un lapso prudencia a la persona del actor. Una vez admitido se notificará igualmente al Ministerio Público y al presunto agraviante, para que comparezcan todos a la audiencia oral y pública, la que será fijada dentro de las 96 horas siguientes a la última notificación. La notificación podrá ser practicada a través de una Boleta, por comunicación telefónica, por vía de Fax, telegrama, correo electrónico o cualquier otro medio de comunicación interpersonal, ya sea por el órgano jurisdiccional, ya sea por el Alguacil, debiendo dejar constancia el secretario de todas las gestiones para la notificación.

En la audiencia oral se concederá el derecho de palabra, en su orden, al agraviado, al agraviante, al Juez en el caso de sentencias, al tercer interviniente y al Fiscal del Ministerio Público, debiendo advertir el Juez el lapso de la intervención. Luego se concederá un derecho de réplica en el mismo orden, el Juez o el Tribuna podrá formular preguntas a los intervinientes y se evacuarán todas las pruebas en el orden de su presentación, se levantará acta que deberá ser suscrita por todos los asistentes ligados al proceso. La inasistencia del agraviado se entenderá como desistimiento de la acción y se termina el procedimiento. La falta del agraviante, salvo que sea funcionario público, se entenderá que acepta los hechos o actos que se le imputan. En el caso de litis consorcio, la presencia de uno de ellos convalida la inasistencia de los restantes. Concluido lo anterior, el Tribunal se retira para elaborar el dispositivo del fallo (parte de la sentencia que deberá publicarse íntegramente en los cinco días siguientes) y que será conocido al final de la audiencia, se levantará acta que deberá ser suscrita por todos los intervinientes. El dispositivo del fallo se ejecuta inmediatamente, so pena de incurrir en desobediencia a la autoridad.

La sentencia deberá contener la autoridad del órgano que dicta la decisión y su competencia; las partes intervinientes; narrativa de los hechos plateados y precisión del derecho reclamado; la determinación precisa de la orden por cumplirse con las especificaciones necesarias para su ejecución así como el plazo para su cumplimiento, así como la imposición o no de costas procesales cuando el agraviante sea un particular.

En la sentencia comentada se ordenaba la consulta obligatoria con el Juez superior inmediato dentro de los tres días hábiles siguientes para que sentenciara en forma definitiva en los 30 días hábiles siguientes, decisión que fue modificada y vencido el lapso de tres días para la apelación sin que se haya ejercido, el Juez de la causa la declarará firme. Esta nueva interpretación obedece a que el carácter breve y sumario se desvirtuaba con la consulta pues muchas veces demoraba más que la propia duración del proceso.

La desestimación del amparo no implica la irresponsabilidad civil o penal del agraviante, la que puede ser solicitada en un proceso ordinario.

La sentencia producirá sus efectos con respecto al derecho o la garantía objeto del proceso.

Consideramos necesario dejar constancia de otras consideraciones que por su importancia podrían surgir en los procesos de amparo constitucional:

1-Es posible el ejercicio del derecho de apelación de un fallo, conjuntamente con la acción de amparo constitucional, con la advertencia de que esta acción de amparo sólo será admisible cuando la apelación fuere admitida en un solo efecto, dado que en estos casos el proceso original continuaría el curso ordinario independientemente del curso de la apelación. El amparo en estas circunstancias permitiría paralizar el proceso y evitaría una posible sentencia del tribunal original de la causa sin conocer el resultado de la apelación.

2-En el caso de sentencias dictadas por Juzgados Superiores que no prevén el Recurso de Casación ante la Sala del Tribunal Supremo de Justicia (Por ejemplo en materia agraria, cuando la sentencia del Superior es coincidente con la de primera instancia) el Recurso de amparo podría ser propuesto ante la Sala correspondiente por razón de la materia.

3-Procede el amparo contra actos procesales que no teniendo efecto de definitivos, cuando se hubiere solicitado previamente al Juez su reparación por vicios de inconstitucionalidad y el Juez lo hubiere negado o se abstiene de pronunciamiento.

4-Procede igualmente el amparo constitucional contra las omisiones judiciales lesivas a derechos o garantías constitucionales que vienen a actuar como una vía de hecho, "... ya que la situación jurídica lo convierte en sujeto de una lesión indefinida mientras no se cumpla la actuación."

5-También procede el amparo constitucional contra los retardos injustificados que lesione a una de las partes en su situación jurídica y amenazando con la irreparabilidad de la misma, así como también contra la conducta de los jueces, cuando por ejemplo de la causa admite injustificadamente una apelación en doble efecto, remite el expediente al Juez superior y paraliza el proceso.

6-Siempre se admitirá el amparo constitucional cuando una de las partes de un proceso judicial denuncie la violación de normas de orden público.

OTROS MEDIOS DE TUTELA Y PROTECCION DE DERECHOS Y GARANTIAS

A)EL RECURSO DE HABEAS DATA:La Constitución venezolana de 1999 incorporó un nuevo recurso en materia de amparo constitucional que ya se venía conociendo en otras legislaciones, especialmente americanas y europeas, como es el Recurso de Habeas data.

En el Artículo 28° constitucional le permite a toda persona el derecho de acceder a toda la información y a los datos que sobre sí misma o sobre sus bienes consten en registros oficiales o privados, con las excepciones que establezca la ley, así como conocer el uso que se haga de los mismos y a solicitar ante el tribunal competente la actualización, rectificación o destrucción de aquéllos si fuesen erróneos o afectasen ilegítimamente sus derechos. Igualmente podrá acceder a documentos de cualquier naturaleza que contengan información cuyo conocimiento sea de su interés para comunidades o grupos de personas. Esta disposición deja a salvo el secreto de las fuentes de información periodística y las derivadas de otras profesiones que determine la Ley. Consideramos igualmente que no es aplicable esta disposición contra documentos clasificados por la administración pública como secretos, confidenciales o con carácter de reserva, previamente clasificados antes de la solicitud.

El procedimiento del Habeas Data es igual al de Amparo, ya analizado.

B)LA DESAPLICACION DE LA NORMA: Este medio de tutela ya fue analizado anteriormente con ocasión del análisis de la supremacía constitucional, a través del cual el Juez ante una contradicción entre la norma aplicable y la Constitución, deberá aplicar la norma constitucional.

C) LA APELACION: Es otro medio de tutela a la vigencia de los derechos y a las garantías constitucionales, dado que la apelación no está limitada a las infracciones de ley, sino también a las violaciones de orden constitucional. En estos casos, se aplicará el procedimiento previsto en la ley correspondiente.

D)EL RECURSO DE ABSTENCION: Procede contra las abstenciones injustificadas especialmente de la administración pública, cuando esa abstención lesiona derechos o garantías constitucionales de personas, grupos o instituciones. El procedimiento es el mismo de amparo. Hemos observado algunos casos de abstención, como por ejemplo la abstención de un Alcalde a promulgar una Ordenanza Municipal, paralizando indefinidamente la vigencia de la misma y lesionando derechos o intereses de quienes se podrían beneficiar con la nueva Ordenanza.

E) EL RECURSO DE HABEAS CORPUS: A este recurso le dedicaremos un espacio ESPECIAL por la importancia que tiene la preservación del derecho a la libertad física de la persona:

La expresión "Habeas Corpus" es de origen Latino, sin embargo por su trascendencia e importancia ha sido aceptada sin traducción al idioma castellano y a muchos idiomas universales. Se utiliza para identificar una vieja institución inglesa aprobada por el Parlamento en 1679 y que podrá ser traducida literalmente como "traigas tu cuerpo" o "tengas tu cuerpo" a través de la cual se garantizaba la vigencia de la garantía suprema de la libertad individual. Interpuesta esta acción ante un Tribunal competente, el detenido era llevado a su presencia a exponer sus razones y fundamentos y allí se habría de decidir su libertad o la continuación de su arresto.

La desobediencia al mandamiento de Habeas Corpus ha sido duramente sancionada por el legislador.

El primer país de América Latina en adoptar el Habeas Corpus fue la Constitución de Argentina en 1849.

Venezuela consagró el Recurso de Habeas Corpus por primera vez en la Disposición Transitoria Decimoquinta de la Constitución de 1947. Esta disposición resultaba un tanto ambigua dado que no se indicaron las causas de su procedencia, los titulares del ejercicio del derecho al recurso, el órgano competente para su conocimiento, ni los lapsos procesales que lo hicieran expedito, breve y sumario. La ley prevista para desarro-llarlo nunca se dictó, dada la corta vigencia del período constitucional del Presidente Rómulo Gallegos y la imposición de un régimen dictatorial a partir del 24 de noviembre de 1948

En la Constitución venezolana de 1961 se consagró el derecho al Amparo constitucional en su Artículo 49º pero en relación con el Recurso de Habeas Corpus, fue más cuidadoso que el constituyente de 1947 y dic-tó la Quinta Disposición Transitoria, el que permanecería vigente hasta que se dictare la Ley general de amparo prevista en el Artículo 49º, he-cho éste que ocurrió el 22 de enero de 1988 con la denominación de Ley Orgánica de Amparo de los Derechos y Garantías Constitucionales.

La Constitución de la República Bolivariana de Venezuela en su Artículo 27º previó el Derecho al Amparo constitucional a todos los ha-bitantes de la República, pero tuvo el acierto de incorporar los parágrafos tercero y cuarto referidos al Recurso de Habeas Corpus, al expresar:

"La acción de amparo a la libertad o seguridad podrá ser interpues-ta por cualquier persona, y el detenido o detenida serás puesta bajo custo-dia del tribunal de manera inmediata, sin dilación alguna.

El ejercicio de este derecho no puede ser afectado, en modo alguno, por la declaración de los estados de excepción o de restricción de garantías constitucionales."

La Constitución venezolana va a abundar entonces sobre las ga-rantías susceptibles de ser amparadas por el Recurso de Habeas Corpus, contenidas en el Artículo 44º las referidas a la garantía del Derecho a la Libertad, en el Artículo 46º las referidas al Derecho a la seguridad e inte-gridad de la persona, y las garantías referidas al Derecho al debido proce-so, contenidas en el Artículo 49º.

Estas GARANTIAS son las siguientes:

1-Ninguna persona puede ser arrestada o detenida sino en virtud de una orden judicial, a menos que sea sorprendida in fraganti. En este caso será llevada ante una autoridad judicial en un tiempo no mayor de 48 horas a partir del momento de la detención. Será juzgado en libertad, excepto por las razones determinadas por la ley y apreciadas por el juez en cada caso. La constitución de caución exigida por la ley para conceder la libertad del detenido no causará impuesto alguno.

2-Toda persona detenida tiene derecho a comunicarse con sus familiares y su abogado o persona de confianza, y éstos a su vez, tienen el derecho a ser informados del lugar donde se encuentra la persona detenida, a ser notificadas inmediatamente de los motivos de la detención y a que dejen constancia escrita en el expediente sobre el estado físico y psíquico del detenido, ya sea por sí mismos o con el auxilio de especialistas. La autoridad competente llevará un registro público de toda detención realizada, que comprenda la identidad de la persona, lugar, hora y funcionarios que la practicaron. Respecto de la detención de extranjeros, se observará además la notificación consular prevista en los tratados internacionales.

3-La pena no puede trascender de la persona condenada. No habrá condena a penas perpetuas o infamantes. La pena restrictiva de la libertad no podrá exceder de 30 años.

4-Toda autoridad que ejecute medidas privativas de la libertad estará obligada a identificarse.

5-Ninguna persona continuará en detención después de dictada orden de excarcelación por la autoridad competente o una vez cumplida la pena impuesta.

6-   Ninguna disposición legislativa tendrá efecto retroactivo, excepto cuando imponga menor pena. Las leyes de procedimiento se aplicarán desde el mismo momento de entrar en vigencia, aun en los procesos que se hallaren en curso, pero en los procesos penales, las pruebas evacuadas se estimarán en cuanto beneficien al reo, conforme a la ley vigente para la fecha en que se promovieron (Artículo 24º)

7- Ninguna persona puede ser sometida a penas, torturas o tratos crueles, inhumanos o degradantes. Toda víctima de tortura o trato cruel, inhumano o degradante practicado o tolerado por parte de agentes del Estado, tiene derecho a la rehabilitación..

8-Tota persona privada de libertad será tratada con el respeto debido a la dignidad humana.

9-Ninguna persona será sometida sin su libre consentimiento a experimentos científicos o a exámenes médicos o de laboratorio, excepto cuando se encuentre en peligro su vida o por otras circunstancias que determine la ley.

10- Todo funcionario público que en razón de su cargo, infiera maltratos físicos o mentales a cualquier persona, o que instigue o tolere este tipo de tratos, será sancionado conforme a la ley.

11- La defensa y la asistencia jurídica son derechos inviolables en todo estado y grado de la investigación y del proceso. Toda persona tiene derecho a ser notificada de los cargos por los cuales se le investiga, de acceder a las pruebas y de disponer del tiempo y de los medios adecuados para ejercer su defensa. Serán nulas las pruebas obtenidas mediante violación del debido proceso. Toda persona declarada culpable, tiene derecho a recurrir del fallo, con las excepciones establecidas en la Constitución y en la ley.

12- Toda persona se presume inocente hasta que no se pruebe lo contrario.

13- Toda persona tiene derecho a ser oída en cualquier clase de proceso, con las debidas garantías y dentro del plazo razonable determinado legalmente, por un Tribunal competente, independiente e imparcial establecido con anterioridad. Quien no hable castellano o no pueda comunicarse de manera verbal, tiene derecho a un intérprete.

14- Toda persona tiene derecho a ser juzgado por sus jueces naturales en las jurisdicciones ordinarias o especiales establecidas en esta Constitución o en la ley. Ninguna persona podrá ser sometida a juicio sin conocer la identidad de quién la juzga, ni podrá ser procesada por tribunales de excepción o por comisiones creadas para tal efecto.

15- Ninguna persona podrá ser obligada a confesarse culpable o a declarar contra sí mismo, su cónyuge, concubino o concubina, o pariente dentro del cuarto grado de consanguinidad o segundo de afinidad.

16- La confesión solamente será válida si fuere hecha sin coacción de ninguna naturaleza.

17- Ninguna persona podrá ser sancionada por actos u omisiones que no fueren previstos como delitos, faltas o infracciones en leyes persistentes.

18- Toda persona podrá solicitar del Estado el restablecimiento o reparación de la situación jurídica lesionada por error judicial, retardo u omisión injustificados. Queda a salvo el derecho del particular de exigir la responsabilidad personal del Magistrado, del Juez o del Estado y de actuar contra éstos.

PROCEDIMIENTO DEL HABEAS CORPUS:

1-CAUSAS: Las causas que pueden generar el derecho del ejercicio del Recurso de Habeas Corpus son: A) La privación ilegítima o restricción de la libertad física de la persona. B) La violación o amenaza de violación a la seguridad personal. C) La amenaza de violación o violación de una garantía constitucional.

2-ACTOR: El actor o solicitante del recurso puede ser cualquier persona, no necesariamente el agraviado. Tampoco se requiere ser abogado ni estar asistido de abogado para ejercer este recurso.

3-CARACTERISTICAS: Por ser una especie del recurso de amparo, el Habeas Corpus es igualmente extraordinario, gratuito, popular y breve.

4-ORGANO COMPETENTE: El Juez competente para conocer este recurso es el Juez de Control de la Jurisdicción donde se haya cometido la violación o donde se encuentre el agraviado, todo conforme al Artículo 60º del Código Orgánico Procesal Penal y a la sentencia anteriormente indicada referida a la competencia. Igualmente serán competentes por la naturaleza del derecho violado o amenazado de violación afín a su competencia natural, los Tribunales de Juicio Unipersonal.

5- LA SOLICITUD: Deberá contener los mismos requisitos del amparo constitucional: el Tribunal al que va dirigido, la identificación del solicitante y el carácter con el cual actúa, la identificación del agraviado, las circunstancias o hechos que generan el recurso, ubicación del sitio de la detención y la actual del agraviado, identificación de la violación o amenaza de violación de la garantía constitucional, autoridad bajo cuya custodia se encuentra el agraviado. El solicitante deberá requerir del Juez el que se expida el mandamiento de Habeas Corpus.

6-TIEMPO HABIL: Todos los días y todas las horas son hábiles para el ejercicio del recurso de Habeas Corpus. De allí que se recomienda a los abogados el presentar copia del mismo, para que se le acuse el día y hora de la entrega.

7-ADMISION: Si la solicitud adolece de vicios u omisiones fundamentales, el Juez puede requerir del solicitante su revisión. Admitido el Recurso de Habeas Corpus, el Juez ordenará a la autoridad bajo cuya custodia se encontrare el agraviado el que rinda un informe sobre las causas y las condiciones de la detención, advirtiendo que desde ese momento se encuentra a la orden de ese Tribunal. El Juez inmediatamente ordenará una averiguación sumaria para lo cual cuenta con los órganos auxiliares de justicia y podrá ordenar visitas, inspecciones, entrevistas, experticias, certificaciones o cualquier otra actuación que le permita un alto grado de convencimiento para adoptar la decisión.

8-DECISION: El Juez deberá decidir en un lapso de 96 horas de recibida la solicitud. Esta decisión podría contener diversos contenidos y efectos: A) Negar la solicitud por ser inciertos los hechos en que se fundamenta. Esta negativa es susceptible de apelación ante la Corte de Apelaciones y podría ser objeto de Casación. B) Se admite el recurso y se ordena la libertad del agraviado. C) Se admite el recurso y se ordena la suspensión, limitación o restricción de la libertad o de la garantía infringida, aunque pueda mantenerse detenida a la persona en el último caso, específicamente para un procesado ordinario que le estén violando una garantía y a quien el Juez no podría ordenar su libertad sino limitarse a la suspensión de la violación. D) Se admite el Recurso y se ordena la libertad del agraviado, pero condicionado a que preste una caución personal o se le prohíbe la salida del país por un lapso de treinta (30) días.

9-CONSULTA: La decisión del Juez deberá ser consultada con la Corte de Apelaciones. Para ello, remitirá el expediente el mismo día o el siguiente y esta deberá decidir en un lapso de 72 horas después de recibidos los recaudos. La Corte podrá confirmar la decisión, podrá revocar la decisión o podrá modificar la decisión, sin embargo, la decisión original adoptada deberá ejecutarse inmediatamente.

CONCLUSION

Sin duda que la vigencia de un estado moderno, republicano y de orden democrático debe adoptar las características fundamentales para su identificación: Consagración de los derechos y garantías constitucionales; órganos específicos para conocer de las acciones y recursos interpuestos para su efectiva vigencia; procedimientos especiales, breves, gratuitos, populares y sumarios para mantener la vigencia de los mismos y poder coactivo para ejecutar las decisiones de los administradores de justicia.

El Derecho al Amparo Constitucional y especialmente la vigencia del recurso de Habeas Corpus para la garantía de los derechos humanos, resulta imprescindible en una sociedad que procura un mejor grado de bienestar general. Nada lograría el hombre con lograr la consagración de sus derechos, garantías o recursos en el texto constitucional, si no se establecían los mecanismos y procedimientos para hacerlos efectivos.

La institución del Amparo como derecho autónomo ha permitido que el hombre disfrute y ejerza sus facultades de hacer, de no hacer o de exigir una conducta determinada, dentro de la esfera de la libertad, de la igualdad y de la justicia. Lograr que un hombre sea justo y garantizar que viva en un estado de justicia, hace posible un pueblo justo, dentro del más alto concepto de la justicia distributiva.

Mérida, febrero de 2007.

Esta versión electrónica del Libro
Estudios Municipales. Homenaje a Fortunato González Cruz,
se editó cumpliendo con los criterios y lineamientos
establecidos para la producción digital en el año 2016.